作者简介

邵维国　男，1964年9月出生，汉族，吉林省白山市人。2001年毕业于吉林大学法学院，师从我国著名刑法学家高格教授，获法学博士学位。1994年至2001年执教于北华大学管理学院，任副教授，城市管理法学系副主任；2001年至2006年执教于大连海事大学法学院，任教授，基础法学系主任；2007年1月至今，任广州大学法学院教授，先后担任副院长、院长。现任广东省刑法学研究会副会长，广州市刑法学研究会会长，广东省检察院"专家咨询委员会"委员。2011年被评为广州市优秀教师。出版《罚金刑论》、《刑法分则疑难案例解析》、《犯罪论体系——司法评价犯罪的标准、步骤和方法》、《犯罪判断学》、《刑法（总论）教学案例》等著作5部；在《中国史研究》、《法商研究》、《法制与社会发展》等重要刊物发表论文50余篇；主持省社科规划基金等项目多项。

General Principles of Criminal Law

刑法总论

邵维国◎著

中国政法大学出版社

2017·北京

声　明　1. 版权所有，侵权必究。
　　　　2. 如有缺页、倒装问题，由出版社负责退换。

图书在版编目（CIP）数据

刑法总论/邵维国著.—北京：中国政法大学出版社，2017.3
ISBN 978-7-5620-7308-6

Ⅰ.①刑…　Ⅱ.①邵…　Ⅲ.①刑法－法学－中国　Ⅳ.①D924.01

中国版本图书馆CIP数据核字(2017)第035340号

出　版　者	中国政法大学出版社
地　　　址	北京市海淀区西土城路25号
邮寄地址	北京100088 信箱8034分箱　邮编100088
网　　　址	http://www.cuplpress.com（网络实名：中国政法大学出版社）
电　　　话	010-58908289(编辑部) 58908334(邮购部)
承　　　印	固安华明印业有限公司
开　　　本	720mm×960mm　1/16
印　　　张	27.750
字　　　数	425千字
版　　　次	2017年4月第1版
印　　　次	2018年1月第2次印刷
定　　　价	69.00元

序 言
PREFACE

在探究事理、追问究竟、系统阐述之学术本能冲动的驱使下，我历经十载的连续思考、观点沉淀、不断积累，在发表了十几篇论文、出版了两部专著的前期成果基础上，又经过不断完善、不断精细化、不断体系化，终于完成了我的《刑法总论》创著。这本小书对刑法领域诸多问题提出了一系列很不成熟的看法。我觉得，无论从何种立场出发，都可以这样来评价这本书的价值：它至少能为学术自由、百家争鸣之刑法学研究大操练场增添一个被批判的靶子。

一、创著本书的小心愿

自攻读刑法博士学位时起，我就对犯罪构成体系问题产生了浓厚的兴趣，但苦于当时的知识积累不够，不敢动笔涉猎。博士毕业以后，为了评职称，我写了一些零散的文章，出版了《罚金刑论》专著，但自认还是没有能力撰写犯罪构成体系这样宏大刑法问题的论著。自 2005 年评上教授以来，我逐渐产生了研究犯罪构成体系的强烈冲动，在就此问题发表了十几篇文章、撰写了两本专著之后，我又产生了创著一部《刑法总论》的冲动。这一冲动来自于学者之本能。我深深知道，做这样一件事情，是吃力不讨好的。当今学界都非常看重在法学类核心期刊发表论文，对于学术专著的写作并不给予应有的重视。但是，在激情燃烧之冲动的驱使下，我历经多年不改痴心，一点一点不断积累，不断地提出新观点，论证新观点，解决体系性问题。至此书成稿，我仍搞不明白，自己费这么大力气，写这样一部可能被学术大家嘲笑的书，究竟是为了什么。也许不是为了什么，只是为了内心不可名状的学术冲动，只是为了冷却激情燃烧对自己炽热的烧烤，只是为了自己每日努力之过程的快乐。

二、创著本书的小阶段

在本书即将出版之际再回过头来看，我创著这本小书的过程，可分为三个阶段。

第一阶段（2007 年 1 月至 2010 年 1 月）：为了参加 2007 年 5 月在西北政法大学举行的全国"刑事违法性"专题研讨会，我花了 4 个月的时间撰写参会论文。在这期间，我比较系统地研究了"刑事违法性"问题的相关资料，形成了一些粗浅的看法。会后把参会论文和交流心得进行了整理，在《北方法学》发表了"犯罪与刑事违法性关系论纲"，在《学术交流》发表了"论形式违法性与实质违法性的关系——兼论刑事违法性与社会危害性的关系"，在《法商研究》发表了"犯罪只能是价值判断"。在这 3 篇论文的基础上，我在中国法制出版社出版了专著《犯罪论体系——司法评价犯罪的标准、步骤和方法》。在本书中，我比较研究了"四要件"、"双层次"、"两要件"等犯罪论体系，从哲学根据、逻辑自恰角度，较为系统地论证了自己提出的"四标准六步骤"犯罪构成体系。虽然这一体系具有独创性，但它毕竟是新生之物，其形必丑，其意亦未达。从总体上说，我对这一体系论证还比较宏观、粗糙，还有待花很大力气来完善它。

第二阶段（2010年2月至2012年12月）：在此期间，我在《学术交流》发表了"伦理规范违反意志是主观恶的最高价值标准"，在《河北法学》发表了"犯罪客体是刑事违法的最高价值标准"，在《广州大学学报》（社会科学版）发表了"论犯罪客观要件是刑事违法的具体价值标准"。在这3篇论文的基础上，我在社会科学文献出版社出版了专著《犯罪判断学》。本书在坚持"四标准六步骤"的犯罪论体系的基础上，重点对专门性知识进行了阐述和说明，对于《犯罪论体系——司法评价犯罪的标准、步骤和方法》中个别问题的提法进行了改正。比如，在《犯罪论体系——司法评价犯罪的标准、步骤和方法》一书中，我论证了"刑事违法可普遍化判断"、"主观恶可普遍化判断"两个步骤。由于"可普遍化"问题涉及到非常不好理解的哲学问题，使读者感到不好接受，所以，本书将"可普遍化判断"改正为"前提符合性判断"。我认为，刑法分则规定的犯罪客观要件都必然具有一个前提，那就是"不存在法益冲突或虽然存在法益冲突却侵害了一个大法益而保护了一个小法益"。这个前提是我国《刑法》第20、21条之规定所必然蕴含的结论。所有法规范都具有"前提"或"假定条件"，这是法规范之逻辑结构所必然蕴含的结论。任何一个法规范都由"假定、行为模式和后果"三部分组成。假定部分就是行为模式的前提。不仅刑法对于犯罪客观要件的规定必然有"假定条件"或"前提"，而且刑法对于故意要件、过失要件的规定，也必然有"假定条件"或"前提"。这一"前提"就是，被评价为具有故意或过失罪过的行为人，其必须达到刑事责任年龄、具有刑事责任能力且其行为当时的客观情况具有期待可能性。如果行为人没有达到刑事责任年龄、不具有刑事责任能力或行为当时不能期待着行为人产生守法意识，就不符合故意要件和过失要件的"前提"，其心理态度当然也就不能被评价为故意型和过失型的主观恶。我国《刑法》第17、18条对于故意、过失要件的前提条件有专门规定。

第三阶段（2013年1月至2016年10月）：在这期间，我在坚守"四标准六步骤"犯罪构成体系的基础上，对前两本书的部分论证过程和具体观点进行了修改和完善。对于《犯罪判断学》中的具体段落和文字进行了大量的删减、修改，所修正之处达百处之多，修正之文字达万余；对部分体系中的分观点也进行了较多的修正，观点修正达十几个之多。除此之外，我还从新角度、新根据方面论述了犯罪停止形态、共同犯罪和一罪类型问题，力图使这三大理论之具体观点，能与"四标准六步骤"犯罪构成体系相匹配。为使我的《刑法总论》保持体系的完整性，我也根据最新刑事立法和司法解释，简单地论述了刑罚根据和刑罚制度的一些主要问题。

三、创著本书的小观点

本书认为，根据功能的层次性，应当将犯罪成立的价值标准加以分解。这样会更加明确每个价值标准特有的功能。"犯罪客观要件"和"法益侵害"是刑事违法的评价标准；"故意、过失要件"和"损人意志"是主观恶性的评价标准。生活行为在客观效果上和主观心态上分别符合前后两组标准，才能被认定为犯罪。根据评价规则，一般应当将认定犯罪的评价活动分解为若干步骤，即司法者在将生活行为与四个价值标准相对比时，一定要分解为若干环节或者步骤。每一个步骤都要上升为一个逻辑范畴，或者说要为每一个步骤起一个专有名称，该名称能够表达其根本特征。每一步骤的名称与序号要恒定组合在一起，或者说步骤名称和步骤序号可以互相代表，不能错位。

首先，司法认定犯罪的活动应当从大的方面来分解，必须分解为客观效果的评价和主观心态的评价两大上位步骤。前者就是刑事违法性的评价；后者就是主观恶性的评价。

其次，还要把客观效果与主观心态的评价再分解为下位步骤。现用序号与专有名称（范畴）组合起来，以标识其步骤如下：第一步为犯罪客观要件形式符合判断；第二步为犯罪客观要件实质符合判断；第三步为犯罪客观要件前提符合判断；第四步为犯罪主观要件形式符合判断；第五步为犯罪主观要件实质符合判断；第六步为犯罪主观要件前提符合判断。

从评价规则上讲，司法者认定犯罪成立的思维路径，要严格按上述六个步骤的顺序进行，不能跳跃，更不能更改。但是，如果认定犯罪不成立，可以对不符合犯罪客观要件或主观要件的某个方面直接作出判断，不受上述六个步骤顺序的决定。以上体系可称为"四标准六步骤"体系。

在犯罪停止形态方面，我认为，犯罪既遂是指行为人具有罪过，其实施的行为符合犯罪客观要件，且达到了刑法分则条文为其设置法定刑的进程（进度）。其具有如下特征：第一，行为符合犯罪客观要件且不具有违法阻却事由；第二，行为达到刑法分则条文为其设置法定刑的进度；第三，行为人有罪过且具备刑事责任能力。根据《刑法》第22条处罚犯罪预备行为，应当同时符合下列条件：第一，预备行为的目标必须是严重犯罪。侵害生命权、公共安全等严重犯罪的预备行为一般可罚，情节犯和数额犯的预备行为一般不可罚；第二，预备行为对于完成目标犯罪起到实质作用；第三，口供以外的证据能排除合理怀疑地证明行为人将要实施的目标犯罪。刑法理论应对我国未遂犯成立的范围作出总结，这对于指导司法办案非常有意义。关于未遂犯成立的范围，我赞成过失犯罪、间接故意犯罪、危险犯、情节犯没有未遂形态的观点，认为数额犯一般没有未遂形态。在共同犯罪方面，我对于共同犯罪故意的认定提出了系列观点。在一罪类型方面，我认为我国刑法中存在结合犯的情况，牵连犯是法定的一罪，法定性是其最重要的特征。除刑法分则有明确规定的情形以外，不存在司法处断的牵连犯。对于吸收犯，我提出了"侵害同一对象之相同法益的数行为之间当然吸收"的观点，并对吸收犯作了新的分类。对于刑罚根据和刑罚制度的主要问题，我也提出了一些自己的看法。

四、创著本书的小价值

理论具有稳定性和相对滞后性（相对于实践而言）。如果一种理论长期不变，其中有的观点，可能会脱离社会需要。所以，理论应当及时总结社会实践经验，不断丰富、发展和创新自己，并要敢于摒弃不适应实际情况和实践需要的旧观点、旧框框、旧本本，创立新观点、新体系、新常态。根据这样的要求，勇于承担社会责任的学者，应当不断探索，敢于探索，尝试着创新理论观点。这是学者的使命。如果众多的学者都这样做了，那么反映实践前沿需要的新理论、新观点就能不断被创造出来。

和其他学术领域的理论体系一样，刑法理论也需要百花齐放，百家争鸣。不一样的理论观点，对于通说的观点不但没有害，反而有益。小众观点不断涌现和成长，方能衬托出大众观点的存在性与合理性。如果没有许许多多小众观点的萌生和成长，那么通说的观点也会僵化，甚至会停止发展，脱离生机勃勃的现实。马克思主义理论之所以能不断地指导宏大的、丰富的、鲜活的人类社会实践，就是因为它能不断地丰富和发展自己，不断地将有益的社会实践经验上升为自己的组成部分。

有观点认为，在犯罪构成理论中，不宜出现小众观点。因为小众观点创造出一些新概念，提出一些新体系，会产生杂音，会扰乱学者的思维惯性，也可能使司法实践无所适从，更可能会使初学刑法的人，不知从何学起。我认为，这种担心大可不必。任何一个学科领域的理论研究，都需要百家争鸣。小众观点对于自己创造出的新概念，并不强求初学者和习惯老概念的人一律掌握、必须使用，而只是为他们理解老概念多提供了一个比较的角度和思考的参照维度。事实上，有多个新观点来做参照系，从多个不同的角度、维度来理解通说，反倒会更有益于深刻理解通说。相反，没有新观点的衬托，老观点会很寂寞、很单调、甚至很黯然。失去小众观点的参照，人们很可能僵化地对待老概念，也有可能误解或带有偏差地理解老概念。

  总之，无论从何种角度上看，创著一本有系列新观点的小书，对于丰富和发展刑法理论，至少可以起到参照系、批判靶子的作用。我真诚地希望刑法学界同仁能对本书提出宝贵意见，特别是批评意见。

邵维国

2016 年 11 月 11 日

于广州大学

目录 Contents

序　言 …… 001

第一章
刑法概说 …… 001

001 | 第一节　刑法的概念、分类和性质
001 | 一、刑法的概念
002 | 二、刑法的分类
003 | 三、刑法的性质
004 | 第二节　刑法的目的、任务与机能
004 | 一、刑法的目的
004 | 二、刑法的任务
005 | 三、刑法的机能
006 | 第三节　刑法规范和刑法典体系
006 | 一、刑法规范
007 | 二、刑法典体系

第二章
刑法基本原则和效力范围 …… 011

- 011 | 第一节　刑法基本原则
- 011 | 一、罪刑法定原则
- 013 | 二、适用刑法人人平等原则
- 014 | 三、罪刑相适应原则
- 015 | 第二节　刑法的空间效力范围
- 015 | 一、属地管辖原则
- 016 | 二、属人管辖原则
- 017 | 三、保护管辖原则
- 018 | 四、普遍管辖原则
- 019 | 五、船（机）旗国管辖原则
- 025 | 六、驻外使领馆内犯罪的管辖及对外国刑事判决的承认与否
- 027 | 第三节　刑法的时间效力范围
- 027 | 一、刑法的生效时间
- 027 | 二、刑法的失效时间
- 027 | 三、刑法的溯及力

第三章
犯罪及犯罪构成要论 …… 030

- 030 | 第一节　犯罪的属性
- 030 | 一、犯罪不是生活行为的固有属性
- 031 | 二、犯罪只是生活行为的关系属性
- 032 | 三、犯罪是一种价值判断的结论
- 034 | 第二节　对犯罪的认识
- 034 | 一、对犯罪不能用认知活动来理解
- 036 | 二、对犯罪只能用评价活动来把握

037 | 第三节 犯罪的概念
037 | 一、立法规定的犯罪概念
040 | 二、司法认定的犯罪概念
041 | 三、立法规定的犯罪与司法认定的犯罪之间的关系
041 | 第四节 犯罪的本质
041 | 一、犯罪本质的含义和特征
043 | 二、犯罪本质的主要学说
045 | 第五节 犯罪构成
045 | 一、犯罪构成的概念和特征
047 | 二、犯罪构成与犯罪本质的关系
049 | 三、犯罪构成的意义
049 | 四、本书的犯罪构成体系

第四章
刑事违法性的标准 …… 052

052 | 第一节 刑事违法性概述
052 | 一、刑事违法性的概念
052 | 二、刑事违法性的评价标准
053 | 三、刑事违法性的量
054 | 第二节 犯罪客观要件
054 | 一、犯罪客观要件概述
055 | 二、行为主体
061 | 三、危害行为
070 | 四、行为对象
073 | 五、危害结果
078 | 六、刑法因果关系
090 | 第三节 法 益
090 | 一、法益的概念和本质
094 | 二、法益的功能

099 | 三、法益的分类

101 | 四、如何确定具体犯罪（罪名）的法益

第五章
刑事违法性判断的步骤 ⋯⋯ 106

106 | 第一节　刑事违法性判断概述

106 | 一、主观意识与客观事实相符合是人类认识活动的基本途径

107 | 二、生活行为与犯罪客观要件相符合是刑事违法性判断的唯一路径

108 | 第二节　犯罪客观要件形式符合判断

108 | 一、犯罪客观要件形式符合判断的概念和特征

112 | 二、犯罪客观要件形式符合判断的方法

113 | 三、犯罪客观要件形式符合判断的例证

114 | 第三节　犯罪客观要件实质符合判断

114 | 一、犯罪客观要件实质符合判断的概念和根据

120 | 二、先作犯罪客观要件形式符合判断后作实质符合判断的意义

121 | 三、犯罪客观要件形式符合判断与实质符合判断的统一

122 | 第四节　犯罪客观要件前提符合判断之一

122 | 一、犯罪客观要件前提符合判断的概念

124 | 二、犯罪客观要件前提的特征

125 | 三、必须进行犯罪客观要件前提符合判断的原因

126 | 第五节　犯罪客观要件前提符合判断之二

127 | 一、正当防卫

138 | 二、紧急避险

143 | 第六节　犯罪客观要件前提符合判断之三

143 | 一、典型超法规刑事违法阻却事由

166 | 二、非典型超法规违法阻却事由

第六章
主观恶性的标准 …… 175

175 | 第一节　主观恶性概述
175 | 一、主观恶性的概念及评价标准
176 | 二、用主观恶性概念代替有责性概念的合理性
178 | 三、主观恶性的量
179 | 第二节　犯罪主观要件
179 | 一、故意
186 | 二、过失
199 | 三、犯罪目的
204 | 第三节　损人意志
204 | 一、损人意志概述
206 | 二、损人意志是主观恶性的本质所在
209 | 三、主观恶性之评价标准的层次

第七章
主观恶性判断的步骤 …… 222

222 | 第一节　犯罪主观要件形式符合判断
222 | 一、故意要件形式符合判断
223 | 二、过失要件形式符合判断
225 | 第二节　犯罪主观要件实质符合判断
225 | 一、故意要件实质符合判断
235 | 二、过失要件实质符合判断
239 | 第三节　犯罪主观要件前提符合判断
239 | 一、犯罪主观要件前提符合判断概述
242 | 二、刑事责任能力
251 | 三、期待可能性

第八章
司法认定犯罪的逻辑顺序和实操步骤总结 …… *258*

258 | 第一节　司法认定犯罪的逻辑顺序
258 | 一、先进行客观事实的评价后进行主观意志的评价
259 | 二、先形式判断后实质判断
262 | 三、先入罪判断后出罪判断
263 | 四、先第一层次价值判断后第二层次价值判断
265 | 第二节　司法认定犯罪的实操步骤
265 | 一、司法认定犯罪就是将生活行为的客观事实和主观心态
　　　　分别与犯罪客观要件和犯罪主观要件相比较
265 | 二、司法认定犯罪的过程应当分解为六个步骤
267 | 第三节　司法认定犯罪按顺序分步骤进行的重大意义
267 | 一、有助于司法保障人权
268 | 二、有助于使认定犯罪的结论取得公信力
268 | 三、有助于规范法官认定犯罪的思维路径

第九章
犯罪停止形态 …… *270*

270 | 第一节　犯罪既遂形态
270 | 一、犯罪既遂形态的概念及特征
273 | 二、犯罪既遂标准的法定性
278 | 三、犯罪成立最低标准说不合逻辑
280 | 四、犯罪既遂与犯罪成立的关系
281 | 五、犯罪既遂的类型及处罚原则
285 | 第二节　犯罪预备形态
285 | 一、犯罪预备形态的概念及特征
287 | 二、犯罪预备行为出罪与入罪的理由
289 | 三、国（境）外犯罪预备立法例及其分析

295 | 四、根据我国《刑法》第22条处罚犯罪预备行为的条件

297 | 五、犯罪预备的处罚原则

298 | 第三节　犯罪未遂形态

298 | 一、犯罪未遂形态的概念及特征

300 | 二、犯罪未遂成立的范围

303 | 三、犯罪未遂的类型

304 | 四、犯罪未遂的处罚原则

305 | 第四节　犯罪中止形态

305 | 一、犯罪中止形态的概念及特征

308 | 二、自动放弃可能重复的侵害行为的定性

309 | 三、危险犯既遂后仍能成立犯罪中止

310 | 四、犯罪中止的类型及处罚原则

第十章
共同犯罪 …… 312

312 | 第一节　共同犯罪的构成要件

312 | 一、二个以上犯罪主体

313 | 二、具备共同犯罪故意

314 | 三、实施共同犯罪行为

314 | 四、因欠缺共同犯罪故意而不能构成共同犯罪的情况

317 | 第二节　共同犯罪的主要类型

317 | 一、简单共犯与复杂共犯

318 | 二、一般共犯与犯罪集团

319 | 三、任意共犯与必要共犯

319 | 第三节　聚众犯罪

319 | 一、聚众犯罪的概念和特征

321 | 二、聚众犯罪的分类

322 | 第四节　共同犯罪人的分类及量刑

322 | 一、主犯及量刑

324 | 二、从犯及量刑

325 | 三、胁从犯及量刑

326 | 四、教唆犯及量刑

329 | 五、聚众犯罪人的种类及量刑

330 | 第五节 共同犯罪故意的认定

330 | 一、实行犯之间共同犯罪故意的认定

332 | 二、现场帮助者与现场实行者之间共同犯罪故意的认定

332 | 三、共谋共同正犯之共同犯罪故意的认定

333 | 四、承继共同正犯之间共同犯罪故意的认定

333 | 五、教唆犯与实行犯之间共同犯罪故意的认定

335 | 六、帮助犯与实行犯之间共同犯罪故意的认定

336 | 七、组织犯与实行犯、帮助犯之间共同犯罪故意的认定

第十一章
一罪的类型 …… 337

337 | 第一节 一行为只能认定为一罪

338 | 一、想象竞合犯

339 | 二、法条竞合

341 | 三、持续犯

343 | 四、结果加重犯

344 | 第二节 数行为刑法规定为一罪

344 | 一、结合犯

347 | 二、牵连犯

352 | 第三节 数行为司法处理为一罪

352 | 一、连续犯

353 | 二、吸收犯

第十二章
刑罚根据及刑罚种类 …… 360

360 | 第一节　刑罚的概念和特征
360 | 一、刑罚只能由法院判处
360 | 二、刑罚的内容是限制或剥夺重要权利
360 | 三、刑罚只能对构成犯罪的人适用
361 | 四、刑罚种类及其适用标准是刑法明文规定的
361 | 五、刑罚适用必须依照刑事诉讼程序
361 | 六、刑罚执行机关是特定国家机关
361 | 第二节　刑罚的根据和目的
361 | 一、刑罚的报应根据
362 | 二、刑罚的功利根据
364 | 三、刑罚的经济性根据
366 | 四、刑罚的人道根据
368 | 五、刑罚目的
368 | 第三节　我国刑罚体系及刑种
368 | 一、刑罚体系的概念
369 | 二、主刑
376 | 三、附加刑

第十三章
量刑情节及刑罚制度 …… 383

383 | 第一节　量刑情节
383 | 一、量刑的概念
384 | 二、量刑情节的种类
389 | 三、量刑情节的适用
396 | 第二节　刑罚裁量制度
396 | 一、累犯

398 | 二、自首和坦白
403 | 三、立功
407 | 四、数罪并罚
411 | 五、缓刑
415 | 第三节　刑罚执行制度及消灭制度
415 | 一、减刑
417 | 二、假释
419 | 三、追诉时效
420 | 四、特效

后　记……422

第一章 刑法概说

第一节 刑法的概念、分类和性质

一、刑法的概念

（一）刑法的规范学概念

从法律规范的角度讲，刑法是规定犯罪及其后果——刑罚以及非刑罚处理方法的法律规范的总和。我国刑法典对全部的犯罪都规定了相应的刑罚，但对于极少数犯罪在规定一定刑罚的同时也规定了免予刑罚等非刑罚处理方法和禁止从事相关职业的刑事处分。[1] 除我国刑法典之外，凡是规定对某种行为的制裁方法是刑罚的法律规范，也都是刑法规范，都属于刑法的范畴。

（二）刑法的法理学概念

从法理学的角度讲，刑法是掌握政权的阶级即统治阶级，为了维护本阶级政治上的统治和经济上的利益，根据自己的意志，规定哪些行为是犯罪并给犯罪人以何种刑罚处罚的法律。[2]

（三）刑法的哲学概念

从法哲学的角度讲，刑法是全体国民为了维护绝大多数人的整体利益，

---

[1]《刑法》第37条对于非刑罚处理方法作出了规定：对于犯罪情节轻微不需要判处刑罚的，可以免予刑事处罚，但是可以根据案件的不同情况，予以训诫或者责令具结悔过、赔礼道歉、赔偿损失，或者由主管部门予以行政处罚或者行政处分。

[2] 高铭暄主编：《中国刑法学》，中国人民大学出版社1989年版，第1页。

通过一定的代表民意的形式或方式，用一定的程序，对何种行为是犯罪并给予相应刑罚处罚所做出的合意。简单说，刑法是国民关于何种行为是犯罪并判处相应处罚的合意，是社会绝大多数人整体利益的反映形式。

二、刑法的分类

（一）广义刑法与狭义刑法

广义刑法包括刑法典、单行刑法、附属刑法。

单行刑法是指拥有刑事立法权的机关对于某一种事项而专门制定的刑法规范。例如，1998年12月29日全国人大常委会《关于惩治骗购外汇、逃汇和非法买卖外汇犯罪的决定》、1999年10月30日全国人大常委会《关于取缔邪教组织、防范和惩治邪教活动的决定》等。

附属刑法是指在非刑事法律文件中对某种行为的法律后果规定了刑罚的条文所表达的规范。例如，《中华人民共和国治安管理处罚法》第116条规定："人民警察办理治安案件，有下列行为之一的，依法给予行政处分；构成犯罪的，依法追究刑事责任：①刑讯逼供、体罚、虐待、侮辱他人的；②超过询问查证的时间限制人身自由的；③不执行罚款决定与罚款收缴分离制度或者不按规定将罚没的财物上缴国库或者依法处理的；④私分、侵占、挪用、故意损毁收缴、扣押的财物的……"本条文所表达的规范就是依附于行政法律文件中的刑法规范，属于附属刑法。再比如，1991年5月1日实施的《中华人民共和国铁路法》第60条规定："违反本法规定，携带危险品进站上车或者以非危险品品名托运危险品，导致发生重大事故的，依照刑法有关规定追究刑事责任。企业事业单位、国家机关、社会团体犯本款罪的，处以罚金，对其主管人员和直接责任人员依法追究刑事责任。携带炸药、雷管或者非法携带枪支子弹、管制刀具进站上车的，依照刑法有关规定追究刑事责任。"此法条所表达的规范是存在于行政法律——《铁路法》之中的刑法规范，故属于附属刑法。一般而言，附属刑法规范被分散规定于各种行政法律、经济法律、民事法律等文件之中，各规范之间不成体系。它们只是为其所依附的非刑事法律的立法目的服务，作为所依附之法律的最严厉制裁手段而被制定出来。

狭义刑法仅指刑法典，即现行《中华人民共和国刑法》。

(二) 普通刑法与特别刑法

普通刑法是指在一个国家内具有普遍适用效力，并不是针对特别人、特别事项或特别区域而规定的刑法。例如，刑法典就是普通刑法。

特别刑法是指在一个国家内仅适用于特别人、特别事项或特别区域的刑法。例如，单行刑法、附属刑法、中国香港地区和澳门地区刑法等就属于特别刑法。

三、刑法的性质

刑法的性质是指刑法区别于其他部门法的根本特征。

(一) 刑法所保护的社会关系最广泛

民法、行政法、经济法等部门法都是调整一定范围内的社会关系的法律。根据部门法划分的一般规则，调整某一类社会关系的法律规范，构成一个独立的法律部门。例如，凡是调整平等主体之间的财产关系和人身关系的法律规范，都属于民法；凡是调整国家以行政手段干预经济活动特别是进行宏观调控的经济活动的法律规范，都属于经济法。凡是代表国家的行政主体管理行政相对人的纵向管理与服从关系的法律规范，都属于行政法。

但是，部门法划分的一般规则也有例外。比如刑法就不是以调整某一类社会关系为标准而划分出来的部门法，它是以其对社会关系调整方法的强度或程度为标准而划分出来的部门法。也就是说，它是以特定的调整方法为标志而与其他部门法区别开来的。刑法的调整对象并不局限于某一类社会关系，而是调整各个领域的、各种类别的社会关系。也可以说，任何一种社会关系都可能成为刑法的调整对象。当某种社会关系由行政法、经济法、民法等非刑法规范调整无效而这种社会关系的调整对于社会的正常运行又非常重要的时候，它就有可能由刑法规范加以调整。例如，拒不支付劳动报酬的行为，本来是平等主体之间的雇主与雇员之间的债权债务关系，是民法调整的对象；但是，由于这种社会关系的调整非常重要，当民法调整无效的时候，就由刑法来调整。刑法规定的拒不支付劳动报酬罪，就是调整这一社会关系的规范。刑法对该种社会关系的调整方式就是规定严厉的制裁方法——刑罚，从而将这种社会关系纳入刑法的调整范围。所以，刑法是其他部门法的保护法，是其他部门法的后盾。如果说其他部门法是"第一道防线"，那么刑法则是"第二道防线"。

（二）刑法的调整方法最严厉

法律的调整方法是指对违反本法的行为所规定的制裁方法。各部门法的制裁方法都具有自己的特征。对于违反民事法律的行为，国家对其规定的制裁方法一般是经济赔偿、精神损害赔偿和惩罚性赔偿等。这类制裁方法能使被侵害的财产关系和人身关系尽可能恢复原状。对于违反行政法律的行为，国家对其规定的制裁方法一般是吊销许可证（照）、罚款、15 天以下限制人身自由的处罚，等等。对于违反经济法律的行为，国家对其规定的制裁方法一般是罚款、停止营业、限制其营业范围等。相对于以上非刑事法律规定的制裁方法而言，国家对违反刑法的行为所规定的制裁方法——刑罚，是最严厉的。刑罚不仅可以剥夺犯罪分子的财产，限制或剥夺犯罪分子的人身自由，剥夺犯罪分子的政治权利，而且在最严重的情况下还可以剥夺犯罪分子的生命。刑法制裁方法的严厉性，是刑法区别于其他非刑事法律的最重要的特征。

第二节 刑法的目的、任务与机能

一、刑法的目的

任何法规范都是以达到某种特定目的为宗旨的。法律规范本来就是为达到一定目的而要求人们必须如此行为或禁止人们如此行为的国家规定。一定目的是法规范的灵魂。没有目的就没有规范，目的决定了规范。规范只是达成目的之"行为禁止"或"行为命令"。目的是规范之本质内容，规范是目的之表达形式。只有深刻理解目的，才能真正把握规范。

《刑法》第 1 条规定："为了惩罚犯罪，保护人民，根据宪法，结合我国同犯罪作斗争的具体经验及实际情况，制定本法。"本条之规定便是刑法之目的。换言之，"惩罚犯罪"和"保护人民"就是全部刑法规范要达到的总目标。在这一总目标统领之下，每个刑法规范还有自己特定的具体目的。只有深刻理解刑法的目的，才能具体理解每一个刑法规范。

二、刑法的任务

关于刑法的任务，《刑法》第 2 条作出了如此之规定："中华人民共和国刑法的任务，是用刑罚同一切犯罪行为作斗争，以保卫国家安全，保卫人民民主专政的政权和社会主义制度，保护国有财产和劳动群众集体所有的财产，保护公民私人所有的财产，保护公民的人身权利、民主权利和其他权利，维护社会秩序、经济秩序，保障社会主义建设事业的顺利进行。"

一般而言，刑法的任务是对刑法目的之内容所作的初步分类，或者说是对刑法目的之内涵的概括性解释。根据刑法对于任务的表述，我国刑法的任务主要有如下几个方面：第一，刑法要保卫国家安全和国家政体不变；第二，刑法要保护社会经济秩序和国家、集体的财产安全；第三，刑法要保护公民的人身权利、民主权利、财产权利和其他权利；第四，刑法要维护社会的正常秩序。这四方面就是刑法要保护的重大利益。每一个方面的重大利益又包含丰富的具体内容。刑法要保护的重大利益也就是刑法目的之展开，往往也被刑法理论称为刑法法益。对于刑法法益，本书将在后文设专章加以论述。

三、刑法的机能

刑法的机能是刑法现实与可能发挥的作用，包括显在机能与潜在机能。[3]也可以说，刑法的机能就是刑法蕴含的对社会的作用与功能。刑法的机能有两个方面：一是保障机能，二是保护机能。

刑法的保障机能，是指刑法对于公民的人身、财产、自由等权利进行法律保护的功能。刑法的保障机能体现在两个方面：一方面，通过预先设定什么样的行为是犯罪以及对这种犯罪如何判处刑罚，来防止国家权力在法外过度干涉公民的人身、财产、自由等权利，保障无罪的人不受追究。另一方面，保障犯罪的人不受法外刑罚惩处。任何人是否构成犯罪以及构成犯罪后如何惩罚，只能依照法定程序和法定规格判处，不得对其法外定罪和施加法外刑罚。

刑法的保护机能，是指刑法对于社会整体秩序进行法律保护，使法所保护的社会利益和公民个人利益，不受犯罪侵害与威胁的功能。该机能的发挥，有赖于刑法以制裁犯罪为手段来保护社会整体秩序。

刑法的保障机能与保护机能是辩证统一的，不可偏废。不合时宜地过度

---

[3] 张明楷：《刑法学》（第4版），法律出版社2011年版，第25页。

发挥刑法的保障机能，可能会导致对全社会整体秩序保护的不足；同样，不合时宜地过度发挥刑法的保护机能，可能会导致对公民自由保障的不足。

刑法的上述两种机能，只是从理论上分析其自身所应当具有的和其现实可能发挥的功能，并不是指刑法在实际社会生活中必然能发挥全部的功能。因为刑法在理论上应有之功能和在实际上发挥之功能，并不必然一致。不同的国家可能会根据本国经济发展状况、政治生态情况及公民自由的实现条件，偏重发挥刑法的某一方面机能、而次要发挥刑法的另一方面机能；或者平等地发挥刑法的两个方面机能。是平等还是偏重发挥刑法的两个机能，只是一个国家的立法选择和司法价值取向的问题。只要这种选择和价值取向适合本国的国情，就是好的，就是对的；离开了本国的国情，空谈刑法的机能，就没有了取舍标准。

第三节　刑法规范和刑法典体系

一、刑法规范

刑法规范是指刑法典、单行刑法或附属刑法将严重侵害刑法法益[4]的具体行为类型规定为犯罪并为其设定一定刑罚或非刑罚处理方法的规范。

刑法规范既是指导法官如何定罪和适用刑罚的裁判规范，也是社会一般人行为的模式，即行为规范。比如，《刑法》第72条规定："对于被判处拘役、3年以下有期徒刑的犯罪分子，同时符合下列条件的可以宣告缓刑……"此法条规范，首先是裁判规范，因为它对于法官如何量刑具有指引作用；其次，此规范也是行为规范，因为它对于社会一般人的行为也具有一定的指引作用。再比如，《刑法》第170条规定："伪造货币的，处3年以上10年以下有期徒刑，并处罚金……"首先，此法条是行为规范，因为它能够对社会一般人的行为加以指引，禁止人们实施伪造货币的行为；其次，它也是裁判规范，因为它能够对法官处理伪造货币案件的定罪量刑发挥指导作用。根据此规范，法官对于实施伪造货币，数额巨大，没有其他情节的行为人，在认定其构成伪造货币罪的同时，必须在3年至10年的幅度内判处有期徒刑。

---

〔4〕 刑法法益就是刑法所保护的利益。

一般而言，刑法总则规定的规范以指导法官定罪量刑的作用为主，其对社会一般人行为加以指引的作用则是次要的。所以，刑法总则规范主要是裁判规范，其次是行为规范；而刑法分则规定的规范，对于指引社会一般人的行为和指导法官正确的定罪量刑具有同样的作用。

二、刑法典体系

我国刑法典体系，是指由编、章、节、条、条内部各组成部分的排列及附则而构成的逻辑体系。

（一）刑法典的编

我国刑法典分为总则编和分则编。总则编分设五章，分别对刑法的任务、基本原则和适用范围，犯罪、刑罚的种类，刑种的具体内容，刑罚的具体运用等问题作出了规定。分则编分设十章，每章规定一类犯罪，每一类罪都由具体的犯罪组成。分则各章的条文对每一个具体犯罪的客观要件加以规定（有一些条文对犯罪主观要件也加以规定），并对每一个具体犯罪都规定了相应的法定刑或者非刑罚处理方法。分则每一章规定的具体犯罪，排列组合在一起，就构成该章的类罪体系。例如，刑法分则第五章侵犯财产罪的具体条文，主要规定了抢劫罪、盗窃罪、诈骗罪、抢夺罪、聚众哄抢罪、侵占罪、职务侵占罪、挪用资金罪、挪用特定款物罪、敲诈勒索罪、故意毁坏财物罪、破坏生产经营罪、拒不支付劳动报酬罪等 13 个具体犯罪。这 13 个具体犯罪按照一定逻辑体系组合起来，就构成了第五章侵犯财产罪的类罪体系。

（二）刑法典的章

我国刑法典的编下设章。总则编分设有五章。这五章的标题分别是刑法的任务、基本原则和适用范围，犯罪，刑罚，刑罚的具体运用，其他规定。分则编设有十章。这十章标题分别是：危害国家安全罪，危害公共安全罪，破坏社会主义市场经济秩序罪，侵犯公民人身权利、民主权利罪，侵犯财产罪，妨害社会管理秩序罪，危害国防利益罪，贪污贿赂罪，渎职罪，军人违反职责罪。刑法分则是关于具体犯罪及其刑罚幅度的规范体系，是对具体犯罪行为定罪量刑的标准。

刑法总则与刑法分则的关系是一般与特殊、抽象与具体的关系。总则指导分则，分则是总则所确定的原理、原则、制度的具体体现，二者相辅相成。

只有把刑法总则和刑法分则紧密地结合起来加以研究，才能正确地认定犯罪、确定责任和适用刑罚。[5]

（三）刑法典的节

刑法总则第一章、第五章没有设节，第二章设有四节。这四节的标题分别是：犯罪和刑事责任，犯罪的预备、未遂和中止，共同犯罪，单位犯罪。第三章设有八节。这八节的标题分为是：刑罚的种类，管制，拘役，有期徒刑，无期徒刑，死刑，罚金，剥夺政治权利，没收财产。第四章设有八节。这八节的标题分别是：量刑，累犯，自首和立功，数罪并罚，缓刑，减刑，假释，时效。刑法分则只有第三章和第六章设节，其他各章均未设节。第三章设有八节。这八节的标题分别是：生产、销售伪劣商品罪，走私罪，妨害对公司、企业的管理秩序罪，破坏金融管理秩序罪，金融诈骗罪，危害税收征管罪，侵犯知识产权罪，扰乱市场秩序罪。第六章设有九节。这九节的标题分别是：扰乱公共秩序罪，妨害司法罪，妨害国（边）境管理罪，妨害文物管理罪，危害公共卫生罪，破坏环境资源保护罪，走私、贩卖、运输、制造毒品罪，组织、强迫、引诱、容留、介绍卖淫罪，制作、贩卖、传播淫秽物品罪。

（四）刑法典的条

刑法典共有452条。每章或节内各条的序号是通排的。自《刑法修正案（三）》开始，如果刑法修正案在刑法典的某条之下增加了1条，就表述为"第××条之一"、"第××条之二"。例如，《刑法修正案（三）》规定，在《刑法》第120条后增加1条，作为第120条之一。《刑法修正案（九）》规定，在刑法第120条之一后增加5条，作为第120条之二、第120条之三、第120条之四、第120条之五、第120条之六。

刑法总则内的各条所规定的内容是犯罪，刑事责任，犯罪的预备、未遂和中止，共同犯罪，单位犯罪等原则和制度。刑法分则的各条基本上都规定了行为模式和刑罚制裁方法。分则条文的规定模式一般是："……的，处……"例如，《刑法》第232条规定："故意杀人的，处死刑、无期徒刑或者10年以上有期徒刑……"分则条文规定的内容就是刑法规范。其规定方式有二：其一，

---

[5] 高铭暄、马克昌主编：《刑法学》（第2版），北京大学出版社、高等教育出版社2005年版，第19页。

一个条文或多个条文规定一个刑法规范;其二,一个条文规定多个刑法规范。

(五)刑法典的款、项和但书

刑法典的款,是指在条所规定的文字中所有空两格另起的一个自然段。如果某条只有一个自然段,那么该条就没有款。如果某一条有两个自然段,那么该条就有两款。第一自然段是第1款,第二自然段是第2款。具体示例如下:

《刑法》第17条规定:

"已满16周岁的人犯罪,应当负刑事责任。

已满14周岁不满16周岁的人,犯故意杀人、故意伤害致人重伤或者死亡、强奸、抢劫、贩卖毒品、放火、爆炸、投放危险物质罪的,应当负刑事责任。

已满14周岁不满18周岁的人犯罪,应当从轻或者减轻处罚。

因不满16周岁不予刑事处罚的,责令他的家长或者监护人加以管教;在必要的时候,也可以由政府收容教养。"

该条文共有四款。从第一自然段到第四自然段分别称为第1款、第2款、第3款、第4款。

项和但书,都是条的组成部分。但是,并不是每一个刑法条文都有项或但书。我国刑法典的绝大多数条文没有项或但书。项是在一个刑法条文中排列规定的由(一)、(二)、(三)等序号起头的一段文字。这段文字分别称为第××条第1项、第2项、第3项等。具体示例如下:

《刑法》第75条规定:

"被宣告缓刑的犯罪分子,应当遵守下列规定:

(一)遵守法律、行政法规,服从监督;

(二)按照考察机关的规定报告自己的活动情况;

(三)遵守考察机关关于会客的规定;

(四)离开所居住的市、县或者迁居,应当报经考察机关批准。"

在此条文中,用(一)、(二)、(三)、(四)等序号起头的文字可分别称为第75条第1项、第2项、第3项、第4项。

但书,就是在刑法条文中用"但是"两个字开头的一段文字。例如,《刑法》第13条规定:"……但是情节显著轻微危害不大的,不认为是犯罪。"此条文中以"但是"开头的一段文字,就被称为"《刑法》第13条但书"。

(六)刑法典的附则

我国刑法典设有附则,仅有一个条文,即第452条。其规定的具体内容有两个方面:一是修订后的刑法典开始施行的日期。二是修订后的刑法典与以往单行刑法的关系,宣布在修订的刑法典生效后某些单行刑法的废止以及某些单行刑法中有关刑事责任的内容因纳入修订后的刑法典之中而失效;但其中有关行政处罚和行政措施的规定继续有效。

第二章 刑法基本原则和效力范围

第一节 刑法基本原则

刑法基本原则,是指刑法规定的刑事立法、刑事司法所必须普遍遵循的具有全局性、根本性的准则,是法治原则在刑法中的具体体现。其特征体现在四个方面:首先是法定性。刑法基本原则必须是刑法明文规定的原则。我国刑法基本原则共有三个:一是罪刑法定原则;二是适用刑法人人平等原则;三是罪刑相适应原则。其次是独有性。刑法基本原则必须是刑法本身所特有的原则,而不是各个部门法所共有的原则。再次是全局性。刑法基本原则必须是贯穿于刑事立法、刑事司法全过程的根本准则。最后是最高效力性。它是刑事立法、刑事司法、刑事执法都必须遵循的准则,是刑法规范的灵魂。

一、罪刑法定原则

(一)罪刑法定原则的概念

《刑法》第3条规定:"法律明文规定为犯罪行为的,依照法律定罪处刑;法律没有明文规定为犯罪行为的,不得定罪处刑。"根据此规定,罪刑法定原则,是指刑法必须明文规定犯罪的概念、具体犯罪的构成要件、具体犯罪的范围、刑罚的种类和幅度、刑种如何适用等内容。凡是刑法没有规定为犯罪的行为都不是犯罪;凡不构成犯罪的行为都不能加以刑罚处罚。简单说,就是"法无明文规定不为罪,法无明文规定不处罚"。

(二) 罪刑法定原则的派生原则

1. 排斥习惯法原则

此原则要求：必须用成文法律的形式来规定犯罪与刑罚；法官必须根据成文法律来定罪量刑；习惯法和判例都不能作为刑法的渊源而加以援引。

2. 禁止溯及既往原则

此原则要求：必须根据已经公布并且生效了的法律来对某种行为定罪量刑；在某种生活行为实施以后，才公布或生效的法律，不能用来对该行为进行定罪量刑。

3. 禁止有罪类推原则

此原则要求：必须根据刑法明文规定的行为类型，来判断某种生活行为是否有罪，生活行为只有与法定的行为类型相符合时，才可能确定为犯罪；如果不符合就不能定罪。如果生活行为与刑法明文规定的任何行为类型都不符合，那么此种生活行为就不构成犯罪，绝不可以比照最相类似的刑法规定的行为类型，来对此生活行为定罪量刑。[1]

4. 禁止绝对不确定刑原则

此原则要求：刑法条文必须为某种犯罪规定确定的刑种和相对确定的刑罚幅度，不能规定绝对不确定刑。所谓绝对不确定刑，是指法条仅仅对某种犯罪规定了"判处刑罚"，但没有明确规定判处何种刑种和怎样的刑罚幅度。例如，如果刑法规定"某种行为构成犯罪，判处刑罚。"由于此条文仅仅规定了判处刑罚，却没有规定何种刑种和刑罚的幅度，所以是绝对不确定刑。这是违反罪刑法定原则的。

---

[1] 我国旧刑法（即1979年《刑法》）第79条规定：本法分则没有明文规定的犯罪，可以比照本法分则最相类似的条文定罪判刑，但是应当报请最高人民法院核准。前文所引，1991年5月1日实施的《中华人民共和国铁路法》第60条规定："违反本法规定，携带危险品进站上车或者以非危险品品名托运危险品，导致发生重大事故的，依照刑法有关规定追究刑事责任。企业事业单位、国家机关、社会团体犯本款罪的，处以罚金，对其主管人员和直接责任人员依法追究刑事责任。携带炸药、雷管或者非法携带枪支子弹、管制刀具进站上车的，依照刑法有关规定追究刑事责任。"旧刑法第163条规定：违反枪支管理规定，私藏枪支、弹药，拒不交出的，处2年以下有期徒刑或者拘役。此条规定的是私藏枪支、弹药罪。1991年5月1日实施的《中华人民共和国铁路法》把携带炸药、雷管或者非法携带枪支子弹、管制刀具进站上车的行为，比照私藏枪支罪定罪处罚。这是一种类推的立法，违反罪刑法定原则。故1997年刑法对此法条进行了修改，将前述《铁路法》规定的行为，单独确定为刑法的第130条，并规定了非法携带枪支、弹药、管制刀具、危险物品危及公共安全罪。

5. 明确性原则

此原则要求：规定犯罪的法律条文的用词，其含义必须清楚明确，使人们能够确切地理解其内容，进而能准确地确定犯罪行为与非犯罪行为的范围与界限，以保障该规范没有规定的行为，不会成为该规范适用的对象。明确性原则能限制国家权力和保障国民权利。法律条文不明确，必然使国民对自己行为的后果不可预测，也必然会导致国家权力的扩张。当然，法律条文的明确性也只是一个相对的要求。其原因是，任何一种语言文字的含义总是具有一定的边界上的模糊性和理解上的歧义性，这是人类语言的必然规律。罪刑法定原则的明确性，只是一种法律用词所追求的取向，即必须使用最能表达立法精神的词语。

6. 实体的正当程序原则

此原则也称"禁止处罚不当罚行为"原则。此原则要求：刑法不能将人类理性公认不应当定罪的行为规定为犯罪；刑法也不能规定残忍的、不人道的刑罚。例如，如果刑法规定某个种族的人，生来就构成犯罪，那么此种规定就违反了实体的正当程序原则要求。所谓残忍的、不人道的刑罚是指给受刑人带来极度精神和肉体痛苦的刑罚，如肉体刑、火刑等都属于不人道刑罚，死刑、绞刑等在许多国家的刑罚观念中也属于不人道刑罚。

二、适用刑法人人平等原则

（一）适用刑法人人平等原则的概念

《刑法》第4条规定："对任何人犯罪，在适用法律上一律平等。不允许任何人有超越法律的特权。"根据此法条，所谓适用刑法人人平等原则，是指不管行为人的身份、地位、财产状况如何，只要其实施的行为根据刑法规定构成犯罪，就应当按照规定处理；犯罪的社会危害程度和情节相同，就应当判处同样的刑罚。简单说，就是"对于实施相同危害行为的人同等定罪，对于犯罪情节相同的人同等刑罚"。质言之，"同样行为相同定罪，同样情节同等处罚"。

（二）适用刑法人人平等原则的基本内容

本原则包括三个方面的内容。首先，定罪方面，任何人实施的行为侵害了刑法法益，符合刑法规定的行为类型，都应当平等地定罪，绝不允许在定罪方面存在任何特权。其次，在量刑方面，任何人实施的行为触犯了相同的罪名，具有相同的量刑情节，都应当判处相同的刑罚，绝不允许同罪异罚。最后，在行刑方面，对于所有被执行刑罚的人，都必须按照判决书确定的刑罚种类和刑罚幅度去执行刑罚，既不允许法外减刑、假释、暂予监外执行；也不允许在行刑罚场、行刑待遇等方面搞特殊化。

三、罪刑相适应原则

（一）罪刑相适应原则的概念

《刑法》第5条规定："刑罚的轻重，应当与犯罪分子所犯罪行和承担的刑事责任相适应。"根据此法条，所谓罪刑相适应原则，是指犯多大的罪，就应当承担多大的刑事责任，法院也应当判处相应轻重的刑罚，要做到重罪重罚，轻罪轻罚，罪刑相称，罚当其罪；在决定罪重罪轻和刑事责任大小时，不仅要看犯罪的客观危害性，而且要结合考虑行为人的主观恶性和人身危险性。[2] 简单说，就是"重罪重罚，轻罪轻罚，罚当其罪"。

（二）罪刑相适应原则的基本内容

罪刑相适应原则包括三个基本内容。

首先，刑罚的轻重必须与犯罪的性质相适应。犯罪的性质，就是由犯罪主观要件（主观恶性）和客观要件（刑事违法性）相统一而构成的不同类型的具体犯罪，即用具体罪名标明的犯罪。每一个罪名的犯罪，都由刑法明文规定的客观行为类型和相应的犯罪故意或犯罪过失构成。各个不同罪名的犯罪，都具有不同的社会危害性。司法机关决定刑罚时，必须首先要与本罪名的犯罪性质相适应。

其次，刑罚的轻重必须与犯罪情节相适应。相同罪名的犯罪，在不同的案件中具有不同的主客观情况，这也叫做犯罪情节，主要包括犯罪的时间、地点、起因、被害人的状况、社会人群的情绪反映、犯罪侵犯财产的数量和价值，等等。罪刑相适用原则要求司法机关在判处刑罚时，必须考虑这些情节，使刑罚的轻重与犯罪的客观情节相适应。

---

[2] 高铭暄、马克昌主编：《刑法学》（第4版），北京大学出版社、高等教育出版社2010年版，第31页。

最后，刑罚轻重必须与犯罪人的人身危险性相适应。人身危险性与主观恶性不同。主观恶性是行为人在实施犯罪行为时所具有的故意或过失的罪过形式，表明行为人具有损害别人（包括国家和集体）利益的想法和办事不认真、不履行注意义务的坏习惯；主观恶性直接反映犯罪的轻重，是犯罪的构成要件；而人身危害性是犯罪人在受到刑罚处罚以后再次犯罪的可能性。这种可能性需要根据行为人的成长经历、以往实施违法或犯罪行为的记录、在本次犯罪中的情节等来综合判断。人身危险性虽然不直接反映本次罪行的轻重，但却可以表明他可能再次犯罪，从而对社会构成潜在威胁的程度。它包括行为人本次犯罪前和犯罪后的各种表现的情况。所以，罪刑相适应原则还要求司法机关在决定刑罚时，一定要充分考虑犯罪人的人身危险性，对于再次犯罪可能性大的，要适用重的刑罚或者主要适用改造性强的刑种。

综上，罪刑相适应原则要求司法机关在适用刑罚时，必须全面落实"刑罚要与犯罪性质相适应、刑罚要与犯罪情节相适应、刑罚要与人身危险性相适应"三项要求，做到罚当其罪。

第二节　刑法的空间效力范围

刑法效力范围包括空间效力范围和时间效力范围两大项内容。其中刑法的空间效力范围解决的是一国刑法在什么地域内、对什么人具有效力的问题；刑法时间效力范围解决的是刑法何时生效、失效及其有无溯及力的问题。关于刑法时间效力范围将在下一节讲述。

确定刑法空间效力范围的根据，叫做刑事管辖原则，包括属地管辖原则、属人管辖原则、保护管辖原则、普遍管辖原则、船（机）旗国管辖原则等。

一、属地管辖原则

属地管辖原则，是指一个国家的刑法对其领域内所有犯罪的人都具有效力，不论该犯罪人具有什么国籍。这是一种以"犯罪地作为连接点"而确定的管辖原则。我国《刑法》第6条第1款规定了此原则。该规定是"凡在中华人民共和国领域内犯罪的，除法律有特别规定的以外，都适用本法"。

该规定的"领域"，包括我国的领陆、领水和领空。该规定的"除法律有特别规定的以外"，是指根据法律的特别规定，即使发生在我国领域内的犯罪，也可以不适用我国刑法的情况，包括三种：

第一种是享有外交特权和豁免权的外国人，在我国领域内犯罪，不适用我国刑法的情况。我国《刑法》第 11 条规定："享有外交特权和豁免权的外国人的刑事责任，通过外交途径解决。"这些外交途径主要包括：要求派遣国召回或者建议派遣国依法处理，对于罪行严重的，可以由政府宣布为不受欢迎的人，限期出境等等。

第二种是对于香港、澳门和台湾地区发生的犯罪不适用内地刑法（包括内地的刑法典、附属刑法和单行刑法）的情况。1997 年 7 月 1 日实施的《香港特别行政区基本法》第 18 条规定："全国性法律除列于本法附件三者外，不在香港特别行政区实施。"刑法不在附件三所列的法律中。《澳门特别行政区基本法》也有类似的规定。不过，根据以上两个基本法的规定，全国人大常委会决定宣布战争状态或者因港、澳特别行政区内发生不能控制的危及国家统一或者安全的动乱，而决定特别行政区进入紧急状态时，中央人民政府可以发布命令将有关全国性的法律在港、澳特别行政区实施。

第三种是指不适用我国刑法典部分条文的情况。此专指民族自治地方的变通和补充规定。《刑法》第 90 条规定："民族自治地方不能全部适用本法规定的，可以由自治区或者省的人民代表大会根据当地民族的政治、经济、文化的特点和本法规定的基本原则，制定变通或者补充的规定，报请全国人民代表大会常务委员会批准施行。"

关于属地管辖原则，还必须解决如何确定"犯罪地"是否在我国领域内的问题。主要有三种学说：第一种是行为地说，即以行为实施地作为确定犯罪地的标准。第二种是结果地说，即以犯罪结果发生地作为确定犯罪地的标准。第三种是行为或结果地说，即认为犯罪行为地或犯罪结果地都是确定犯罪地的标准。我国《刑法》第 6 条采取第三种观点，规定"犯罪行为或者犯罪结果有一项发生在中华人民共和国领域内的，就认为是在中华人民共和国领域内犯罪"。

二、属人管辖原则

属人管辖原则，是指凡是具有本国国籍的人，其在本国领域外犯罪，也适用本国刑法。这是一种以"犯罪人的国籍作为连接点"而确定的管辖原则。

我国《刑法》第7条规定了属人管辖原则。其规定是:"中华人民共和国公民在中华人民共和国领域外犯本法规定之罪的,适用本法,但是按本法规定的最高刑为3年以下有期徒刑的,可以不予追究。中华人民共和国国家工作人员和军人在中华人民共和国领域外犯本法规定之罪的,适用本法。"

根据上述规定,我国公民在我国领域外犯我国刑法规定之罪的,不论按照当地法律是否认为是犯罪,也不论其犯罪行为侵犯的是何国家或者何公民的利益,原则上都适用我国刑法;但是按照我国刑法的规定,该公民所犯之罪法定最高刑为3年以下有期徒刑的,可以不予追究。所谓"可以不予追究",是表明一种原则倾向,并非绝对不追究,即保留追究的可能性,特殊情况下,在必要时也可以追究。

但是,我国国家工作人员和军人在域外犯罪,则不论其所犯之罪的法定最高刑是否为3年以下有期徒刑,一律适用我国刑法追究其刑事责任。这主要考虑的是此两类人员具有代表国家形象的特殊身份、肩负特殊的职责,其工作与国家的利益息息相关,故对此两类人在域外实施犯罪要在管辖上从严掌握。

三、保护管辖原则

保护管辖原则,是指凡是侵害本国公民或者国家利益的犯罪,不论犯罪人具有什么国籍或者无国籍,也不论犯罪地属于哪一个国家或者无主权管辖的区域,都适用本国刑法。这是一种"以本国利益为连接点"而确立的管辖原则。

我国《刑法》第8条规定了保护管辖原则。其规定是:"外国人在中华人民共和国领域外对中华人民共和国国家或者公民犯罪,而按本法规定的最低刑为3年以上有期徒刑的,可以适用本法,但是按照犯罪地的法律不受处罚的除外"。根据该规定,外国人在我国领域外,对我国国家或者公民犯罪,我国刑法有权管辖,以保护我国国家和公民的利益,但有下列限制:

第一,犯罪主体必须是外国人或无国籍人。因为如果犯罪人具有我国国籍,我国就可以通过属人管辖原则来行使管辖权。

第二,外国人或无国籍人所犯之罪,必须侵犯我国国家或公民利益。

第三，外国人或无国籍人的犯罪地，必须是在外国领域内或无主权管辖区域。如果犯罪行为发生在我国领域内的话，我国可以通过属地原则来实现管辖权。

第四，外国人或无国籍人所犯之罪，按照我国刑法规定的最低刑须为3年以上有期徒刑。也就是说，对刑法规定的最低刑低于3年有期徒刑的轻罪，我国刑法不予管辖。

第五，外国人或无国籍人所犯之罪，按照犯罪地法律也应受刑罚处罚。换言之，按行为地法律不应受刑罚处罚的行为，我国刑法也不予管辖。

第六，在我国领域外犯罪的外国人或无国籍人在我国领土上出现，我国可以直接实施抓捕来进行刑事管辖；否则，我国要通过引渡、协商等途径来实现管辖权。不论实际上我国是否最终一定能实现管辖权，只要我国刑法明确规定对此种犯罪能行使管辖权，就能对此类犯罪起到一般预防作用，就能有效防止外国人肆无忌惮地在外国对我国国家或者公民的利益进行侵害。

四、普遍管辖原则

普遍管辖原则，是指凡是发生国际条约所规定的侵犯国际社会共同利益的犯罪，不论犯罪人具有何种国籍，也不论犯罪地在何处，都可以适用本国刑法。这是一种"以保护国际社会共同利益为连接点"而确立的管辖原则。

我国《刑法》第9条对此有明确规定。该规定是："对于中华人民共和国缔结或者参加的国际条约所规定的罪行，中华人民共和国在所承担条约义务的范围内行使刑事管辖权的，适用本法。"根据此条文，凡是我国缔结或者参加的国际条约规定的罪行，不论罪犯是中国人还是外国人，也不论罪行发生在我国领域内还是领域外，也不论其侵犯的是哪一个国家或公民的利益，只要罪犯在我国境内被发现，我国在承担条约义务的范围内，如不引渡给有关国家，就应当行使刑事管辖权，按照我国刑法对罪犯予以惩处。

在我国刑法中，普遍管辖权有其适用的范围和实施的条件，它只是我国刑法空间效力的辅助性原则。普遍管辖原则的确立，是我国参与反国际犯罪斗争、捍卫全人类权益的必然要求。根据刑法规定，按照普遍管辖原则适用我国刑法，必须具备如下条件：

第一，被追诉的国际犯罪，是我国缔结或者参加的国际条约所规定的国际犯罪。

第二，我国追诉国际犯罪的责任，必须在我国承担条约义务的范围之内。超过我国承担的条约义务范围，我国也可以不予管辖。一般而言，我国参加或者缔结国际条约时，凡声明保留的条款，都不在我国承担的条约义务范围之内。

第三，被追诉的国际犯罪，必须发生在我国领域之外。如果发生在我国领域之内，则应依据属地管辖原则适用我国刑法。

第四，犯罪人必须是外国人或无国籍人。如果犯罪人是我国公民，则可以依照属人管辖原则适用我国刑法。

第五，被追诉的国际犯罪，必须也是我国刑法明文规定的犯罪。即按照普遍管辖原则追诉的犯罪行为，必须按照我国刑法明文规定的具体罪名来定罪和量刑。如果我国刑法没有将此种行为规定为某种罪名，那么我国将无法根据我国刑法来定罪量刑。一个国家绝不能根据外国刑法或直接根据国际公约来对被追诉行为定罪量刑。一个国家的司法机关必须依据本国刑法来进行刑事审判，这是国家司法主权的必然要求。

第六，犯罪人在我国领域内居住或者进入我国领域，或者根据法律引渡到我国。只有具备这样的条件，我国才能对此罪犯实际行使刑事管辖权。根据国家主权一律平等的国际法原则，我国不能根据普遍管辖原则到外国领域内抓捕罪犯。

五、船（机）旗国管辖原则

船（机）旗国管辖原则，是指各国对悬挂其国旗的船舶或飞机上的人、物和发生的包括刑事案件在内的事件实行管辖的原则。在现代社会，此种原则已经得到越来越多国家刑法理论的支持。

（一）船（机）旗国管辖原则是具有独立根据的特别原则

本原则是指对于船舶或航空器上发生的犯罪，不论犯罪人具有何种国籍，犯罪侵犯的是谁的利益，被害人是哪国人，船（机）旗国都有管辖权。这是一种"以船（机）旗为连接点"而确立的管辖原则。船（机）旗原则是一种独立的特别管辖原则，既不同于属地管辖原则、属人管辖原则，也区别于保护管辖原则和普遍管辖原则。

1. 对船舶上发生的犯罪不能根据属地原则加以管辖

船舶并非领土。如果将船舶视为领土会产生如下弊端：第一，将船舶视为领土与我国参加的有关国际公约不符。我国 1996 年 5 月参加了《联合国海洋法公约》（后文简称《公约》）。《公约》第 2 条第 1 款规定："沿海国的主权及于其陆地领土及其内水以外邻接的一带海域……称为领海。"领海是一个国家的领土。根据"不属于国家主权管辖下的土地是不能称为国家领土"的原则，船旗国不应当将处于他国港口、内水或领海内的船舶视为本国领土。《公约》第 89 条规定："任何国家不得有效地声称将公海的任何部分置于其主权之下。"因此，船旗国也不应将在公海上的船舶称为领土。

第二，坚持船舶是船旗国领域的延伸与相互尊重国家主权和领土完整的国际法基本原则不符。"排他性"是领土的一个最重要特征。在一国领域内不能再有他国领土的存在。所以，在他国领域内的船舶绝不能成为船旗国的领土。[3]

第三，将船舶领土化是对本国属地管辖原则的破坏。《公约》第 1 条规定，一国的内水、领海等都属于沿海国领土主权的范围。如果将船舶视为领土，那么就意味着在本国港口、内水或领海内的外国船舶，是外国"领土"。换言之，就意味着在本国领土上还存在着外国"领土"。领土主权是排他性的，本国无权对该外国"领土"内的犯罪行为行使领土管辖权。这无疑是对本国领土原则的破坏。

第四，将船舶领土化会无谓地制造刑事管辖权的国际冲突。如果各国都将本国的船舶视为本国领土，那么船旗国对于在外国港口、内水或领海内的本国船舶上的犯罪都具有排他性的管辖权；而沿海国对港口、内水和领海内的犯罪行为也享有排他性的管辖权。这样，船旗国与沿海国对同一个船舶上的犯罪都产生了"排他性"的刑事管辖权。两个"排他性"的管辖权之间的冲突是不可调和的，最终将无法合理解决此冲突。

第五，将船舶领土化与司法实践不符。领土具有两层含义：其一，一国领土在任何时候、任何条件下都不可能受到别国的侵犯（除非在别国自卫的紧急情况下）；其二，一国主权对于其领土上刑事管辖权具有排他性。不允许

---

[3] 陈忠林："关于我国刑法属地原则的理解、适用及立法完善"，载《现代法学》1998 年第 5 期。

在一国领土上存在别国的刑事管辖权。而这两层含义却完全不适用于船舶。在司法实践中,对在一国港口、内水的外国船舶上的犯罪,沿海国根据领土原则具有优先的属地管辖权。一旦沿海国实施了管辖权,船旗国根本无法再同时实施管辖权。只有在沿海国放弃管辖权或者行使管辖权将案件处理完毕后,船旗国才能行使管辖权。《公约》已经明确规定,在公海或他国领域内的船舶,不是船旗国的领土。认为船舶是浮动领土(Floating territory)、浮动岛屿(Floating island)而将船舶领土化的理论,由于存在排除沿海国法律对船舶适用的逻辑错误,在国家管辖范围海域内已为大多数学者所抛弃。[4] 所以,根据属地管辖原则来确立对船舶上犯罪的刑事管辖权是不正确的。

2. 对于船舶上发生的犯罪不能根据属人原则加以管辖

船旗国管辖原则与属人管辖原则(国籍管辖原则)毕竟不同,将船旗国原则等同于属人管辖原则会产生下列弊端:

(1)船舶上的犯罪,包括本国公民在本国船舶上的犯罪,也包括外国公民在本国船舶上的犯罪。对于前者根据属人管辖原则行使刑事管辖权,是正确的;但对于后者根据属人管辖原则就不可理解。因为外国人的国籍并不会因为在他国船舶上犯罪后就变为该船旗国的国籍,所以,对本国船舶上的外国人犯罪,船旗国根据属人管辖原则来行使刑事管辖权,是毫无道理的。[5]

(2)属人管辖原则适用于自然人,而船舶并不是自然人。在某种意义上,船舶属于物,属于某一国家所有或被某一国家法律保护的物。所以,对船舶上的犯罪,根据属人管辖原则或国籍管辖原则,来确定管辖权是有逻辑矛盾的,因为物并不等于人。从一定意义上说,船舶上的成员作为一个集体,在船长的指挥下实施一个犯罪行为,也可能构成船舶单位犯罪或船舶法人犯罪。在这种情况下,如果船长、船员的国籍与船舶的国籍相同,根据属人原则或国籍原则来行使刑事管辖权,是正确的。但船舶的国籍与船长、船员的国籍在许多情况下并不相同。在这种情况下,就不能根据属人管辖原则来对船舶单位犯罪行使管辖权。

3. 对于船舶上发生的犯罪不能适用登记国原则或专属原则加以管辖

有观点认为,应当根据登记国原则来对船舶上的犯罪确立刑事管辖权。

---

[4] 余民才主编:《国际法专论》,中信出版社2003年版,第83页。
[5] 邵维国:"论海上国际犯罪的船旗国管辖原则",载《吉林大学社会科学学报》2007年第6期。

所谓登记国原则，就是对在一国登记的船舶内犯罪，由登记国管辖。[6] 这一观点将船舶上犯罪的管辖原则与属地管辖原则和属人管辖原则相区别是正确的；但是，它将船舶上犯罪的刑事管辖原则确定为登记国管辖原则，有不妥之处。其原因有二：第一，船舶并非一律登记；第二，船舶的登记与船舶的国籍未必完全一致。船舶国籍的给予是承认特定的船舶属于本国所有。但是，各国法律对船舶登记和给予国籍各有不同的规定。有的国家通过船舶登记，承认该船舶具有本国国籍。这时船舶登记与船舶国籍一致。如法国法律规定，具有法国国籍的船舶，所有人将其船舶在法国登记，该船舶便被承认具有法国国籍。但也有些国家的法律明确规定，具有一定条件的船舶自然具有本国国籍，如果船舶丧失了这些条件，便丧失了该国国籍。此时其船舶国籍的取得并不一定通过登记取得。如日本、比利时、澳大利亚等国的船舶法都有类似的规定。澳大利亚1981年《船舶登记法》规定，没有履行登记义务的特定船舶也属于澳大利亚船舶，具有澳大利亚国籍，即船舶所有权完全由澳大利亚居民所有，或由澳大利亚居民以及澳大利亚国民所有的船舶，以及澳大利亚居民或澳大利亚国民或双方经营的船舶均属于免除登记的船舶，这些船舶也拥有澳大利亚国籍。在美国，如果船舶由美国公民所有，那么该船舶便是美国的船舶，其国籍便是美国国籍。虽然该船舶因某种原因不具备在美国登记的资格，或者是不希望在美国登记，但该船舶在世界任何地方都有作为美国人的财产而受到保护的资格。[7] 所以，船舶的国籍未必要通过登记取得。也可以说，船舶国籍只是表明船舶实际上所属的国家以及船舶具有的受特定国家保护的资格，但不一定在国籍国登记。因此，船舶的国籍与登记通常也并不一致，许多船舶没有登记却拥有国籍。有关这个问题得到了1954年《国际防止海洋污染公约》的认可。该公约第2条第1款规定："本公约适用于在缔约国政府任一领土内登记的船舶并适用于未经登记而具有缔约国国籍的船舶。"可见，船舶登记是船舶取得国籍或国旗的根据之一，但登记并不是唯一根据。

《公约》第92条第1款规定："船舶航行应仅悬挂一国的旗帜，而且除国际条约或本公约明文规定的例外情形外，在公海上应受该国的专属管辖……"

---

〔6〕赵秉志主编：《国际区际刑法问题探索》，法律出版社2003年版，第155页。

〔7〕［日］水上千之：《船舶国籍与方便旗船籍》，全贤淑译，大连海事大学出版社2000年版，第71~72页。

这表明，《国际海洋法公约》在船舶管辖问题上，使用的是"船旗国"这一概念，并没有使用"登记国"概念。据此，对于船舶上犯罪的刑事管辖原则应当根据《公约》的规定，确定为"船旗国管辖原则"为好，因为"船旗国"已经成为《公约》中的法定概念，使用这一概念有充分的国际法根据。

还有一种观点认为：对船舶上犯罪的管辖原则，应当根据《公约》第92条之规定，用"专属管辖"来解释。[8] 本书认为，此观点不科学。刑事管辖原则，是国家对刑事犯罪确立管辖权的法律根据。这种根据就是犯罪的某种因素与本国具有某种自然的或法定的联系，包括犯罪人具有本国国籍、犯罪行为发生在本国领域内、犯罪侵害的是本国公民或本国国家的利益等。如果犯罪的因素都与本国没有联系，则本国对此种犯罪的管辖就失去了根据（普遍管辖原则应当从犯罪侵害人类共同利益为连接点来理解）。当犯罪案件与外国有关的情况下，犯罪的某种因素与本国有联系就更加重要。对与外国有关之案件行使本国刑罚权而言，必须有一个"有意义的连接点"，此等连接点将案件事实与行使本国刑罚权联系在一起。[9] 这种"有意义的连接点"就包括前面所述之犯罪地在本国、犯罪人具有本国国籍、犯罪侵害的对象是本国公民或本国国家利益等。没有这种"有意义的连接点"就不能确立刑事管辖权。"专属管辖"恰恰没有揭示犯罪的因素与本国刑法之间存在着"有意义的连接点"，无法揭示本国行使管辖权的根据。根据《公约》第92条之规定，"专属管辖"是船旗国对公海上的船舶行使管辖权的方式，特指此种管辖权的行使具有排他性。可见，"船旗"是专属管辖权存在的前提和根据。所以"船旗"才应当成为对船舶上的犯罪行使管辖权的根据。

综上所述，本书认为，船（机）旗国原则，是唯一能科学合理揭示一个国家对船舶、飞机上犯罪行使管辖权的理论根据。它不属于属地管辖原则、属人管辖原则、保护管辖原则、普遍管辖原则中的任何一种。它是一种具有独立根据的原则。

(二) 适用船（机）旗国管辖原则的几种情况

适用船（机）旗国原则的管辖刑事案件，主要有如下几种情况：

---

〔8〕 陈忠林："关于我国刑法属地原则的理解、适用及立法完善"，载《现代法学》1998年第5期。

〔9〕 [德] 汉斯·海因里希·耶赛克、托马斯·魏根特：《德国刑法教科书》（总论），徐久生译，中国法制出版社2001年版，第207页。

第一,船舶在公海或者飞机在非领空的公共空域时,其上发生的犯罪排他性地由船旗国或机旗国管辖。这是因为公海或非领空空域不是任何国家的领土,任何国家不得对其主张主权,所以公海及非领空空域的法律秩序绝不是对公海或非领空空域本身的管辖,而只能是对公海或非领空空域中的船舶、飞行器及其上的人、物和事件的管辖,所以船舶的最初到达地、航空器的最初降落地应船(机)旗国的请求,可以协助将犯罪人、与刑事诉讼有关的证据及船舶或飞机引渡或交还。

第二,船舶位于其他国家的港口、内水或领海区域内时,或者飞机位于他国领空内时,其上发生的犯罪当然由沿海国或者领空主权国首先行使属地管辖权。但是,对在他国港口、内水、领海内的本国船舶上的犯罪,如果有关国际条约有特别规定,或者船(机)旗国与沿海国、领土主权国达成协议的,依照规定或协议;如果沿海国或者领土主权国放弃管辖或者其行使管辖权诉讼完结后,该犯罪人进入船旗国境内,船旗国可以继续行使管辖权。根据国际法有关规定,他国船舶在沿海国的领海享有无害通过权。在此种情况下,对于无害通过他国领海的船舶内部发生的犯罪,只要该犯罪的后果没有扩展到船舶外部,船旗国享有排他性管辖权。

第三,对于船(机)内的外国人犯罪,船(机)旗国管辖权的效力高于该外国的属人管辖权。船(机)旗国管辖权是以此船(机)属于本国管辖的物体为根据来行使的,在适用于船(机)内人员时,并不受该船(机)内的人员是否具有本国国籍的限制。船(机)内的外国人要服从船(机)旗国的刑法,是因为该外国人处于该国的船舶(机)之上。船(机)旗国对于船(机)内外国人的管辖权,是以该国对整个船舶(机)拥有管辖权为前提的。当然在此种情况下,该外国人的国籍国根据属人原则对其也具有管辖权,但其效力要低于船旗国管辖权。因为根据《公约》第92条之规定,在公海上,船旗国对船舶的管辖权是"专属性的",或者说是排他性的。所以对船舶内的外国人的属人管辖权与船旗国管辖权冲突时,后者优先。之所以如此,其深层次的法理根据在于:维护船内秩序的管辖权被包含于维持海洋秩序的管辖权之中;而维持海洋法律秩序的管辖权的基础就是船旗国管辖权。

第四,船(机)旗国管辖原则与属地管辖原则冲突的情况。根据国际法,国家根据领土主权,有权在本国领土内对所有的人、物和行为行使管辖权,此种权力是在领土之内进行的；但是，船（机）旗国是以该船舶（机）具有本国国籍为依据对该船（机）、船（机）内的人、物和行为行使管辖的，此权力是在本国领土外行使的。在公海上，除国际条约或国际公约有明文规定的以外，船旗国管辖是最高原则。所以，对于在公海上的船舶内犯罪，根据1988年《制止危及海上航行安全非法行为的公约》（我国签署了该《公约》）第6条第1款规定："在下列情况下，每一缔约国应采取必要措施，对第三条所述的罪行（指危及海上航行安全犯罪）确定管辖权：（a）罪行发生时是针对悬挂其国旗的船舶或发生在该船舶上；或（b）罪行发生在其领土内，包括其领海；或（c）罪犯是其国民。"可见，对于针对船舶或行为发生在船舶上的犯罪，船旗国管辖原则是排在第一位的，属地原则是排在第二位的，属人原则是排在第三位的。当三个管辖权冲突时，船旗国管辖优先。当然，在公海上，船旗国管辖原则的"专属性"也要受到国际条约或国际公约的限制。《公约》第92条第1款规定："船舶航行应仅悬挂一国的旗帜，而且除国际条约或本公约明文规定的例外情形外，在公海上应受该国的专属管辖……"这种"例外情形"，主要是指在公海的船舶上发生了下列四种犯罪行为：①《公约》第99条规定之贩运奴隶的行为；②第100条规定之海盗行为；③第108条规定之麻醉药品或精神调理物质的非法贩运行为；④第109条规定之在公海从事未经许可的广播的行为。对于这四种犯罪行为，世界各国都有刑事管辖权，各国一般是由军舰或经授权的国家政府船舶来对这四种犯罪行为行使管辖权的。由于这四种犯罪是国际公约明文规定的违反人类共同利益和公海秩序的犯罪，为了维护公海航行安全和公海的正常法律秩序，《公约》明文规定包括船旗国在内的所有国家都有刑事管辖权。这被称为船舶上犯罪的普遍管辖原则。就船舶上犯罪的管辖原则而言，船旗国管辖原则是基础，普遍管辖原则是补充，两者相辅相成。

六、驻外使领馆内犯罪的管辖及对外国刑事判决的承认与否

（一）驻外使领馆内犯罪的管辖

根据我国承认的1961年《维也纳外交关系公约》的规定，各国驻外大使馆、领事馆不受驻在国的司法管辖而受本国的司法管辖。领土主权国对外国驻本国使领馆内的犯罪不能行使管辖权，或者反过来说，本国对其驻外国的

使领馆内的犯罪具有排他管辖权的根据,绝不在于"使领馆是本国领土的延伸"。领土主权的排他性决定了一个国家领域内绝不能再有其他国家的领土。在国际法理论中,解释使领馆内的犯罪不受驻在国管辖的理论根据有三种:即"代表说"、"职务需要说"和"治外法权说"。其中"治外法权说"在第二次世界大战后已经得不到国际法理论的支持,因为它"既不以事实为根据,也不符合各国外交特权和豁免方面的做法"。[10]"治外法权说"将别国领土视为本国领土的延伸,是对别国国家主权的不尊重。看来,"代表说"或"职务需要说"是较为适宜的理论根据。其中"代表说"最为有力。"代表说"认为,因为使领馆代表的是国家,国家权力是平等的,所以不允许其他国家干预使领馆内发生的事务,包括犯罪案件。

(二)对外国刑事判决的承认与否

对于我国享有管辖权的犯罪,其犯罪人在外国已经因该罪而受到刑事判决,我国对该犯罪人是否还要追究其刑事责任?这涉及我国对外国刑事判决承认与否的问题。对此主要有如下学说:

一是积极承认说。即一个国家对外国生效的刑事判决的刑罚,可以直接执行;如果外国法院判决免予刑罚、无罪或刑罚执行完毕,则本国不再追诉。

二是消极承认说。即外国刑事判决不影响本国对同一犯罪人的刑事审判与刑罚的执行。无论同一行为是否被外国法院判决有罪或无罪,本国仍然可能追究。但是,已经受过刑罚处罚的,或可以减轻或免除处罚。

比较而言,消极承认说更符合国家主权的原则。其理论根据是国家主权原则。刑罚权是国家主权的重要组成部分,不能放弃。但考虑到犯罪人因为同一犯罪已经在外国受过刑事处罚,所以本国可以对其减轻或免除处罚。这样既维护了国家主权,又从人道主义出发对被告人已经受到刑罚的情况作了充分考量,体现了原则性与灵活性的统一。

我国刑法采取的是消极承认说。第10条规定:"凡在中华人民共和国领域外犯罪,依照本法应当负刑事责任的,虽然经过外国审判,仍然可以依照本法追究,但是在外国已经受过刑罚处罚的,可以免除或者减轻处罚。"

---

[10] 王铁崖主编:《国际法》,法律出版社1995年版,第270页。

第三节　刑法的时间效力范围

刑法的时间效力是指刑法的生效时间、失效时间以及对生效前所发生的行为是否具有溯及力。

一、刑法的生效时间

刑法生效时间通常有两种规定方式：一是从公布之日起即生效；二是公布之后经过一段时间再施行。我国现行刑法的生效时间即属后者。这样做是考虑到人们对新法比较生疏，要通过一段时间的宣传、学习和研究，才能熟悉。这样做也便于司法工作人员做好实施新法的心理、组织及业务准备。

二、刑法的失效时间

刑法的失效时间有两种方式：一是立法宣布失效。即由国家的立法明确宣布某些刑法条文或刑法典失效；二是自然失效。即新法施行后代替了同类内容的旧法，或者由于原来立法的特殊条件已经消失，旧法自行废止。

三、刑法的溯及力

刑法的溯及力，是指刑法生效后对于其生效以前未经审判或者判决尚未确定的行为是否适用的问题。如果适用，则有溯及力；如果不适用，则没有溯及力。

对于刑法的溯及力，各国采取不同的原则。概括起来大致有以下几种：①从旧原则。即新法对其生效前的行为一律没有溯及力。②从新原则。即新法对于其生效前未经审判或判决尚未确定的行为一律适用，具有溯及力。③从新兼从轻原则。即新法原则上具有溯及力，但旧法（行为时法）不认为是犯罪或者处刑较轻时，依照旧法处理。④从旧兼从轻原则。即新法原则上不具有溯及力，但新法不认为是犯罪或者处刑较轻的，则依新法处理。

在上述诸种原则中，从旧兼从轻原则，既符合罪刑法定原则的要求，又适应实际的需要，为绝大多数国家的刑法所采纳，我国刑法亦采此原则。我国《刑法》第 12 条规定："中华人民共和国成立以后本法施行以前的行为，如果当时的法律不认为是犯罪的，适用当时的法律；如果当时的法律认为是犯罪的，依照本法总则第四章第八节的规定应当追诉的，[11] 按照当时的法律追究刑事责任，但是如果本法不认为是犯罪或者处刑较轻的，适用本法。"根据这一规定，对于 1949 年 10 月 1 日中华人民共和国成立后，1997 年 10 月 1 日修订刑法生效前实施的行为，构成犯罪应当追诉的，如果此行为未经判决或者判决尚未确定的，应按以下情况分别进行处理：

第一，行为前的刑法不认为是犯罪，现行刑法认为是犯罪的，只能适用修订前的刑法，现行刑法不具有溯及力。

第二，行为前的刑法认为是犯罪，但现行刑法不认为是犯罪的，只要这种行为未经审判或者判决尚未确定，则应适用现行刑法，即现行刑法具有溯及力。

第三，行为前的刑法和现行刑法都认为是犯罪，并且按照现行刑法第四章第八节的规定应当追诉的，原则上按当时的刑法追究刑事责任，此即从旧原则的体现；但是，如果现行刑法的处罚比行为前的刑法轻，则适用现行刑法，此即从轻原则的体现。

第四，如果根据行为前的法律已经作出了生效的判决的，该判决继续有效。即使按现行刑法的规定，其行为不构成犯罪或者处刑较轻，也不能例外。按照审判监督程序重新审判的案件，适用当时的刑法。只有这样才能维护刑事判决的权威性和稳定性。

在贯彻从旧兼从轻原则时，还涉及如何对跨越新旧刑法的继续、连续行为适用法律的问题。对此，最高人民检察院作出的《关于检察工作中具体适用修订刑法第 12 条若干问题的通知》第 3 条指出：对于发生在 1997 年 9 月 30 日以前、1997 年 10 月 1 日后尚未处理或者正在处理的行为，"如果当时的法律不认为是犯罪，修订刑法认为是犯罪的，适用当时的法律；但行为连续或者继续到 1997 年 10 月 1 日以后的，对 10 月 1 日以后构成犯罪的行为适用修订刑法追究刑事责任。"最高人民检察院《关于对跨越修订刑法施行日期的继续犯罪、连续犯罪以及其他同种数罪应如何具体适用刑法问题的批复》也

---

[11] 关于追诉时效的问题，参见本书第十三章第三节之"三、追诉时效和特赦"。

指出："对于开始于 1997 年 9 月 30 日以前，继续或者连续到 1997 年 10 月 1 日以后的行为，以及在 1997 年 10 月 1 日前后分别实施的同种类数罪，如果原刑法和修订刑法都认为是犯罪并且应当追诉，按照下列原则决定如何适用法律：①对于开始于 1997 年 9 月 30 日以前，继续到 1997 年 10 月 1 日以后终了的继续犯罪，应当适用修订刑法一并进行追诉。②对于开始于 1997 年 9 月 30 日以前，连续到 1997 年 10 月 1 日以后的连续犯罪，或者在 1997 年 10 月 1 日前后分别实施的同种类数罪，其中罪名、构成要件、情节以及法定刑均没有变化的，应当适用修订刑法，一并进行追诉；罪名、构成要件、情节以及法定刑已经变化的，也应当适用修订刑法，一并进行追诉，但是修订刑法比原刑法所规定的构成要件和情节较为严格，或者法定刑较重的，在提起公诉时应当提出酌情从轻处理意见。"[12]

---

〔12〕 持续犯也称继续犯，是指行为从着手实行到终止以前，一直处于持续状态并且其对法益的侵害状态也同时持续的犯罪。典型的持续犯是非法拘禁罪。连续犯是指基于同一的或概括的犯罪故意，连续实施性质相同的数个行为，触犯同一罪名的犯罪。例如，行为人基于报复邻居的连续犯罪意图，想把邻居家的 4 个人全都杀死。他潜入该邻居家，连续杀死了 4 个人。此案例就是连续犯的典型。关于持续犯和连续犯，详见本书第十一章相关内容。

第三章 犯罪及犯罪构成要论

第一节 犯罪的属性

属性是事物内部的规定性及事物与事物之间关系的统称。前者是固有属性;后者是关系属性。正确地界定犯罪到底是生活行为的固有属性,还是生活行为的关系属性,是正确认识犯罪的前提。

一、犯罪不是生活行为的固有属性

固有属性是指事物自身固有的、天然的、不以认识主体意志为转移的一种内在规定性,是由事物内部结构等因素所决定的。它是事物独具的属性,而不是从该事物与其他事物的关系中产生的。固有属性具有绝对性,即不论该事物是否与其他事物产生联系,其固有属性不变。比如,质量就是物体的固有属性。无论就物体自身还是就其与引力的关系来说,物体都具有质量。摆脱了引力,物体还是具有自身的质量。固有属性只能被人们认知和利用,而不能被随意规定或改变。

按照对固有属性的理解,生活行为的固有属性应当用以下几点来表达:①生活行为是自然人的一定动作,表现为身体肌肉的收缩或静止;②生活行为受行为人意识或意志的支配;③生活行为对其所依存的时空环境总会产生一定的自然作用力。[1]

---

[1] 参见冯亚东:《刑法的哲学与伦理学——犯罪概念研究》,天地出版社1996年版,第8页。

根据生活行为的固有属性，我们撇开其与其他事物的关系不谈，单一考察某种生活行为，就会发现，其内部并不固有"好与坏"、"善与恶"的意义。法国学者布律尔（Henry Levy Bruhl）指出："人的任何一行为，本身都无所谓无辜或有罪。在我们看来最为可憎的犯罪行为，如杀害父母罪，在某些社会群体里是被允许的；而另一些在某些原始群体中受到了严厉惩罚的犯罪行为，如违反某些宗教迷信的禁忌，在我们看来却是无所谓的。"[2] 人们不仅对于诸如重婚、介绍卖淫、乱伦、侮辱尸体、遗弃老人等主要涉及人类情感世界的行为是否属于犯罪难以得出具有绝对真理性的结论，而且就连被人们普遍认为应当是犯罪的"杀人"行为，在很多情况下，也不具有犯罪的意义。《大唐大慈恩寺玄奘法师传》和《大唐西域记》都记载，突伽天神的信奉者，信奉难近母神。他们每年都抓青壮的男子杀之，作为牺牲，以祭祀天神。这种杀人的事实，在突伽天神信奉者们的观念中，并不具有"犯罪"的属性，甚至被他们认为是很高尚的。在巴西，长期以来公众一直认为丈夫杀死与他人通奸的妻子的行为是正当的，美其名曰：这是丈夫们享有的"维护荣誉"的权利。据圣保罗州进行的一项调查报告称，在 1980 年至 1991 年期间，共有 722 名男子以"维护荣誉"为由而杀害了被指责为通奸的妻子。他们得到了法官和公众的谅解。随着 20 世纪 80 年代巴西女权运动的蓬勃兴起，巴西各滨海城市的陪审团越来越多地拒绝了"维护荣誉"的辩护理由，认为其已经过时；但同时在巴西内地，陪审团仍沿袭着旧时代的观念。1991 年 3 月 12 日，巴西最高法院在对内地的一起杀妻案（一、二审法院均判决被告无罪）的判决中，以 3 比 2 的表决结果驳回了"维护荣誉"的说法。至此，巴西男人们历来所享有的"维护荣誉"特权，才失去了存在的合法性。[3] 除上述杀人的行为并不固有"犯罪"的意义以外，其他生活行为更是与犯罪不具有天然联系，不管这种行为怎么不被人们所接受。

二、犯罪只是生活行为的关系属性

关系属性是一事物与他事物，或者一事物与一种观念，发生联系时所产

---

[2]［法］亨利·莱维·布律尔：《法律社会学》，许钧译，上海人民出版社 1987 年版，第 29 页。
[3] 参见冯亚东：《刑法的哲学与伦理学——犯罪概念研究》，天地出版社 1996 年版，第 11 页。

生的属性。比如,重量是物体的关系属性,只有当物体与引力发生关系时,物体才有重量。摆脱了引力,物体就失去了重量;颜色是物体的电磁波与眼睛发生关系时所产生的属性。一定的波长,经过眼睛的接受、加工与转换,就生成各种各样的颜色,离开了眼睛,就没有颜色。

犯罪并不是生活行为的固有属性,它只是生活行为的一种关系属性。它具有生活行为与社会的需要、目的(一种观念)之间关系上的意义。犯罪与"恶"、"不应该"、"坏"等,属于同一范畴。而"应该"与"不应该"、"善"与"恶"、"好"与"坏"都是客体的关系属性。它们表达着客体的事实属性对于主体需要、目的的效用性,[4] 只有客体的事实属性与主体需要、目的发生关系时,它们才可能产生。生活行为的事实属性是"应该"与"不应该"、"善"与"恶"、"好"与"坏"产生的源泉和存在的载体;主体的需要、目的则是它们从客体事实属性中产生和存在的条件,是衡量它们有无、大小、正负的标准。

三、犯罪是一种价值判断的结论

生活行为的"应该"与"不应该"、"善"与"恶"、"好"与"坏",就是各种各样的价值。价值是一种关系属性。价值不是由客体固有属性决定的,而是客体与人的需要、目的之间所形成的关系。在现实生活中,人们常常说"某物是好的"、"某物是不好的",其实,这种表达只是"某物对于我或对于某人的需要来说是好的、是不好的"的省略说法,并不是说某物内部固有好的或不好的属性。符合目的的自然或事实,就是善;违背目的的自然或事实,就是恶。[5]

"善"与"恶"指的是各种事物对于任何主体(个人、团体、组织、社会等)的需要、目的的效用性。而"道德善"或"道德恶"只是"善"与"恶"中的一部分,特指人的行为对于社会需要、目的的效用性。

---

[4] 事实有广义与狭义之分。广义事实,是认识论的范畴,是指人的意识之外的客观存在;狭义事实,是价值论的范畴,是指不与主体的需要、目的产生联系的客观存在。这里所说的事实属性,是狭义的事实属性,是客体不依赖于主体需要、目的的属性。客体的固有属性必定是事实属性,某些关系属性也可能是事实属性,如颜色、味道、声音等;反之,与主体需要、目的产生的关系属性,不具有事实属性,而是价值属性。

[5] 王海明:《新伦理学》,商务印书馆2001年版,第39页。

"道德善"是指人的行为满足、促进社会的需要、目的的效用性;"道德恶"是指人的行为阻碍、侵害社会需要、目的的效用性。"人的行为是人的主观能动性行为,对它的评价应当考查行为者的目的性(道德性)及社会的目的性之间的关系。不考查行为者动机的社会价值,它的行为便是动物行为、生物行为"。[6]

犯罪以"道德恶"为基础,与"道德恶"的性质相同。"道德恶"(不道德)、"违法"与"犯罪"都是指生活行为阻碍、侵害社会需要、目的之效用性。在此点上,三者并没有质的不同,只有量的等差。三者的差别点只是社会对它们的制裁方法不同。对"道德恶"(不道德行为),用社会舆论等方法制裁;对违法行为,用非刑罚的法律制裁方法来制裁;对犯罪行为,用刑罚方法来制裁。所以,"道德恶"、"违法"、"犯罪"三者的评价标准都是社会需要、目的,三者的评价标准完全相同。单就犯罪而言,它特指生活行为所具有的阻碍、侵害社会需要、目的的属性,显然它是一种关系属性。此命题的具体展开如下:

生活行为:张三杀了人、李四抢劫了钱财……(事实如何);

刑法目的:保障社会生活利益(社会需要、目的如何);

张三杀人、李四抢劫等行为,阻碍、侵害了刑法目的(事实与主体目的关系如何);

张三杀人、李四抢劫行为,是恶的、坏的,是犯罪(不应该)。

可见,社会的需要、目的不同,就会使生活行为附着上不同的(罪或善)的评价。所以,"人们是基于不同的目的根据不同的社会历史情况来使用各种各样的犯罪概念的"。[7]

生活行为的"事实如何",是该行为不论是否与刑法目的发生关系,都同样具有的属性,是固有属性,是事实属性,是"道德恶"、"犯罪"、"不应该"所由以产生或推导出来的源泉、依据、实体。刑法目的——保护法益(社会需要或目的如何),是生活行为具有"道德恶"、"犯罪"、"不应该"的标准或条件。生活行为的"事实如何",与"刑法目的"的结合,便会得出

---

[6] [捷]弗·布罗日克:《价值与评价》,李志林、盛宗范译,知识出版社1988年版,第5页。

[7] [美]理查德·昆尼、约翰·威尔德曼:《新犯罪学》,陈兴良等译,中国国际广播出版社1988年版,第2页。

该行为是"犯罪"或不是"犯罪"的评价结论。所以,犯罪只能是一种价值判断的结论,即价值事实。它只由主体通过评价而获取。主体(人)必然产生需要,需要必然产生满足这些需要的欲望,为实现这些欲望就必然产生主体的目的,达到这些目的就是主体全部行动的原因。一定的事实(包括生活行为)利于、有害于或无利、无害于达成主体目的、满足主体需要的属性,便是价值。一定的事实(包括生活行为)具有满足、促进主体需要、目的的属性,叫做正价值;其具有阻碍、侵害主体需要、目的的属性,叫做负价值;其无利、无害于主体需要、目的的属性,叫做无价值。"善"就是正价值,与义、美、好具有同义性。"罪"与"恶"就是负价值,与不义、不美、不好、坏具有相同含义。

犯罪是一种价值判断的结论。对同样的一个生活行为事实,评价主体不同,评价标准不同,评价的结论就会不同。例如,对于杀人行为,是属于犯罪行为还是"必要的社会治疗"的正当行为,取决于不同主体根据自己的需要(目的)来加以评价。[8]

本书认为,在刑法规范中,犯罪的评价主体是社会(国家);犯罪的评价标准是法益(法所保护的社会生活利益)。《刑法》第2、13条就明确地规定了评价犯罪的标准是国家安全、人民民主政权安全、社会主义制度、财产所有权、人身权、社会经济秩序和社会生活秩序等,即社会生活利益——法益。此法益就是法律认可的社会需要和目的,是评价犯罪的总价值标准。生活行为阻碍、侵害法益,是其构成犯罪的前提;如果不阻碍、不侵害法益,就丧失了构成犯罪的基础。

第二节 对犯罪的认识

一、对犯罪不能用认知活动来理解

(一)评价活动与认知活动的区别

人类的认识活动包括三种类型,即认知活动、评价活动和审美活动。虽然评价和认知都是认识活动的类型,但它们却有着本质的不同:

---

[8] 李德顺:《价值论》,中国人民大学出版社1987年版,第263页。

第一，对象范围不同。评价对象的范围比认知对象的范围狭窄。任何客观存在的事物，都可能是认知的对象；但一种客观事物在没有被认知、没有被人们掌握其固有属性——本质、规律之前，就不能成为评价的对象。一种事物对主体的需要能充分地满足，一般也不会成为评价的对象，但却可能成为认知的对象。只有事物阻碍满足或不充分满足主体需要、目的时，才可能成为评价的对象，但此种情况下的事物却都可能是认知的对象。

第二，与需要、目的是否产生联系不同。评价是把事实与评价者的需要、目的联系起来所进行的思维。认知是不把事实与需要、目的联系起来的思维。撇开与主体的需要、目的关系，客观地揭示事实的固有属性，是认知活动开展的前提。与此相反，评价活动必须将事实与主体需要和目的联系起来，揭示事实对于需要、目的的效用性。没有了需要和目的，就没有评价。

第三，结论多样性与唯一性不同。评价活动是主体将一定事物与主体的需要、目的相联系起来的思维活动。在评价活动中，主体反映、揭示客体与主体需要之间的关系。凡是客体满足主体需要，主体就给予肯定性评价；凡是客体阻碍、侵害主体需要，主体就给予否定性评价。评价总是从主体出发，从满足主体需要、目的与否的角度来看待客体的意义。如果评价者的需要、目的不同，就会对同一事物的价值产生多种不同的评价。与此相反，认知活动是主体撇开自己的需要、目的，揭示事物内部规定性的活动。如果主体的认知结论是正确（符合事物本来面目）的话，那么其结论是唯一的。

第四，任务不同。认知活动的任务在于揭示事物的本质和规律，揭示事物不依赖于主体需要、目的而具有的客观固有属性；而评价活动的任务是揭示事物对于主体需要、目的的效用性，揭示事物与主体需要之间的关系属性。

第五，追求目标不同。认知是揭示事物固有属性的活动，它追求的目标是"符合实际"、"符合事实"、"合规律性"；评价是揭示事物对于主体需要、目的之效用性的活动，它追求的目标是"合目的性"。

第六，检验标准不同。认知结论的检验标准是符合实际。符合实际的认知，便是相对真理，不符合实际的认知结论，便是虚假、谬误；而评价结论没有真假，只有对与错。检验评价对与错的标准有两个：一是对于事物固有属性的认知是否是真的，即是否符合实际；二是对于主体需要、目的的把握是否准确。如果对于事实的固有属性的描述是真的，对主体需要、目的之界定是准确的,那么,根据此二者得出的评价一定是对的。反之,如果前者不真或者后者不准确,或者同时前者不真、后者不准确,那么,得出的评价一定是错误的。

(二)犯罪的结论不可能用认知活动获取

犯罪不是事物内部固有属性,是事物与人们需要、目的之间的意义或价值。对犯罪的理解和认识,绝不能撇开"主体需要、目的"。对犯罪的认识所得出的结论一定是以"符合目的"为目标的。而认知活动的前提必须要撇开"主体需要、目的",得出的结论必须客观、唯一,且"符合实际"、"符合事实本来面目"。所以,犯罪的结论,绝不能用认知活动来获取。犯罪是一种价值判断的结论。价值只是事物的关系属性,而不是事物的固有属性。价值不同于物质实体,没有形体、没有客观存在方式,不可以直接被人们看得见、摸得着。所以,我们不能用认知活动来理解它。

二、对犯罪只能用评价活动来把握

(一)评价活动的进程是一种比较

评价活动,是评价者将客体固有属性与主体需要、目的联系起来,判断此固有属性是否满足、阻碍主体的需要或目的之认识活动。它总是将一定事实(包括人的行为)与主体(自己、他人、社团、阶层、社会等)的需要或目的相联系、相对比。因此,它带有浓厚的主观性。评价活动具体进程就是比较。评价是评价者将已认知的事实,与主体关于利益的观念相比较的结果。某种事实是评价对象,主体需要、目的是评价标准,二者之间进行的比较,就是评价。

(二)犯罪结论的取得进程也是一种比较

犯罪评价的具体进程也是一种比较。这种比较是借助于等价物"规范"来进行的。评价犯罪的"规范"就是社会需要和目的(利益)的法律表达。通过比较,如果得出这样的结论——某生活行为具有阻碍、危害社会利益的效用性,那么,此生活行为就具有犯罪的属性。例如,张三杀了人(事实的判断)——刑法的目的之一在于保障社会利益(社会需要或目的之判断)——张三杀人不符合刑法目的,侵害了社会利益(事实与主体需要之间关系的判断)——张三杀人是"坏"、"恶"、"犯罪"(负价值判断)。所以,对于犯罪只能从三种判断——生活行为事实的判断、主体需要或目的之判断以及二者关系的判断——推导出来。将某种生活行为，与社会需要或目的（社会生活利益）进行比较，是获取犯罪之结论的必由之路。

第三节 犯罪的概念

一、立法规定的犯罪概念

（一）具体犯罪概念

具体犯罪概念，是刑法分则规定的各种具体犯罪的行为类型及其罪名。如杀人罪、盗窃罪、抢劫罪、放火罪等具体的概念。

刑法分则规定具体犯罪时，不仅对某种犯罪的客观要件和主观要件加以描述，而且规定了相应的法定刑。具体犯罪概念表达着立法者如下价值取向：凡是符合具体犯罪之主观和客观要件的行为，都是刑法所禁止的，都是应当受到刑罚处罚的。

具体犯罪概念，是司法机关认定某一生活行为是否构成犯罪的具体价值标准，是一种观念上的行为类型，并不是生活中实际发生的具体行为。生活中发生的具体行为只有符合了具体犯罪概念，才有可能构成犯罪。在对犯罪的评价过程中，人们最先认识到的是具体犯罪的概念。通过对具体犯罪概念的概括和抽象，人们就形成了一般犯罪概念。

（二）一般犯罪概念

1. 一般犯罪概念的类型

一般犯罪概念，是对全部具体犯罪加以概括而形成的更为抽象的犯罪概念。从世界刑法范围来看，对于一般犯罪概念的立法有三种类型：

第一种是形式的犯罪概念。即立法在规定这种犯罪概念时，只指明犯罪的法律后果——刑罚，或指明犯罪是违反刑法的，但并不揭示犯罪对于法益的侵害性的实质内容。如1810年《法国刑法典》第1条规定："法律以违警刑所处罚之犯罪，称违警罪；法律以惩治刑所处罚之犯罪，称轻罪；法律以身体刑或名誉刑所处罚之犯罪，称重罪。"1937年《瑞士刑法典》第1条规定：凡是用刑罚威胁所确实禁止的行为就是犯罪。[9] 以上两个犯罪概念，体现了一种犯罪概念的类型，即只揭示出犯罪的法律后果——刑罚，或者揭示犯罪是违反刑法的，但并不揭示犯罪是侵害法益的这一实质。

第二种是实质的犯罪概念。即立法在规定这种犯罪概念时，指明犯罪对于法益的侵害性。如果立法在界定犯罪概念时，明确指明侵害哪种利益（法益）的行为才是犯罪，那么这种犯罪概念就是实质的犯罪概念。例如，1922年的《苏俄刑法典》第6条规定："威胁苏维埃制度基础及工农政权在向共产主义过渡时期所建立的法律秩序的一切危害社会的作为或不作为，都被认为是犯罪。"[10] 这种犯罪概念指出了犯罪是侵害苏维埃制度基础和法律秩序的行为这一实质。

第三种是混合的犯罪概念。即立法在规定这种犯罪概念时，揭示犯罪是侵害法益、危害社会的行为，同时指明其法律后果——应受刑罚处罚性。例如，我国《刑法》第13条规定的犯罪概念，就是这种类型的犯罪概念。该条规定："一切危害国家主权、领土完整和安全，分裂国家、颠覆人民民主专政的政权和推翻社会主义制度，破坏社会秩序和经济秩序，侵犯国有财产或者劳动群众集体所有的财产，侵犯公民私人所有的财产，侵犯公民的人身权利、民主权利和其他权利，以及其他危害社会的行为，依照法律应当受刑罚处罚的，都是犯罪，但是情节显著轻微危害不大的，不认为是犯罪。"在这个犯罪概念中，立法者明确地指出了犯罪侵害的法益是：国家主权、领土完整和安全，国家统一、人民民主专政政权、社会主义制度、社会秩序、经济秩序、国有财产、劳动群众集体所有的财产、公民私人所有的财产、公民人身权利、民主权利和其他权利。当生活行为严重地侵害了这些法益时，就具有了犯罪的属性。另外，立法者同时还明确指明，除侵害法益的特征外，依照法律应当受到刑罚处罚也是犯罪的重要特征。这是从法律后果上提示什么是犯罪。

2. 我国一般犯罪概念的特征

我国《刑法》第13条规定的一般犯罪概念有两个特征：

---

[9] 转引自高铭暄、马克昌主编：《刑法学》（第4版），北京大学出版社、高等教育出版社2010年版，第43页。

[10] 转引自高铭暄、马克昌主编：《刑法学》（第4版），北京大学出版社、高等教育出版社2010年版，第47页。

(1) 法益侵害性。我国《刑法》第 13 条的列举部分，即"一切危害国家主权、领土完整和安全，分裂国家、颠覆人民民主专政的政权和推翻社会主义制度，破坏社会秩序和经济秩序，侵犯国有财产或者劳动群众集体所有的财产，侵犯公民私人所有的财产，侵犯公民的人身权利、民主权利和其他权利，以及其他危害社会的行为……"部分，指明行为只有侵害哪些种利益（法益）才是犯罪，亦即指明了评价犯罪的标准是法益侵害性。法益侵害性，也就是刑事违法性。侵害了刑法所保护的利益，就必然违反刑法的性质。前文所列举的法益，是刑法明文规定的利益，侵害这些利益的行为，既具有法益侵害性，也同时具有刑事违法性。法益侵害性是刑事违法性的内容，刑事违法性是法益侵害性的形式。所以，刑事违法性与法益侵害性是形式与内容的关系，两者是同一个事物的不同侧面，不可分离。

(2) 应受刑罚处罚性。《刑法》第 13 条之"依照法律应当受刑罚处罚"的规定，就是关于犯罪之法律后果的规定。并不是任何侵害法益的行为都会被规定为犯罪，侵害法益或刑事违法的行为，只有达到了应当受刑罚处罚的程度时，才是犯罪。许多行为虽然侵害了法益，但由于程度轻微，不必动用刑罚加以处罚，所以这些行为也就不属于犯罪。根据罪刑法定的原则，司法机关不能直接根据行为的社会危害性来认定犯罪。从法律上说，只有当某种行为被法律规定为犯罪，并达到了法定的刑罚后果时，该行为才是犯罪。

对某种行为类型规定了刑罚后果，是该行为构成犯罪的最明显的法律特征。凡是法律明文规定为犯罪行为的，其必然被明文规定了刑罚的后果；凡是没有明确规定刑罚后果的行为，则必然不是犯罪。所以，在广义的刑事法律中查找什么样的行为是犯罪，其标准是非常明确，就是看这种行为是否被法律明文规定了刑罚后果。

3. 我国《刑法》第 13 条但书的含义

我国《刑法》第 13 条但书规定："……情节显著轻微危害不大的，不认为是犯罪。"情节，是行为过程中表现出来的主观情况和客观情况的总和，包括侵害法益的性质、行为方法、行为对象、行为产生的影响、行为人的动机、行为是出于故意的还是过失的，等等。这里"不认为是犯罪"，是指刑法不认为是犯罪。"如果说《刑法》第 13 条的本文（即但书前的内容）从正面规定了什么是犯罪，那么，但书则从反面说明了什么不是犯罪；正反两个方面的结合，使人们能够更加准确地理解犯罪概念。"[11]"但书"是立法规定的犯罪概念之重要组成部分，是对于刑法分则规定的全部具体犯罪构成条件的重要限制。它说明刑法分则规定的每一个具体犯罪，都必须是侵害法益情节严重的行为。如果侵害法益情节不严重，就不符合具体犯罪的构成条件，就不能认定为犯罪。

二、司法认定的犯罪概念

司法认定的犯罪，是指司法机关根据刑法规定的犯罪评价标准，对某个生活行为作出是否构成犯罪的评价结论。具体地说，司法认定的犯罪，是司法机关作出的某个生活行为是否符合刑法分则对具体犯罪所描述的主客观要件、侵害了刑法法益、具有主观恶性[12]、需要用刑罚加以制裁的评价结论。司法评价犯罪，必须以犯罪客观要件和犯罪主观要件为标准来进行评价。如果生活行为符合下列标准，就具有了法益侵害性和主观恶性，那就构成了犯罪。

第一，法益侵犯性（刑事违法性）。《刑法》第13条列举和概括的部分，说明了社会危害性就是法益侵犯性，就是刑事违法性实质之所在。刑事违法性的判断并不考察主观恶性的有无，只是从客观的角度考察某一个生活行为是否符合刑法分则规定的具体犯罪的客观要件。

第二，主观恶性（主观上具有故意或过失的心态）。某个生活行为只在客观上符合刑法分则规定的犯罪客观要件，尚不必然构成犯罪。犯罪是刑事违法性与主观恶性相结合的产物。评价行为人的心态是否具有主观恶性，就是要判断他的心理态度是否符合刑法规定的故意或过失的要件。如果符合，就具有主观恶性；如果不符合，就不具有主观恶性。世界各国刑法都规定，行为人在实施行为时，如果其心理态度不具有故意或过失，那么就不可能构成犯罪。

---

〔11〕张明楷：《刑法学》（第4版），法律出版社2011年版，第92-93页。
〔12〕主观恶性，就是主观有责性或主观可责性，其要件主要有两个：一是犯罪故意；二是犯罪过失。后文将展开论述。

三、立法规定的犯罪与司法认定的犯罪之间的关系

刑法分则规定的具体犯罪概念和刑法总则规定的一般犯罪概念，都是一种法规范。它们表明了立法者要禁止这种行为类型之价值取向。它们是立法为司法机关认定某种生活行为是否构成犯罪而预先提供的指导性标准。

具体犯罪概念与一般犯罪概念并不针对具体的生活行为，只是存在于立法文件的文字描述之中，或者说它们只是立法描述的行为类型。相对于具体犯罪概念，一般犯罪概念更抽象。它舍掉了具体犯罪概念所描述的更具体的特征，概括出各具体犯罪都具备的一般特征。

司法认定的犯罪，是司法机关根据立法规定的犯罪主客观要件，对某种具体的生活行为加以评价，判断其构成犯罪的结论。司法认定的犯罪，必须针对具体的生活行为，必须联系实际情况，必须针对张三或李四等行为人所具体实施的某个行为，并针对这个行为作出是否具有犯罪属性的评价结论。立法规定的具体犯罪概念和一般犯罪概念，都是司法认定某种具体生活行为构成犯罪的法律标准。简言之，司法认定的犯罪是根据立法规定的犯罪概念评价标准，对具体生活行为进行评价所得出的结论。

第四节　犯罪的本质

一、犯罪本质的含义和特征

犯罪的本质，就是刑法理论关于评价生活行为可能构成犯罪的一种或两种最根本标准的内涵之界定。它是高度抽象的观念形态，是社会的需要和目的的高度概括。它既可能是评价行为客观效果的标准，也可能是评价行为人主观心态的标准。不同学派对其所作解释不同。犯罪本质具有如下特征：

（一）犯罪本质是评价犯罪的价值标准

犯罪是某种生活行为与社会需要、目的之间相比较，而得出的一种价值判断的结论。当某种生活行为具有侵害、阻碍社会需要、目的的效果时，该行为就可能具有犯罪的属性。如果某种行为没有与社会需要、目的产生联系，那么该行为永远不可能具有犯罪的属性。这样看来，决定某种行为是否属于

犯罪的最根本前提，是社会具有什么样的需要，进而确立什么样的目的。社会的需要和目的不同，就决定了这个社会里的哪些行为构成犯罪，哪些行为不构成犯罪。所以，评价某种行为是否构成犯罪的标准——社会需要、目的之观念表达，就成为了犯罪成立的标准，因而被冠以"犯罪本质"的称谓。

(二) 犯罪本质是评价犯罪的一种或两种最高标准

司法机关评价某种生活行为构成犯罪，需要判断该行为符合一组标准或多个标准。从世界刑法理论的一般情况看，认定一个生活行为构成犯罪，必须认定这个行为在客观上符合刑法分则规定的某种犯罪的客观特征（客观要件），并且不属于正当防卫或紧急避险等正当行为；行为人的主观心理态度必须符合刑法规定的故意要件或过失要件，或者具备刑法分则条文要求的特别犯罪动机，并且行为人达到刑事责任年龄、其精神方面符合刑法规定的追究刑事责任能力的要求，等等。一个生活行为只有在客观上和主观上同时符合上述一系列标准的要求，才能被小心谨慎地认定为构成犯罪。如果它不符合其中任何一个标准，就不能被认定构成犯罪。但是，在这一组或一系列标准中，有一个或两个是最重要的，或者说是最根本的，其对于犯罪的成立具有最根本的决定意义。这样的一个或两个最根本标准，就是犯罪的本质。

比如，刑法理论一般认为，一个具体的生活行为符合刑法分则规定的客观要件，就侵害了法益（刑法保护的社会需要和目的），所以侵害法益就是犯罪的最根本的、最重要的标准，那么，它就是犯罪的本质。在刑法理论中还有观点认为，一个行为人的心理态度如果符合刑法规定的故意要件或过失要件，就表明他的心理态度具有违反伦理道德的属性。这种反伦理的心理态度是评价犯罪的最根本、最重要的标准。那么，它就是犯罪的本质。当然，也有观点认为，犯罪的本质不可能是一个标准，因为仅用法益侵害标准，或仅用反伦理心态标准，都不能全面地评价犯罪。所以，犯罪的本质是两个标准，即法益侵害标准与反伦理心态标准的结合。

总之，关于犯罪本质的学说，都是评价犯罪最根本、最重要、最基础性的标准，这种标准一般是一个，最多不超过两个。如果超过两个，甚至用多个标准或一组标准来评价犯罪，那就变成了犯罪成立的条件，而不是犯罪本质的界定了。

（三）犯罪本质是高度抽象的观念

犯罪本质是各种各样具体犯罪都具备的共同属性。对于这种共同属性的界定，必须高度抽象化和观念化，不能具体化、实在化。因为只有高度抽象的观念，才能适用于范围更广的事物；相反，越是具体、实在的东西，越是只能成为个别具体事物的特有属性，不可能适用于同类事物的全体或范围更广泛的事物。如前所述，无论是"侵害法益"，还是"违反伦理"，都是非常抽象的观念。所以，它们才能被界定为犯罪的本质。

（四）犯罪本质的学说是保障人权的思想基础

在奴隶社会和封建社会，统治阶级实行专制统治，不承认犯罪有一个评价标准，只承认犯罪是神的旨意，是帝王的命令，"朕言即法，法即朕言"。所以在专制统治社会里，思想家们根本不敢研究犯罪的本质问题，社会政治环境也不允许他们研究犯罪的本质问题。关于犯罪本质的思想，萌芽于反对封建专制的资产阶级思想启蒙时期。启蒙思想家们认为，为了防止罪刑擅立、罪刑擅断，必须为犯罪界定一个最根本的标准。只有符合这个标准的行为才可能是犯罪，不符合这个标准的行为绝不是犯罪。这个标准虽然也不过是一种社会的共同的观念，但它毕竟不是某个人或某些少数人的意志，所以它也具有一定程度上的客观性、普遍性，它能防止某个人或少数人随意决定什么行为是犯罪。

二、犯罪本质的主要学说

（一）法益侵害说

法益侵害说之"法益"，就是社会生活中存在的由法所保护的利益。法益侵害说认为，评价一个生活行为可能构成犯罪的最根本标准，是此行为对于法所保护的利益（好处）造成了侵害或威胁。如果一个生活行为对于社会中的利益根本没有任何客观影响，那么它一定不能构成犯罪。例如，一个行为人将被害人杀害了，一个客观的生命法益被侵害的事实发生了，是评价该行为人可能构成犯罪的最根本标准。如果行为人只产生了一个想杀人的动机（意志），而没有在客观上表达出来，或者虽然在客观上表现出来了，但它在客观上对生命法益没有产生任何影响，那么它就绝对不能构成犯罪。法益侵害说认为，已满14周岁的人杀人，与未满14周岁的人杀人，在侵害了他人生命这一点上没有任何区别。只是出于有责性和刑事政策等方面的理由，对后者不以犯罪论处而已。[13]

法益侵害说的理论根基在于自由主义和人权保障。法益是客观存在的、社会公认的、社会生活所必需的利益或好处。一个生活行为是否侵害了法益，在一定程度上具有客观性、公认性。如果一个生活行为在大多数人看来根本没有侵害或威胁到任何法益，而只有某个人认为它侵害或威胁了法益，那么这个人的观点不会得到公众的认同，迟早会被社会公认所推翻。用社会公认的、客观的标准来判断一个行为是否构成犯罪，有利于防止罪刑擅断，有利于保障公民自由和人权。

（二）规范违反说

规范违反说之"规范"，并不是指刑法规范。最早倡导规范违反说的德国学者宾丁（Karl Binding，1841~1920）认为，犯罪人与其说是由于其行为违反了刑罚法规而受罚，倒不如说是由于与刑罚法规所规定的构成要件相一致才受到处罚。因此，犯罪人所犯之法，在概念上、原则上甚至在时间上，都必须在刑罚法规之前便已经存在。[14] 犯罪人所犯之法即犯罪人所违反的规范，是制定刑法的前提，而不是刑法规范本身。宾丁所言之规范，就是社会禁止或命令人们做出某种行为的不成文规范，就是一种伦理规范、文化规范。另一位著名德国刑法学家 M. E. 麦耶（Max Emst Mayer，1875~1923）将作为刑法前提的"规范"观念，理解为是在人类历史的社会生活中自然发生和成立的，内在于现代所有成人的意识之中，从内部指导其社会行动的道德、宗教、习俗等文化规范。[15]

至此，我们可以得出结论，规范违反说认为，评价某一个生活行为可能构成犯罪的最根本标准是行为人在主观上想违反伦理规范的意志本身，而不是其行为的客观效果。根据规范违反说，杀人行为之所以可能构成犯罪，是因为行为人在主观上生产了想剥夺他人生命的想法和意志本身，而不是因为一个生命被杀死的客观结果；把被害人杀死的行为，实施了杀人行为而未杀死的行为，或者只是为了杀人而准备了工具的行为，虽然在客观后果方面大

---

[13] 张明楷：《刑法学》（第4版），法律出版社2011年版，第92页。
[14] 张明楷：《法益初论》，中国政法大学出版社2000年版，第30页。
[15] 周光权：《刑法学的向度》，中国政法大学出版社2004年版，第120页。

不相同，但在主观上——行为人具有杀人的想法或意志上——是相同的，因此都应当受到相同的处罚。根据规范违反说，刑法所要惩罚的绝不是行为的客观效果，而是行为人的主观意志——违反伦理规范、想损害别人利益的意志本身。

（三）法益侵害说与规范违反说的主要争议

法益侵害说与规范违反说主要在如下问题上存在争议：

首先，在判断一个生活行为可能构成犯罪的标准上，法益侵害说主要考虑行为的客观因素，考虑行为的客观特征和客观效果。规范违反说则认为，判断一个生活行为可能构成犯罪的标准，是行为人主观上有违反伦理规范的意志和目的，应当首先考察主观因素，应重点考虑通过行为所反映出的行为人的主观意志恶。

其次，法益侵害的前提是基于个人主义、自由主义的国家观，认为犯罪的本质是对个人、单位和国家法益的侵害，个人法益、社会法益和国家法益是互相平等的、各自独立的、彼此不互相联系的。规范违反说则认为，犯罪的本质是对社会共同伦理秩序的侵害。社会是人的共同体。在社会中，人与人之间是彼此联系、互相配合的关系。人与人、人与社会、人与国家、国家与社会都是统一的秩序体，都受统一的秩序文化——伦理规范的支配。人们都应当遵守统一的社会伦理规范。社会必须在统一的生活秩序中存在。

最后，法益侵害说强调刑法应当与伦理道德相分离。因为当今社会的伦理价值观具有易变性，如果以伦理道德来判断犯罪问题，会造成评价犯罪的不安定性、个人擅断性，从而有损国民的预测可能性；而规范违反说则主张刑法与道德不可分离，违反刑法首先表现为对于道德规范的违反意志。

第五节　犯罪构成

一、犯罪构成的概念和特征

犯罪构成，是司法机关认定犯罪成立所根据的一组（一系列）法律标准。也可以说，犯罪构成，是评价犯罪的一组价值标准。生活行为只有同时符合这些标准，才能成立犯罪。这一组标准包括法益侵害、犯罪客观要件、违反伦理的意志（损人意志）、犯罪主观要件。前两个标准是用来评价刑事违法性的；后两个标准是用来评价主观恶性的。当生活行为同时符合前两个标准，它就必然具有刑事违法性；当行为人的主观心理态度同时符合后两个标准，他就必然具有主观恶性。当生活行为同时符合四个标准，既具有刑事违法性也具有主观恶性，就必然构成犯罪。犯罪构成具有如下特征：

（一）犯罪构成是由评价客观效果的标准和评价主观意志的标准组成

犯罪是生活行为与社会价值目标进行比较而产生的评价结论。犯罪构成就是用来评价犯罪的几个方面价值标准的组合。这组价值标准可分解为两个小组：一个小组是评价生活行为客观效果的标准，包括犯罪客观要件和法益侵害。如果生活行为在客观类型上符合客观构成要件，并且在实质上侵害了法益，那么它就在客观上获得社会的否定性评价——具有刑事违法性。另一小组是评价行为人主观意志的标准，包括犯罪主观要件和伦理违反意志。如果行为人的主观意志符合了犯罪主观要件（故意或过失），并且表现出他具有违反伦理的意志，那么他的主观意志就会获得社会的否定性评价——值得社会谴责的主观恶性。如果生活行为同时获得了刑事违法性评价和主观恶性的评价，那么它必然构成犯罪。

（二）犯罪构成是由刑法明文规定或必然蕴含的

在犯罪构成的四个标准中，有的标准是由刑法明文规定的，有的标准是刑法规定所必然蕴含的。法益是由《刑法》第2、13条和刑法分则各章节之标题加以规定的。它主要包括国家安全、公共安全、社会主义市场经济秩序、公民人身权、民主权、财产权、社会管理秩序、国防利益、国家工作人员职务廉洁性、国家机关秩序、军人职责等。犯罪客观要件是由刑法分则条文明确规定的。它主要包括行为主体分类——自然人及单位，自然人的身份，行为方式，行为对象，行为时间、地点、方法，危害结果等要素。犯罪主观要件是由《刑法》第14~16条加以明文规定的。其中第14条规定了犯罪故意，第15条规定了犯罪过失，第16条从反面规定如果行为不是出于故意或过失就不能构成犯罪。

从表面上看，"违反伦理的意志"并不是由刑法明文规定的；但从逻辑推理上讲，它是《刑法》第14、15条规定所必然蕴含的。"违反伦理的意志"，就是行为人要损害他人利益的想法。社会最核心的伦理规范就是"勿损人"。

如果一个人在主观上想损害他人,那么他在主观意志上就违反了这一核心伦理规范。无论《刑法》第 14 条规定的犯罪故意,还是第 15 条规定的犯罪过失,其本质上都是一种想损害他人利益的意志,只是表现的形式不同。犯罪故意是一种直接损人的意志类型,犯罪过失是一种间接损人的意志类型。[16] 所以,"违反伦理的意志"就是"损人意志",是评价行为人主观具有恶性并值得社会谴责的最高价值标准,是比犯罪故意、犯罪过失更为抽象的价值标准。它是刑法规定所必然蕴含的逻辑结论。

二、犯罪构成与犯罪本质的关系

(一)犯罪构成与犯罪本质的区别

1. 标准的层次不同

犯罪本质是评价犯罪的最高的、最根本的价值标准。它并不是犯罪成立的全部标准。为了突出说明犯罪并不是由某个人随心所欲擅断的,犯罪本质理论力图舍弃掉决定犯罪成立的相对不重要的标准,只用一个最关键、最根本、最抽象的价值标准,来作为认定犯罪可能成立的标准。无论是法益侵害说,还是规范违反说,其要意都在于此。

而犯罪构成是司法机关认定某一生活行为构成犯罪的一组价值标准。这一组价值标准共由四个标准组成。这四个标准分别评价生活行为的不同方面:有的是评价生活行为客观效果,有的是评价行为人主观意志。也可以说,犯罪构成是司法机关认定某生活行为构成犯罪的全方位价值标准。如果说犯罪本质是认定犯罪的最高价值标准的话,那就可以说犯罪构成是认定犯罪必须具备的、相对具体的、全方位的一组(系列)价值标准的总和。

2. 标准的作用不同

犯罪本质说明的是犯罪成立的基础。某个生活行为符合了犯罪的本质,只是具备了成立犯罪的基础,但还不能说它必然构成犯罪。但是,如果生活行为不符合犯罪的本质,也就丧失了成立犯罪的基础,就必然不能构成犯罪。所以,犯罪本质对于排除犯罪成立具有重要作用。

---

[16] 关于犯罪故意、犯罪过失必然蕴含着"损人意志"及它们只是"损人意志"的不同类型的论述,将在后文专门详细展开。

犯罪构成说明的是成立犯罪的全部条件，由一组标准构成。生活行为符合了犯罪构成，即同时符合这一组标准，就必然构成犯罪。生活行为只要不符合其中任何一个标准，就不能构成犯罪。所以，犯罪构成对于说明犯罪成立也具有重要作用。

3. 标准的类型化程度不同

犯罪本质是一种高度抽象、高度概括的价值标准，只用几个字来表达。如"法益侵害"、"规范违反"等。根据犯罪本质理论，无论何种具体犯罪，都具有相同的本质。所以，犯罪本质并不是将全部的犯罪分析成不同类型，而只是从不同的犯罪中概括出了相同的属性。

犯罪构成则不然。它是由一组类型化的法律标准组成，具体包括四个标准。刑法分则规定了四百多个具体犯罪，每一个具体犯罪都有自己独特的犯罪构成。例如，杀人罪的犯罪构成是：其侵害的法益是生命权，其客观要件是非法剥夺他人生命的行为，其行为的对象是人，其主观要件是杀人的故意，行为人具有违反伦理的意志——损害别人利益的想法。盗窃罪的犯罪构成是：其侵害的法益是他人财产权，其客观要件是秘密窃取他人占有的财物的行为，其主观要件是盗窃的故意且具有非法占有目的，行为人主观上具有损人意志。从上面的例证可知，刑法分则规定的具体犯罪构成，虽然每个犯罪构成都包括"违反伦理的意志"这一标准，但在不同的犯罪中，行为人想损害他人利益的具体内容各不相同；此外，每个具体犯罪构成所包含的其他三个标准的内容也都各不同。这也就决定了每个具体犯罪构成之间各自独立，相互区别。所以，犯罪构成将全部犯罪分析成了不同的类型，使犯罪个体化、类别化。

（二）犯罪本质与犯罪构成的相同点

犯罪本质与犯罪构成，都是国家通过规范公民行为，来保护一定利益的价值目标的立法表达。犯罪本质是最抽象、最概括的价值目标；犯罪构成则是由一组具体价值目标组成的、说明犯罪如何成立的全方位标准，由多个标准组成。其各个不同的价值标准在评价犯罪过程中起的作用不同，分别评价生活行为的不同部分：有的评价生活行为的客观效果，有的评价行为人的主观意志。犯罪本质和犯罪构成共同具有限制司法机关罪刑擅断，保障人权的作用。

三、犯罪构成的意义

（一）犯罪构成贯彻了罪刑法定原则

罪刑法定原则要求犯罪成立的条件必须由刑法明文规定。犯罪构成正是刑法明文规定的成立犯罪的标准组合，因此它贯彻了罪刑法定原则。犯罪构成是司法认定犯罪所依据的法定价值标准，必须具有法定性、明确性的特征。如果没有犯罪构成的标准，或者这一标准不法定、不明确，朝令夕改，司法者就不能统一掌握这一标准，这样就导致罪刑擅断。

（二）犯罪构成是司法机关认定犯罪的标准

犯罪构成是由刑法明文规定的认定犯罪的标准。它对于刑事司法具有特别重大的意义。首先，它是司法机关认定罪与非罪的标准。某种生活行为只有符合了犯罪构成，才能构成犯罪，不符合就不构成犯罪。其次，它是司法机关区分此罪与彼罪的标准。刑法分则规定了四百多个具体犯罪的构成。生活行为符合此犯罪的构成，就构成此罪名，而不能构成彼罪名。刑法对不同罪名的犯罪，规定了不同的法定刑。因此，只有定罪准确才能做到量刑适当。

（三）犯罪构成是正确理解犯罪概念的关键

犯罪并不是生活行为本身内部的固有属性。生活行为如果不与一定的价值标准相比较，就不会产生构成犯罪的评价结论。所以，犯罪是生活行为与一定的价值标准相比较的产物。理解犯罪的关键，不仅在于理解生活行为的自然特征如何，更在于理解评价它的价值标准如何。犯罪构成是评价生活行为是否构成犯罪的一组价值标准。在这组价值标准中，评价生活行为之客观效果的标准是犯罪客观要件和法益侵害，评价行为人主观意志的标准是犯罪主观要件和违反伦理的意志。这样一组标准都是国家通过规范公民行为从而保护一定利益的价值目标。因此，犯罪构成说明：犯罪就是生活行为侵害国家想规范公民行为进而保护一定利益的价值目标。如果我们抛开生活行为与犯罪构成的关系，就不能真正理解犯罪概念。

四、本书的犯罪构成体系

本书认为，犯罪是由司法机关对某个生活行为做出的其侵害、阻碍由刑法明文规定的社会需要或目的（法益）之价值判断的结论。司法机关评价某个生活行为是否构成犯罪的理论体系,应当由犯罪评价标准和犯罪评价步骤共同构成。本书所主张的体系,可简称为"四标准六步骤"体系。

(一) 犯罪评价的标准

犯罪评价的标准有四个:犯罪客观要件、法益侵害、犯罪主观要件(故意与过失)、损人意志(违反伦理意志)。这四个标准都是一种规范。规范是主体需要、目的之表达,是要求人们做符合目的的行为,或者禁止人们做不符合目的之行为的强制性规定。其中法益和伦理规范是社会需要或目的之最抽象表达。评价标准越抽象,其评价的范围就越广泛;而犯罪客观要件是侵害法益的行为类型,犯罪主观要件(故意、过失)则是损人意志(违反伦理意志)的两种类型。犯罪客观要件和犯罪主观要件,都是社会需要或目的之具体表达,其评价范围只对应特定类型的行为事实和心理态度。司法者对生活行为进行犯罪评价,必须将其外部客观效果和其主观心态,分别与上述四个价值标准相比较(对比)。其中犯罪客观要件和法益是刑事违法的评价标准;故意、过失要件和损人意志是主观恶性的评价标准。如果生活行为的外部事实与犯罪客观要件相符合,并且真正侵害了法益,就具有刑事违法性;如果行为人的主观心态符合故意、过失要件,并且真正具有损人意志,那么就具有主观恶性。刑事违法性是对生活行为客观效果的评价结论,主观恶性是对行为人主观心态的评价结论。刑事违法性与主观恶性相结合,就构成了犯罪。反之,两者缺少其一,都不能构成犯罪。

(二) 犯罪评价的步骤

本书认为,司法者评价犯罪,必须具体按如下步骤来进行:

第一步骤:进行生活行为在形式上符合犯罪客观要件的判断,简称犯罪客观要件形式符合判断。

第二步骤:进行生活行为在实质上符合犯罪客观要件的判断,简称犯罪客观要件实质符合判断。

第三步骤:进行生活行为在前提(假定条件)上符合犯罪客观要件的判断,简称犯罪客观要件前提符合判断。

第四步骤:进行行为人主观心理态度在形式上符合故意、过失要件的判断,简称犯罪主观要件形式符合判断。

第五步骤:进行行为人主观心态在实质上符合故意、过失要件的判断,简称犯罪主观要件实质符合判断。

第六步骤：进行行为人主观心态在前提（假定条件）上符合故意、过失要件判断，简称犯罪主观要件前提符合判断。

上述六个步骤，都具有各自的评价任务，不能互相替代。上述六个步骤的先后顺序，是按评价规则的内在要求设定的，在认定犯罪构成的判断中，不能更改和超越；但是，在认定犯罪不成立的思考中，可以不受上述步骤和顺序的限定。

为了使读者先从宏观上把握本书主张的"四标准六步骤"犯罪构成体系，作者在此先对其作简单和概括性的交待，后文将设专章加以详细论述。

第四章 刑事违法性的标准

第一节 刑事违法性概述

一、刑事违法性的概念

刑法学讲的违法性，实质就是刑事违法性，是指不考察行为人的主观心态，单独评价行为的客观效果，而得出的该行为违反刑法规定，且侵害社会生活利益的评价结论。违反刑法规定，是刑事违法性的外部特征；侵害社会生活利益（法益），是刑事违法性的实质内容。[1]

通俗地说，某种生活行为的客观效果为社会所不允许，也为法律所不允许的性质，就是刑事违法性。比如，无论是故意杀人的行为，还是过失致人死亡的行为，抛开行为人的故意或过失心态不论，先考察该行为侵害了一个生命权或导致一个人死亡的客观效果，就可以得出这样的行为是为社会所不允许的性质。这就是刑事违法性。

二、刑事违法性的评价标准

刑事违法性的评价标准有两个：一是犯罪客观要件；二是法益。如生活

---

[1] 关于刑事违法性的问题，我国刑法理论界争议巨大。大部分学者认为，刑事违法性是犯罪概念的一个特征，并不是犯罪构成的一个组成部分。本书认为，在中国刑法语境中，刑事违法性与违法性，应当是含义接近的两个概念，在犯罪构成的判断中，将刑事违法性作为对生活行为的外部客观效果进行评价所得出的其不为社会所允许性的结论，是基本可行的。这样可以避免由于将刑事违法性与违法性严格区别而产生的不必要的争议。

行为符合犯罪客观要件，并且侵害了法益，那么它就具有刑事违法性。犯罪客观要件是刑事违法性的类型化、具体化的标准，侵害法益是刑事违法性的实质化、抽象化标准。生活行为只有同时符合了这两个标准，才能具有刑事违法性。

三、刑事违法性的量

刑事违法性的量，也叫应受刑罚惩罚的违法性，是指在犯罪构成的判断中，刑事违法性必须达到一定的量，必须达到应受刑罚惩罚的程度。刑事违法性和应受刑罚惩罚，是一个事物的两个方面，是不可分割的整体。当判断一个行为具有刑事违法性时，一定是指其严重程度达到应受刑罚惩罚的程度。这正如物体具有存在形式和质量一样。物质一定具有质量，质量一定是物体的质量，质量和物体二者不可分。同样，刑事违法性和应受刑罚惩罚的量，二者不可分。

我国《刑法》第 13 条但书规定，情节显著轻微危害不大的不认为是犯罪。那就意味着，刑法规定违法类型——犯罪客观要件，是值得刑罚处罚的违法性的量的标准。如果某个生活行为情节显著轻微，危害不大，那么它就不符合犯罪客观要件的程度，因此也不能认定它具有刑事违法性。

刑法分则条文描述犯罪客观要件的时候，一般都做了数额较大、情节严重、产生严重结果、多次实施该行为等严重程度的规定。比如，《刑法》第 264 条规定："盗窃公私财物，数额较大的，或者多次盗窃、入户盗窃、携带凶器盗窃、扒窃的，处 3 年以下有期徒刑、拘役或者管制，并处或者单处罚金。"此法条中的"数额较大、多次盗窃、入户盗窃、携带凶器盗窃、扒窃"就是对盗窃行为达到严重程度的规定。如果一个盗窃行为没有达到这样的程度，就不符合盗窃罪客观要件，也就不应受刑罚处罚。反之，一个行为符合了犯罪客观要件，则一定意味着它的违法程度达到了应受刑罚处罚的程度。

总之，刑法所说的违法性，必须是在量上达到值得用刑法来否定的严重程度。这叫做"值得处罚的刑事违法性"。刑事违法一定是指严重的且达到应受刑罚惩罚程度的违法。比如，盗窃一根针，虽然也是盗窃行为，但它并不符合盗窃罪的客观要件，因为它没有达到应受刑罚惩罚的程度，所以它也就不具有刑事违法性，不值得刑法去否定，只要将其评价为不道德行为就可以了。所以，我们在认定某个生活行为之刑事违法性的时候，一定要掌握其违法的量是足够的，一定要判断其符合了犯罪客观要件规定的"数额较大、情节严重、产生严重结果"等程度指标。

第二节 犯罪客观要件

一、犯罪客观要件概述

（一）犯罪客观要件的概念

犯罪客观要件是刑法分则规定的具体犯罪的行为类型，一般包括行为主体类型（自然人或单位）、行为人身份、行为方式、行为状况（行为的时间、地点、方法等）、行为对象、危害结果等要素。下列刑法条文规定的内容都是具体犯罪的客观要件。

《刑法》第102条对背叛国家罪规定的客观要件是：勾结外国，危害中华人民共和国的主权、领土完整和安全的行为。

第114条对放火罪、决水罪、爆炸罪、投放危险物质罪、以危险方法危害公共安全罪规定的客观要件是：放火、决水、爆炸以及投放毒害性、放射性、传染病病原体等物质或者以其他危险方法危害公共安全，尚未造成严重后果的行为。

第142条对生产、销售劣药罪规定的客观要件是：生产、销售劣药，对人体健康造成严重危害的行为。

第232条对故意杀人罪规定的客观要件是：故意杀人的行为。

第263条对抢劫罪规定的客观要件是：以暴力、胁迫或者其他方法抢劫公私财物的行为。情节加重或结果加重的抢劫罪行为类型是：①入户抢劫的；②在公共交通工具上抢劫的；③抢劫银行或者其他金融机构的；④多次抢劫或者抢劫数额巨大的；⑤抢劫致人重伤、死亡的；⑥冒充军警人员抢劫的；⑦持枪抢劫的；⑧抢劫军用物资或者抢险、救灾、救济物资的。

（二）犯罪客观要件的特征

通过对上述条文规定的犯罪客观要件进行归纳和分析，我们可以得出犯罪客观要件具有如下两个明显特征：

1. 犯罪客观要件必须是刑法明文规定的

犯罪客观要件必须是类型化的法律事实，一般是由刑法分则条文来规定。规定犯罪客观要件的方式有两种：一是采取详细描述（叙明）的方式。例如，《刑法》第159条对虚假出资、抽逃出资的客观要件之规定，就是叙明式的："公司发起人、股东违反公司法的规定未交付货币、实物或者未转移财产权，虚假出资，或者在公司成立后又抽逃其出资，数额巨大、后果严重或者有其他严重情节的，处5年以下有期徒刑或者拘役……"本法条将行为人的身份、行为方式、行为对象、行为的危害结果都明确地描述出来了。二是采取简单描述（简单）的方式。例如，对于故意杀人罪的客观要件，《刑法》第232条仅简单地规定了"故意杀人的"。这种规定非常简要，只用了5个字。这是由于故意杀人行为的类型是众所周知的，其行为是非法剥夺他人生命的行为，其对象是自然人，其结果是致人死亡。刑法没有必要对其作详细的描述。另外，故意杀人的具体情况非常复杂，刑法不可能用有限的条文加以详细列举。

犯罪客观要件是犯罪成立不可缺少的要素。根据罪刑法定原则，刑法没有明文规定的要素，绝不可能成为犯罪客观要件；只有刑法明文规定的要素，才能是犯罪客观要件的要素，才能成为司法机关认定犯罪的法律标准。

2. 犯罪客观要件必须以客观事实为内容

犯罪行为，是人实施的行为。单位犯罪行为，也必须由自然人来实施。人实施的行为可以分解为主观意志部分和客观事实部分。主观意志部分是行为人实施行为的动机、故意或过失等心理态度；客观事实部分是由行为人实施的对外界产生客观影响的身体动静。犯罪客观要件的内容，并不包括行为人主观意志（心理态度）部分，只包括行为人实施的对外界产生影响的身体动静的客观事实部分。

二、行为主体

（一）自然人

1. 自然人主体概述

行为主体是刑法规定的实施犯罪客观要件行为的主体。行为主体可分为自然人和单位两种类型。行为主体是犯罪客观要件的要素。没有行为主体，就不可能实施危害行为，没有危害行为当然也就没有犯罪客观要件。

刑法分则条文在规定自然人主体时,并不关心其具体年龄和精神状态如何,而只是对其特殊身份的内容及其对定罪量刑的影响加以描述。

2. 自然人的特殊身份

身份是自然人的出身、性别、国籍、社会地位、社会资格等自然特征和社会关系等方面的特征。人人皆有身份,但是只有刑法明文规定的身份才会对定罪量刑产生影响。

(1) 身份犯的概念。只有具有某种特殊身份的人才能构成某种犯罪,而不具有这种身份就不能构成该种犯罪,或者由于具有某种特殊身份而导致刑罚加重或减轻的犯罪,是身份犯。

(2) 身份犯的分类。身份犯可分为真正身份犯与不真正身份犯。

真正身份犯,是指只有具有刑法明文规定的特殊身份才能构成某种犯罪,而不具有这种身份就不能构成该犯罪的犯罪类型。例如,《刑法》第382条规定,贪污罪的主体必须具有国家工作人员的特殊身份。如果行为人不具有国家工作人员的身份,就不能构成贪污罪。

不真正身份犯,是指有无某种特殊身份的人都能构成此种犯罪,但刑法规定具有某种特殊身份的人,其刑罚较不具有这种身份的人要从重或减轻的犯罪类型。例如,《刑法》第238条规定,无论何种身份的人,都可以构成非法拘禁罪;但具有国家机关工作人员身份的人,利用职权实施非法拘禁罪的,要从重处罚。

3. 自然人特殊身份的特征

刑法规定的作为犯罪客观要件内容的自然人之特殊身份,必须具有如下特征:

(1) 特殊身份必须是行为人开始实施犯罪行为时就已经具有的身份。行为人在实施犯罪行为以后才取得的身份,不影响定罪量刑,因而也就不是身份犯之身份。例如,刑法要求受贿罪主体的身份必须是国家工作人员。如果某人在取得国家工作人员资格以前收受了他人财物,后来他才取得国家工作人员资格,那么他以前收受财物的行为就不能构成受贿罪。因为身份犯之身份,必须能够影响行为之社会意义。事后取得的身份,一般不能决定身份取得前的行为之社会意义。

(2) 特殊身份必须是犯罪的实行犯具有的身份。在由多人共同实施的犯罪中,有的人直接实施犯罪客观要件的行为,称为实行犯;有的人不直接实施犯罪客观要件的行为,而是帮助他人实施犯罪客观要件的行为,称为帮助犯;有的人教唆他人实施犯罪客观要件的行为,称为教唆犯。刑法规定的特殊身份,指的是实行犯所应当具有的身份。例如,《刑法》第236条规定的强奸罪,其主体的特殊身份必须是男人,[2] 但这只是要求强奸罪的实行犯必须具有这种身份。不具有男性身份的妇女教唆或帮助男人实施强奸妇女行为的,可以成立强奸罪的教唆犯或者帮助犯。

4. 特殊身份的类型

犯罪客观要件要求自然人具有之身份,可以从不同的角度进行分类。

(1) 自然身份与法定身份:

自然身份。所谓自然身份,是指刑法规定的行为人因出生、血缘等自然因素所产生的身份。例如,基于性别而形成的男性、女性之身份,基于血缘而形成的家庭成员之身份,基于出生而取得的国籍之身份,等等,都属于自然身份。

法定身份。所谓法定身份,是指刑法规定的行为人基于法定条件、法定程序、法定资格等所形成的身份。法定身份主要有如下种类:

第一,以特定职务为内容的身份。如国家工作人员、国家机关工作人员、司法工作人员、邮政工作人员、国有公司、企业的董事、经理等。

第二,以特定职业为内容的身份。如航空人员、铁路职工、公司企业或其他单位的工作人员、银行或其他金融机构的工作人员、保险公司的工作人员等。

第三,以特定义务为内容的身份。如纳税人、扣缴义务人、对没有独立生活能力的人负有扶养义务的人等。[3]

第四,法律规定的诉讼参与人。如证人、鉴定人、记录人、翻译人、辩护人、诉讼代理人、被告人、犯罪嫌疑人等。

---

[2] 刑法理论一般认为,由于《刑法》第236条规定强奸罪的对象是妇女,所以就可能得出推论,强奸罪的实行行为的主体必须是男人。无论是在单独犯罪的条件下,还是在共同犯罪情况中,如果行为主体没有一个是男人,就不可能成立强奸罪。反之可以说,只有实行行为的主体是男人,才可能成立强奸罪。

[3] 参见张明楷:《刑法学》(第3版),法律出版社2007年版,第129~130页。

(2) 定罪身份与量刑身份：

定罪身份。所谓定罪身份，是指只有具有这种身份的自然人才能构成某种犯罪，而不具有这种身份就不能构成此种犯罪的身份。定罪身份也称构成身份。定罪身份是犯罪客观要件所特别要求的身份，因而属于犯罪客观要件的要素。

量刑身份。所谓量刑身份，是指不影响定罪只影响量刑的身份。量刑身份也称加减身份。此处的"加减"，意指影响刑罚之加重或减轻。犯罪客观要件并不规定量刑身份，因而它并不是犯罪客观要件的要素。

(二) 单位

1. 单位犯罪的概念

单位犯罪是指公司、企业、事业单位、机关、团体等单位，为本单位谋取非法利益，或者以单位名义为本单位全体成员或多数成员谋取非法利益，由单位的决策机构按照单位的决策程序决定，由直接责任人员具体实施的，依照刑法分则明文规定可构成单位犯罪的危害行为。[4]

2. 单位犯罪的特征

(1) 主体的非自然人性。单位犯罪的主体一般包括公司、企业、事业单位、机关、团体等。根据1999年6月18日最高人民法院《关于审理单位犯罪案件具体应用法律有关问题的解释》的规定，公司、企业、事业单位，既包括国有、集体所有的公司、企业、事业单位，也包括依法设立的合资经营、合作经营企业和具有法人资格的独资、私营等公司、企业、事业单位。个人为进行违法犯罪活动而设立的公司、企业、事业单位实施犯罪的，或者公司、企业、事业单位设立后，以实施犯罪为主要活动的，不以单位犯罪论处。盗用单位名义实施犯罪，违法所得由实施犯罪的个人私分的，依照刑法有关自然人犯罪的规定定罪处罚。这里值得特别说明的是，独资、私营等公司、企业、事业单位，必须取得法人资格，才能构成单位犯罪的主体。如果独资、私营等公司、企业、事业单位，包括个人合伙、个体工商户等，不具有法人资格，其实施的危害行为不能构成单位犯罪，只能构成自然人犯罪。

(2) 单位意志的支配性。单位犯罪必须是由单位的决策机构按照单位的

---

[4] 参见张明楷：《刑法学》（第3版），法律出版社2007年版，第131页。

决策程序作出决定,由直接责任人员实施的危害行为。换言之,单位犯罪必须是在单位整体意志决策下实施的行为,而不能是某个人假借单位名义实施的行为。某种以单位名义实施的危害行为,是否属于单位犯罪,关键要看支配行为的意志是否属于单位意志。单位意志不是单位中某个人或某几个人的意志。单位意志从内容上说必须是单位的决策机构依照单位的决策程序,集体讨论决定而形成的决策;从外部特征说,单位意志必须是以本单位名义来实施行为的意志。根据这一特征,单位内部的某个人未按单位决策机构的决策程序擅自作出的决定,或者盗用单位名义、冒用单位名义作出的决定,都不是单位意志。

（3）为单位谋取非法利益性。单位犯罪必须是为本单位谋取非法利益或者以单位名义为本单位全体成员或多数成员谋取非法利益的行为。仅仅为单位少数人或者个别人谋取非法利益的行为,不能构成单位犯罪,只可能构成自然人犯罪。[5] 谋取的非法利益归单位所有或者分给单位的全体成员、大多数成员或者主要用于单位的开支,是非法利益归属于单位的主要表现形式。

（4）单位犯罪范围的法定性。单位犯罪的范围必须以刑法分则明文规定为限。《刑法》第 30 条之"法律规定为单位犯罪的,应当负刑事责任"之规定表明,刑法没有规定为单位犯罪的行为,不可能构成单位犯罪。刑法分则条文规定单位犯罪的主要形式是:"单位犯前款罪的,判处罚金,并对其直接负责的主管人员和其他直接责任人员,依照前款的规定处罚。"个别情况下,刑法分则也会这样规定单位犯罪的范围,例如《刑法》第 220 条规定:"单位犯本节第 213 条至 219 条规定之罪的,对单位判处罚金,并对其直接负责的主管人员和其他直接责任人员,依照本节各该条的规定处罚。"这就是单位犯罪范围的法定性特征。也就是说,只有刑法明文规定某种犯罪可以由单位构成时,才存在单位犯罪。如果刑法没有明文规定为单位犯罪的行为,即使由"单位"实施了,那么这种情况也只可能构成自然人犯罪。例如,刑法分则没有明文规定,单位可以构成盗窃罪,但是司法实践中出现了许多单位组织实施盗窃的行为。对此,2002 年 7 月 8 日最高人民检察院《关于单位有关人员组织实施盗窃行为如何适用法律问题的批复》明确规定:单位有关人员为谋

---

[5] 张明楷:《刑法学》(第 3 版),法律出版社 2007 年版,第 132 页。

取单位利益组织实施盗窃行为,情节严重的,应当依照《刑法》第264条的规定以盗窃罪追究直接责任人员的刑事责任。此《批复》规定单位组织实施盗窃行为的特征如下:第一,盗窃行为由单位有关人员组织实施;第二,盗窃行为实施的目的是为了单位谋取利益;第三,盗窃行为必须具备情节严重。对于这种盗窃行为,此《批复》规定要追究直接责任人员的刑事责任,即按自然人犯罪处理。

从刑法分则条文规定的情况来看,单位犯罪主要被规定于刑法分则第二章"危害公共安全罪"、第三章"破坏社会主义经济秩序罪"、第六章"妨害社会管理秩序罪"、第七章"危害国防利益罪"和第八章"贪污贿赂罪"之中。从犯罪目的看,单位犯罪往往是为了谋取非法经济利益。

3. 单位犯罪的刑罚

根据刑法规定,对于单位犯罪原则上要采取双罚制,即除对单位判处罚金刑外,还要对实施了单位犯罪行为的自然人定罪量刑。我国刑法分则对于单位犯罪规定的刑种只有罚金刑一种。虽然有学者建议对于单位犯罪可以创设新的刑种,如强制解散、禁止一定年限内从事某种营业等,但这些建议在没有被立法采纳的情况下,单位犯罪的刑种仍然只能是罚金刑。

所谓实施了单位犯罪行为的自然人,主要有两种人:一是对单位直接负责的主管人员,二是直接实施行为的直接责任人员。对于这两类自然人,刑法分则另外对其规定了法定刑,一般是有期徒刑。司法机关对于单位犯罪,除对单位判处罚金刑外,还应当对单位的主管人员和直接责任人员判处相应的刑罚。

根据刑法规定,对于单位犯罪也有不实行双罚制的例外情况。《刑法》第31条后段对于单位犯罪的刑罚方式就作出了例外性规定:"本法分则和其他法律另有规定的,依照规定。"根据此规定,如果刑法分则和其他法律没有对单位犯罪规定双罚制,就实行单罚制。从刑法分则规定来看,单罚制的情况主要是单独处罚自然人而不单独处罚单位。例如,《刑法》第137条对工程重大安全事故罪,只对直接责任人员规定了法定刑,对单位没有规定刑罚。《刑法》第161条对违规披露、不披露重要信息罪只对直接负责的主管人员和其他直接责任人员规定了法定刑,对于单位没有规定法定刑。从理论上讲,单罚制也应当有只处罚单位而不处罚自然人的情况,但我国刑法尚未有这样的立法例。

三、危害行为

（一）危害行为的概念和特征

犯罪客观要件的核心要素是危害行为。犯罪客观要件是侵害法益的行为类型。在现实生活中，只有行为人实施了危害行为，才可能使法益受到侵害。没有危害行为就没有法益侵害，也就没有刑事违法性。通说认为，刑法中的危害行为是指人在意志支配之下实施的侵害法益的身体动静。根据这一概念，危害行为主要有如下特征：

1. 意志支配性

刑法中的危害行为必须是人受意志支配而实施的。这里的"受意志支配"，只是说明人的身体活动必须与主观意志相联系，若脱离了主观意志的纯客观的身体活动，并不是刑法中的危害行为。行为与意志的联系表现在：意志是行为的内容，行为是意志的外部表现，没有意志内容就没有外部行为。在现实生活中，不受意志支配的单纯身体活动并不是刑法意义上的行为，主要有如下几种情况：第一，人在睡梦中或精神错乱状态下的身体活动。这种纯客观的身体活动并不是人意志的外部表现，因而不是刑法中的危害行为，即使其造成了客观损害，也不能被刑法所评价。第二，人在不可抗力作用下的身体活动。例如，某人在高速行驶的列车厢里站立，列车突然刹车，他受强大惯力作用而向前倾倒，导致前面的人身体受伤，此人向前倾倒的身体活动，就不是刑法中的危害行为。

在这里必须作如下强调：所谓危害行为的"意志"，只是为了说明危害行为受人的主观意志支配而对"意志"概括性地加以强调的概念。这种意志的具体内容——故意、过失、动机等，在此并不加以阐明。这些内容将在后面犯罪主观要件中加以详细论述。

2. 身体动静性

危害行为在客观上表现为人的身体活动或静止。人的身体活动或静止，是危害行为的客观表现和外在特征。没有身体活动或静止，就不会对外界产生物理上的影响力，也就不会对法所保护的利益产生侵害。身体活动是危害行为的通常表现形式；身体静止在特定情况下也可以成为危害行为的一种形式。例如，母亲故意不给新生婴儿喂食物的行为，就是一种身体静止。这种静止也是危害行为的一种类型。

3. 法益侵害性

人受意志支配的身体动静在外部表现为一种客观事实，这种事实必须与社会确立的价值目标进行比较，才具有法律意义。如果它有利于社会的价值目标，就一定不是刑法中的危害行为；如果它侵害社会的价值目标，就可能成为刑法中的危害行为。刑法理论将社会确立的价值目标概括为法益。所以说，危害行为必须具有法益侵害性，法益侵害性是危害行为的最本质特征，它是界定危害行为的一个重要标准。例如，言论到底是一种单纯的思想，还是刑法中的危害行为，对这个界限的把握，就必须以法益侵害性作为标准。首先，言论的内容及表现形式必须超出言论者之外的空间，被外界的人们听到、看到，对外界产生了客观影响，才有可能是危害行为。如果言论只表现于言论者自己的空间，外界人并不知道，它就不可能是危害行为。其次，这种超出言论者自己的空间之言论，必须侵害了刑法明文规定的法益，才可能成为刑法中的危害行为。例如，行为人发表的言论教唆他人实施了犯罪，行为人用言论煽动分裂国家、煽动颠覆国家政权、煽动群众暴力抗拒国家法律实施等，这些言论才是危害行为。反之，如果言论没有对法益产生侵害，就不是危害行为。

（二）危害行为的基本分类

刑法中的危害行为可分为作为与不作为两大基本类型。

1. 作为

（1）作为的概念。作为是指行为人以积极的身体活动来实施刑法所禁止的行为。从外部特征上看，作为必须是行为人积极地实施身体活动；从内容上看，行为人实施的活动必须是刑法所禁止的行为类型。例如，盗窃表现为行为人实施了秘密窃取他人占有的财物的身体活动，它直接违反了刑法关于"禁止侵犯他人财产权"的法律规定。

（2）作为实施的方式。作为实施的方式多种多样，但归纳起来可以分成两种：一种是行为人的身体直接作用于行为对象而产生危害；一种是行为人利用工具或其他外力作用于行为对象而产生危害。

第一，身体直接作用于行为对象。这是最原始、最常见的一种作为的方式。身体直接作用，一般是身体的器官发出能量直接对行为对象产生作用力。

如拳打脚踢，用身体撞，用头顶，用语言侮辱别人，用言语教唆别人犯罪等。

第二，利用工具或其他外力作用于行为对象。这是现代社会常见的作为方式。这种作为方式主要有如下几种类型：①利用刀、枪等物质性器具；②利用鹰、犬、毒蛇等动物作为工具；③利用风、火、雷电、水流等自然力；④利用他人作为工具。例如，教唆不满14周岁的儿童去盗窃，操纵精神病人去杀人。[6]

2. 不作为

（1）不作为的概念。不作为是指行为人在当时情况下负有实施某种积极作为的义务，且能够实施这种义务而不予实施的行为类型。例如，在被抚养人没有独立生活能力的情况下，行为人负有扶养他的义务，且有抚养能力，能够履行这种抚养义务，但行为人没有履行这种义务，就是不作为的危害行为。

（2）不作为的构成条件。一种不作为能够被认定为刑法中的危害行为，必须具备以下三个条件：

第一，行为人负有作为义务。行为人在当时情况下负有实施某种积极作为的义务，简称为作为义务。它是不作为能够成为危害行为的前提。作为义务主要有如下五种来源：

其一，法律明文规定的义务。这里的"法律"是广义的，包括法律及行政法规、部门规章等。例如，我国《婚姻法》规定，父母对于未成年子女有抚养教育的义务，子女对于没有独立生活能力的父母有赡养扶助的义务。根据此法律规定，如果有抚养能力的父母不抚养未成年的子女，或者有赡养能力的子女不赡养无生活能力的父母，都属于刑法中不作为的危害行为。

其二，职务、业务要求的义务。各行各业的从业人员，根据职务或业务规则、操守或行业规章，都应当履行相应的职业义务。例如，值班医生有抢救危重病人的义务，值勤消防员有消除火灾的义务。有些职务或业务要求的义务亦属于法律明文规定的义务，因为这类义务一般被规定于法规、条例、规章甚至某些司法解释中，而其效力的根据仍在于法律的规定。[7]

---

[6] 刑法理论称此种情况为间接正犯，或称间接实行犯。后文在共同犯罪的论述中，将详细讨论此问题。

[7] 高铭暄、马克昌主编：《刑法学》（第4版），北京大学出版社、高等教育出版社2010年版，第74页。

其三，合同行为引起的义务。合同行为是指双方当事人签订或约定权利与义务的行为。"自然接受行为"也是一种合同行为，其实为一种口头合同。合同行为是当事人按照自己的意志，在不违法的情况下，自愿为自己设定权利和义务的行为。如果这种义务事关重大利益，不履行这种义务直接侵害了合同相对方的生命、健康等重大权益时，不履行这种义务的行为，就可能成为刑法中的不作为危害行为；但是，不履行合同义务的行为导致财产损失时，一般是民法上的违约行为，多数情况下应当承担民事赔偿责任。只有当不履行合同义务的行为直接侵害合同相对方的生命权益或严重侵害其健康权益时，才可能成为刑法中的不作为行为，进而才可能构成犯罪。例如，在行为人基于合同而抚养了他人的婴儿，却不为其供给食物致其死亡的场合，只让行为人承担民事赔偿责任是不够的，还应当将其评价为刑法中的不作为行为，评价其刑事违法，进而可能构成遗弃罪。对于不履行合同义务而致人死亡的行为，如果能够认定为故意杀人罪以外罪名的，尽量认定为其他罪名；如果刑法中没有其他罪名可以认定的，可以认定为故意杀人罪或过失致人死亡罪。

例如，某男青年正在追求某女青年，邀请女青年到海边游泳，女青年说自己不太会游泳不想去，男青年反复动员并保证如有危险自己会救助她。女青年勉强同意。在游泳过程中，来了风浪，女青年呼救，男青年却不救助。实际上按男青年的游泳技术在当时的情况下是完全可能救出女青年的，但他由于害怕而没有施救。对于女青年的死，男青年的不救助行为应当成为刑法中的不作为行为，可能承担过失致人死亡罪或故意杀人罪（不作为型）的刑事责任。如果我国刑法规定了见危不救罪等罪名的话，则此时应当将男青年的行为尽量评价为见危不救罪，而不宜评价为故意杀人罪。

其四，先前行为引起的义务。这是指由于行为人先前实施的某种行为使法益处于危险中，他此时就负有排除危险或防止危害结果发生的特定义务。例如，成年人带小孩去游泳，就负有保护小孩安全的义务。先行为能引起作为义务的根据在于：先前行为使一个法益处于危险之中，如果没有先前行为就没有这种危险；行为人是基于自己的意志支配，主动实施了先前行为，并引起了法益的危险状态，所以他就负有将法益从危险中解救出来的义务。这完全符合"谁惹起谁负责"的社会常识。

这里特别需要讨论两个问题：

首先，如果先前行为是一个合法行为还能否引起作为义务？按照社会一般的常识，不但违法行为可以引起作为义务，合法行为也能引起作为义务。例如，前文的成年人带小孩游泳的例子，恰恰说明合法行为能够引起作为义务。成年人带小孩游泳的行为并不违法，但它同样引起了作为义务。但是，如果某种危害不是行为人招致的，反倒是被害人自己陷入危险之中，那么这种情况就不属于先行为引起的作为义务。例如，汽车司机照章正常行驶，骑车人违章，导致汽车司机意外地撞伤骑车人，并致其严重失血有生命危险。此时司机有无义务将骑车人送医院？其实，在这种情况下，司机负有将伤者送医院的道德义务。这就好比任何一个路人看到一个受伤的人都有道德义务将其送医院一样。但是，如果司机不将其送医院，并不能构成刑法中的不作为行为。这是因为此时司机没有实施任何意志支配行为，使得骑车人陷入危险之中，反倒是骑车人自己陷入了危险之中。因为司机没有惹起、引起被害人法益处于危险之中，所以，司机也没有法律义务解救他，但却有道德义务解救他。

其次，先前行为是否包括犯罪行为。对于这个问题一般应当分两种情况来分析：

一是刑法为某种犯罪行为引起更严重结果而专门规定了加重的法定刑的情况。[8]这实际上等于刑法已经将先前犯罪行为引起危险而不解救行为作为更为严重的犯罪加以评价，因此司法机关就不能将此种不解救行为再评价为一个新的不作为型的犯罪。例如，行为人先前实施了一个交通肇事罪的行为，使被害人受伤，生命处于危险之中。根据刑法规定，行为人在此时不解救被害人，不将他送医院，导致他死亡的，仍然只能构成交通肇事罪，只不过这种情况属于逃逸致人死亡的严重情节，刑法专门为这种情节规定了更重的法定刑。在这种情况下，司法机关只要将行为人不解救行为认定为交通肇事逃逸致人死亡情节，再判处重的刑罚即可，切不能将此不解救行为重新当作一个不作为行为处理，认定为故意杀人罪。再比如，故意伤害他人后不将被害人送医院导致被害人死亡也属于这种情况，司法机关只要认定为故意伤害致人死亡即可，不能将不救助再作为一个新的不作为行为来评价。

---

[8] 刑法理论将这种情况称为情节加重犯或者结果加重犯。

二是刑法没有对先前的犯罪行为引起更严重危害结果而规定加重刑罚的情况。此时，如果先前的犯罪行为导致另一法益处于危险之中，则可以认定此故意犯罪行为引起了一个作为义务。不履行这种义务就可能构成另一个犯罪。例如，行为人违反《森林法》的规定，非法采伐珍贵树木，树木倒下时砸到他人头部，行为人明知或者应当知道不立即救助会导致其死亡的结果，却并未救助。行为人非法采伐珍贵林木的行为，构成《刑法》第344条规定的非法采伐、毁坏国家重点保护植物罪，但第344条并没有规定，该罪导致他人死亡结果时有加重的刑罚，换言之，造成死亡的行为及结果不能评价在第344条中。行为人对于非法采伐、国家重点保护植物罪行为之后的不救助行为，可以再被认定为一个不作为行为，构成故意杀人罪或过失致人死亡罪。[9]

其五，基于对法益发生危险的场所具有排他性控制而产生的作为义务。例如，出租车司机将晕倒在自己车里的乘客丢弃而不送医院，最后导致该乘客因耽误医治而死亡。此时出租车司机应当承担不作为的刑事责任。在这里，法益发生危险的场所，特指在法益发生危险时，只有行为人在场，只有行为人有机会或有可能出手救助，其他人没有机会或不可能及时达到的场所或情况。例如，二人处在比较偏远的房间里或者二人相约荒郊野外等，其中一个发生了生命危险，即属于此种情况。

第二，行为人能够履行作为义务。法律不强人所难。虽然行为人负有作为义务，或者说有作为义务的来源，但他由于身体、技能等自身的原因而不能履行此义务，或者由于自身条件以外的客观原因而导致其不能履行此义务，也不能成立刑法中的不作为行为。判断行为人是否有能力履行义务，应当综合考察行为人自身的主观能力和应当履行义务时的客观条件。

第三，危害结果的发生与不履行作为义务有因果关系。行为人不履行作为义务，只有造成或可能造成危害结果的，才可能成立不作为行为。如果在客观上无论行为人是否履行作为义务，危害结果都已经发生或必然发生，危害结果的发生与不履行作为义务没有因果关系，就不能构成不作为行为。例如，病人送到医院时已经死亡或者根据医学常识判断已经没有救助意义，此

---

[9] 参见张明楷：《刑法学》（第3版），法律出版社2007年版，第147页。

时医生的不救治行为就不能构成刑法中的不作为。

（3）不作为犯罪的分类。刑法理论一般将不作为行为构成的犯罪分为两类：

第一，真正不作为犯或者纯正不作为犯。这是指刑法明文规定只能由不作为行为构成的犯罪。刑法对于这种犯罪一般明文规定行为主体的作为义务和不作为的类型。例如，《刑法》第261条规定："对于年老、年幼、患病或者其他没有独立生活能力的人，负有扶养义务而拒绝扶养，情节恶劣的，处5年以下有期徒刑、拘役或者管制。"这是刑法对于遗弃罪的规定。"对于年老、年幼、患病或者其他没有独立生活能力的人负有扶养义务"是对行为人具有作为义务的规定，"拒绝扶养"是对不作为行为类型的规定。

也可以这样说，真正不作为犯是行为人以不作为的方式违反命令型规范的犯罪，这种犯罪只能由不作为构成。仍以《刑法》第261条的规定为例，"拒绝扶养"是刑法规定的不作为行为类型；"对于年老、年幼、患病或者其他没有独立生活能力的人，负有扶养义务……"实际上是刑法命令义务主体必须抚养没有独立生活能力的人。行为人最终只能以不作为的方式来违反此命令型规范。《刑法》第311条的拒绝提供间谍犯罪、恐怖主义犯罪、极端主义犯罪证据罪、第416条的不解救被拐卖、绑架妇女、儿童罪、第444条遗弃伤病军人罪等，都是纯正不作为犯罪。

第二，不真正不作为犯或者不纯正不作为犯。这是指刑法没有明文规定，此罪必须由不作为行为构成，但行为人却用不作为的方式完成了这种犯罪的情况。也可以这样表述：不真正不作为犯是指通常由作为方式构成的犯罪却由行为人以不作为方式加以实施的情况。例如，杀人罪通常是由作为方式构成的，但行为人在特定的条件下却用不作为的方式实施了这种犯罪。或者可以这样理解，不真正不作为犯是行为人以消极的不作为方式来违反禁止性规范而完成的犯罪。例如，《刑法》第232条规定之"故意杀人的"行为类型，通常是积极作为方式，同时，"故意杀人的，处……刑罚"实际上也是刑法规定的禁止性规范，是刑法发出的禁止杀人的命令。行为人最终以消极不作为的方式违反禁止性规范而实施了故意杀人的犯罪行为，就是不真正不作为犯。

区分真正不作为犯与不真正不作为犯应当注意用以下标准：

其一，真正不作为犯一般都是纯正身份犯。刑法对真正不作为犯的主体身份都作出了明文规定。这是区别两种不作为犯的重要标准。例如，《刑法》第261条规定的遗弃罪、第402条规定的徇私舞弊不移交刑事案件罪、第404条规定的徇私舞弊不征、少征税款罪、第416条规定的不解救被拐卖、绑架妇女、儿童罪、第429条规定的拒不救援友邻部队罪、第440条规定的遗弃武器装备罪、第444条规定的遗弃伤病军人罪、第445条规定的战时拒不救治伤病军人罪等，都是刑法为其行为主体规定了特定身份的犯罪。特定身份正是他们所负有的作为义务的来源，或者说，正因他们具备了特定的身份，所以才产生了特定的作为义务。但是，刑法对于不真正不作为犯并没有规定其主体必须具备特定身份。

其二，刑法对于真正不作为犯罪都明确规定了不作为的行为类型。例如，对于遗弃罪，刑法明文规定了"拒绝抚养"的不作为行为类型；对于徇私舞弊不移交刑事案件罪，刑法明文规定了"对依法应当移交司法机关追究刑事责任的案件不移交"的不作为行为类型。但是，刑法对于不真正不作为犯罪往往规定作为的行为类型，而并不明确规定不作为的行为类型。例如，对故意杀人罪，刑法明文规定"故意杀人的"——作为的行为类型。如果某人用不作为的行为实施故意杀人行为，就属于不纯正不作为。

其三，根据刑法规定就可以对真正不作为犯作出判断。上述列举的真正不作为犯，仅仅根据刑法规定的主体身份和不作为的行为类型，就可以判断此类犯罪属于不作为犯罪。但是，对于不真正不作为犯，我们必须针对已经完成的犯罪（生活中的犯罪行为已经实施完毕），来判断它到底是否属于不作为犯。这是因为刑法并没有对不真正不作为犯罪规定特定的身份和不作为的客观行为。在这种犯罪未实际完成时，我们根本无法判断它是作为的犯罪还是不作为的犯罪。例如，仅仅根据刑法规定的故意杀人罪的条款，我们根本无法说它是作为犯还是不作为犯。只有当某行为人确实地用不作为的方式完成了故意杀人罪时，我们才能说此行为人实施的是不作为方式的故意杀人罪。反之，如果某行为人用作为的方式完成了故意杀人罪，那么我们只能说该行为人实施的是作为方式的故意杀人罪。因为不真正不作为犯通常是由作为方式来完成的，所以最终判断它到底是否属于不作为犯罪，必须以行为人实施完毕的犯罪形态为标准。

3. 持有行为的性质

我国刑法分则规定的下列犯罪都是由持有行为构成的。它们是：非法持有枪支、弹药罪、非法持有毒品罪、持有假币罪、妨害信用卡管理罪所包含的非法持有他人信用卡、非法持有伪造的信用卡、非法持有伪造的空白信用卡等行为。

持有是行为人对特定物的支配和控制，从表面上看，既具有作为的性质，也具有不作为的性质。因此，学界对于持有行为的性质有三种不同的主张：①认为持有行为是作为。其理由是：行为人持有某特定物必须运用运动的力量去获得；没有运动的力量，该特定物不会自动处于行为人的控制和支配之下。②认为持有是不作为。其理由是：行为人必须消极地身体静止，不将特定物交给法定部门，才能构成持有，行为人身体静止是持有行为的根本表现。③认为持有行为是独立于作为与不作为之外的第三种行为类型。其理由是：从来源上讲，行为人必须用运动的力量去获取特定物，因此它具有作为的性质；从现状上讲，行为人必须用身体静止的方式不交出特定物，因此它也具有不作为的性质。所以，从总体上讲，持有行为同时具备了作为和不作为的性质，是一种独立于作为与不作为之外的第三种行为方式。

其实，从根本上说，持有是一种作为。这是因为：①从来源上讲，行为人必须依靠运动的力量才能获得特定物，并将其置于自己的控制和支配之下。无论是捡来的假币、购买来的毒品，还是非法制造的枪支、伪造的信用卡，都是靠运动的力量取得的。②从违反的义务类型上讲，行为人持有特定物品违反的是禁止性规范。刑法理论一般认为，作为的行为方式所违反的必须是禁止型规范，而不作为的行为方式所违反的是命令型规范。所以，从违反的义务类型上看，持有行为应当是一种作为的行为方式。③从立法原意上讲，刑法规定的持有型犯罪的对象，都是违禁品。法律不允许个人非法拥有它们。这正如法律不允许杀人行为、抢劫行为、盗窃行为一样。法律不允许非法杀人，行为实施了非法杀人，就是一种作为的行为方式；同样，法律不允许非法拥有毒品，行为人非法拥有了毒品，也必定是一种作为的行为方式。

(三) 危害行为的时间、地点

危害行为必然发生在一定的时间、空间之中，不与一定的时间、地点相联系的行为是不存在的。但是，在绝大多数情况下，行为的时间、地点对于行为的法益侵害性，并没有多大影响。所以，我国刑法分则在规定行为类型时，一般不描述行为的时间和地点。例如，刑法在规定故意杀人、盗窃、抢夺等犯罪的客观要件时，并没有描述行为的时间、地点。这是因为这些行为的时间、地点，对于该行为的法益侵害性，没有实质性的影响。

但是，在个别情况下，刑法分则在对某些犯罪客观要件进行描述时，规定了时间、地点。例如，《刑法》第340条规定，非法捕捞水产品罪，是指"违反保护水产资源法规，在禁渔区、禁渔期或者使用禁用的工具、方法捕捞水产品，情节严重的行为"。这里的"禁渔区"、"禁渔期"，就是刑法为该罪的客观要件所规定的时间要素和地点要素。如果捕鱼行为不在"禁渔区"或"禁渔期"，就不符合本罪的客观要件，也就不构成犯罪。

另外，有时刑法分则将时间、地点规定为从重量刑的情节。例如，《刑法》第263条规定，在一般地点的抢劫行为，构成犯罪的，处3年以上10年以下有期徒刑，并处罚金；但对于"入户"抢劫、"在公共交通工具上"实施抢劫犯罪行为，刑法规定处10年以上有期徒刑，并处罚金或者没收财产。"入户"和"在公共交通工具上"是特定的地点。在这两个地点实施的抢劫行为，其对于法益的侵害性程度，明显比在一般地点要大得多，所以刑法规定了更高的法定刑。

四、行为对象

（一）行为对象的概念和特征

1. 行为对象的概念

行为对象，也叫犯罪对象，是指刑法分则规定的某种犯罪客观要件行为所指向的或直接作用的具体人或具体物。大多数危害行为都直接作用于一定的对象，使之发生毁损、灭失或使其归属、位置、状态等发生变化。[10] 我们应当从以下几个方面来理解行为对象：其一，行为对象是与行为主体相对应的范畴。行为主体是指实施危害行为的人，其实施的危害行为一般要指向一定的对象。其二，行为对象具有客观实在性。行为对象是行为主体实施危害

---

[10] 高铭暄、马克昌主编：《刑法学》（第4版），北京大学出版社、高等教育出版社2010年版，第63页。

行为指向的物质体（一般包括人或物），具有客观性，是不以主体的意志为转移的客观存在。

2. 行为对象的特征

（1）行为对象是具体的人或物。作为行为对象的人，是生物意义的人，是有血有肉的物质体。我们不能从社会关系的意义来界定行为对象的人。虽然从最抽象的社会意义上讲，人是一切社会关系的总和；但是刑法分则条文规定的作为行为对象的人，一定是具体危害行为指向或直接作用于其身体的人，是具体的、生物意义的自然人。此时的人，表现为一种生物体。

作为行为对象的物，是存在于时间和空间的客观存在。物包括有形物与无形物。电能、热能、燃气、磁力等属于无形物，能够成为盗窃等行为的对象；信息也是一种物，它实际上是由电子、电磁波之类的物质组成的，它存在于时间和空间中，也是一种客观存在，能够成为行为对象。例如，以营利为目的而复制他人电信号码，是一种盗窃行为。这里电信号码所代表的信息就是行为对象。

（2）行为对象是危害行为指向或直接作用的人和物。没有与危害行为联系起来的人或物，并不是行为对象；只有与危害行为联系起来的人或物才是行为对象。危害行为与行为对象之间的联系有两种情况：

第一，危害行为指向了具体的人和物。这是指行为人将自己实施的危害行为瞄准、对准了某个具体的人或物，但还没有对它们产生物理意义的作用力。例如，行为人甲想杀死某乙，举枪向他瞄准，但还没有射击时被警察抓获。此时，某乙显然是杀人行为的对象；但是，甲的杀人行为并没有直接作用于其身体上，即其身体并没有承受任何来自于杀人行为的物理力量。

第二，危害行为直接作用于具体的人或物。这是指危害行为发出的物理力量接触到了具体的人或物，甚至使人或物产生了物理变化，导致人伤、物毁或者物体表面、位置等发生变化。据此可以将行为对象与犯罪所得之物、犯罪所用之物区分开来。犯罪所得之物，是指犯罪人通过犯罪行为所获得的财物或物品，犯罪所用之物，是指犯罪人进行犯罪活动所使用的工具或物品。[11]

---

[11] 高铭暄、马克昌主编：《刑法学》（第4版），北京大学出版社、高等教育出版社2010年版，第63页。

（3）行为对象是体现刑法法益的人和物。法益是一种价值观念，必须通过对一定事实、实物的评价表现出来。危害行为侵害法益，实际上就是危害行为指向或作用于体现法益的物或者法益的主体——人。例如，杀人罪的行为对象是人，此时的人是生命法益的主体，杀人行为指向或作用于此人，就侵害了此人的生命权法益。在盗窃他人摩托车场合，摩托车体现了他人财产权法益，盗窃行为指向或作用于它，就表明财产权法益被侵害了。

任何犯罪都是侵害法益的行为，那么是不是任何犯罪行为都指向或作用于行为对象呢？通说认为，并非任何犯罪都有行为对象。比如，脱逃罪，偷越国（边）境罪，组织、领导参加黑社会性质组织罪，组织、领导、参加恐怖组织罪，等等，就没有行为对象。

本书认为，所有的犯罪行为都指向和作用于一定的行为对象。其理由是：所有的犯罪行为，其首先必定是侵害法益的行为。而法益只是一种观念、一种评价标准，它必须由一定的事实来体现或承载。体现或承载法益观念的事实，就是行为对象，包括具体的人或物。法益和事实不可分离，脱离了事实的价值观念是不存在的。所以，脱离了行为对象的法益也是不存在的。刑法中的法益必定通过一定的事实（人或物）即行为对象反映出来。例如，偷越国（边）境罪的对象是国（边）境线，国（边）境线是由界桩或界碑连接成的线，这种线有的是由铁丝网连起来的，也有的只是根据界桩或界碑标志出来的。脱逃罪行为的对象是被监管人员自己的身体，脱逃罪侵害的法益是对于被监禁人的监禁司法秩序，被监禁人的身体的位置就是监禁司法秩序的体现或载体，所以，脱逃罪的行为对象就是行为人自己的身体。叛逃罪的行为对象也可用相同的理由说明。组织、领导恐怖组织、黑社会性质组织罪的行为对象，就是被组织者、被领导者。参加黑社会性质组织罪、恐怖组织罪的对象就是由被组织者共同结成的组织。组织是指3人以上用一定的纪律、约定等联系纽带而组成的共同体，它是由物质载体——3个以上的人来表现的。

（二）行为对象对于定罪量刑的影响

1. 行为对象对于认定犯罪成立的影响

刑法分则规定的犯罪客观要件行为，必须指向或作用于一定的对象。反之，不指向或作用于一定的对象，就不是危害行为。所以，行为对象是所有危害行为的组成要素。刑法分则条文在绝大多数情况下都明文规定了行为对象。行为只有指向或作用于这样的对象，才能构成犯罪。例如，《刑法》第232条规定的故意杀人罪，其行为对象必须是人。非法剥夺他人生命的行为，只有指向或作用于某个具体的人，才可能构成故意杀人罪。《刑法》第236条规定的强奸罪，其行为对象是妇女。一个强奸行为必须指向或作用于某个具体妇女，才可能构成强奸罪。

2. 行为对象对于认定此罪与彼罪的影响

相同类型的行为，指向或作用于不同的对象，可能构成不同的犯罪。例如，抢劫普通的财物，可能构成的是抢劫罪；抢劫枪支、弹药、爆炸物、危险物质，可能构成的是抢劫枪支、弹药、爆炸物、危险物质罪；盗窃普通财物，可能构成的是盗窃罪；盗窃枪支、弹药、爆炸物、危险物质，可能构成的是盗窃枪支、弹药、爆炸物、危险物质罪，盗窃国有档案，可能构成的是盗窃国有档案罪。之所以相同类型的行为，指向或作用于不同的对象，构成不同的犯罪，是因为不同的对象体现了不同的法益。法益必须通过一定的人或物来表现自己。危害行为指向或作用于不同的对象，就表明其侵害的法益的性质不同，当然也就表明其犯罪性质不同。

3. 行为对象对于量刑的影响

危害行为指向或作用于不同的对象，既表明其侵害的法益的性质不同，也表明其侵害法益的程度不同。盗窃枪支行为侵害的法益是公共安全，盗窃普通财物侵害的法益是财产权，前一行为的社会危害程度重，对其定罪后的量刑当然也应当重。另外，相同的行为，由于其所侵害对象的数量、特点不同，导致其危害程度也不同，对其量刑也有很大影响。例如，司法机关对于盗窃 1 支枪的行为和盗窃 10 支枪的行为的量刑一定不同，对于伤害 1 个普通的男性公民的行为和伤害怀孕妇女的行为的处罚也肯定不一样。

五、危害结果

（一）危害结果的概念与特征

危害结果是危害行为给刑法所保护的法益所造成的现实侵害事实与现实危险状态。[12]危害结果具有以下特征：

---

[12] 张明楷：《刑法学》（第 3 版），法律出版社 2007 年版，第 152 页。

1. 危害结果必须是一种事实

事实是存在于人的意思之外的客观存在。人们意思之外的事物、观念、评价结论都是事实。危害结果的外部表现往往是一种客观现象，例如身体伤亡、财产损坏等。这种现象是看得见摸得着的有形事实；但是，危害结果并不仅仅表现为有形事实，还可能是法律或社会的评价结论，但这种评价结论必须是一种普遍的观念。例如，当行为人盗窃了一支枪的时候，法律或社会对其危害结果的评价是：此行为危害了公共安全，这就是一种评价结论。评价结论仍然是一种事实，因为它一旦形成，就存在于人的意思之外，是一种客观存在。所以，危害结果既可以是有形体的，也可能是无形体的；既可以是物质的，也可能是非物质的。一种观念、一种关系、一种属性，虽然不能用形体和空间位置来表现自己的存在，但它们也是存在的，只是与有形体的存在有着不同的表现形式而已，所以其仍然是一种事实。[13]

2. 危害结果是由危害行为产生的事实

这也就是说，危害行为是危害结果产生的原因。危害行为位于事实发展过程之前，其产生的时间在前；危害结果位于事实发展过程之后，其产生的时间在后。在刑法中，危害行为与危害结果的因果序列不能颠倒。

3. 危害结果是侵害刑法法益而形成的事实

危害结果是本质与现象相统一的事实。其本质是刑法保护的利益受到了侵害，其现象是行为对象受到危害行为的作用或指向而产生了实害或危险。例如，杀人行为的危害结果之本质是生命权受到了侵害，其现象则是某个有血有肉的人死亡了；盗窃行为的危害结果之本质是财产权受到了侵害，其现象则是某个具体的财物被盗窃走了，财物所有人对于此财物失去了控制。对于法益的侵害所形成的事实有两种表现形式，一种是现实侵害事实，一种是现实危险状态。故危害结果可分为实害结果和危险结果。

4. 危害结果的范围是由刑法限定的

危害结果是立法者选择确定的事实。这也就是说，立法者为了一定的目的而对危害结果进行了选择。这种选择表现在：立法者先选择某种危害行为的类型作为犯罪客观要件，相应地也就选择这种行为所产生的某种后果作为

---

[13] 李洁：《犯罪既遂形态研究》，吉林大学出版社1999年版，第116页。

危害结果。如果抛开刑法分则对于犯罪客观要件行为类型的规定，那么，一种单纯的生活中的危害行为，可能产生各种各样的结果，既包括对具体的人或物所产生的自然力的作用，也包括对人、物所产生的社会属性的作用等。但立法者并不将受危害行为作用或影响的所有的后果都当做危害结果，而只是选择其中的某一部分作为危害结果。例如，随地吐痰、在公共场所吸烟、乱扔烟头的行为，都产生了危害社会的后果，但它们并不是刑法意义的危害结果。因为产生这些结果的危害行为并不符合刑法分则条文规定的犯罪客观要件的行为类型。另外，它们也并没有侵害到刑法规定的法益。什么样的危害行为，其产生了什么样的危害结果，才属于刑法中的危害结果，是由刑法规定的，是由刑法惩罚犯罪的目的决定的。[14] 所以说，刑法对于犯罪客观要件行为的规定和对于法益的规定，从总体上限定了危害结果的范围。

（二）危害结果的类型

1. 实害结果与危险结果

（1）实害结果。实害结果，也称侵害结果，是危害行为对法益造成的现实侵害。从刑法规定上看，实害结果多数表现为人身伤亡、财产损失、社会秩序、交通秩序混乱等。实害结果往往表现为危害行为直接作于具体的人或物而对他（它）们造成了某种不利性的物质改变。例如，杀人行为造成人死亡——人身的不利性改变，就是实害结果，人死亡是生命权被侵害的表现。故意伤害行为造成的人身重伤，也是如此，人的身体受到伤害是健康权被侵害的表现。反之，虽然行为使行为对象产生了物质改变，但它并不反映法益已经被侵害，就不是实害结果。例如，行为人为了杀人而打造了一把刀，当被害人并没有受到任何伤害时，打造刀而产生的物质改变，就不是实害结果，因为它没有表现出生命权法益已经被侵害的事实。

（2）危险结果。危险结果，是指危害行为虽然没有造成法益的实际侵害，但却使法益可能受到实害（侵害），具有了现实危险性或可能性的事实。刑法理论对于危险状态是否属于危害结果具有争议。与通说一样，本书也认为危险状态是危害结果的一种形式。这是因为一定危险状态具备了危害结果的全部特征：

---

[14] 李洁：《犯罪既遂形态研究》，吉林大学出版社1999年版，第119页。

第一,危险状态是一种客观事实。危险状态是指行为对象遭受损害的可能性。危险意味着虽然实害结果没有出现,但却有出现实害结果的极大现实可能性。可能性是指事物发展在当下还没有成为现实,但在未来能够成为现实,亦即可能性是未来的现实性。可能性必定具有一定的现实根据、具有一定的现实条件。这种现实根据、实现条件也是一种事实,是独立于人的意思之外的客观存在。

第二,危险状态是由危害行为所产生的事实。从客观上考察,危险状态这种事实,也是由危害行为引起的。没有危害行为,就没有这种危险。在因果序列中,危害行为是原因,危险状态就是结果。在哲学上,结果是相对于原因而言的。产生某一事物或现象的叫原因,被产生出来的事物或现象叫结果。结果并非全都是物质性的;现实可能性、非物质性影响也能被危害行为引起,因而也能成为结果。危险状态是一种现实可能性,"当某种可能性是由某种客观存在的事实表现出来,并且这种表现危险的事实是由原因所引起的时候,对于原因来说,这种事实就是结果"。[15] 破坏刹车装置,可能产生车翻人亡的结果,此时破坏刹车装置就有车翻人亡的可能性。"车翻人亡的可能性"就是破坏刹车装置的危害结果。所以,危害行为作用于一定事物产生的某种状态或某种可能性即危险状态,就是危害行为产生的一种结果。

第三,危险状态是使法益受到侵害的一种客观表现。危害行为所产生的危险状态,一定以侵害刑法法益为内容,一定是指符合犯罪客观要件的行为所造成的对刑法法益侵害的危险性。例如,根据刑法规定,在公共场所引爆威力较大的爆炸物的行为,虽然并没有造成任何人伤亡的有形结果,但它照样可能构成爆炸罪。其根本原因就在于:它符合爆炸罪的客观要件,并且产生了侵害公共安全(不特定或多数人的生命、健康或重大财产安全)的危险。公共安全是刑法保护的法益。

第四,作为危害结果的危险状态具有限定性。刑法中的危险,必须是由犯罪客观要件行为产生的。从总体上说,刑法对于某一罪名保护法益的规定和对犯罪客观要件行为的规定(限定),就等于限定了能够作为刑法中危害结果的"危险"种类的范围。例如,刑法分则第二章规定公共安全法益,其中

---

[15] 参见李洁:《犯罪既遂形态研究》,吉林大学出版社1999年版,第204页。

第114条规定了放火、爆炸、决水、投放危险物质、以危险方法危害公共安全等犯罪的客观要件。这实际上就等于规定：放火、爆炸、决水、投放危险物质、以危险方法危害公共安全等行为的"危险"，是"使不特定的人死亡、伤害或重大财产损失"的现实可能性，只有这种特定的危险，才是刑法中的危害结果。

总之，实害结果与危险结果，是依据危害行为对刑法法益侵害的现实性与可能性而划分的类型。实害结果是指危害行为对刑法法益造成现实侵害的事实，它表明法益已经发生了现实的改变；危险结果是指危害行为对刑法法益造成了现实威胁的事实，此时危害行为并没有使法益发生现实改变，而只是存在着发生改变的危险性或损害可能性。

2. 物质性结果与非物质性结果

危害结果也可以分为物质性结果和非物质性结果。

（1）物质性结果。物质性结果是指由危害行为产生的有形的、看得见、摸得着的物质性的事实。例如，致人伤亡、导致财产毁损或灭失等，都是物质性结果。

（2）非物质性结果。非物质性结果是指由危害行为产生的心理感受、社会威信、名誉、信誉等受到损害的客观表现。非物质性结果对于法益受到侵害的表现，往往要通过心理感受、社会评价等心理和观念展现出来。虽然非物质性结果的测量标准，往往是非物质的、相对的；但是这种结果也绝不是无边无际而无法把握的。因为非物质性结果也是一种客观事实，绝不是主观臆断，所以对于评价自然会有客观公论。

必须说明的是，非物质性结果必须表现为实害结果，不能表现为危险结果。因为危险结果是产生某种物质损害的可能性，其本身也具有一定的物质表现，而非物质性结果不具有物质表现。例如，对他人进行诽谤、侮辱的行为，其产生的结果是被害人名誉受损、人格受损。而名誉和人格只是社会对于某一个具体人的评价。评价是一种观念，看不见，摸不着。然而，非物质性结果虽是看不见、摸不着的无形存在，但它毕竟是一种独立于人的意识之外的客观存在，其仍然是一种事实，只不过这种事实需要通过社会观念或人们的心理感受等方式体现出来罢了。

除上述诽谤罪、侮辱罪以外，通常能产生非物质性结果的犯罪还有：煽动民族仇恨、民族歧视罪，出版歧视、侮辱少数民族作品罪，非法剥夺公民宗教信仰自由罪，侵犯通信自由罪，侮辱国旗、国徽罪，等等。

3. 直接结果与间接结果

（1）直接结果。直接结果是指由危害行为直接造成的侵害事实，它与危害行为之间不存在独立的另一现象作为中介。如甲用棍棒打死乙，乙之死亡就是甲打击行为的直接结果。

（2）间接结果。间接结果是指由危害行为间接造成的侵害事实，它与危害行为之间存在着独立的另一现象作为联系的中介。如甲侮辱乙后，乙因羞愤而自缢而死，乙之死亡就是甲侮辱行为的间接结果。[16]

六、刑法因果关系

（一）刑法因果关系的概念与特征

刑法因果关系，是指危害行为与危害结果之间的引起与被引起的联系性。危害行为是引起危害结果的原因，危害结果是危害行为引起的结果。

因果关系是哲学上的一对范畴。引起、产生一定现象的现象是原因；由一定现象引起、产生的现象是结果。因果关系就是现象之间引起与被引起的关系。原因与结果之间的关系具有相对性，某事物在某种情况下是原因，在另外情况下又是结果；原因与结果之间相互转化。与哲学上的因果关系相比，刑法因果关系只是一种特定的因果关系，具体指危害行为与危害结果（特指看得见、摸得着的实害性、物质性结果）之间的关系。[17] 它具有如下特征：

1. 客观性

因为刑法中的危害结果和危害行为都是一种客观事实，所以，二者之间引起与被引起的联系性，也必定是一种客观事实，不是人们的主观臆断。据此，我们判断刑法因果关系的有无，必须联系客观实际，根据案件发生的具

---

〔16〕高铭暄、马克昌主编：《刑法学》（第4版），北京大学出版社、高等教育出版社2010年版，第83页。

〔17〕刑法之所以不研究危害行为与非物质性结果之间的因果关系，是因为这种因果关系不存在司法判断上的困惑。刑法要求的危害行为一经实施，犯罪构成所要求的非物质性结果就会随之产生。换言之，刑法中的危害行为与非物质性结果之间具有不可分离的关系，其间不可能介入其他独立的因素而使原因与结果的判定产生分歧。例如，情节严重的侮辱行为一经实施，就会立即产生被害对象的人格受到贬损的结果。这种危害行为与非物质性结果如影随形，不可分离，所以一般无需司法加以判断。

体情况来进行判定。虽然犯罪动机、犯罪故意是危害行为产生的原因，但它们自身并不是刑法因果关系之原因。犯罪机动、犯罪故意只有支配了危害行为，与危害行为结成一体，才能成为刑法因果关系中的原因。也就是说，主观动机或主观故意只有把自己表现成了客观事实，并与客观事实结合在一起，才能成为刑法因果关系中的原因。

2. 原因、结果的限定性

刑法因果关系只是普遍联系着的客观世界之因果链条中的一环。在这一环节中，原因只能是危害行为，结果只能是危害结果。这种原因与结果的区别是固定的，不能互相转化。

首先，危害行为必须限定。危害行为作为刑法因果关系之原因，必须是类型化的侵害法益的行为。也就是说，危害行为是通常能够引起特定危害结果发生的行为类型。如果生活中的某种危害行为不是刑法规定的类型，其通常不会产生人死、人伤或财产损失等刑法规定的结果，就不能成为刑法因果关系之原因。例如，甲劝说乙跑步，结果乙在跑步过程中被车扎死。由于甲劝说乙跑步的行为，在通常意义上并不能引起他人死亡，所以，劝说跑步的行为不是刑法意义上乙死亡的原因。再比如，甲为了杀害侄子乙而得到他的财产，就命令乙在下雨天上山打柴，希望乙能被雷电击死，结果乙真的被雷电击死，在此场合下，甲的命令行为并不是刑法上乙死亡的原因。类似的案例还有：甲希望乙在乘飞机旅行时，飞机失事而死亡，于是便给乙购买了航空安全记录不好的航空公司的机票。结果乙在航空飞行时飞机失事而死亡。基于相同的理由，甲购买机票的行为并不是刑法意义上乙死亡的原因。

其次，危害结果必须限制。在刑法因果关系中，危害结果特指实害性、有形的物质结果，一般不包括非物质性结果、危险结果。在司法实践中，这种因果关系问题大部发生在杀人罪的案件中。[18]

虽然危险结果、非物质性结果也是由危害行为引起的，但这种因果关系并不是刑法理论研究的重点。这是因为危害行为会直接引起或产生危险结果、非物质性结果，其中间并不存在独立的另一现象作为中介，所以对于这种因果关系的把握一般不会产生分歧。

---

[18] 刘士心：《美国刑法中的犯罪论原理》，人民出版社2010年版，第26页。

刑法因果关系研究的重点是危害行为与实害性、有形的物质结果之间是否具有因果关系。这主要是指危害行为与实害性、有形物质结果之间介入了独立的另一现象，这就需要判断危害行为到底是不是此结果产生的原因。例如，甲当众侮辱老人乙，老人乙在盛怒之下心脏病发作而死亡，老人死亡是实害性的、有形的物质结果，侮辱行为与此结果之间介入了心脏发作这一独立现象。这时，刑法理论就必须做出判断：到底侮辱行为是不是导致死亡的原因。

3. 时间顺列性

从时间特征上看，危害行为作为原因在先，危害结果只能在后。二者的时间顺序绝不能颠倒。因此，司法机关只能在结果产生之前的行为中寻找原因。当然，先于结果出现的危害行为也并不必然都是该结果的原因。当危害结果之前存在多个危害行为时，需要寻找出对于该结果的引起或产生确实起了决定性作用的危害行为，它才是该结果发生的真正原因。

(二) 刑法因果关系认定的学说

1. 刑法因果关系认定的含义

刑法因果关系认定，是指根据一定规则来确定某个危害行为是否属于某种有形的物质性危害结果产生之原因的判断活动。虽然刑法因果关系其本身并不是一个独立的犯罪客观要件的要素，但是它却是判断危害行为是否存在、是否符合犯罪客观要件的前提。可以认为，因果关系虽然不是物质要素，但仍然是犯罪客观要件的内容，是一种隐含的客观要素。[19]

2. 刑法因果关系认定的主要学说及评价

(1) 条件说、原因说、相当说。

条件说认为，行为与结果之间如果存在着"没有前者就没有后者"的条件关系时，该行为就是原因。例如，甲打伤了乙，危害程度只是轻伤。乙去医院治疗，在途中被车撞死。按条件说，甲的伤害行为是乙死亡的原因，因为如果甲不打伤乙，乙就不会走去医院的路，就不会在彼时被车撞死。显然，这种按条件说得出的结论，会不适当地扩大原因的范围。

原因说是为了克服条件说弊端而产生的一种学说。它主张根据某种特定

---

[19] 刘士心：《美国刑法中的犯罪论原理》，人民出版社2010年版，第29页。

的标准,从导致危害结果出现的诸多条件中,确定其中一个来作为原因。但是,到底用何特定的标准,又有很大分歧。有的主张最有力的条件是原因;有的主张最异常的条件是原因;有的主张决定事物发展方向的条件是原因;有的主张必然包含着危害结果的条件是原因……但是,无论前述哪个特定标准,都太抽象,缺乏操作性。原因说最终还是等于没有标准。

相当说认为,应当根据一般社会生活的经验,在通常情况下,某种行为产生某种结果被认为是"相当"的场合,行为与结果之间就具有因果关系。"相当"是指该行为产生该结果在日常生活中是一般的、正常的,而不是特殊的、异常的。[20] 简言之,相当因果关系说是主张以社会一般人、多数人都认为此行为是危害结果的原因为标准来判断因果关系的。但是,"社会一般人或多数人的认识",也是一个不够明确、操作性不强的标准。

(2) 限制条件说。条件说、原因说和相当说,各有利弊。相比之下,条件说优越性较大,弊端较小。优越性表现在:其标准明确、具体、操作性强;弊端表现在:根据其标准来认定的原因太宽泛。本书认为,条件说在绝大多数情况下是可行的,只是在个别情况下会导致原因认定的范围过大,或者极个别时候会导致否定原因的结果不太合理,因此只要在个别情况下用某种方法对其加以适当的限制就可以了。在英美刑法中,条件说标准即"But-for Test"标准,是一般标准,适用于绝大多数的案件。"But-for Test"标准的含义是:假如没有被告人有意行为,社会危害是否还会发生?如果回答是否定的,那就具有事实因果关系;如果回答是肯定的,就没有事实因果关系。[21]

本书认为,限制条件说适用的方法有两个:其一,在个别情况下将不符合条件说公式的有意行为认定为原因(纳入);其二,在个别情况下将符合条件说公式的有意行为排除为原因(排除)。这两种限制其实就是条件说的例外。这种在绝大多数情况下采取条件说但明确其极个别情况有例外的因果关系认定规则,就是限制条件说的精髓。采取限制条件说,必须把握两个要点:其一,在绝大多数情况(一般情况)下,应当根据条件说来认定因果关系;其二,用典型案例来表明条件说的例外。必须强调,表明条件说例外的案例必须是具体的、明确的、可操作的。

---

[20] 张明楷:《刑法学》(第4版),法律出版社2010年版,第176页。
[21] 刘士心:《美国刑法中的犯罪论原理》,人民出版社2010年版,第29页。

(三) 限制条件说的展开

限制条件说的要旨在于：一般情况下以条件说公式为标准来认定因果关系，个别情况下用明确、具体的典型案例来表明其例外；而后者是重中之重。下面就用案例来具体分析条件说的两个方面的例外情况。

1. 在个别情况下将不符合条件说公式的行为认定为原因（个别纳入）

（1）两个同时发生的行为都能独立导致同一人死亡的情况。这是指两个以上的行为人，在没有意思联络的情况下，同时分别实施独立的危害行为，而每个危害行为都能独立导致危害结果发生的情况。比如，甲用一把刀刺中丙胸部，与此同时，另一独立的行为人乙开枪击中丙的头部，结果丙死于这两个伤害。医学发现，两个伤害都单独达到了致命的程度。这种因果关系具有两个特征：第一，两个危害行为同时发生，不存在一个补充另一个的问题；第二，每一个危害行为都可以单独造成危害结果（死亡）。在此案例中，没有甲的行为，丙也会死亡；没有乙的行为，丙仍然会死亡。如果根据"没有前者就没有后者"的条件说公式，就会得出甲的行为或乙的行为都不是丙死亡之原因的不合理结论，这是十分荒谬的。在此种情况下，应当对条件说进行限制，否定此时的不符合条件说公式就不存在因果关系的结论，得出存在因果关系结论。美国刑法理论也将这种情况视为条件判断的例外情况，肯定每个行为与共同危害结果之间都具有事实因果关系。[22]

（2）两个先后发生的行为都能独立导致同一人死亡的情况。这是指两个或两个以上的危害行为先后发生，每个行为都能够单独引起危害结果，只是后一个行为的实施，加速了先前结果发生的时间。比如，在甲乙之间没有意思联络的条件下，甲向丙的腹部开了一枪，会在一小时后死亡，紧接着乙又独立地向丙的腹部开了一枪。医学表明，假如没有先前的枪伤，第二枪也会使丙在一个小时后死亡。结果由于乙的行为的介入，丙在 5 分钟后死亡。[23] 在此案例中，没有甲的行为，丙也会死亡；没有乙的行为，丙仍然会死亡。如果根据"没有前者就没有后者"条件说公式，就会得出甲的行为或乙的行为都不是丙死亡之原因的不合理结论。根据限制条件说，应将这个案例所代表的一类情况视为条件说的例外，认定甲、乙的行为都是丙死亡的原因。

---

[22] 刘士心：《美国刑法中的犯罪论原理》，人民出版社 2010 年版，第 33 页。
[23] 刘士心：《美国刑法中的犯罪论原理》，人民出版社 2010 年版，第 34 页。

再比如，甲想杀死丙，便在丙准备进行穿越沙漠长途旅行的前夜，悄悄地溜进丙的房间，把丙水壶里的水换成无色无味的毒药。乙也想杀死丙，于同一夜里的晚些时候，溜进了丙的房间，在丙的水壶底钻一个小洞。次日，丙出发了，他没有发现水壶上的小洞。两小时后，他在沙漠中想喝水，但水壶是空的。由于没有其他水源，丙在沙漠中脱水而死。[24] 如果根据条件说的公式，没有甲的行为丙也会死，因此甲的行为不是原因；没有乙的行为丙也会死，所以乙的行为也不是原因。但这一结论是极不合情理的。所以，应当肯定甲、乙两人的行为都是丙死亡的原因。

（3）流行病学判断法则。用自然科学法则证明污染环境行为引起或产生了人身和财产损害的结果，通常情况下需要经历大量的、复杂的、严密的证明历程，必须证明有以下因果链条的存在：企业在生产过程排放了特定有毒物质→该有毒物质排入环境→通过空气、水、土壤扩散→到达被害人的身体或财产→损害发生。[25] 但实践证明，要证明这个链条的每个环节及其发展机理，存在着很大的难度。为了解决这些难题，刑法理论提出了判断污染环境行为与危害结果之因果关系的流行病学法则。其判断方法是：第一，该因子（污染物）在发病（死亡或者伤害）的一定期间之前起作用；第二，该因子的作用程度越明显，患病率就越高；第三，该因子的分布消长与流行病学观察记载的流行特征并不矛盾；第四，该因子作为原因起作用，与生物学并不矛盾。[26] 如果存在上述四个条件，就可以认定污染行为是疾病或死亡产生的原因。

虽然这种判断法则只能证明先有污染行为而后有疾病发生，但不能用排除法则来证明：没有污染行为，此种疾病就会消失。因为这种证明是很难的，其历程也是很漫长的。所以，它本不符合"没有前者就没有后者"的条件说公式。但是，出于惩治环境犯罪的刑事政策考量，根据流行病学判断法则来判断污染环境行为与人身损害结果的因果关系，在实质上也是公正的。

2. 在个别情况下将符合条件说公式的行为排除为原因（个别排除）

这类情况是指在先行为实施之后，危害结果还没有产生之前，又介入了

---

[24] 张明楷：《刑法学》（第4版），法律出版社2011年版，第182页。
[25] 刘景一、乔世明：《环境污染损害赔偿》，人民法院出版社2000年版，第244页。
[26] 参见张明楷：《刑法学》（第4版），法律出版社2011年版，第183~184页。

第三者的行为、被害人自己的行为或自然事件等因素,如果后介入因素对于危害结果的发生起决定作用或介入之事件极端异常,则可将先行为排除为原因。在这种情况下,先前的危害行为与危害结果之间,虽然符合"没有先行为就没有结果发生"的条件说公式,但由于后介入因素对于结果的发生产生了决定性作用,所以应当否定先行为是结果的原因。其具体案例如下:

(1) 介入对死亡起决定作用的第三者行为。例如,甲乙吵架,甲怒气难消,将乙打晕在地,恰好乙的仇人丙路过,丙趁机攻击乙头部,致乙死亡。必须说明,甲和丙并没有建立意思联络。因为丙的行为造成了乙的死亡,应该由丙来对乙的死亡承担责任,甲的行为并不是乙死亡的原因,仅对乙的伤害结果承担责任。一般而言,先前的加害行为实施完毕之后,本不至于导致死亡结果;但是后介入第三者的行为对于死亡结果起了比先行为更大的作用,便可否定前行为对于死亡结果的因果性。

(2) 介入被害人自杀行为。这又可分为二种情况:第一,故意杀人或故意伤害以外的加害行为实施后,介入被害人自杀。例如,诈骗、盗窃、侮辱等行为实施后,受害人自杀身亡。此类情况下的加害行为不是死亡结果的原因。第二,故意杀人或故意伤害行为并没有导致被害人死亡,但是被害人却选择了自杀。此类情况下的加害行为一般不是死亡的原因。

但是,如果是加害行为直接导致了被害人自杀,则不能否定加害行为与死亡结果之间的因果关系。美国刑法中有这样的案件:K 在 J 登山时将 J 推下山崖,致 J 高位截瘫,引起身体剧烈疼痛。法院先判决认定 K 构成谋杀未遂。然而 6 个月以后,J 自杀身亡。此种情况之自杀被认为是"当然的可能的结果(Natural and Probable Result)",则它不能中断因果关系。按美国模范刑法典对此的处理逻辑是:K 只意图杀 J,并不关心 J 的死亡方式,推下山崖——肉体、精神受苦——自杀之间是密切关系的。对于 K 来说,J 的自杀后果并不那么遥不可及或者只是意外(Too Remote or Accidental in Its Occurrence)。所以,K 应当对 J 的死亡承担责任。[27]

(3) 介入被害人"自主、故意、知情决定"的行为。美国有学者认为,如果介入被害人自主、故意、知情的决定(Free, Deliberate, and Informed),

---

[27] 刘士心:《美国刑法中的犯罪论原理》,人民出版社 2010 年版,第 44 页。

则中断先行为与死亡的因果关系。例如，被告人用刀刺伤了受害人。受害人被送进医院后，认为输血违反其宗教信仰而拒绝输血，结果死亡。医学证明，如果受害人接受输血就不会死亡，这情况可以中断伤害行为与死亡结果之间的因果关系。[28]

美国刑法还有一种理论，称之为"停止于明显安全的处境"（Come to Rest in a Position of Apparent Safety）。此情况也能中断先行为与死亡的因果关系。它是指被告人实施的危险行为并没有直接造成危害结果的发生，而是最终将受害人置于一个明显安全的处境中。在这个处境中，又由于受害人自己或者其他人的行为造成了危害结果。这种情况与受害人的不作为有关。这种情况中断先行为与死亡结果的因果关系。例如，男子威胁妻子的生命，妻子去 200 米远的父亲家中，为了不打扰父亲，在外边等了几个小时后冻死。事实上她只要叫门就不会被冻死。美国刑法认为，此时丈夫的行为与妻子死亡之间不存在法律上的因果关系，因为妻子处地是安全的，而是另外的原因（不叫门）造成了她的死亡。[29]

（4）介入异常事件。例如，行为人甲将乙打成重伤，乙住院治疗。在治疗期间，医院发生火灾，乙被烧死。本案中后介入的火灾事件极端异常，可中断先行为与死亡结果之间的因果关系，应当认定火灾引起了被害人死亡的结果，甲的行为与死亡结果没有因果关系。再比如，甲意图杀死乙，对其实施人身侵害，但是其行为只是造成了乙伤害。之后，乙被送到医院救治，不料在医院乙被传染了猩红热而死亡，这时甲的行为不是乙死亡的原因。

还有这样的案件：母亲想杀她的婴儿，将毒药交给保姆，保姆忘记了喂，把药放在壁炉台上，几天后，婴儿被狂犬进房间咬死。在此种情况，母亲先前的投毒药的行为不是婴儿死亡的原因，即母亲不承担杀人罪（既遂）的责任，这是因为这中间介入的因素使被害人死亡的进程与被告人想象的完全不一样。[30] 这时应当判定，后介入因素导致先行为的因果进程中断，应当认定母亲的行为不是婴儿死亡的原因。

---

[28] 但英国上诉法院认为，被害人拒绝接受治疗，并不能中断伤害行为与死亡结果的因果关系，被告人仍应当对死亡结果承担责任。

[29] 刘士心：《美国刑法中的犯罪论原理》，人民出版社 2010 年版，第 45 页。

[30] 刘士心：《美国刑法中的犯罪论原理》，人民出版社 2010 年版，第 51~52 页。

3. 根据条件说认定存在因果关系的普遍情况（普遍肯定）

在一般情况下，一个危害行为直接引起死亡结果，可直接认定此行为是死亡原因。但是，在行为人先实施一个危害行为之后，被害人还没有死亡之前，中间介入了另外一个因素（包括行为和事件等），该因素与先行为共同作用，导致了死亡结果。这时只要符合条件说公式——"没有前者就没有后者"，或者说，只要符合"没有先行为被害人就不能死亡"的标准，又不属于以上排除原因的极个别情况，就可以认定先行为是死亡的原因。根据介入因素的不同，可分如下类型：

（1）介入第三者行为而不中断因果关系的情况：

第一，介入第三者的作为行为。可分为三种类型：

其一，介入之第三者行为与先前行为结合起来才能引起死亡结果，前后行为对于死亡结果所起的作用相等，即各占50%。此时应认定先行为和后介入行为都是死亡的原因。例如，甲与乙都对丙有仇，甲见乙向丙的食物中投放了5毫克毒物，且知道5毫克毒物不能致丙死亡，遂在乙不知道的情况下又添加了5毫克，结果丙吃下食物后死亡。本案没有甲或没有乙的行为都不能致丙死亡。所以，甲乙二人的行为与丙的死亡都存在因果关系。又如，甲和乙分别对丙开枪，都没有击中要害部位，但是丙两个伤口同时流血，最后因失血过多死亡，如果只有一处伤口，丙不会死亡。此时同样应当认定甲乙二人的行为都是死亡的原因。

其二，两个行为先后发生，其中第一行为能够独立引起死亡，第二个行为虽然不能独立引起死亡，但却能加速死亡结果的出现。比如，甲用刀刺丙，将在30分钟死亡，乙又独立地用枪射中了丙的腿部，结果使丙在10分钟就死亡了，乙的行为不能独立产生死亡结果，只是加速了死亡的时间。此时，应当认定两个行为都是死亡的原因。

其三，两个行为同时发生，其中一个能够单独引起死亡，另一个不能单独引起死亡。比如，甲用棒球棒击打丙，随后乙用脚踢丙，结果丙死亡。医学证明丙的致命伤是棒球击打造成的，本案件中乙的行为不是丙死亡的原因，也不能中断甲行为的因果进程，只有甲的先前行为才是死亡的原因。

第二，介入第三者的不作为行为。例如，D朝V腹部连捅两刀，V倒地血流不止。V呼救，其母亲听到后，能够送医院而不送，致使V因失血过多而死亡。医学证明如果 V 能及时送医院治疗就不会死亡。此时，母亲的行为可能承担不作为犯罪的刑事责任，但是不能中断 D 的杀人行为与死亡结果的因果关系，即应当认定 D 的行为是 V 死亡原因，构成杀人（既遂）。[31]

第三，介入第三者的不知情行为。比如，母亲想杀她的婴儿，将毒药交给保姆，保姆忘记了喂，把药放在壁炉台上。几天后，一个 5 岁的儿童发现了药，其不知是毒药并喂给了婴儿。婴儿被毒死。此案中介入了两个因素：保姆把毒药放在炉台上，5 岁儿童喂给婴儿。此案中，保姆的行为与婴儿的行为都不能中断母亲行为的因果进程。美国刑法用"蓄意结果"（Intended Consequences）为理由，来解释上述案例的结论：被告人事前对某种危害结果的发生持一种积极追求和希望的心理态度，这如同中国的直接故意[32]。在直接故意情况下，法院对法律因果关系的认定范围，可能比其他犯罪更广，"回溯"的更远。此时被告人已经得到了他所想要的结果，而且被害人死亡的方式与被告人想象的一样，虽然中间介入了别的因素，但仍然没有从根本上改变被告人预计的杀人进程，所以母亲应当承担故意杀人罪（既遂）的刑事责任。

第四，介入医生的治疗行为。例如，甲以杀人故意对乙实施暴力，致乙遭受濒临死亡的重伤。乙在住院治疗期间，主治医生存在一定过失，结果乙死亡。甲的行为与乙的死亡之间存在因果关系。此时医生的治疗行为的不当，不能中断因果关系。这符合条件说公式且又不属于上述例外情况。但是，如果先前的伤害行为只对被害人产生了较轻的伤害结果，本不至于死亡，但是介入医生的严重医疗事故的行为导致了被害人死亡。此时先前伤害行为不是死亡原因。

（2）介入被害人自然反应的行为而不中断因果关系的情况。介入被害人自然反应的行为可通过如下案例说明：甲 1 开枪射击乙 1，未射击中，乙 1 因受枪声惊吓失足坠崖而死。甲 2 追杀乙 2，乙 2 因为慌不择路摔倒而死亡。甲 3 在河边随意开枪，船上的乙 3 听到枪声后害怕从船上跳入水中，被淹死。甲 4 入室抢劫，被害人乙 4 受到惊吓，跳窗逃生，结果在跳窗过程中摔死。甲 5

---

[31] 刘士心：《美国刑法中的犯罪论原理》，人民出版社 2010 年版，第 48 页。
[32] 直接故意是指明知自己的行为会发生危害社会的结果，并且希望或者放任危害结果发生的心理态度。本书在犯罪主观要件中将详细论述此内容。

开枪射击乙5，乙5迅速躲闪，结果甲5将乙5身后的丙打死。在前5个案例中，甲1、甲2、甲3、甲4、甲5的行为都是被害人死亡的原因。因为在当时情况下，被害人乙1、乙2、乙3、乙4、乙5的行为都属于"正常的人类反应（Normal Human Response）"，原则上不中断先前行为的因果关系。被告人对最终死亡结果承担刑事责任。

（3）介入被告人的行为而不中断因果关系的情况。这主要是指原先被告人实施的行为本不足以造成死亡危害结果，但是被告人又实施了一个与之相关的行为（下文称后行为），由后行为造成了行为人预先希望的死亡结果。比如，甲意图杀死乙，先将乙打昏，误认为乙已经死亡，就用绳子将乙吊起来，以造成其自缢的假象，结果乙被缢死。这种情况下，应当将甲在杀人故意支配下的前后两个行为组合在一起，认定为一个故意杀人行为。所以，此时被告人实施行为与死亡结果之间具有因果关系。

（4）介入感染或疾病而不中断因果关系的情况。这是指在侵害生命权的犯罪中，被告人的行为并没有直接造成受害人死亡，而是在加害行为之后，被害人发生伤口感染，或者引起了其他致命性疾病而导致受害人死亡。这种情形中，甚至不需要证明感染是凶器将病菌带入受害人体内引起的，就可以直接认定加害行为与死亡结果之间具有因果关系。[33]

（5）被害人具有特异体质而不中断因果关系的情况。被告人对被害人实施了故意杀人、故意伤害行为或者殴打行为，被害人原本就有严重的疾病或者生理器官畸形，结果导致死亡，在这种情况下被告人的行为是死亡的原因。这可用如下五个案例说明。

【案例1】 甲、乙二人在打篮球中发生争执。甲一怒之下朝乙腹部打了一拳，乙当时倒地疼痛难忍。甲与他人紧急将乙送到几十里外的医院抢救，乙在途中死亡。尸体解剖证明乙患先天性脾脏过大，这种脾脏在遭受外力打击时极易破裂。医生还证明，若抢救及时，乙不致死亡。[34] 在此案件中，甲的打击行为是乙死亡的原因。虽然这种打击行为需要许

---

[33] 刘士心：《美国刑法中的犯罪论原理》，人民出版社2010年版，第50页。
[34] 高铭暄、马克昌主编：《刑法学》（第4版），北京大学出版社、高等教育出版社2010年版，第87页。

多具体的条件和偶然性因素才能导致死亡,但是,如果没有甲的打击行为就没有乙的死亡结果。这符合条件说公式又不属于条件说的例外情况,应当认定成立因果关系。

【案例2】甲将摩托车停在电器贸易公司门前,三轮车工人乙(66岁),为该贸易公司拉货,认为摩托车碍事,将其挪开。甲不让动,发生争执,摩托车被碰倒。甲打乙的左胸一拳,乙蹬腿、张嘴,不能动,送医院后,抢救无效死亡。解剖查明,乙的脑部有畸形纤维肿瘤,还有高血压,但是,甲不打击,乙此时就不会死亡。这符合条件说公式又不属于条件说的例外情况,因此,甲的打击行为是导致肿瘤破裂的原因,最终是乙死亡的原因。

【案例3】甲持刀杀乙致伤但不致毙命,乙患有血液病,刀伤后流血不止,最终死亡。此案甲的行为是乙死亡的原因。

【案例4】甲开枪射乙未中,乙却因受枪声惊吓心脏病发作而死。甲的行为是乙死亡的原因。

【案例5】甲扎伤乙,其伤情发生在正常体质人的身上,本不会死亡。乙患有血友病,结果不治身亡。甲的行为是乙死亡的原因。

美国刑法将前述情况称之为事前的虚弱体质(Pre-existing Weakness; Pre-existing Condition)。但是,英美刑法并不认为这种特殊身体状况是一种介入因素,仍然认为危害行为与死亡结果之间具有直接因果关系,应当根据罪过来对被告人分别论以谋杀罪(Murder)或者杀人罪(Manslaughter)的既遂犯。[35]

(四)刑法因果关系与刑事责任的关系

刑法因果关系是危害行为与危害结果之间的联系,具有客观性。如果危害行为与危害结果之间存在因果关系,那么它只是可能构成犯罪,但并不必然构成犯罪。因为构成犯罪不但需要有客观的危害行为,而且还需要有主观的故意或过失。犯罪是客观要件和主观要件相统一而得出的结论。存在因果关系只是证明存在客观的危害行为,但并不能证明行为人在主观上必然存在故意或过失。例如,某画笔厂的厂长没有遵照规定事先消毒,就让厂里女工们对一些进口的山羊毛进行加工。有几名女工因被感染上炭疽杆菌而死亡。

---

[35] 刘士心:《美国刑法中的犯罪论原理》,人民出版社2010年版,第38页。

后来查明，规定的消毒措施对当时欧洲尚不知道的这种杆菌是没有作用的。该厂长没有履行消毒义务的行为，与女工死亡有因果关系，但由于该厂长对于不可避免的死亡结果，主观上没有过失，所以仍然不承担刑事责任。[36]

另外，虽然某种危害行为与实害性、物质性结果不存在因果关系，但是也可能承担相应的刑事责任。例如，甲追杀乙，乙在马路上逃跑被车轧死。虽然甲的追杀行为并不是乙死亡的原因，但仍应当认定甲的行为构成犯罪。此时甲的行为应当承担故意杀人罪（未遂）的责任。危害行为不是实害性、物质性结果产生的原因，但符合犯罪客观要件的行为类型，具有法益侵害的危险性，可以构成未遂犯罪或预备犯罪。

第三节 法 益

一个生活行为，只有侵害了法益，从而在客观上危害了社会，在形式上违反了刑法，才是它具有刑事违法性的根本原因。反之，如果一个生活行为没有侵害法益，那么无论如何也不具有刑事违法性。刑法理论往往把法益侵害看作是判断某一生活行为具有刑事违法性的根本标准。行为对法益的侵害往往表现为对法益的现实的破坏性，也可以表现为对法益直接威胁或者破坏的危险。犯罪客观要件是刑法规定的侵害法益行为的各种类型，上一节已经做了阐释。本节主要解释法益的含义、特征、本质及其在犯罪构成中的地位和作用。

一、法益的概念和本质

（一）法益的概念

对于法益概念的界定，分歧很大。主要表现在以下几个方面：其一，法益是前实定法的概念还是实定法的概念？即在实定法将法益予以保护之前，是否已经存在法益？其二，法益是刑法保护的对象，还是一般法或所有法都保护的对象？其三，法益是观念（或精神的东西）还是感觉的东西（或物质的东西）？其四，法益的内容是状态还是利益？利益的主体是谁？即除了个人

---

[36] 此案例也说明，不作为行为也能成为危害结果产生的原因。

之外，国家与社会是否可成为法益主体？[37]

对于以上问题，本书认为，法益是实定法规定的利益，而非实定法之前的所谓自然法中的利益。从立法角度讲，犯罪是刑法规定的侵害法益的各种行为类型；而从司法视角分析，犯罪是司法机关认定某种生活行为符合立法所规定的行为类型，并且其实质地侵害了法益的一种价值判断结论。所以，无论是立法规定犯罪，还是司法评价犯罪，都是以法益侵害作为最终价值标准的。犯罪构成（犯罪成立条件）是一组评价犯罪的法律标准。在这一组标准中，法益是核心标准。据此，刑法中的法益，是实定法规定的利益，特别是指刑法所保护的生活利益。刑法只是把非刑事法律保护的利益之中更为重要的利益选择出来，由刑法加以保护而已。法益既包括物质性利益也包括秩序或状态性利益。法益并不是一种事实的描述，而只是一种规范、一种理念、一种价值。

综上，法益的概念界定如下：从文字含义上讲，法益是法所保护的利益，或者说是法所规定的利益形式，其主体可以是个人，也可以是社会或国家。从刑法上讲，法益是刑法规定的利益，是国家制定刑法所要满足的需要和达到的目的，是司法机关认定生活行为具有刑事违法性的最高价值标准。

（二）法益的本质

1. 法益是刑法规定的利益形式

法益就是法所保护的生活利益，可分为先法性法益、宪法性法益和刑法法益。[38] 先法性法益理论认为法益是一种先法范畴，在立法者制定法律之前就存在。所有的法益，无论是个人的利益还是整体的利益，都是生活利益，这些利益的存在并非法制的产物，而是社会本身的产物。法律只是发现它，而不能创造它。[39] 先法性法益的哲学根据是：价值原本就存在于客观现实之中，在生活秩序中即存在着规则，从生活秩序中可以推导出法秩序，推导出法规范。在实定法产生之前，就有自然法则或自然法。先法性法益的价值是限制刑事立法权，防止立法者将不值得保护的东西规定在刑法规范之中。立

---

[37] 参见张明楷：《刑法学》（第4版），法律出版社2011年版，第67页。
[38] 刘孝敏："法益的体系性位置与功能"，载《法学研究》2007年第1期。
[39] [德] 弗兰茨·冯·李斯特、埃贝哈德·施密特：《德国刑法教科书》，徐久生译，法律出版社2000年版，第202页。

法者只能将社会已经存在的、真正需要的东西，作为社会目的记录到刑法中，成为犯罪评价的标准。

宪法性法益理论将法益置于宪法之后、刑法之前，认为法益是由宪法规定的。法益是法治国家的基本要求，应当从宪法中寻找法益的内容。宪法的原则和任务是对刑事立法权力进行限制，对利益的规范评价应当在宪法的框架下进行。宪法性法益对刑事立法起到限制效用，能在实定法上实然地防止刑事立法者恣意立法，防止其将不值得、不应该保护的东西，纳入刑法规范。[40]

刑法法益理论认为，法益是通过刑法建构的，是刑法规范已经保护的利益范畴。最初的法益概念正是在刑法意义上提出的，明确提出法益概念的是德国学者宾丁（Binding）。[41]法益是刑法规范的客体，在任何刑法规范中，均可以找到需要保护的法益。法益必须根据刑罚法规来确定。[42]如果没有实定刑法的承认，任何利益都不会成为法益。法益是实定刑法的目的，只有在实定刑法的范围内才有实际意义。[43]

本书认为，作为评价犯罪的最高价值标准，法益必须是刑法规定的利益形态。在民主时代，用法益来限制立法权并不重要。这是因为民主立法是群体智慧的结晶，有严格的程序。民主制度健全的法治国家，一般不会制定出恶法来。所以，先法性法益和宪法性法益并不应当成为刑法研究的重点。刑法在一定意义上是司法法。在司法评价犯罪阶段，立法如何科学合理并不重要，如何限制立法权，如何防止立法权恣意，如何防止将不值得刑法保护的东西纳入刑法也都不重要。对于司法而言，合程序的立法必须得到执行。所以，先法性法益和宪法性法益并不是司法评价犯罪的标准，只有刑法法益才是司法评价犯罪的价值标准。刑法法益先于司法者评价某种犯罪活动之前被立法规定出来，其意义在于它能作为司法评价犯罪的标准，能够限制司法权力。

---

[40] 刘孝敏：“法益的体系性位置与功能”，载《法学研究》2007年第1期。

[41] [德] 冈特·施特拉腾韦特、洛塔尔·库伦：《刑法总论 I——犯罪论》，杨萌译，法律出版社2006年版，第29页。

[42] [德] 克劳斯·罗克辛：《德国刑法总论（第1卷）：犯罪原理的基础构造》，王世洲译，法律出版社2005年版，第14页。

[43] 刘孝敏：“法益的体系性位置与功能”，载《法学研究》2007年第1期。

2. 法益是刑法的目的

立法是一种有目的的活动。刑事立法必须以保护法益为目的。[44] 用法律条文将社会订立刑法的目的或需要加以描述，就成为了刑法法益的表达形式。

犯罪是一种价值判断的结论，必须通过评价活动来把握。而评价是将一定事实与价值主体之目的进行比较。通过比较评价主体就得出了该事实是否符合、满足价值主体之目的的结论。评价有个体评价与社会评价之分。在个体评价中，价值主体与评价主体往往是同一的。价值主体的目的往往容易被评价主体意识到；在社会评价中，评价主体与价值主体往往不一致，其价值主体是社会或者国家，而评价主体往往由价值主体（社会、国家）中的部分人（法官等）甚至一个人来承担。

犯罪评价就是一种社会评价，其评价的对象是生活行为，其评价的标准是社会需要、目的，其结论是此生活行为侵害、阻碍社会需要、目的的负价值判断。在立法阶段，评价主体是立法者，评价标准是社会需要、目的。立法者（只是社会中的一小部分人——如人大代表会议）如果真实、准确地把握、反映了社会需要、目的，并把它当作犯罪评价的标准，那么，这种立法评价的犯罪——罪刑规范就是合目的的，是对的。反之，立法者如果不能真实、准确地把握社会需要、目的，犯罪评价的标准就不正确，其评价的结论——罪刑规范就不合目的，就是不对的。在司法评价阶段，评价主体是法官（是社会群体中的一分子）。他评价犯罪的标准应当是立法规定的价值标准——法益（刑法规定的社会需要、目的）。他用此价值标准去评价生活行为，如果生活行为阻碍、侵害了法益（社会需要、目的），它就具有刑事违法性；否则，它就不具有刑事违法性。

刑法规定的社会需要、目的，实际上是立法者对社会需要、目的之观念的把握或反映。这并不是一件容易的事。个人或团体作为社会群体中的一员或一部分，用观念来反映社会整体的需要、目的，往往与社会真实的需要、目的有偏差，甚至有错误。只有准确地意识到或把握了社会整体的需要、目的，并把它作为评价的标准，这种评价才会正确，才会合目的。要准确地把握或反映社会整体真实的需要、目的，必须集合多数人（社会各阶层、各种

---

[44] 张明楷：《刑法学》（第4版），法律出版社2011年版，第69页。

利益的代表）的智慧才能做到。刑事立法就是通过群体智慧来把握社会真实需要、目的的方式。

我国《刑法》第 2、13 条及刑法分则 10 章的章名和第三、六章内的节名，都明确规定了社会制定刑法的需要、目的。根据这些立法规定，我国制定刑法的社会需要、目的是：保护国家安全、人民民主专政的政权和社会主义制度、财产权、公民人身权、民主权、社会经济秩序和社会管理秩序，等等。这些刑法所规定的利益形式，就是法益。

二、法益的功能

（一）法益是刑事违法性的最高价值标准

犯罪并不是生活行为的固有属性，只是生活行为阻碍、侵害社会需要、目的的负价值判断结论。作为价值判断的结论，犯罪必须通过评价活动才能被把握。评价活动是一种特殊的观念把握活动，是一种特殊的意识反映形式。它包含了如下几层意思：第一，它是一种反映，是人作为主体掌握对象的一种形式、一种样式；第二，它反映的不是客观性事实、自然事实，而是主体性事实，是纳入社会存在范围的价值事实，是一定的存在、事物、现象对主体的意义和价值；第三，这种反映是借助于一定的评价标准或规范来进行的，是以一定的标准衡度、评价事物或现象之意义的过程，这些规范或标准本身就是主体的需要、目的（包括社会的需要、目的）；第四，评价的任务和功能不在于揭示事物的本质、规律，而在于掌握它的价值、意义的性质、大小、变化及其可能性。[45]

评价离不开标准。在犯罪评价过程中，法益就是评价生活行为是否违反刑法规定的标准。法益并不是对某一事实的描述，因为在法律的层面上，利益、权利都不是一种事实，只是一种规范、一种理念、一种价值。所以，法益只能属于价值标准。

与前一节所讲的犯罪客观要件相比，法益属于更为抽象的价值标准。如果说犯罪客观要件是刑事违法的具体价值标准的话，那么完全可以说，法益是刑事违法的最高价值标准。

---

[45] 马俊峰：《评价活动论》，中国人民大学出版社 1994 年版，第 121 页。

我们知道，评价犯罪的标准包括两大类别：第一类别是评价行为客观效用的标准；第二类别是评价行为人主观意志的标准。后者将在后文展开论述。评价生活行为在客观方面对社会需要、目的所产生效果的标准，也有两个标准，分别是犯罪客观要件和法益。刑法理论认为，如果生活行为符合了刑法分则规定的任何一个犯罪客观要件，并且最终具有侵害法益的客观效果，那么它就必然具有刑事违法性。生活行为只有在刑事违法的前提下，才有可能构成犯罪，但不必然构成犯罪；如果它不具有刑事违法性，则必然不能构成犯罪。

如前文所述，犯罪客观要件是刑法分则条文规定的某种犯罪行为的类型。刑法分则规定了 470 多个罪名，相应地也就规定了 470 多个犯罪客观要件。但刑法规定的法益却远没有那么多，只规定了"国家安全、人民民主专政的政权和社会主义制度、财产权、公民人身权、民主权、社会经济秩序和社会管理秩序"等法益。所以，法益与犯罪客观要件相比，具有更为抽象、更为概括的特征。如果说犯罪客观要件是司法机关判断一种生活行为是否违反刑法的具体标准的话，那么法益则是判断一种生活行为是否违反刑法的更高价值标准。例如，行为人某甲盗窃了被害人某乙占有的数额较大的财物，司法机关就会认定某甲的行为符合《刑法》第 264 条规定的犯罪客观要件。犯罪客观要件告诉法官的是：某甲盗窃某乙占有财产的行为符合"盗窃公私财物"的行为类型，这是一种具体的形式判断；而法益告诉法官的是：某甲的盗窃财物的行为侵害了他人财产所有权（法益），这是一种更为抽象的实质判断。如果从形式上看，某甲的行为只符合了"盗窃公私财物"的行为类型，但从实质上看，某甲的行为并不侵害他人财产所有权，那么某甲的行为最终不具有刑事违法性。比如，某甲将某乙诈骗自己的财物盗窃回来，从形式上看，某甲的行为符合"盗窃公私财物"的行为类型，但从实质上看，某甲的行为并不侵害他人财产权，因为被盗窃的财物本应该归某甲所有，所以从实质上看，某甲的行为就不具有刑事违法性。[46]

通过上述例证可知，在判断某种生活行为是否违反了刑法的评价中，法益是比犯罪客观要件更为抽象、更为概括的价值标准，是更抽象的社会理念，

---

[46] 关于财物所有人将自己拥有所有权的财物盗窃回来，在不同的情况下，其评价结论不同。一般认为，所有人从犯罪行为人那里盗窃回自己被犯罪行为所侵害的财物，阻却刑事违法性，不能构成犯罪。

所以，它是刑事违法的最高价值标准。

(二) 法益比"社会危害性"标准更明确

以前人们普遍认为犯罪是具有社会危害性的行为，社会危害性是犯罪的根本特征。这种观点的不足之处在于：社会危害性是一个外部界限十分模糊的概念。一个生活行为到底危害了社会的什么对象、什么方面、什么价值才算具有社会危害性呢？这个概念没有告诉我们。比如，富人每日都购买超出社会人均需要几百倍的社会资源加以高消费的行为，用社会危害性的观点来评价，完全可能得出两个相反的结论。我们既可以从这种行为不违法的角度评价它没有社会危害性，也可以从每天都有大量穷人忍饥挨饿而富人却占有了大量社会资源的角度评价这种行为有社会危害性。这个例子说明，社会危害性是变幻莫测、人言人殊的概念。

但是，法益概念的内涵，具有相对的明确性。它的外部特征比较清楚，首先，法益是法所保护的利益。是否被法所规定是法益的一个十分明显的特征。对于何是法益，我们只要查看刑法如何规定就可以了。其次，利益是对个人、社会或国家有好处的东西。某种东西是否有好处，人们比较容易得出一致的结论。如果用法益为标准来评价前述那个富人的行为，就会肯定地得出这样的结论：他的行为并不侵害法益，没有刑事违法性，而绝不会得出相反的结论。

由于法益的外部界限比较清楚（相对于社会危害性概念而言），所以用它作为标准来评价犯罪所得出的结论也就相对客观。在民主法治的国家，什么样的行为是犯罪必须尽量清晰，只有这样人们才能享受到自由和人权。在民主法治的国家，用法益作为标准来评价犯罪比用"社会危害性"作为标准来评价犯罪，更具有优越性。

(三) 法益能派生出犯罪客观要件

刑法法益是刑法明确规定的社会制定刑法的需要、目的。以保护刑法法益为目的，刑法分则规定了具体的犯罪客观要件。犯罪客观要件是刑法分则规定的具体犯罪的客观要素，包括行为人身份、行为方式、行为对象、行为的时间、地点、方法、危害结果等，是侵害刑法法益的行为类型或行为模式。刑法法益是实质，犯罪客观要件是形式。刑法分则法条在对犯罪客观要件进行描述之后，都规定了法定刑。客观要件与法定刑的结合，便形成了一个罪刑规范。就罪刑规范的目的而言，它是保护刑法法益的。但单就客观要件（不联系刑罚来考察）而言，它是侵害刑法法益的行为类型。所以，刑法法益具有指导刑事立法的作用。立法对客观要件的构筑，实际上是先有一个法益的观念，在此观念指导之下设置客观要件的要素。这些犯罪客观要件"力图反映立法者保护法益、惩罚犯罪的期望"。[47]

立法者根据法益来规定犯罪客观要件，实质也是一种评价过程。它是立法者以法益为标准所作的"客观要件是侵害法益的行为类型"的价值判断。客观要件是立法者根据刑法法益而作出的评价结论。

立法者将侵害相同法益的不同行为，规定为多个不同的犯罪客观要件，是罪刑法定原则的根本要求。刑法并非处罚所有侵害法益的行为。它只是将社会生活中经常发生的、严重侵害法益的行为挑选出来，规定为犯罪客观要件。犯罪客观要件是指导司法者评价犯罪的具体价值标准。如果刑法只规定法益而不再规定具体犯罪客观要件的话，那么刑法就只能规定十几个抽象的法益——国家安全，公共安全，社会主义经济秩序，社会秩序，国家、集体和个人的财产权，公民个人的人身权、民主权，国家工作人员职务廉洁性，国家机关工作人员职责，等等。如果用这十几个抽象的法益来作为司法者评价生活行为是否违反刑法的标准的话，那就会由于评价标准过度抽象而导致犯罪评价的随意性和擅断性。这种情况是法治社会所绝不允许的。

既然刑法规定出一定数量的犯罪客观要件，就自然形成了犯罪的分类。"如果刑法只规定一般的犯罪概念与成立条件，而不对犯罪进行分类，就不可能称为罪刑法定主义"。[48] 要对具体犯罪进行分类，就必须以刑法法益为标准。目的（法益）是全部法律的创造者。每个刑法分则条文（本条）的产生都源于一种目的，然后在此目的之下设计条文。[49] 一切犯罪客观要件系针对一个或数个法益构架而成。因此，在所有客观要件中，总可找出其与某种法益的关系。所有的犯罪客观要件都是以法益为灵魂而构建的。

（四）法益能对犯罪客观要件进行解释

法益是立法者规定犯罪客观要件所要达到的目的。用立法者的目的来解

---

[47] 肖中华：《犯罪构成及其关系论》，中国人民大学出版社2000年版，第170页。
[48] 张明楷：《法益初论》，中国政法大学出版社2003年版，第335页。
[49] 张明楷：《刑法分则的解释原理》，中国人民大学出版社2004年版，第142页。

释法条的语言含义,最能符合立法意图。例如,《刑法》第116条对破坏交通工具罪的客观要件的规定是:"破坏火车、汽车、电车、船只、航空器,足以使火车、汽车、电车、船只、航空器发生倾覆、毁坏危险,尚未造成严重后果的,处3年以上10年以下有期徒刑。"如果对此客观要件的文字进行形式化解释,就会得出破坏家庭小轿车的行为、破坏私人渔船等行为,都属于破坏汽车、破坏船只的行为,因而有可能构成破坏交通工具罪。但是,根据本条法益进行实质地解释,就会得出不同的结论:本条法益是公共安全。公共安全是不特定或多数人的生命、健康或重大公私财产安全。以本条法益进行解释,就会得出家庭小轿车、私人渔船不是本罪评价的对象,破坏家庭小轿车的行为、破坏私人渔船的行为,在实质上不符合本罪的客观要件。因为这两个对象并不关系到不特定或者多数人的生命健康和重大财产安全。

在对犯罪客观要件的解释中,"由于刑法条文简短,在客观要件中并没有规定法益,故完全可能出现在客观要件符合的解释上违背法益保护目的的现象"。[50] 所以,对于客观要件文字含义的解释,不但要用社会通常语言文字用法来解释,还要联系各客观要件之法益进行解释。这样,刑法法益就成为对客观要件解释的重要标准。立法者并非随意规定犯罪及其客观要件,而总是根据需要保护并值得保护的生活利益(法益),来确定哪些行为应当规定为犯罪以及这些犯罪的客观要件如何描述。因此,只有根据法益实质地解释客观要件,方不至于使立法者保护的法益的目的落空。

(五)法益能对罪名进行分类

刑法分则规定了470多个罪名。这些罪名并不是杂乱无章地罗列的,而是以法益为标准加以有序分类的。刑法分则共十章,每章都规定了一种法益,并将侵害相同法益的罪名按顺序排列规定。刑法分则规定每个犯罪之客观要件时,往往只描述其行为主体身份、行为方式、行为对象、危害结果等内容,并不指明此客观要件所保护之法益是什么。所以,确定某个具体罪名的法益,就必须先要看它被规定在刑法分则的哪一章。这一章名所规定的法益,就是这一章中所有具体罪名之法益。

---

[50] 张明楷:《法益初论》,中国政法大学出版社2003年版,第338页。

三、法益的分类

（一）个人法益、社会法益、国家法益

以法益归属的主体为标准，可将全部刑法法益分为三个部分，即个人法益、社会法益和国家法益。以我国刑法为例，法益的这种分类情况如下：

1. 个人法益

刑法分则第四章规定的公民人身权、民主权，第五章规定的财产权，都属于个人法益。侵害这类法益的犯罪，称为侵害个人法益犯罪。

2. 社会法益

刑法分则第二章规定的公共安全、第三章规定的社会主义市场经济秩序、第六章规定的社会管理秩序，都属于社会法益。侵害这类法益的犯罪，称为侵害社会法益犯罪。

3. 国家法益

刑法分则第一章规定的国家安全、第七章规定的国防利益、第八章规定的国家工作人员的职务廉洁性[51]、第九章规定的国家机关工作人员职责、第十章规定的军人职责，都属于国家法益。侵害这类法益的犯罪，称为侵害国家法益犯罪。

将全部刑法规定的法益分为这样三个部分非常重要。这种分类非常有利于划清此罪与彼罪的区别。

（二）总则规定的法益、分则各章规定的法益、分则各节规定的法益、具体犯罪的法益

1. 总则规定的法益

我国《刑法》第2、13条都明文规定了法益。这种规定从总体上揭示了我国的刑法法益整体。它对于司法者全面、完整地掌握刑法法益具有重要意义。概括这两个法条的规定，就可以得出我国刑法法益的总体内容。它具体包括如下类别：国家安全、人民民主专政的政权和社会主义制度、国有财产和劳动群众集体所有的财产以及公民私人所有财产的所有权、公民人身权利、

---

[51] 我国刑法分则第八章的名称是"贪污贿赂罪"。这种名称是以犯罪行为类型来命名的。如果要揭示这章所规定的法益，必须借助于学理解释。目前刑法理论普遍认同本章规定的法益是"国家工作人员职务廉洁性"。

民主权利和其他权利、社会秩序、经济秩序。

2. 分则各章规定的法益

刑法分则第一章规定的法益是国家安全,第二章规定的法益是公共安全,第三章规定的法益是社会主义市场经济秩序,第四章规定的法益是公民人身权、民主权,第五章规定的法益是财产权,第六章规定的法益是社会管理秩序,第七章规定的法益是国防利益,第八章规定的法益是国家工作人员职务廉洁性,第九章规定的法益是国家机关工作人员职责,第十章规定的法益是军人职责。

分则各章规定的法益对于正确理解本章内各具体罪名的法益,具有非常重要的意义。除非规定各具体罪名的法条明文规定了本罪名的法益,否则各罪名的法益就都是各章规定的法益。学理解释的各具体罪名的法益,必须不得与该罪名归属的各章规定的法益相冲突。这是罪刑法定原则的根本要求。

3. 分则各节规定的法益

我国刑法分则第三章下设八节,第六章下设九节。这些节标题所规定的法益是本章规定法益的一部分。第三章第一节规定的法益是产品质量管理秩序,第二节规定的法益是货物进出口监管秩序,第三节规定的法益是公司、企业管理秩序,第四、五节规定的法益都是金融管理秩序,第六节规定的法益是税收征管秩序,第七节规定的法益是知识产权,第八节规定的法益是市场秩序。

第六章第一节规定的法益是公共秩序,第二节规定的法益是司法秩序,第三节规定的法益是国(边)境管理秩序,第四节规定的法益是文物管理秩序,第五节规定的法益是公共卫生管理秩序,第六节规定的法益是环境资源保护秩序,第七节规定的法益是禁毒管理秩序,第八节规定的法益是禁止卖淫的管理秩序,第九节规定的法益是淫秽物品管理秩序。

4. 具体犯罪的法益

具体犯罪的法益是指刑法分则规定的每一个具体犯罪(罪名)所保护的法益。刑法分则规定的具体犯罪都是某种行为类型与法定刑相连接而组成。行为类型与法定刑的连接就组成了一个罪刑规范。每一个罪刑规范都是为了保护一定的法益而设立的。例如,杀人罪(罪刑规范)所保护的法益是生命权,伤害罪(罪刑规范)所保护的法益是身体健康权。法益是刑法规定并由刑法保护的利益形式，因此它的内容必须具有法定性。"确定法益的内容，应以刑法规定为依据，一方面考虑具体犯罪所属的类罪，另一方面要以刑法对具体犯罪的规定为根据"。[52]

值得注意的是，刑法分则条文在规定具体犯罪之客观要件时，往往没有明文规定法益。要从刑法中找到具体犯罪的法益，就必须明确该具体犯罪被规定在刑法分则的哪一章、哪一节。根据具体犯罪所属的章、节，再根据一定的逻辑分析方法，我们就可以确定具体犯罪的法益。由于法益是高度抽象的，法益派生出的具体犯罪的客观要件是相对具体的，所以不可能每一个具体犯罪都对应一个独特的法益。换言之，刑法分则规定了470多个具体犯罪（罪名），但不可能规定这么多法益。法益是高度抽象的观念，它不可能像犯罪客观要件那么具体化。这就可能导致许多（或一组）具体犯罪都是为保护同一个法益而设立的情况。例如，为了保护财产权，刑法分则规定了抢劫罪、盗窃罪、诈骗罪、抢夺罪、聚众哄抢罪、侵占罪、职务侵占罪、挪用资金罪、挪用特定款物罪、敲诈勒索罪、故意毁坏财物罪、破坏生产经营罪、拒不支付劳动报酬罪等13个具体犯罪。这13个具体犯罪的法益是相同的，都是财产权。

四、如何确定具体犯罪（罪名）的法益

（一）确定具体犯罪法益的原则

确定具体犯罪法益的原则，是指在刑法分则条文有明文规定时要依照规定，没有明文规定时，要根据具体犯罪所属的章、节的标题来推导出它的法益，这种推导出来的法益必须是法律之明文规定所必然蕴含的结论，绝不能违反罪刑法定原则。

刑法总则条文规定的法益、刑法分则各章规定的法益、刑法分则各节规定的法益都具有明确的法定性。但刑法分则一般并不明文规定每一个具体犯罪的法益。刑法在规定具体犯罪时，主要描述客观要件的要素，并不直接描述法益。这样，确定具体犯罪的法益，就必须根据该具体犯罪被规定在哪章、哪节并根据一定的逻辑规则来加以推导。这种推导必须不能违背罪刑法定

---

[52] 张明楷：《刑法学》（第4版），法律出版社2011年版，第70页。

原则。

确定具体犯罪的法益必须符合罪刑法定原则具有重要意义。法益是评价某一生活行为是否刑事违法的最高标准，客观要件是评价某一生活行为是否刑事违法的具体标准。根据罪刑法定原则的要求，不但每一个具体犯罪的客观要件要法定，而且每一个具体犯罪的法益也必须是法定的。否则就会产生罪刑擅断的恶果。刑法明确地规定"侵害什么法益"才构成犯罪，实际是从根本上规定了"侵害该法益之行为"的性质。质言之，法益之规定就是侵害该法益行为类型之规定。法益对客观要件的解释具有指导意义，对于具体罪名的法益之推导，如果不明确、不合法，就等于犯罪客观要件不明确。犯罪客观要件不明确的直接后果就是司法的擅断。

（二）根据法律规定确定具体犯罪法益的三种情况

1. 刑法分则条文有明文规定的依照规定

例如，《刑法》第252条规定："隐匿、毁弃或者非法开拆他人信件，侵犯公民通信自由权利，情节严重的，处1年以下有期徒刑或者拘役。"这一法条明文规定，本罪的法益是"公民通信自由权利"。在这种情况下，必须根据法律规定来确定此具体犯罪的法益。但是，刑法分则条文明确规定具体罪名之法益的情况非常少见。这是因为法益是高度抽象的观念，它是立法者构建具体犯罪客观要件的目的。具体犯罪客观要件是下位概念，法益是上位概念。刑法分则条文主要是描述具体犯罪客观要件的。根据行文规则，同一段文字描述下位概念时，往往就不可能同时描述上位概念。

2. 根据刑法分则有关规定推导的法益必须是法律必然蕴含的结论

刑法分则规定的具体犯罪，都是以保护一定法益为目的的。根据罪刑法定原则的要求，具体犯罪的法益的确定，必须符合罪刑法定原则。由于刑法分则绝大多数条文主要描述具体犯罪的客观要件，并不直接规定本罪的法益，所以确定具体犯罪的法益就只能根据刑法的相关规定推导出来。这种推导必须根据法律的明文规定，合乎逻辑地来进行。这种推导的结论，应当属于法律的间接规定。被推导出来的法益，绝不能违反已有的法律规定，必须是法律之明文规定所必然蕴含的结论。例如，刑法分则第四章的标题是"侵犯公民人身权利、民主权利罪"，表明本章规定的具体犯罪的法益是"人身权利、民主权利"。人身权包括生命权、健康权、妇女性权利、人身自由权等权利。

本章中的杀人罪,其法益肯定是人身权。但刑法理论一般都认为杀人罪的法益是生命权。这实际上就是一种推导。这种推导并不违反法律,它只是法律明文规定的必然蕴含。因为这种推导只是将法律明文规定杀人罪的法益——人身权加以缩小,确定杀人罪的法益是人身权当中的生命权。这种推导就是法律明文规定的必然逻辑蕴含。

3. 将章、节标题规定的法益直接确定为具体犯罪的法益

立法者往往为了一个目的(法益)而构建了许多个(或一组)具体犯罪。这许多个具体犯罪的法益是相同的。所以,立法者在这一组具体犯罪的标题中写明法益后,就没有必要在描述每个具体犯罪时再描述法益,避免重复。例如,为了保护财产权这一法益,刑法分则规定了抢劫罪、盗窃罪、诈骗罪、抢夺罪、聚众哄抢罪、侵占罪、职务侵占罪、挪用资金罪、挪用特定款物罪、敲诈勒索罪、故意毁坏财物罪、破坏生产经营罪、拒不支付劳动报酬罪等具体犯罪。这些具体犯罪都是侵害财产权法益的行为类型。财产权就是这些具体犯罪共同的法益。绝没有必要再为每一个具体犯罪确定一个财产权之外的什么法益。

上述确定具体犯罪法益的三种情况,第一情况是最少见的,第二种情况也并不多见。因为根据法律规定推导法益,需要一个最重要的条件,那就是刑法章、节标题规定的法益,可以法定性地分解为几个组成部分。如人身权由生命权、健康权、妇女性权利、人身自由权等组成。但是,绝大多数刑法章节规定的法益并不能法定性地分解为几个组成部分。在这种情况下,就必须将章节规定的法益直接确定为该章节中具体罪名的法益。这样可以防止法益解释的随意性,确保罪刑法定原则的贯彻。

有观点认为:"在刑法中虽然少数条文明确揭示了犯罪客体(实际上就是法益),其他大多数条文都没有揭示犯罪客体。因此,关于犯罪客体的确定主要是由刑法理论来完成的。"[53] 本书认为,这种观点是不正确的。因为罪刑法定原则既然要求犯罪客观要件法定,也就必然要求派生出犯罪客观要件的法益也要法定。理论是不能完成法益界定这一任务的。如果用理论来完成这一任务的话,罪刑法定原则必然受到严重破坏。现在,我国刑法理论对于同

---

[53] 何秉松主编:《刑法教科书》,中国法制出版社1995年版,第125页。

一个具体犯罪法益的界定极不统一，甚至互相矛盾，其根本原因即在于此。例如，关于绑架罪的法益，有观点认为是人身自由权，有观点认为是财产权，有观点认为是相关人员的自决权。试想，法律明文规定的法益，怎么会如此的五花八门，莫衷一是？这如何称得上罪刑法定呢？

将刑法分则章、节规定的法益直接确定为本章节中具体犯罪的法益是最常见的方法，也是最符合罪刑法定原则的方法。这样确定的法益，对于认定此罪与彼罪的区别具有重要意义。例如，《刑法》第280条第2款规定了"伪造公司、企业、事业单位、人民团体印章罪"。其客观要件的行为类型，就是伪造公司、企业、事业单位、人民团体印章。生活中发生了一个伪造了社会中并不存在的虚假企业的印章的行为，这个行为是否符合伪造企业印章罪的客观要件呢？这就必须根据它的法益来进行判断。根据刑法分则的第六章第一节的规定，本节中的具体犯罪的法益是公共秩序。用公共秩序法益来判断上述生活行为，司法者完全可以得出它符合伪造企业印章罪的客观要件。因为即使伪造社会上并不存在的虚假企业的印章，也侵害了公共信用秩序。如果认为本罪的法益是公民个人法益，就会得出相反的结论。因为上述生活行为并没有侵害某具体企业的名称权或者信誉权益。

按此规则，我国刑法分则规定的绝大多数具体犯罪的法益必须作如下确定：刑法分则第一章规定的具体罪名的法益都是国家安全。第二章规定的具体罪名的法益都是公共安全。第三章第一节规定的具体罪名的法益都是产品质量管理秩序；第二节规定的具体罪名的法益都是货物进出口监管秩序；第三节规定的具体罪名的法益都是公司、企业管理秩序；第四、五节规定的具体罪名的法益都是金融管理秩序；第六节规定的具体罪名的法益都是税收征管秩序；第七节规定的具体罪名的法益都是知识产权；第八节规定的具体罪名的法益都是市场秩序。第四章规定的具体罪名的法益都是公民人身权利、民主权利。第五章规定的具体罪名的法益都是财产权。第六章规定的全部罪名的法益都是社会管理秩序。其中，第一节规定的具体罪名的法益都是公共秩序；第二节规定的具体罪名的法益都是司法秩序；第三节规定的具体罪名的法益都是国（边）境管理秩序；第四节规定的具体罪名的法益都是文物管理秩序；第五节规定的具体罪名的法益都是公共卫生管理秩序；第六节规定的具体罪名的法益都是环境资源保护秩序；第七节规定的具体罪名的法益都是禁毒管理秩序；第八节规定的具体罪名的法益都是禁止卖淫的管理秩序；第九节规定的具体罪名的法益都是淫秽物品管理秩序。第七章规定的具体罪名的法益是国防利益。第八章规定的具体罪名的法益都是国家工作人员的职务廉洁性。第九章规定的具体罪名的法益都是国家机关工作人员职责。第十章规定的具体罪名的法益是军人职责。

按上述原则确定的具体犯罪的法益，如果能根据"法律必然蕴含关系"推导出章节规定法益的法定组成部分，可以把其中某一组成部分再确定为某个具体犯罪的法益。可是，如果不具有这种"法律必然蕴含关系"，则不能推导法益。

第五章 刑事违法性判断的步骤

第一节 刑事违法性判断概述

根据评价规则，刑事违法性的判断要经过三个步骤：第一是犯罪客观要件形式符合判断；第二是犯罪客观要件实质符合判断；第三是犯罪客观要件前提符合判断。在判断犯罪构成的思维路径上，这三个步骤缺一不可，且应当按顺序进行；但是，在判断犯罪不构成的思考中，可以对不符合犯罪客观要件的某个方面直接作出判断，不受上述三个步骤顺序的限制。

一、主观意识与客观事实相符合是人类认识活动的基本途径

将此事物与彼事物相比照，判断两者之间的区别与相同，是人类认识活动的起点。将人们的主观意识与客观事实相比照，或者将客观事实与人们的主观意识相比照，判断两者是否相符合，是人类认识活动的基本途径。

人类全部的认识活动包括三种形式：事实认知活动、价值判断活动和审美活动。事实认知活动是人们将自己的主观意识与客观事实相符合的意识活动；与之相反，价值判断是人们将客观事实与自己设定的主观目的（价值目标）相符合的意识活动。价值判断的作用就是将生活中的行为或事实向着人们的主观目的靠拢进而符合人们的主观目的。审美活动是将客观事实与人们的情感相符合的意识活动。以上三种认识活动都包含着主观与客观的符合与否问题。康德认为普遍规律的基本特性就在于行为准则与之相符合。他说："规律是对一切有理性的东西都适合的客观原则……除了行为准则应该符合规

律的普遍性之外便一无所有。"[1]这说明，规律就是理性者的行为都必须与之相符合。据此，人们无论将自己的主观意识与客观事实相符合，还是将客观事实与自己的目标相符合，其最本质的要求都是行为要与规律相符合。

综上，判断此事物与彼事物相符合、主观的东西与客观的东西相符合、行为与规律相符合，是人类全部认识活动的内容之所在。

二、生活行为与犯罪客观要件相符合是刑事违法性判断的唯一路径

价值判断是两种事物之间的比照活动。价值判断的一极是客观事实，另一极是人们的主观目标（观念），也就是价值标准。价值标准有正面的，也有负面的。例如，好、正当、正义等价值标准就是正面的；坏、不正当、非正义等价值标准就是负面的。当客观事实符合正面的价值标准（主观目标），就可以得出其具有正价值的结论；当客观事实符合负面的价值标准（主观目标），就可以得出其具有负价值的结论。

刑事违法是一种负价值判断。它是生活行为（客观事实）违反、阻碍、侵害刑法法益（社会目标）的评价结论。刑事违法判断也是两个事物之间的比照活动。刑事违法判断的对象是生活中发生的行为（事实如何）；刑事违法判断的标准是刑法确立价值标准（社会目标）。根据罪刑法定原则，刑事违法的价值标准（刑法法益）必须是法律明文规定的。我国刑法分则将侵害刑法法益的行为概括为470多个类型。这些类型就是470多个罪名的客观要件。这些客观要件是法益侵害的法定表现形式。这些客观要件同时具有事实性特征和价值内涵（社会目标之表达）。它们是评价生活行为是否违反刑法（即是否具有刑事违法性）的价值标准。只不过这些客观要件都是一种负面的价值标准。例如，《刑法》第263条规定的"以暴力、胁迫或者其他方法抢劫公私财物"是抢劫罪的客观要件。它是一个负面的价值标准。生活行为符合这个标准，就被评价为刑事违法，且属于抢劫罪类型的刑事违法；《刑法》第264条规定的"盗窃公私财物，数额较大的，或者多次盗窃、入户盗窃、携带凶器盗窃、扒窃的"是盗窃罪的客观要件，它同样是一个负价值标准，生活行为符合这个标准，就被评价为刑事违法，且属于盗窃罪类型的刑事违法。总

---

[1]［德］康德：《道德形而上学原理》，苗力田译，上海人民出版社1986年版，第72页。

之，当司法者判断生活中发生的行为与刑法分则规定的任何一个罪名的客观要件相符合时，就有可能得出此生活行为刑事违法的结论。所以，刑事违法判断就是生活行为与犯罪客观要件相符合的判断。

但是，生活行为与犯罪客观要件相符合的判断，不可能一次性笼统地作出，必须分三个步骤：第一步是生活行为在形式上符合犯罪客观要件的判断，简称犯罪客观要件形式符合判断；第二步是生活行为在实质上符合犯罪客观要件的判断，简称犯罪客观要件实质符合判断；第三步是生活行为在前提（假定条件）上符合犯罪客观要件的判断，简称犯罪客观要件前提符合判断。经过三步的判断，生活行为在形式上、实质上、前提上都符合犯罪客观要件，那么它才必然具有刑事违法性。

第二节 犯罪客观要件形式符合判断

一、犯罪客观要件形式符合判断的概念和特征

所谓犯罪客观要件形式符合判断，就是抛开立法者规定此犯罪客观要件的法益，仅仅从字面含义上来确定该条文规定客观要件的内容和适用范围是否与生活行为相符合。这种判断的根本目的是将在文字含义上不符合犯罪客观要件的生活行为，绝对地排除在刑事违法范围之外。犯罪客观要件形式符合判断具有如下特征：

（一）抛开犯罪客观要件保护的法益

刑法分则规定每一个罪名的客观要件，都是为了保护一定的法益。例如，为了保护财产权法益，刑法分则规定了抢劫罪、盗窃罪、诈骗罪、抢夺罪、聚众哄抢罪、侵占罪、挪用资金罪、挪用特定款物罪、敲诈勒索罪、故意毁坏财物罪、破坏生产经营罪、拒不支付劳动报酬罪等客观要件。这些客观要件都是用文字加以描述或规定的。当司法机关判断生活中发生的某一行为是否符合客观要件时，不能先判断此生活行为是否侵害了法益，而应当先判断此生活行为在文字含义上是否符合刑法分则规定的客观要件。这样做的目的有两个：

第一，可以防止司法者在文字含义上曲解立法原意。客观要件是刑法法

益的法定表达形式，法益是客观要件的保护内容。法益与表达它的客观要件相比，更具有抽象性；客观要件与法益相比，具有形式性、类型性。形式的东西、类型的东西易于被理解和掌握。立法之所以要用文字的形式将法益表达为不同的类型，就是因为客观要件具有稳定的形式。对其加以描述的文字具有社会通常的、稳定的含义，不容易被人们随意曲解。与犯罪客观要件相比，刑法法益太抽象，其含义太宽泛。如果先以法益为标准对生活行为进行刑事违法判断，就会导致由于对法益的理解不同而随意定罪的结果。

第二，可以防止刑事违法判断的范围过大。由于刑法法益太抽象、内涵非常小，所以其外延范围非常大且不确定。如果先以它为标准来判断生活行为是否刑事违法，那么就可能导致判断为刑事违法行为的范围不适当扩大或导致不确定性。犯罪客观要件是刑法法益的法定类型。立法通过规定犯罪客观要件的方式将侵害刑法法益的范围和种类限制住了。仍以侵害财产权法益的行为作为例证。现实生活中侵害财产权的行为多种多样。但是，刑法分则只规定抢劫、盗窃、诈骗、抢夺、聚众哄抢、侵占、职务侵占、挪用资金、挪用特定款物、敲诈勒索、故意毁坏财物、破坏生产经营、拒不支付劳动报酬等13种类型的侵害财产权法益的行为才属于刑事违法的类型。根据罪刑法定原则，除这13种类型以外，其他类型的侵害财产权法益的行为，就不具有刑事违法性。例如，欠债（工资除外）不还型的侵犯财产权的行为，小偷小摸型的侵犯财产权的行为，未经同意而偷偷无偿使用别人东西，一旦物主知道就马上偿还型的侵害财产权的行为等等，都因为在形式上不符合刑法分则规定的侵犯财产法益的客观要件而不具有刑事违法性。可是，如果先将生活行为与抽象的财产法益相比照，就会得出上述三种行为都侵犯了财产权法益，因而可能判断其具有刑事违法性。所以，是先用抽象的刑法法益作为标准来判断生活行为是否具有刑事违法性，还是先用形式化的客观要件作为标准来判断生活行为是否具有刑事违法性，所得出的结论是完全不同的。前者的范围大，判断标准模糊，判断的结论具有随意性；后者的范围小，判断标准相对精准，判断的结论相对稳定。正因为犯罪客观要件具有形式化、类型化的特点，所以，以表达它的文字含义为标准进行的刑事违法判断，可称之为犯罪客观要件形式符合判断。

（二）严格按文字含义来判断生活行为是否符合犯罪客观要件

犯罪客观要件形式符合判断，就是在文字含义上判断生活行为是否符合犯罪客观要件。刑法解释的原则，是不得超出法条的文字含义所容许的范围，而以条文的可能意义，包括文字的自然意义，各文字间的相关意义以及贯穿全部文字的整条意义等，作为解释刑法的最大界限。[2] 对刑法文字原义的遵守，是犯罪客观要件形式符合判断的第一要旨。刑法解释的对象是刑法规定，刑法又是以文字表述规定的，故刑法解释不能超出刑法用语可能具有的含义，否则便有违反罪刑法定原则之嫌。[3] 文义解释方法是首要的，第一位的，是解释者的首选。

然而，刑法解释对文义的明确并不是简单地基于语词的基本意义进行机械地解释，而是要放在整个法律体系的框架内和法律的结构中，联系上下文和章节的关系，进行多方面的考察。[4] 如果立法规定已经达到明确性要求，且没有留出解释的空间，但是由于社会情势发生变化，未能将新出现的侵害法益的行为纳入立法规制时，那么这种立法的漏洞只能通过刑事立法进行弥补，而不得通过刑法解释进行，否则会造成类推解释。如我国台湾地区曾有相关案例，1949年11月24日，当事人用导电杆接蓄电池投入水中，使鱼触电麻醉来进行捕鱼。由于台湾地区1932年旧"渔业法"第45条规定："投放药品、饵饼或爆裂物于水中，以麻醉或灭害鱼类者，处1年以下徒刑，并科百元以下罚金。"第一法院竟以接通电池电鱼较投放药品之行为其结果更甚为由，类推适用上述规定，判处当事人有罪。该案至"最高法院"处认为，该法的处罚规定仅限于投放药品、饵饼或爆裂物于水中，并未将投放电流一并规定在内，故撤销第一审类推适用"渔业法"第45条的有罪判决，改判当事人无罪。最后，为了填补这一法律漏洞，"渔业法"于1970年修正后，增列了"使用电气"的规定。[5]

本书认为，用实质性解释的方法，将按字面含义不符合客观要件的行为解释成具有刑事违法性，是一种罪刑擅断。严格按照刑法分则规定客观要件的文字为公众所认可的含义，来判断一个生活行为是否与其相符合，是犯罪

---

[2] 林山田：《刑法通论》（上册·增订10版），台湾大学法律学院图书部2008年版，第57页。转引自李佳欣："中国刑法解释功能论"，吉林大学2015年博士学位论文，第39页。

[3] 张明楷：《刑法学》（第4版），法律出版社2011年版，第33页。

[4] 李佳欣："中国刑法解释功能论"，吉林大学2015年博士学位论文，第43页。

[5] 林山田：《刑法通论》（上册·增订10版），台湾大学法律学院图书部2008年版，第81页。转引自李佳欣："中国刑法解释功能论"，吉林大学2015年博士学位论文，第43页。

客观要件形式符合判断必须坚持的原则。例如，《刑法》第 196 条规定了信用卡诈骗罪的客观要件。关于"信用卡"是否包括借记卡，曾有过争议。中国人民银行于 1996 年 4 月 1 日发布了《信用卡业务管理办法》，其中第 3 条规定："本办法所称信用卡，是指中华人民共和国境内各商业银行（含外资银行、中外合资银行，以下简称商业银行）向个人和单位发行的信用支付工具。信用卡具有转账、结算、存取现金、消费信用等功能。"从字面上分析，本条对信用卡进行的界定，和现在的"银行卡"（含信用卡、借记卡等）并无本质的差异，而且从当时商业银行发行的信用卡的实际情况看，事实上也是包括了部分借记卡在内的。但在 1999 年 1 月 5 日由中国人民银行颁行的《银行卡业务管理办法》（《信用卡业务管理办法》相应地予以废止）时起，情况发生了变化。根据《银行卡业务管理办法》的规定，银行卡包括信用卡和借记卡两种。其中，信用卡按是否向发卡银行交存备用金又可分为贷记卡、准贷记卡两类。贷记卡是指发卡银行给予持卡人一定的信用额度，持卡人可在信用额度内先消费、后还款的信用卡；准贷记卡是指持卡人须先按发卡银行要求交存一定金额的备用金，当备用金账户余额不足支付时，可在发卡银行规定的信用额度内透支的信用卡。而借记卡按功能不同分为转账卡、专用卡、储值卡，借记卡不具备透支功能。《银行卡业务管理办法》为信用卡和借记卡的功能作出了明确的区分：前者具有透支功能，后者没有透支功能。《刑法》第 196 条规定的"信用卡"是否包括"借记卡"，在司法实务中的分歧较大。现实中发生了大量以"借记卡"为对象或工具的诈骗活动。对此，法官能否"从新的生活事实中发现刑法的真实含义"，创造性地将"信用卡"的含义解释成包括贷记卡和借记卡呢？如果这样做，就可以将大量以借记卡为对象或工具的诈骗行为判断成符合信用卡诈骗罪的客观要件。但是，事实上，我国的司法实践并没有这样做，因为这样做实则等同于法官造法。为此，2004 年 12 月 29 日，第十届全国人民代表大会常务委员会第十三次会议通过《中华人民共和国刑法》有关信用卡规定方面的解释。该解释规定，刑法规定的"信用卡"，是指由商业银行或者其他金融机构发行的具有消费支付、信用贷款、转账结算、存取现金等全部功能或者部分功能的电子支付卡。这实际上是对信用卡的范围作了扩张性（创造性）的解释。根据这一规定，生活中使用借记卡诈骗的行为，符合《刑法》第 196 条规定的信用卡诈骗罪的客观要件。

通过这个例子可以得出结论,在犯罪客观要件形式符合判断阶段,不允许法官对文字含义作"创造性"解释。这样做会破坏罪刑法定原则。

总之,在犯罪客观要件形式符合性判断中,必须严格坚守刑法条文的文字原义,按社会公众能接受或社会通常理解的字面含义来解释客观要件的范围。超过刑法文字含义的"最大射程"的解释,是越权解释,因而是无效解释。

二、犯罪客观要件形式符合判断的方法

刑法分则条文规定犯罪客观要件是用概念、词汇或文字等来表达的。这些概念、词汇或文字有些是专业性用语,其含义比较精确,但不易于专业人士之外的普通人理解。例如集资、单位犯罪、内幕信息、金融票证、信用卡、违规发放贷款、洗钱,等等。有些来自日常用语,易于普通人士理解,但其含义的精确性程度较低,因而容易引起歧见。例如,疏忽、严重不负责任、未经许可,等等。在犯罪客观要件形式符合判断中,司法者应当如何对这些概念、词汇、文字的含义进行理解和界定呢?这直接关系到罪刑法定原则在形式侧面刚性划定犯罪范围问题。本书认为,犯罪客观要件形式符合判断的方法主要包括如下几种:

第一,先抛开立法规定本罪之客观要件的法益,仅仅根据条文的概念、词汇、文字的社会公认的含义进行形式理解和判断,以确定其适用范围。

第二,根据相关司法解释和立法解释来确定法条文字的含义和适用范围。[6]

第三,根据非刑事法律、法规的明文规定来确定法条含义和范围。例如,刑法分则在规定客观要件时,大量使用了"非法"、"普通货物物品"、"禁止进出口的文物"、"珍稀植物及其制品"、"商业秘密"等专业词汇。这里涉及的"非法"并不是指侵害刑法分则规定的法益,此"非法"的含义和范围只

---

[6] 根据解释的效力,可将刑法的解释分为有权解释和学理解释。有权解释包括立法解释和司法解释,前者是全国人大及其常委会对刑法用语等所作的解释;后者是最高人民法院、最高人民检察院对于刑法条文的用词等所作的解释。学理解释是由国家宣传机构、社会团体、教学科研单位或者专家学者从学理上对刑法含义所作的解释。参见高铭暄、马克昌主编:《刑法学》(第4版),北京大学出版社、高等教育出版社2010年版,第23~24页。

能根据相应的行政法、经济法或民法等非刑事法律、法规和司法解释等来确定。另外,"普通货物物品"、"禁止进出口的文物"、"珍稀植物及其制品"、"商业秘密"等的含义和范围,也应当根据非刑事法律、法规之明文规定来确定。

第四,根据权威的汉语工具书来查找、确定法条文字的含义和范围。如"暴力"、"威胁"、"捏造"、"交通工具"、"煽动"、"假公济私"等文字的含义和范围,就可以根据权威工具书来确定。

第五,根据权威的法律教材、著作来查找、确定法条文字的含义和范围。如"动产"、"著作"、"所有权"等概念的内涵及其外延,就可以根据权威的教材或著作来确定。[7]

第六,根据社会或当地社区群众的通常观念来确定法条文字的含义和范围。如"侮辱"、"歧视"、"猥亵"的含义及其范围的确定,就可适用此标准。刑法规范的文字含义,就是法官权限的边界。法官对刑法分则规定客观要件的文字含义和范围的解释,不能违背国民的预测可能性。不符合刑法规定之文字的含义和范围的生活行为,即使社会危害性再大,也不能将其判断为刑事违法。这样通过强调刑法规范的字面涵义和范围与国民的可预测性,限制了法官的权力,保障了刑法的安定性与合理性。[8]

总之,犯罪客观要件形式符合判断,其根据应当是客观的、权威的、统一的标准,其范围的划定应当是刚性的、明确的。先抛开刑法法益,仅仅根据犯罪客观要件之文字含义作形式、客观、确切性判断,是犯罪客观要件形式符合判断的总要求。

三、犯罪客观要件形式符合判断的例证

下文列举一组例子,来说明根据文字含义来判断犯罪客观要件形式符合的要领:

---

[7] 第三、四、五种解释的方法可以称之为文理解释。根据解释的方法,可将刑法的解释分为文理解释和论理解释。文理解释,就是对法律条件的字义,包括单词、概念、术语,从文理上所作的解释。论理解释,就是按照立法精神,联系有关情况,从逻辑上所作的解释。论理解释又包括当然解释、扩张解释和限制解释。参见高铭暄、马克昌主编:《刑法学》(第4版),北京大学出版社、高等教育出版社2010年版,第24~25页。

[8] 参见苏彩霞:"实质的刑法解释论之确立与展开",载《法学研究》2007年第2期。

【例证 1】 现实生活中发生的丈夫以暴力、胁迫或者其他方法强奸妻子的行为,在文字含义上完全符合《刑法》第 236 条规定之客观要件——"以暴力、胁迫或者其他手段强奸妇女"。因为此客观要件之主语并没有明确排除丈夫,其宾语"妇女"并没有明确排除妻子。

【例证 2】 从文字含义上判断,丈夫误认为自己的妻子是别的人,而拦路实施强奸的行为,符合强奸罪之客观要件——"以暴力、胁迫或者其他手段强奸妇女"。

【例证 3】 从文字含义上判断,行为人把自己的财物误认为是别人的而盗窃走的行为,以及盗窃自己家财物或者近亲属的财物的行为,符合《刑法》第 264 条规定之盗窃罪的客观要件——"盗窃公私财物"。

【例证 4】 从文字含义上判断,一人公司的股东兼经理,将公司收入不入账,据为己有的行为,符合《刑法》271 条规定之职务侵占罪的客观要件——"公司、企业或者其他单位的人员,利用职务上的便利,将本单位财物非法占为己有"。

【例证 5】 从文字含义上判断,生活中发生的破坏私人轿车的行为,完全符合《刑法》第 116 条破坏交通工具罪之客观要件——"破坏火车、汽车、电车、船只、航空器,足以使火车、汽车、电车、船只、航空器发生倾覆、毁坏危险"。

【例证 6】 从文字含义上判断,伪造一个社会上本不存在的公司的印章的行为,符合《刑法》第 280 条伪造公司印章罪之客观要件——"伪造公司印章"。

【例证 7】 妇女使用暴力、胁迫或者其他方法强迫男子与其性交的行为。此行为在文字含义上不符合强奸罪之客观要件。因为根据《刑法》第 236 条规定,本罪客观要件中,强奸行为的对象必须是妇女,不包括男子。

第三节 犯罪客观要件实质符合判断

一、犯罪客观要件实质符合判断的概念和根据

(一) 犯罪客观要件实质符合判断的概念

犯罪客观要件实质符合判断,是对在形式上符合犯罪客观要件的生活行

为，再作出其是否侵害法益和是否值得刑罚处罚的判断；如果其侵害法益并且值得刑罚处罚，就在实质上符合犯罪客观要件；如果其不侵害法益或者不值得刑罚处罚，就在实质上不符合犯罪客观要件。因为"严重侵害法益"是犯罪客观要件的实质，是犯罪客观要件所要表达的内容，所以对在形式上符合犯罪客观要件的生活行为，再作出其是否严重侵害法益的判断，当然可称之为犯罪客观要件实质判断。根据此概念，犯罪客观要件实质符合判断包括如下两个方面的内容：

1. 形式上符合犯罪客观要件的行为只有侵害法益才实质符合犯罪客观要件

下面我们以法益为标准，对前文列举的六个形式上符合客观构成要件的生活行为，再作实质上是否符合犯罪客观要件的判断。

【例证1】虽然丈夫以暴力、胁迫或者其他方法强奸妻子的行为在形式上符合强奸罪的客观要件，但是在实质上并不侵害强奸罪的法益。根据婚姻家庭法的相关规定，夫妻自登记结婚以后，双方就具有了配偶权。配偶权的一项重要内容就是夫妻之间具有同居、过性生活的权利和义务。所以，丈夫使用暴力强奸妻子并不侵害妻子（妇女）性的权利。强奸罪保护的法益是妇女性的权利，由于丈夫强奸妻子的行为并不侵害这一法益，所以在实质上不符合强奸罪的客观要件。

【例证2】丈夫误认为自己的妻子是别的女人而拦路实施强奸的行为，虽然在形式上符合强奸罪之客观要件，但是，基于与前一案例相同的理由，其没有侵害妇女性的权利，所以这种行为并不侵害强奸罪的法益，在实质上不符合强奸罪的客观要件。

【例证3】行为人把自己的东西误认为是别人的而盗窃的行为，虽然在形式上符合盗窃罪的客观要件，但是，在实质上此行为并没有侵害盗窃罪的法益——财产权，所以在实质上不符合盗窃罪的客观要件。盗窃自己家财物或者近亲属财物的行为，在形式上符合盗窃罪的客观要件，但是，根据"同居共财"的观念，由于行为人对于自己家的财物和近亲属的财物也拥有一定程度上共同共有的权利，所以此种盗窃行为并不侵害财产权法益。因而此行为在实质上并不符合盗窃罪的客观要件。[9]

【例证4】一人公司的股东兼经理将公司收入不入账据为己所有的行为，在形式上符合职务侵占罪的客观要件，但是，如果认为一人公司的财产权是与出资人财产不同类型的财产权的话，那么此行为在实质上也侵害了公司财产权因而在实质上符合客观要件；如果认为一人公司的财产权与出资人的财产权是同一的，那么此行为并没有侵害职务侵占罪的法益，实质上不符合职务侵占罪的客观要件。根据公司法人财产必须与出资人财产分离原则，第一种观点是正确的。

【例证5】生活中发生的破坏私人小轿车的行为，在形式上符合破坏交通工具罪的客观要件，但并不侵害破坏交通工具罪的法益——公共安全。公共安全是不特定或多数人或重大公私财产的安全，只有大中型公共交通工具才承载着这种公共安全。所以，这种行为在实质上并不符合破坏交通工具罪的客观要件。

【例证6】生活中发生的伪造一个社会上本不存在的公司印章的行为，在形式上符合伪造公司印章罪的客观要件。如果认为伪造公司印章罪的法益是公共信用方面的管理秩序，那么伪造一个社会上本不存在的公司印章的行为就侵害了这种法益（社会法益），它在实质上就符合伪造公司印章罪的客观要件。反之，如果认为伪造公司印章罪的法益是公司企业的名誉权（私法权益），那么，伪造一个社会上根本不存在的公司印章的行为，就没有侵害法益，它在实质上就不符合伪造公司印章罪的客观要件。伪造公司印章罪位于刑法分则第六章中，而第六章的法益是社会管理秩序（社会法益），我们应当认定本罪的法益是社会法益，所以，即使伪造一个社会上本不存在的公司印章的行为，也侵害了社会管理秩序法益，在实质上符合客观要件。

从上面的例子可以看出，虽然生活行为在形式上符合客观要件，但却可能在实质上并不侵害本客观要件保护之法益，因而在实质上就不符合此客观

---

〔9〕根据2013年最高人民法院、最高人民检察院《关于办理盗窃刑事案件适用法律若干问题的解释》第8条规定，偷拿家庭成员或者近亲属的财物，获得谅解的，一般可不认为是犯罪；追究刑事责任的，应当酌情从宽。

要件。这也就是说,生活行为在形式上符合犯罪客观要件的范围,要比在实质上符合犯罪客观要件的范围大。犯罪客观要件实质符合性判断的任务,就是将形式上符合客观要件而在实质上不侵害本法益的生活行为,排除在刑事违法之外。

2. 形式上符合犯罪客观要件的行为只有值得刑罚处罚才实质符合犯罪客观要件

生活行为与犯罪客观要件实质符合的判断,还包括对此行为作"值得刑罚处罚"的判断。犯罪客观要件是一种刑事违法的类型。生活行为在形式上符合它,并侵害它所保护的法益,还不能必然被评价为刑事违法。生活行为侵害法益还需要有一个量的因素,还需要用一些条件、要素等来说明此行为具有可罚的刑事违法性。例如,秘密窃取他人少量财物的行为,符合盗窃罪的客观要件,也侵害了他人的财产法益,但由于数量较少,不值得刑罚处罚,就不能认为它具有刑事违法性。这样,"值得刑罚处罚"就成为犯罪客观要件实质符合判断的重要内容。

犯罪客观要件中的"情节严重"、"数量较大"等定量性因素,就是犯罪客观要件实质符合判断必须考量的因素。生活行为对法益的侵害有程度上的差异,只有对法益的侵害达到一定程度时才能被评价为刑事违法。因此,我们必须将刑事违法性理解为"具有处罚必要的法益侵害"。

犯罪客观要件实质符合判断包含着值得刑罚处罚判断,这已经是一种通说。在日本,可罚的刑事违法性和实质的违法性两个概念归于统一。可罚的违法性与实质的违法性,在目的和内容上没有什么差别。[10]我国《刑法》第13条但书在指导法官实质地理解与适用犯罪客观要件上具有重大意义。它要求司法者在解释具体犯罪的客观要件时,应使其所反映的法益侵害的量达到应受刑罚处罚的程度,应当将情节显著轻微危害不大的行为,排除在犯罪客观要件符合性之外。[11]

(二) 犯罪客观要件实质符合判断的根据

刑法分则规定每一个犯罪客观要件,都是用文字描述的。文字组成了概念,概念与概念的连接组成了一句话。一句话与一句话的连接,组成了犯罪

---

[10] 参见于佳佳:"违法性之'法'的多元解释",载《河北法学》2008年第10期。
[11] 参见苏彩霞:"实质的刑法解释论之确立与展开",载《法学研究》2007年第2期。

客观要件的规定。这样看来，概念是描写或者规定犯罪客观要件的核心要素。

概念是反映对象的本质（内涵）和本质相同的全体（外延）的思维形式。任何事物都有许多规定性，或者说有许多侧面、属性。概念反映对象时，不是要把这些规定性、侧面和属性统统反映出来，而是只反映对象的本质和反映本质相同的全体对象。概念的内涵所反映的，就是思维对象的本质；概念的外延所反映的，就是本质相同的思维对象全体。

概念的内涵是用文字来说明的。概念的内涵与外延具有反变关系：扩大概念的内涵，就缩小了概念的外延。因此，明确概念的逻辑方法有二：一是限制——扩大概念内涵以缩小概念的外延；二是概括——限缩概念的内涵以扩大概念的外延。概括的作用是抽象化，要扩大思维对象的范围，明确思维对象更为集中、更为核心的本质，就必须用概括。[12]

立法规定犯罪客观要件时，同时使用了限制和概括两种方法。首先，刑法用分则条文明确规定了犯罪客观要件的内涵，此规定具有限制性。通过内涵的确定，刑法分则条文把犯罪客观要件的外延范围限制住了。它把在文字含义上与犯罪客观要件相同类型的行为划在了刑事违法评价的范围之内，把在文字含义上与犯罪客观要件不相同类型的行为刚性地划在了刑事违法评价范围之外。这就是罪刑法定原则形式层面的要求。其次，刑法对于犯罪客观要件的规定又具有概括性。它把在文字含义上符合犯罪客观要件的类型而实质上不侵害法益或不值得处罚的行为也划入了刑事违法评价的范围。这就需要司法者再次用法益这一实质标准来评价它们，从而将不侵害法益或侵害法益不严重的行为排除在刑事违法评价范围之外。

生活行为只有符合犯罪客观要件才具有刑事违法性。法官对于生活行为是否符合犯罪客观要件的判断，必须先从文字含义开始。这样做的结果有两个：一是将在文字含义上不符合犯罪客观要件的行为，排除其刑事违法性；二是将文字含义上符合犯罪客观要件但并不侵害法益的行为也纳入了刑事违法评价范围之内。对于前者，法官只要坚守文字含义进行判断，就可以达到罪刑法定的要求；对于后者，法官只坚守文字含义进行判断还不够，还不能达到"不侵害法益即不违法"之罪刑法定原则的实质要求，必须再以法益是

---

[12] 参见钱为钢、杭仁童：《逻辑与方法论》，上海三联书店2004年版，第44页。

否被侵害为标准,坚决把不侵害法益的行为排除在刑事违法评价之外。因此,判断生活行为与犯罪客观要件符合,必须不得少于两个步骤:第一步,抛开刑法法益先作形式判断(文字含义上的判断);第二步,根据刑法法益的标准进行实质化判断,坚决把不侵害刑法法益的行为排除在刑事违法之外。

刑法法益是犯罪客观要件的实质,犯罪客观要件是刑法法益的外部表现形式。刑法法益与犯罪客观要件之间的关系,就好比"人的本质"与"对人所下的定义"之间关系。有学者将"人"定义为"没有毛、能用两条腿直立行走的动物"。我们用这一定义来判断人的范围,会把猫、狗等长毛的四足动物排除在人的范围之外,但也会把拔掉毛的鸡判断为完全符合人的定义,但它却不是人。这个例子说明,对人下的定义反映了人的主要特征。此定义首先具有限制性,它把不符合这一定义的动物,如狗、猫等长毛的四足动物,排除在人的范围之外;但它也具有概括性,把符合人的定义但又不是人的动物概括了进来。对于这种概括性,我们必须用"人"这一本质标准来做实质判断,将不属于人的动物,排除在"人"的范围之外。

马克思主义学者认为,上述对人的定义不准确。应当将人定义为"能够使用工具劳动并具有社会性的动物"。如果用这一定义来判断人的范围,我们会发现,有一种猴子具有极强的群体组织性,而且也会使用工具进行劳动(挑选石头在另一块石头的凹陷处砸开坚果),这种猴子完全符合上述人的定义,但实质上它并不是人。所以我们必须用"人"的实质标准来再判断,将这种符合人的定义的猴子排除在人的范围之外。

上述两个例子充分说明,任何对某一事物所下的定义(描述)都能把这一事物的范围限制住,把绝大多数不符合定义的东西排除在这一事物之外;但也可能把极个别的不属于这一事物但符合定义的东西概括进来。所以,对于某个对象,是否符合用文字所"定义的事物",我们首先应当用该定义的文字含义来进行形式判断,将不符合定义的对象,排除在"定义的事物"之外;但是只这样做还不够,我们还必须再用"定义的事物"的本质作为实质标准,将符合定义但不具有"定义的事物"本质的对象,排除在"定义的事物"之外。刑法法益与它的类型(定义)——犯罪客观要件之间,正如上述关系一样,我们必须先用法益的类型(定义)为标准作形式判断,再用法益本身为标准作实质判断,才能保证刑法违法判断的准确性。

二、先作犯罪客观要件形式符合判断后作实质符合判断的意义

（一）防止罪刑擅断

对于生活行为是否符合犯罪客观要件，必须先形式判断，后实质判断。之所以必须分先后步骤，其根本原因在于，如果先用实质判断，即先用刑法法益为标准来判断生活行为是否符合犯罪客观要件，就等于否定了犯罪客观要件的类型性，就等于刑法不必规定犯罪客观要件，只规定法益就够了。法益是高度抽象的，如果刑法仅仅规定法益的话，那么刑法分则只用十几个条文就够了。试想，这样的刑法分则，岂不比总则还抽象？这哪里还是罪刑法定，这简直就是罪刑模糊。这样做就根本无法发挥刑法的保障机能，只能导致司法的罪刑擅断。可见，只有刑法明确规定了侵害法益的各种类型——犯罪客观要件，司法者才能根据这些法定的犯罪客观要件来判断生活行为是否与其相符合，不符合就不具有刑事违法性，就不能构成犯罪，这样才能有效地保障人权。

（二）防止将不侵害法益的行为评价为刑事违法

刑法分则根据法益而设计的犯罪客观要件，相对法益而言是具体的，但相对丰富的生活行为而言又是抽象的。刑法分则之所以在规定了章、节法益之后，再规定一定数量的犯罪客观要件，其目的就是让司法者首先根据犯罪客观要件的文字含义进行形式化判断，之后再根据法益对此形式判断的结论进行实质检验。前者的判断顺序必须是第一步，判断方法必须是类型化、形式化（对其文字含义进行判断）；后者的判断顺序必须是第二步，判断方法必须是实质化（用抽象的法益判断）。

刑法对犯罪客观要件的规定，既具有限制的一面，也具有概括的一面。对于限制的一面，我们应当进行形式化判断，把形式上不符合犯罪客观要件的行为坚决地排除在刑事违法之外；对于概括的一面，我们应当进行实质化的判断，将形式上符合犯罪客观要件但实质不侵害法益的行为，再一次地排除在刑事违法之外。

犯罪客观要件的概括性，必然会将一些形式上符合它而实质上并不侵害法益的行为"概括"进刑事违法评价的范围。例如，《刑法》第116条对破坏交通工具罪的客观要件的规定就具有概括性的一面。该条规定是：破坏火车、

汽车、电车、船只、航空器,足以使火车、汽车、电车、船只、航空器发生倾覆、毁坏危险,尚未造成严重后果的,处 3 年以上 10 年以下有期徒刑。根据犯罪客观要件形式符合判断(文字含义判断),破坏家庭小轿车的行为、破坏私人渔船等行为,都属于破坏汽车、破坏船只行为,应当是刑事违法评价对象。但是,以法益为标准进行实质判断,就会得出不同的结论:本罪的法益是公共安全,是不特定或多数人的生命、健康或重大公私财产安全,破坏家庭小轿车的行为、破坏私人渔船的行为并不侵害本罪的法益,所以不具有刑事违法性。刑法条文是简短的,其描述犯罪客观要件时,往往并没有规定法益,故完全可能出现在犯罪客观要件符合的基础上违背法益保护目的的现象。[13] 所以,在犯罪客观要件形式符合判断之后,必须再进行"以法益为标准"的实质符合判断。

三、犯罪客观要件形式符合判断与实质符合判断的统一

犯罪客观要件是事实类型与价值类型的统一,是评价性与描述性的统一。肯定犯罪客观要件的价值性,并不等于否定它的形式化的品格,也并不等于对其进行实质的考察可以扩大到形式的范围之外。因此,对于犯罪客观要件符合性的判断能做到形式与实质统一是至关重要的。如果形式与实质不统一,就必然导致处罚范围的扩大。但是,如何做到形式与实质统一呢?有两种方法:其一,笼统地对犯罪客观要件进行一次性实质的解释,使符合犯罪客观要件的生活行为具有实质的违法性。其二,先进行犯罪客观要件形式符合判断,然后再通过法益评价的方法将形式上符合犯罪客观要件而实质却不侵害刑法法益的行为排除在刑事违法评价之外。显然,合理的做法应当是第二种。因此,必须先根据刑法条文的文字含义进行形式判断,再用法益评价进行实质判断,将不值得处罚的行为排除在刑事违法评价之外,就成为罪刑法定原则的实质要求。

之所以对生活行为是否符合犯罪客观要件先进行类型化、形式化判断后进行实质判断,其原因在于刑法是社会规范,为一般人所设计,必然采取定型化的方法;由于犯罪客观要件所描述的是类型化的事实,而不可能针对各

---

[13] 参见张明楷:《法益初论》,中国政法大学出版社 2003 年版,第 338 页。

个具体事态作出全面规定，所以，刑法理论应当根据刑法条文的文字含义来演绎犯罪客观要件的适用范围。所以，司法者必须从形式的类型出发，先进行形式判断，得出生活行为是否符合犯罪客观要件的形式判断。但是，思维到此并不能停止。为了防止根据形式判断可能将不侵害法益、不值得处罚的行为也判断为符合犯罪客观要件，必须再进行法益侵害性和值得处罚性判断，这就是实质判断。这两种判断在思维上是分先后顺序的，但实际得出的结论是统一的。

犯罪客观要件形式符合判断与实质符合判断相统一，是罪刑法定原则的形式层面与其实质层面相统一的要求。罪刑法定原则的形式层面要求，就是根据法条的文字含义去判断刑事违法范围；罪刑法定原则的实质层面要求，就是寻求刑法的实质合理性，禁止处罚不当罚的行为。犯罪客观要件形式符合判断与实质符合判断相统一，恰恰能将罪刑法定原则的形式层面与实质层面很好地结合起来。

第四节　犯罪客观要件前提符合判断之一

一、犯罪客观要件前提符合判断的概念

刑法分则规定的犯罪客观要件总是与法定刑相连接的。例如，《刑法》第232条规定："故意杀人的，处死刑、无期徒刑或者10年以上有期徒刑；情节较轻的，处3年以上10年以下有期徒刑。"本条中"杀人的"是客观要件，"处死刑、无期徒刑或10年以上有期徒刑"是法定刑，刑法分则将这两者连接起来就构建了禁止杀人的行为模式。行为模式是法律规范的核心部分。一般认为，法律规范由三个部分组成："假定"、"处理"和"制裁"。"假定"是法律要求行为者作出或者不作出某种行为的客观情况或前提条件；"处理"是要求人们作出或不作出某种行为本身的规定；"制裁"就是法律后果。假定和处理这两部分也合称为"行为模式"。就一个具体的法律规范命题而言，都可分解为"行为模式"和"法律后果"这两个部分。[14] 单就假定部分而言，又包括承受者（行为人）应具备的特征和要求作出或不作出某种行为所需要

---

[14] 雍琦：《法律逻辑学》，法律出版社2004年版，第142页。

的条件。[15] 例如，《刑法》第 234 条第 1 款规定："故意伤害他人身体的，处 3 年以下有期徒刑、拘役或者管制。"据此，是否只要确认"某人故意伤害他人身体"，就可以得出判处相应刑罚的结论呢？表面看，这样的推理似乎无可非议，但其实并不如此简单。因为对上述的刑法规范命题，是不能孤立看待的。它在内容方面要受到如下若干刑法规范命题的制约：首先，所指实施"故意伤害他人身体"的行为人，并非泛指一切实施这种行为的人，其内容要受《刑法》第 17 条犯罪责任年龄规定的制约，同时还要受《刑法》第 18 条关于行为人是否具有刑事责任能力规定的制约；其次，所指"故意伤害他人身体"的这一行为，也不是泛指一切这样的行为，它的内容又要受《刑法》第 13 条关于"情节显著轻微危害不大的，不认为是犯罪"这一命题的制约。不言而喻，如果我们在援用刑法分则条文构建法律推理时，不考虑到刑法规范命题相互之间内容方面的关联性，就势必歪曲该项规定的原意。[16]

在刑法规范中，要求行为者做出或不做出某种行为所需要具备的假定条件主要有：行为者有责任能力，"行为时不存在法益冲突或虽存在法益冲突但行为侵害了大法益却只保护了小法益"，等等。《刑法》第 17~21 条表达了全部刑法分则规范的假定条件。《刑法》第 17~19 条是关于刑事责任能力的规定，属于犯罪主观要件的前提（假定条件）；[17]《刑法》第 20~21 条是关于"行为时不存在法益冲突或虽存在法益冲突但行为侵害了大法益却只保护了小法益"的规定，属于犯罪客观要件的前提（假定条件）。

现在，我们以《刑法》第 20 条规定的正当防卫为例，来说明犯罪客观要件的前提。正当防卫是行为人为了保护一个法益而对不法侵害者的人身权加以侵害的行为。在正当防卫时，存在两个法益的冲突：一是行为人保护了一个法益；二是行为人不得不侵害不法侵害者的人身权法益。简单说，这里存在"保护法益"与"侵害法益"之间的冲突，为了保护一个法益就不得不侵害另一个法益。刑法分则规定的犯罪客观要件（行为模式），都是以"行为时不存在法益冲突或虽存在法益冲突但行为侵害了大法益却只保护了小法益"

---

[15] 雍琦：《法律逻辑学》，法律出版社 2004 年版，第 142 页。
[16] 雍琦：《法律逻辑学》，法律出版社 2004 年版，第 156 页。
[17] 后一章将专门论述犯罪主观要件前提（假定条件）符合判断，这里只论述犯罪客观要件的前提（假定条件）。

为前提的（假定条件）。

综上所述，本书认为，所谓犯罪客观要件前提符合判断，是指对在形式上、实质上都符合犯罪客观要件的生活行为，再做出其在实施过程中"不存在法益冲突或虽存在法益冲突但其侵害了大法益却只保护了小法益"的判断。据此，如果生活行为在实施过程中，存在法益冲突并且其侵害了小法益而保护了大法益，就不符合犯罪客观要件的前提（假定条件）。

二、犯罪客观要件前提的特征

（一）不属于价值标准

刑法分则规定的犯罪客观要件，同时具有事实描述性和价值评价性。就事实描述性而言，它客观地描述了行为类型或行为模式；就价值评价性而言，它是一种负价值标准。如果生活行为符合它，就具有否定性价值或负价值。也就是说，生活行为符合犯罪客观要件就具有刑事违法性。例如，《刑法》第274条规定："敲诈勒索公私财物，数额较大或者多次敲诈勒索的，处3年以下有期徒刑、拘役或者管制，并处或者单处罚金……"本条之"敲诈勒索公私财物，数额较大或者多次敲诈勒索"就是客观要件。它是一种负价值标准，生活行为符合它，一般就会得出负面评价结论——刑事违法。

与犯罪客观要件相比，它的前提（假定条件）并不是一种负价值标准。"不存在法益冲突或虽存在法益冲突但行为侵害了大法益却只保护了小法益"，只是全部犯罪客观要件适用的前提条件，因为其本身并不是"好与坏"、"善良与罪恶"的价值标准，而犯罪客观要件本身必须是一种负价值标准。在这一点上，犯罪客观要件的前提条件与犯罪客观要件本身有本质不同。

（二）存在于犯罪客观要件之外

顾名思义，犯罪客观要件的前提（假定条件）一定存在于犯罪客观要件之外。犯罪客观要件是一种要求人们如何行动的行为模式，或者说是向人们（规范的承受者）发出的一种命令或禁止，要求人们必须如何行为，或禁止人们如何行为，否则就要受到刑罚惩罚。但是，犯罪客观要件的假定条件则不然。它并不包含着刑法对行为者的命令，它并不要求人们如何行为，它只是向人们说明，"在什么样的情况下"刑法的命令才是有效的。或者说，它只是说明，刑法的命令是有前提（假定条件）的，并不是在任何情况下人们都必须服从刑法的命令。当行为者所处的客观情况不符合这一前提或假定条件时，他就不受刑法规范的约束。

（三）其根据蕴含于正当防卫与紧急避险立法之中

虽然刑法总则条文并没有明确说明全部犯罪客观要件的假定条件是"不存在法益冲突或虽存在法益冲突但行为侵害了大法益却只保护了小法益"；但是这种假定条件是当然蕴含于《刑法》第 20 条规定正当防卫和第 21 条规定紧急避险的内容之中的。根据刑法规定，正当防卫和紧急避险都不符合犯罪客观要件的前提。因为正当防卫、紧急避险都是"存在法益冲突并且行为只侵害了小法益却保护了大法益"类型。而《刑法》第 20、21 条之所以规定防卫过当、避险过当应当负刑事责任，就是因为防卫过当、避险过当行为，侵害了一个大的法益，却只保护了一个小的法益，它们在形式上、实质上和前提上都符合犯罪客观要件。另外，对于一些超法规违法阻却事由而言，它们之所以不符合犯罪客观要件的前提，其根据正是在于"存在法益冲突并且行为侵害了一个大法益却只保护了一个小法益"。

三、必须进行犯罪客观要件前提符合判断的原因

任何价值判断都有一定前提或假定条件。超出这前提或假定条件，它就走向自己的反面，由成立变成不成立。任何一个价值判断的合理性，必须有一定的范围，有一定的条件。如果条件、范围变化了，它的结论必然不再合理。例如，"人应当履行承诺"这一价值判断，其前提条件是行为的当时客观条件允许，环境正常。例如，我承诺到火车站接你，我就应当按时去接你。如果我不去，我就违反了承诺。违反承诺是不道德的。但是，我承诺之后，我生病了，我的身体条件不允许我去火车站接人，此时我承诺的假定条件发生了变化。在此种情况下，即使我不去接你，也不违反承诺，不违反道德。因为我承诺去火车站接你是以我身体能正常行动为前提条件的。但是我病了，我的身体不能行动，我承诺的前提条件改变了，所以，我不履行承诺也是合理的。

所有的行为规范都是有前提（假定条件）的。超出前提（假定条件），此规范就不成立。其实，不仅是行为规范有假定条件，所有关系属性的事实判断也都有假定条件。例如，地球有吸引力，是以在地球上，没有超出地球

引力范围为假定条件的。如果超出地球引力范围，地球就没有吸引力。此类例证不胜枚举：水果对人有益，但有些情况下水果对某些人（糖尿病患者）反而有害；水加热到100度就沸腾，但在海拔高的地区水加热到90度就沸腾……同样，法律规范毫无疑问地存在着前提（假定条件）。例如，杀人是违法的，但正当防卫等有正当理由的杀人就不违法；所有的道德规范也同样具有假定条件。例如，撒谎是不道德的，但对于得了绝症的病人隐瞒病情以便延长他的生命却是道德的。

在日常生活中，人们对于一些不重要的价值判断，没有必要说明它的前提或假定条件，这因为人们都知道它的前提是什么，即使超出了它的前提，这一判断从成立变成错误，也不会产生严重影响。但是，刑事违法判断的标准——犯罪客观要件的前提，必须由法律明文规定或者由刑法理论加以阐明。因为刑事违法判断的结果，往往会导致被评价人入罪，入罪的结果往往是剥夺犯罪人的最重要的权利——生命、自由，等等。为了防止入罪的轻率、防止入罪评价出现错误或不合理，立法和刑法理论必须将犯罪客观要件的前提或假定条件清晰、明确地阐释出来。《刑法》第20、21条规定以及其中所包含的原理，包括"超法规违法阻却事由"（后文将专门论述），都是对于犯罪客观要件前提（假定条件）的阐释和说明。这对于犯罪的认定是非常重要的。

第五节　犯罪客观要件前提符合判断之二

生活中发生的行为如果在形式和实质上都符合犯罪客观要件，那么它一般也符合犯罪客观要件的前提（假定条件）。换言之，生活行为在形式上和实质上都符合犯罪客观要件，唯独在前提（假定条件）上不符合犯罪客观要件的情况比较少。为了节省思维成本，提高思维效率，人们往往选择"将特殊的情况排除掉"的方法来寻找普遍规律性。判断生活行为是否在前提（假定条件）上符合犯罪客观要件也是一样，司法者把在形式和实质上都符合犯罪客观要件，唯独在前提（假定条件）上不符合犯罪客观要件的极特别情况挑选出来，排除掉，剩下的就是生活行为不仅形式和实质上符合犯罪客观要件，而且在前提（假定条件）上也符合犯罪客观要件的普遍情况。

根据我国刑法规定，在形式上和实质上都符合客观要件，唯独在前提

（假定条件）上不符合犯罪客观要件的行为，主要有正当防卫和紧急避险。这两种情况都是刑法明文规定的，所以也称为法定的违法阻却事由[18]。从评价论的角度来说，正当防卫和紧急避险两类行为，在形式上和实质上都符合犯罪客观要件，只是因为在前提（假定条件）上不符合，所以导致其最终还是不符合犯罪客观要件。[19] 犯罪客观要件是刑事违法的标准，不符合犯罪客观要件的行为，当然就不具有刑事违法性。

一、正当防卫

（一）正当防卫的概念和本质

1. 正当防卫的概念

根据《刑法》第20条规定，正当防卫是指为了保护国家、公共利益、本人或者其他人的人身、财产和其他权利免受正在进行的不法侵害，采取对不法侵害人进行反击，以制止不法侵害而没有明显超过必要限度的行为。

2. 正当防卫的本质

根据上述概念，我们可以得出正当防卫的本质就在于："在两个法益相冲突的情况下其侵害法益的价值比其保护法益的价值小"。简单说，正当防卫是侵害了一个小法益而保护了一个大法益的行为，正负相抵，最终还是保护了法益的行为，所以具有正当性。

这里首先涉及侵害法益与保护法益的价值大小的比较问题。在有些正当防卫中，防卫人侵害了不法侵害人的健康，却保护了另一个人的生命，很明显保护法益的价值大于侵害法益的价值。但在另外一些正当防卫中，防卫人

---

[18] 违法阻却事由是传统的称谓。传统观点认为，生活行为符合犯罪客观要件就具有刑事违法性，但正当防卫和紧急避险两种行为，符合犯罪客观要件却不违法，所以叫作违法阻却事由。至于为什么符合了犯罪客观要件却不违法，传统观点认为，是因为正当防卫或紧急避险的行为只是形式上符合犯罪客观要件，本质上不侵害法益，所以不具有实质的违法性。其实，这是一种自相矛盾的解释。因为正当防卫行为和紧急避险行为都侵害了该犯罪客观要件所保护的法益。如果其根本就不侵害法益，就没有必要进行违法性的判断。本书认为，正当防卫或紧急避险的行为，不但在形式上符合犯罪客观要件，而且在实质上也侵害了该犯罪客观要件所保护的法益，只是因为其不符合犯罪客观要件的前提（假定条件），所以最终还是不符合犯罪客观要件。根据罪刑法定原则，不符合犯罪客观要件的行为，则一定不具有刑事违法性。

[19] 生活行为，必须在形式上、实质上和前提（假定条件）上都符合犯罪客观要件，才能最终得出其符合犯罪客观要件的结论。如果其无论在形式上，抑或在实质上，或者在假定条件上，有其一不符合犯罪客观要件，那么其最终还将被认为不符合犯罪客观要件。

侵害了不法侵害者的生命，只是为了保护一个人的健康或妇女性的权利。从表面上看，好像侵害法益的价值大，保护法益的价值小；但从实质上看，正当防卫行为除了保护被不法侵害的个人健康或妇女性的权利以外，还保护了见义勇为、同不道德、违法犯罪行为作坚决斗争的社会风尚法益。这种社会风尚法益与另外被保护的个人健康法益或者妇女性权利合起来，其价值要大于其侵害的生命法益。

犯罪客观要件是刑事违法的具体价值标准。当生活行为符合它就具有刑事违法性。但是，犯罪客观要件是有前提（假定条件）的，此前提就是"不存在法益冲突或者虽然存在法益冲突但侵害法益的价值比保护法益的价值大"。而正当防卫的本质恰恰在于："存在法益冲突且侵害法益的价值比保护法益的价值小"，所以它在前提（假定条件）上不符合犯罪客观要件。不符合客观构成要件就不具有刑事违法性，所以它是正当行为。

（二）正当防卫的构成条件

正当防卫是以侵害不法侵害者人身权利的方法来制止其不法侵害，是一种以暴制暴的行为，如果法律不对其规定严格的构成条件加以限制，就可能被滥用。因此，正当防卫必须符合法定的构成条件。

1. 必须存在现实的不法侵害

正当防卫是为制止不法侵害而实施的对不法侵害者本人的反击行为，所以，存在现实的不法侵害是正当防卫必须具备的前提条件。对于合法行为不能进行正当防卫。例如，公民依法扭送犯罪嫌疑人、执法人员依法拘捕犯罪嫌疑人或依法扣押物品、搜查住宅等行为，都是合法行为。对其不能进行正当防卫。对于正当防卫所针对的不法侵害行为，必须作如下说明：

（1）不法侵害行为的程度。不法侵害行为也即违法行为。违法行为包括一般违法行为和犯罪行为。对于何种程度的违法行为能够进行正当防卫？是否只有对达到犯罪程度的违法行为才能进行正当防卫？学界一般认为，对于犯罪程度的违法行为固然可以进行正当防卫，但对于一般违法行为也可以进行正当防卫。这是因为一般违法行为也是侵害法益的行为，为了保护合法利益，就必须允许对一般违法行为进行正当防卫。如果只允许对犯罪程度的违法行为进行正当防卫，就会导致人们在紧急情况下无法判断一种违法行为是否达到犯罪程度而不能有效地同违法行为作斗争的结果。这样实际上等于极其不合理地限制了正当防卫的条件，甚至等于取消了正当防卫。

(2) 不法侵害行为的范围：

首先，只能针对紧迫性、暴力性、破坏性不法侵害行为进行正当防卫。虽然正当防卫所针对的不法侵害行为在程度上一般没有限制，但是在范围（种类）上是有限制的。正当防卫是动用私人力量对不法侵害者加以反侵害的行为，必须具有严格的条件限制，只有情况紧急来不及等待司法程序来解决的时候才能进行。一般而言，只能对紧迫性、暴力性、破坏性不法侵害行为进行正当防卫；对于贪污行为、销售伪劣产品行为、重婚行为、行贿受贿行为等非暴力性、非紧迫性违法行为，不能进行正当防卫。因为这些不法行为并不紧迫，来得及等待司法程序来解决，不必动用私人力量加以救济。

其次，对于未达刑事责任年龄、不具有刑事责任能力的人实施的不法侵害也可以进行正当防卫。未达刑事责任年龄、不具有刑事责任能力的人实施的侵害法益的行为，虽然不能构成犯罪，但并不等于不违法。只要在客观上侵害法益而其本身又不具有正当防卫或紧急避险等正当化理由的行为，都是违法行为。有责任能力的人实施不法侵害行为与无责任能力人实施的不法侵害行为，在客观上是相同的。虽然他们的主观认识能力和控制能力有差别，但是违法的评价是不论主观认识能力而单纯针对客观效果的，所以，对有责任能力的人实施的不法侵害与无责任能力人实施的不法侵害行为都可以进行正当防卫。但是，面对未达法定年龄、无责任能力人的不法侵害，对防卫的必要性应当予以限制，虽然不要求只能在迫不得已的情况下才能进行防卫，但应尽量限制在必要的场合。[20]

再次，对不作为的不法侵害可以进行正当防卫。对于不作为的不法侵害，如果只能由不作为人履行义务才能解除危险的，也可以进行正当防卫。例如，对于进入他人住宅、权利人要求其退出而拒不退出的人，使用暴力将其推出门外，导致其受轻伤的行为，成立正当防卫。[21]

最后，对由主人驱使的动物的侵袭可以进行正当防卫。此时的动物是主人实施不法侵害的工具，所以对动物的反击实际上就是对于主人的反击。这种情况下可以成立正当防卫。但是，对于无主动物的侵袭而进行的反击行为，

---

[20] 参见张明楷：《刑法学》（第4版），法律出版社2011年版，第193页。

[21] 参见张明楷：《刑法学》（第4版），法律出版社2011年版，第193~194页。

不属于正当防卫，因为正当防卫必须针对不法侵害行为。只有人实施的行为才可能是不法侵害行为，动物的侵袭不属于不法行为。此时对于动物侵袭的反击行为可能构成紧急避险。

（3）不法侵害的现实性。正当防卫所针对的不法侵害行为，必须是客观真实存在的，而不是行为人假想的或推测的。如果根本不存在不法侵害，而行为人误认为存在，并采取了"反击"行为，那么就构成假想防卫。假想防卫的行为人一般在主观上具有认识错误，把本来不存在不法侵害的情况误认为存在，这属于事实的认识错误，能够阻却犯罪故意。根据当时的主客观情况分析，如果行为人存在过失，那么就应当对假想防卫所造成的损害后果承担过失犯罪的刑事责任；如果行为人不存在过失，即对于不存在不法侵害的事实产生认识错误是不可避免的，则属于意外事件，不负刑事责任。

2. 不法侵害必须正在进行

《刑法》第20条规定，只能对"正在进行的不法侵害"实施正当防卫。这也就是说，只有在不法侵害正在进行，情况紧急，被害人或第三人来不及采取报警等方式来解救的情况下，才允许他们对不法侵害者本人采取反击行为。如果不法侵害还没有开始，行为人借口防卫自己或他人的权益而对所谓的"加害人"采取反击行为，那么就可能造成防卫的滥用，甚至可能对无辜的人采取反击行为，造成不应有的危害；如果不法侵害行为已经结束了，行为人再采取反击行为，对于恢复被侵害法益已经没有意义，却反而造成了事后报复的恶果。界定不法侵害行为正在进行，要掌握两点：一是不法侵害行为已经开始；二是不法侵害行为尚未结束。

（1）不法侵害行为已经开始。不法侵害行为已经开始，分三种情况：第一，不法侵害人已经着手直接实施侵害行为，或者说法益已经初步受到了侵害。例如，杀人者举刀向被害人砍去，强奸者已经向被害妇女施加暴力或暴力威胁，盗窃者已经接触到财物，等等。第二，合法权益面临直接的、现实的威胁，也应当视为不法侵害行为已经开始。在某些情况下，虽然不法侵害行为还没有着手进行，但对法益的现实威胁已十分明显、紧迫，等到其实行后再反击明显来不及，或者不能减少、避免损害结果。这种情况也应当视为不法侵害行为已经开始，允许此时进行正当防卫。第三，不法侵害者实施其他犯罪的预备行为本身也具有法益侵害性，应当视为不法侵害已经开始。例如，为了杀人而侵入他人住宅的，在不法侵害者开始侵入他人住宅时，就可以针对已经开始的不法侵入住宅行为进行正当防卫（不是针对杀人行为的防卫）。[22]

（2）不法侵害行为尚未结束。掌握了不法侵害行为结束的情况，就等于掌握了不法侵害行为尚未结束的情况。因为不法侵害行为结束前的情况，就是不法侵害行为尚未结束的情况。不法侵害行为结束主要包括如下几种情况：第一，不法侵害人已经被制伏，丧失了攻击能力。第二，不法侵害人自动中止了不法侵害行为。例如，不法侵害者拦路实施强奸行为，发现被害人竟是自己的小学同学，于是不好意思地放被害人走，彻底中止了此次强奸行为，应当视为不法侵害行为已经结束。第三，不法侵害行为已经造成了法益侵害的结果且不可能再扩大这种侵害，反击不法侵害人也不可能挽救法益。例如，不法侵害人已经放火导致大火燃烧，对其反击也不能将大火扑灭；强奸者已经对被害妇女强奸完毕，对其反击也不能挽救法益。第四，不法侵害人实施行为后逃离现场，表明他已经不能再继续实施不法侵害行为。

在司法实践中，不法侵害行为是否结束的情况非常复杂。在侵害财产法益的情况下，虽然不法侵害行为已经结束，但不法侵害行为人仍然在行为现场（以视线所及或连续不断的抓捕过程为限），通过反击行为可以挽救回被抢财物的，仍然视为不法侵害行为正在进行，可以进行正当防卫。例如，抢劫犯已经将他人财物抢走，逃跑，被害人驾机动车追赶，用机动车将抢劫行为人撞成轻伤。此种情况属于正当防卫。

在不法侵害尚未开始时，就进行防卫，属于事先防卫；在不法侵害已经结束以后，进行防卫，属于事后防卫。这两种情况都属于防卫不适时。防卫不适时不属于正当防卫。对于防卫不适时，应当按三种情况处理：一是故意犯罪，即明知不法侵害尚未开始或者已经结束，而故意对不法侵害人造成侵害；二是过失犯罪，即应当预见不法侵害尚未开始或者已经结束，因为疏忽大意而没有预见，对不法侵害人造成侵害；三是意外事件，即客观上不能预见不法侵害尚未开始或者已经结束，因而对不法侵害人造成损害。[23]

---

[22] 参见张明楷：《刑法学》（第3版），法律出版社2007年版，第179页。
[23] 参见张明楷：《刑法学》（第4版），法律出版社2011年版，第197页。

3. 必须具有防卫意识

《刑法》第 20 条规定："为了使国家、公共利益、本人或者他人的人身、财产和其他权利免受正在进行的不法侵害，而采取的制止不法侵害的行为……属于正当防卫。"有观点认为，本条文之"为了……"，就是防卫意识的规定。所谓防卫意识，是指防卫人在认识到不法侵害事实的前提下，希望通过对不法侵害人进行反击的方式来保护合法权益免受正在进行的不法侵害的主观心理态度。防卫意识包括防卫认识和防卫意志两部分内容。所谓防卫认识，是指防卫人必须认识到不法侵害确实存在的客观事实。所谓防卫意志，是指防卫人希望反击不法侵害行为而保护合法权益的愿望。防卫意识是正当防卫必须具备的主观目的条件。如果行为人不具有防卫意识，就不能构成正当防卫。

（1）防卫挑拨。防卫挑拨是指行为人为了加害对方，而故意挑衅、引诱对方来进行不法侵害，然后在防卫的假象下反击对方，使对方造成伤亡的行为。防卫挑拨而造成对方伤亡的行为是一种违法行为，甚至可能构成犯罪。这是因为实施防卫挑拨人以非法加害对方为目的，实施了挑衅对方的行为，此种行为本身就是一种违法行为；另外，对方被挑衅而实施的不法侵害行为完全是由防卫挑拨人所操纵的。防卫挑拨人所实施的挑衅行为、操纵对方来攻击的行为、反击对方的行为都是违法的行为。所以，防卫挑拨无正当性可言。在防卫挑拨中，行为人不但没有防卫意识，却反而具有不法侵害别人的意识，其实施的挑衅行为、操纵对方来攻击的行为、反击对方的行为共同组成了一个违法行为。

（2）非法互殴行为。非法互殴行为是指双方都出于非法加害对方的目的，而同时相互实施的殴斗行为。例如，两个黑社会性质组织之间为了争夺地盘或势力范围而实施的殴斗行为；两个流氓集团之间同时实施的互相殴斗行为。在非法的互殴行为情况之下，双方都是基于非法加害对方的目的，双方也都实施了非法的加害行为，所以，双方的行为都不具有正当性，情节严重构成犯罪的，应当受到刑罚处罚。

非法互殴行为之所以不是正当防卫，是因为双方都没有防卫意识，双方都是在故意侵害别人的意图支配下实施行为，都是非法侵害对方的行为。此时，根本不存在法益冲突。法益冲突是指存在着非法侵害行为与制止不法侵害行为之间的冲突。简言之，法益冲突是存在着正义行为与不法行为之间的冲突。而非法互殴行为的双方都是不法行为，根本不存在正义与不正义的冲突。既然不存在法益冲突，也就不存在正当防卫。

我国刑法学界通说的观点认为，如果非法互殴的一方已经放弃侵害，例如宣布不再斗殴或认输、求饶、逃跑，而非法侵害的另一方仍穷追不舍，继续加害，则已经放弃侵害的一方就具备了进行正当防卫前提条件，他可以为制止对方的进一步加害而采取必要的反击措施。这种情况属于正当防卫。[24] 这是因为放弃不法侵害的一方，已经属于无辜的一方。如果别人攻击无辜的一方，无辜的一方进行反击就具有了制止不法侵害的性质。另外，在甲乙之间轻微的斗殴中，甲方突然使用杀伤性很强的凶器，乙方生命受到严重威胁。面对甲方突然升级的严重的加害行为，乙方可以进行正当防卫。[25]

（3）偶然防卫。偶然防卫是指行为人在没有认识到他人正在实施不法侵害行为的情况下，对该他人故意或过失地实施加害行为，却偶然地解救了该他人不法侵害所针对的另一被害人的合法权益的情况。例如，甲故意在楼下向乙射击，意图杀害乙。此时乙正在强奸丙，但甲并没有认识到这一点。在这种情况下，甲的射击行为偶然地解救了丙，就属于偶然防卫。在偶然防卫情况下，行为人主观上具有非法加害他人的故意或者具有过失的罪过，客观上也实施了非法加害他人的行为，只是在客观上偶然地解救了另一个法益。偶然防卫的行为，无论在形式上还是在实质上都符合犯罪客观要件，在主观上具有犯罪故意，如果产生应受刑罚处罚的犯罪结果，例如导致被害人受到伤害、死亡，就应当按犯罪既遂论处；如果没有产生既遂结果，也可按犯罪预备或未遂处罚。

4. 必须针对不法侵害者本人实施反击

正当防卫的对象必须是不法侵害者本人，即谁实施侵害就反击谁。反击不法侵害人的方式包括针对不法侵害人的人身进行反击，也包括对不法侵害人手中的工具等财物进行反击。为了防止不法侵害而对第三者进行反击的行为，如甲实施不法侵害而对乙加以反击的行为，不属于正当防卫。

---

[24] 参见高铭暄、马克昌主编：《刑法学》（第2版），北京大学出版社、高等教育出版社2005年版，第139页。

[25] 参见张明楷：《刑法学》（第4版），法律出版社2011年版，第198页。

在面临正在进行的不法侵害，防卫人对第三者进行反击而不构成正当防卫的情况，可通过对如下案例的分析来阐释。例如，甲实施不法侵害乙的行为，乙却故意针对第三者丙进行反击或侵害并造成丙利益损害。此时可根据不同情况作如下处理：其一，属于故意犯罪的情况。甲不法侵害乙，乙却故意向丙加以反击，造成严重损害后果的，可按故意犯罪处理。例如，甲带着5岁儿子丙到现场实施抢劫乙的行为，乙为了制止不法侵害而对5岁的儿子丙加以反击，将他打成重伤。乙的反击行为构成故意伤害罪。其二，属于假想防卫的情况。甲实施不法侵害乙的行为，乙在情急之下误认为丙在侵害自己，而对丙实施了反击行为，如果乙确实产生认识错误，则可构成假想防卫，可按过失犯罪或意外事件处理。其三，属于紧急避险的情况。甲对乙实施不法侵害行为，乙冲进丙的房门逃跑，将丙的房门损坏，就属于紧急避险。

但是，面临正在进行的不法侵害，防卫人对不法侵害者本人进行反击，其反击的效果扩大到无辜的第三者身上，仍然属于正当防卫。此种情况可通过如下案例来加以阐释。例如，甲不法侵害乙，乙对甲进行反击，却过失地损害了丙的利益。例如，甲向乙开枪，乙为了制止不法侵害，故意向甲抛掷了一把菜刀，甲一躲闪，刀擦肩飞过甲，却将丙砍伤。乙伤害到丙的行为完全属于过失行为。对于这种行为应当如何处理？我们认为，乙向甲抛掷菜刀的行为完全是一种正当防卫行为。正当防卫行为的效果扩大，不仅制止了不法侵害，而且还造成了无辜人的伤亡，仍然不能改变正当防卫行为的性质。乙实施的正当行为造成了对丙伤害，不具有刑事违法性，不构成犯罪。丙被正当防卫行为伤害的后果，可由不法侵害人甲给予民事赔偿。乙也是正当行为的受益者，根据民法的公平原则，也应当给予丙部分补偿。但是，此时却不能认为乙为了制止不法侵害的正当防卫行为过失地伤害丙属于紧急避险。

5. 必须没有明显超过必要限度造成重大损害

（1）正当防卫的必要限度。关于正当防卫的限度标准，刑法学界主要存在三种观点：其一，必需说认为，只要是制止不法侵害所必需的反击行为，即使给不法侵害人所造成的伤害程度超过不法侵害可能造成的伤害程度，也不过当。必需说实际上等于对反击行为没有太多限度要求。其二，基本相适应说认为，防卫的反击行为与不法侵害行为在手段上、强度上要大体相对等。其三，相当说认为，防卫的限度原则应当以制止不法侵害所必需为准，但同时还要适当参考一下不法侵害的手段和强度。这实际上是必需说与基本相适应说的折衷说。《刑法》第20条第2款规定："正当防卫明显超过必要限度造成重大损害的，应当负刑事责任，但是应当减轻或者免除处罚。"这就等于说，正当防卫的限度标准是一种"必要限度"。"必要限度"接近于"必需说"，应当以制止不法侵害所必需为标准。换言之，只要是制止不法侵害所必需的手段，都符合正当防卫的限度标准。

（2）无过当防卫。无过当防卫，也叫特殊防卫。根据《刑法》第20条第3款规定："对正在进行行凶、杀人、抢劫、强奸、绑架以及其他严重危及人身安全的暴力犯罪，采取防卫行为，造成不法侵害人伤亡的，不属于防卫过当，不负刑事责任。"这就是刑法对于特殊防卫的规定。无过当防卫属于正当防卫的一种，其构成要件如下：

第一，防卫必须针对正在进行的行凶、杀人、抢劫、强奸、绑架以及其他严重危及人身安全的暴力犯罪行为。言外之意，无过当防卫不能针对非暴力犯罪行为、不能针对非危及人身安全的犯罪行为、不能针对不严重的犯罪行为进行。例如，危及财产安全的犯罪行为就不能进行无过当防卫。

第二，行凶是指故意实施的严重危及人身安全的暴力行为（其到底是故意杀人还是故意伤害还不清楚）。这里的"严重"，主要指危及生命安全，可能造成死亡或重大身体伤害。

第三，除行凶、杀人、抢劫、强奸、绑架以外，对其他严重危及人身安全的犯罪行为，如抢劫枪支、弹药犯罪行为，爆炸犯罪行为，以杀害特定人为目的的放火犯罪行为，等等，也可以进行无过当防卫。

另外，特别值得说明的是，并非在抢劫行为的任何时段都可以进行无过当防卫。例如，某甲发动小轿车准备开车时，劫匪乙丙两人突然打开前车门，持刀逼住甲，将放在副驾驶位置上的装有巨款的皮包抢走，之后乙丙同乘一辆摩托车逃走。甲将小轿车调头，加速追赶，一连两次撞击摩托车尾，致使摩托车翻滚，导致一人死亡，一人重伤。甲开车撞击劫匪所乘摩托车的行为，是否属于无过当防卫？从表面上看，乙丙实施的是抢劫行为，针对抢劫行为而实施的防卫，好像可以构成无过当防卫，其实不然。根据《刑法》第20条第3款的规定，可以对其进行无过当防卫的不法侵害行为，必须是严重危及人身安全的犯罪行为。本案劫匪乙丙的行为应当分为两个时段，第一时段是持刀逼住甲，这属于严重危及人身安全的行为。如果在此时段甲进行反击，那就能构成无过当防卫；第二时段是劫匪乙丙乘摩托车逃跑，这时的行为只危及财产安全，并不危及人身安全，如果在这一时段进行反击，能够恢复财产安全，不明显超过必要限度，构成一般的正当防卫；如果明显超过必要限度，比如致人重伤或死亡，就属于超过必要限度，构成防卫过当。因为仅仅为了保护财产安全，是不能以侵害人的生命为代价的。"对于并不严重危及人身安全的暴力犯罪，即使属于抢劫、强奸、绑架罪，也不能适用特殊防卫的规定，例如，对于以麻醉方法抢劫的行为原本就不能实行特殊防卫，只能适用一般正当防卫的规定"。[26]

生活中发生的行为，如果符合正当防卫的上述条件，就构成正当防卫。正当防卫虽然在形式上和实质上符合刑法分则规定犯罪客观要件，但在前提上（假定条件）上并不符合，所以它最终不符合犯罪客观要件。生活行为不符合犯罪客观要件，就不具有刑事违法性；不具有刑事违法性，则一定不能构成犯罪。

（三）防卫过当

1. 防卫过当的概念

根据《刑法》第 20 条规定，防卫过当是指防卫行为明显超过必要限度造成重大损害，应当负刑事责任的行为。

防卫过当与正当防卫有许多相似之处。它与正当防卫一样，都是针对不法侵害行为而进行的反击，都是为了制止不法侵害和保护合法权益，都是针对不法侵害行为人本人进行的反击，都是在不法侵害行为正在进行时而实施的反击行为。但是，防卫过当与正当防卫也具有明显区别。防卫过当只符合正当防卫的其他条件，唯独不符合限度条件，因而从根本上说，它还是不符合正当防卫的条件。所以它不是一种正当防卫。

2. 防卫过当的性质

（1）防卫过当完全符合刑法分则规定的犯罪客观要件。生活行为是否符合刑法分则规定的客观构成要件必须分三个步骤判断：第一步，进行在形式上符合犯罪客观要件的判断；第二步，进行在实质上符合犯罪客观要件的判

---

[26] 参见张明楷：《刑法学》（第 3 版），法律出版社 2007 年版，第 188 页。

断；第三步，进行在假定条件上符合犯罪客观要件的判断。防卫过当行为，不仅在形式上和实质上符合刑法分则规定的故意杀人罪、故意伤害罪、过失致人死亡罪和过失致人重伤罪的客观要件，而且在假定条件上也符合犯罪客观要件。刑法分则规定的犯罪客观要件的假定条件是："行为时不存在法益冲突或虽存在法益冲突但行为侵害了大法益却只保护了小法益"。在防卫过当情况下，其侵害的法益大，而其保护的法益价值小，因此，其完全符合犯罪客观要件的假定条件。

（2）防卫过当具有刑事违法性。刑法分则规定的犯罪客观要件，是刑事违法的类型或标准。生活行为如果在形式上、实质上和假定条件上符合它，就一定具有刑事违法性。如前所述，防卫过当在形式上、实质上和假定条件上都符合犯罪客观要件，所以它一定具有刑事违法性。虽然从表面上看，防卫过当行为具有制止不法侵害行为而保护合法权益的性质，但是，由于它侵害了一个大的法益，却只保护了一个小法益，正负相抵，还是具有侵害法益的性质。

3. 防卫过当的罪过及其定罪量刑

防卫过当的罪过形式有可能是故意，也有可能是过失。对于"不属于严重危及人身安全的暴力犯罪"的不法侵害所进行反击，如果导致不法侵害人重伤或死亡，根据案件具体情况，就可能构成防卫过当。

防卫过当不是独立的罪名，法院不能认定为"防卫过当故意杀人罪"或"防卫过当过失致人死亡罪"。应当将防卫过当作为一个罪名的后置定语，一般用括弧括起来。例如，可认定为故意杀人（防卫过当）。总之，对于防卫过当，应当根据其符合的客观要件类型和主观要件类型，分别认定为故意杀人罪、故意伤害罪、过失致人重伤罪等。但是，司法文书在认定犯罪事实时，必须引用《刑法》第20条关于防卫过当的规定来加以说明。这样，就可以把由于防卫过当而构成犯罪的情况清楚地表现出来。

根据《刑法》第20条第2款规定：正当防卫明显超过必要限度造成重大损害的，应当负刑事责任，但是应当减轻或者免除处罚。至于在什么情况下应当减轻处罚，什么情况下应当免除处罚，必须根据案件具体客观情况和主观罪过情况来综合决定。

二、紧急避险

(一) 紧急避险的概念和本质

1. 紧急避险的概念

根据《刑法》第 21 条规定，紧急避险是指为了使国家、公共利益、本人或者他人的人身、财产和其他权利免受正在发生的危险，不得已采取损害另一较小合法权益的行为。

2. 紧急避险的本质

根据上述概念，我们可以得出其本质是：在两个法益相冲突的情况下，其侵害法益的价值小，而其保护法益的价值大。这里的两个法益冲突，是指一个大的合法权益正面临严重损害的危险，要想保护这一法益，唯一的方法是损害另一个较小的法益。例如，一排房子的一间起火，拆开一条隔火带，以阻止火势蔓延，就是紧急避险。简单说，紧急避险就是侵害一个小法益而保护了一个大法益，正负相抵，最终还是保护了法益，所以具有正当性。

犯罪客观要件是刑事违法的具体价值标准，当生活行为符合它就具有刑事违法性。但是，犯罪客观要件是具有前提（假定条件）的。这一前提是"不存在法益冲突或者虽然存在法益冲突但侵害法益的价值大而保护法益的价值小"。紧急避险的本质恰恰是存在法益冲突且侵害法益的价值小而保护法益的价值大，所以它在前提（假定条件）上不符合犯罪客观要件，也就不具有刑事违法性。

(二) 紧急避险的构成条件

紧急避险是以损害合法权益的方法来保护另一合法权益，必须具有严格的构成条件，不然紧急避险会被滥用。

1. 必须合法权益面临现实的危险

只有合法权益面临现实的危险，才能进行紧急避险。为了保护非法利益一般不能实施紧急避险。所谓面临现实的危险，是指某种合法权益面临现实的、紧迫的危险，或者说受到现实的、紧迫的威胁。危险的来源主要有如下几种：

（1）自然灾害。发生火灾、地震、山崩、海啸、水灾、塌方、泥石流等自然灾害，使较大的合法权益受到了危险，只有用损害另一较小利益的方法才能解救。这时损害较小利益的行为才可能构成紧急避险。

（2）动物的侵害。失去主人看管的动物、国家保护的野生动物等侵袭人身或财产，行为人对动物进行反击，打死、打伤动物的行为，构成紧急避险。打死无主动物、非国家保护的野生动物，一般不属于紧急避险，因为打死这些动物并不损害他人权利。紧急避险必须是损害他人权利的行为。

（3）人的生理需要和病理侵害。当人饥饿、饥渴达到严重危及生命安全的程度时，未经主人同意而强拿食物、水等来解除饥渴行为，属于紧急避险。为了抢救危重病人，必须将病人紧急送往医院，但又没有别的方法，唯一的方法就是强行劫取他人机动车将病人送往医院。这种劫车的行为属于紧急避险。

（4）人的不法侵害。面对人的不法侵害，如果反击不法侵害者本人，可能构成正当防卫；如果不反击不法侵害者本人，而是通过损害另一个较小合法利益的方法而避免不法侵害的行为，就可能构成紧急避险。例如，为了逃避不法侵害人的现场追杀，被害人强行抢夺别人的摩托车逃命。这种抢夺摩托车的行为，就属于紧急避险。

（5）自己招致对本人的危险。所谓自己招致对本人的危险，主要是指行为人故意或过失地引起动物等对自己的侵袭、引起别人对自己的攻击等情况。对于这种危险，危险招致人能否进行紧急避险，学界争议较大。通说的观点认为，对于行为人有意识地制造自己与他人的法益之间的冲突，引起紧急危险状态的，可以认为危险招致人放弃了自己的合法权益，既然如此，就不存在对自己"法益"进行紧急避险的权利，因而不能允许他实施紧急避险。但是，当行为人虽然故意、过失或者意外地实施了某种违法犯罪行为，但不是故意制造法益之间的冲突，却发生了没有预想的重大危险时，存在紧急避险的余地。在这种情况下，对自己招致的危险能否进行紧急避险，要通过权衡法益、考察自己招致危险的情节以及危险的程度等进行综合评价。[27]

2. 危险必须正在发生

危险正在发生，是指危险将立即危害到合法权益，或者危险已经初步对合法权益造成了损害，而且这种危险尚未结束。危险将立即危害到合法权益，

---

[27] 参见张明楷：《刑法学》（第3版），法律出版社2007年版，第190页。

是危险正在发生的起始时间；危险尚未结束是危险正在发生的终点时间。如果在危险没有出现之前或者危险已经结束之后，采取所谓的避险措施，都属于避险不适时。避险不适时，不但不是紧急避险，反而是一种非法侵害行为。行为人因避险不适时而给合法权益造成损害的，应当承担相应的法律责任。

3. 必须不得已损害另一利益

紧急避险必须出于不得已，是指要想避免一个大的法益发生危险，就必须通过损害另一个较小利益的方式来达到，舍此别无他途。在被危险威胁的法益与另一法益都可以两全的情况下，不允许损害另一个利益。这也就是说，一个小法益与一个大法益之间如果不存在必然的冲突，不牺牲一个小法益，也能够保护一个大法益，就不允许紧急避险。例如，可以逃跑、报警或者直接对抗危险就能避免危险，就不允许紧急避险；另外，如果一个大法益与另一个小法益之间不存在替换关系，即使牺牲一个小法益，也不能因此而保护一个大法益，那么在这种情况下也不允许紧急避险。

考察危险发生时行为人是否"迫不得已"，应当全面考察危险发生的客观情况和行为的主观条件（年龄、心理、主观认识条件、个人能力等），予以认定。

4. 必须具有避险意识

《刑法》第21条规定："为了使国家、公共利益或者他人的人身、财产和其他权利免受正在发生的危险，不得已采取的紧急避险行为，造成损害的，不负刑事责任。"有观点认为，本条文之"为了……"就是避险意识的规定。避险意识也称避险意图，包括避险认识和避险目的。所谓避险认识，是指对正在发生的危险的认识，包括认识到了正在发生的危险的存在和认识到这种危险只能以紧急避险的方法来排除，并且还要求认识到损害另一较小合法权益可能达到避险的后果。所谓避险目的，是指行为人实施避险行为所希望达到的结果。避险意识是紧急避险必须具备的条件。[28]

5. 必须通过损害第三者利益的方式来保护较大利益

这是紧急避险的对象条件。紧急避险必须针对第三者的合法权益。所谓第三者，是指除行为人自身、发生危险的权益以外的主体。之所以紧急避险

---

[28] 高铭暄、马克昌主编：《刑法学》（第4版），北京大学出版社、高等教育出版社2010年版，第148页。对于避险意识是否属于紧急避险的构成条件，存在着巨大的争议。本书采避险意识必要说。

必须针对第三者的合法权益,是因为紧急避险是为保护面临危险的较大权益,而将危险转移到另一个较小的权益身上。所以,紧急避险行为针对的对象,必须不是危险的来源,而是将此危险疏导向另一个较小利益上。如果行为人的行为直接针对的是危险来源本身,那就是一种排险行为、抢险行为,而不是一种避险行为。如果危险来源是人的不法侵害,行为人针对不法侵害人加以反击,就构成正当防卫,而不是紧急避险。

6. 必须不能超过必要限度

《刑法》第21条规定,紧急避险不能超过必要限度,造成不应有的损害。紧急避险的必要限度,一般是损害的法益的价值必须小于保护的法益的价值。换言之,损害的法益的价值不能等于或大于保护法益的价值,否则就是避险过当。这里必然涉及如何来衡量法益之间的价值大小问题。一般而言,人身权益一定大于财产权益;人身权利中的生命权大于健康权;财产权则以其价值的大小来衡量。

法律是否允许以牺牲一个生命权益来保护多个生命权益,这是一个争议相当大的问题。一般而言,将一个人的生命作为保护另一个生命甚至多个人的生命的手段是违反法秩序的。法秩序的宗旨是平等地保护每一个人的生命和其他权益。如果允许将一个人的生命作为保护其他人生命的手段,那么迟早社会上每个人都有可能被以保护其他人生命的名义而牺牲掉。

7. 必须不具有禁止避免本人危险的职责

《刑法》第21条规定:"……关于避免本人危险的规定,不适用于职务上、业务上负有特定责任的人。"禁止避免本人危险的职责,是指某行为人在职务上、业务上负有同特定危险作斗争的责任。他的职务或业务就是同特定的危险做斗争,因此,他不能因为怕本人的生命或健康有特定的危险就拒绝执行职务或履行责任。例如,消防队员的职责就是消灭火灾,因此,他不能为了避免本人的人身危险而放弃救火。医生、护士的职责就是挽救病人,同特定的病毒作斗争,他们不能因为自己怕感染这种病毒而拒绝抢救病人。法律不允许职务上、业务上负有特定职责的人,对个人面临的特定危险而实行紧急避险,是因为同特定的危险作斗争本来就是他们的职责所在,如果他们不去排除危险,社会就会有更多的人遭受危险。所以,这些负有特定责任的人,必须同特定的危险作斗争,否则就失职违法。

(三) 避险过当

1. 避险过当的概念

根据《刑法》第21条规定，避险过当是指避险超过必要限度造成不应有的损害的行为。避险过当与紧急避险有许多相似之处。它们都是针对威胁法益的危险采取损害第三者合法权益的方法来解除这种危险。但是，避险过当与紧急避险也有明显区别。避险过当超过了必要的限度造成不应有的损害，因而从根本上说，不符合紧急避险的条件。所以它不是一种紧急避险。

2. 避险过当的性质

（1）避险过当行为完全符合犯罪客观要件。生活行为是否符合刑法分则规定的客观要件必须分三个步骤判断：第一步，进行在形式上符合客观要件的判断；第二步，进行在实质上符合客观要件的判断；第三步，进行在前提（假定条件）上符合客观要件的判断。避险过当不仅在形式上和实质上符合故意毁坏财物罪、故意杀人罪、故意伤害罪等的客观要件，而且在前提（假定条件）上也符合这些犯罪的客观要件。刑法分则规定客观要件的前提（假定条件）是"不存在法益冲突或者虽然存在法益冲突但侵害法益的价值大而保护法益的价值小"。在避险过当情况下，不但存在着法益冲突，而且避险所损害法益的价值大于所保护法益的价值。因此，避险过当符合犯罪客观要件的前提（假定条件）。

（2）避险过当具有刑事违法性。刑法分则规定的犯罪客观要件，是刑事违法的类型或标准。生活行为如果在形式上、实质上和前提（假定条件）上符合它，就一定具有刑事违法性。如前所述，避险过当行为在形式上、实质上和假定条件上都符合犯罪客观要件，所以它一定具有刑事违法性。虽然从表面上看，避险过当行为是为了保护一个法益而牺牲另一个法益，但是，由于它侵害了一个大的法益，只保护了一个小的法益，正负相抵，还是具有侵害法益的性质。

3. 避险过当的罪过及其定罪量刑

避险过当的罪过可能是故意，也可能是过失。避险过当不是独立的罪名。不能在司法上认定"避险过当罪"或"避险过当致人死亡罪"等。将避险过当作为一个罪名的定语，实际上是对罪名规范化的破坏。对于避险过当，应当根据其符合的客观要件和主观要件，分别认定为故意毁坏财物罪、故意伤害罪、过失致人重伤罪等。但是，在司法文书在认定这些犯罪事实时，必须引用《刑法》第 21 条第 2 款关于避险过当的规定加以说明。这样，就可以把由于避险过当而产生的犯罪的情节清楚地表现出来。

根据《刑法》第 21 条第 2 款规定："紧急避险超过必要限度造成不应有损害的，应当负刑事责任，但是应当减轻或者免除处罚。"至于在什么情况下应当减轻处罚，什么情况下应当免除处罚，必须根据案件具体客观情况和主观罪过情况来综合决定。

第六节　犯罪客观要件前提符合判断之三

一、典型超法规刑事违法阻却事由

正当防卫和紧急避险是刑法明文规定的两种不符合犯罪客观要件前提（假定条件）的情况。这两种情况往往被传统刑法理论称之为违法阻却事由。其实，生活行为在形式上、实质上符合犯罪客观要件，但唯独在前提（假定条件）上不符合的情况，除了正当防卫和紧急避险以外，还包括义务冲突、法令行为、正当业务行为、被害人承诺、推定被害人承诺、自损行为、自救行为等。这些情况被称为典型超法规刑事违法阻却事由。之所以加上"超法规"的定语，是因为上述刑事违法阻却事由，不是由刑法明文规定的，而是根据犯罪构成理论总结出来的。之所以加上"典型"的定语，是因为这些超法规违法阻却事由是刑法理论普遍认可的，甚至有些是一些国家的刑法所明文规定的。另外，为了与后文的"非典型违法阻却事由"的概念相区别，所以本书特冠之以"典型"二字。

典型超法规刑事违法阻却事由，在本质上与正当防卫、紧急避险相同，都属于"在法益冲突的情况下，其侵害法益的价值小，而其保护法益的价值大"，都不符合犯罪客观要件的前提（假定条件）[29]。既然正当防卫和紧急避险能作为阻却刑事违法、进而阻却犯罪的理由，那么超法规刑事违法阻却事由当然也是出罪的根据。因为它们所包含的法理机制是一样的。

---

[29] 如前文所述，犯罪客观要件的前提（假定条件）是"不存在法益冲突或者虽然存在法益冲突但其侵害法益的价值大而其保护法益的价值小"。

(一) 义务冲突行为

1. 义务冲突行为的概念和性质

(1) 义务冲突行为的概念。刑法中的义务冲突行为，是指行为人身负两项以上不能同时履行的义务，其中之一必须是刑事义务，行为人履行其中一项义务而不得已放弃了刑事义务，其履行的义务比放弃的刑事义务价值大的行为。刑法中的义务冲突包括两种情况：

第一种情况是非刑事义务与刑事义务的冲突。这里所说非刑事义务包括道德义务、民事法律义务、行政法律义务等；不履行刑事义务的行为，符合刑法分则规定的犯罪客观要件。例如，行为人为了在家孝敬、赡养年迈的父母，而在战时拒绝征召和军事训练。在家孝敬、赡养年迈的父母是非刑事义务，即是一种道德义务，也是一种民事法律义务；战时接受征召和军事训练是刑法规定的义务，不履行这项义务，符合《刑法》第376条规定的战时拒绝征召、逃避征召军事训练罪的客观要件。

第二种情况是刑事义务与刑事义务的冲突。例如，消防队员正在前往救火，发现在路边水塘里有人溺水。此时救火和救人两个义务发生冲突，而且这两种义务都是刑事义务。如果消防队员不救溺水人，他的行为在形式上、实质上都符合玩忽职守罪的客观要件；如果消防队员不救火，他的行为在形式上、实质上也符合玩忽职守罪的客观要件。

(2) 义务冲突行为的性质。刑法中的义务冲突行为，单单从行为人不履行刑事义务，造成严重危害后果的角度来说，其在形式上、实质上都符合犯罪客观要件。从形式上讲，这种行为在文字含义上完全符合刑法分则条文对犯罪客观要件的描述；从实质上讲，这种行为也侵害了本犯罪客观要件所保护的法益，造成了法益的损害。但是，从假定条件（犯罪客观要件的前提）上说，义务冲突行为并不符合犯罪客观要件。根据《刑法》第20、21条的立法精神，刑法分则规定的犯罪客观要件都有一个假定条件。这个假定条件是"不存在法益冲突或者虽然存在法益冲突但其侵害的法益大而其保护的法益价值小"。由于义务冲突行为人不履行一项义务所侵害的法益价值小，其履行了另一项义务所保护的法益价值大，所以，它并不符合犯罪客观要件的假定条件。生活行为必须在形式上、实质上和假定条件上等三个方面全部符合犯罪客观要件，才具有刑事违法性；如果有一个方面不符合就不具有刑事违法性。

所以，刑法中的义务冲突行为，在最终意义上还是不符合犯罪客观要件。这种不符合犯罪客观要件的行为，就不具有刑事违法性，当然更不能构成犯罪。

2. 义务冲突行为的构成要件

（1）行为人同时负有两项以上的义务。这是义务冲突行为成立的前提条件。只有数个义务同时存在，才有可能导致行为人顾此失彼、无所适从的矛盾情形。行为人同时身负的数项义务在性质上是否有限制，是一个争议较大的问题。其中讨论的焦点往往集中在道德义务是否包括在义务冲突中的"义务"的范围之内。肯定说认为义务冲突中的义务，包括道德义务在内。否定说认为义务冲突中的义务，只包括法律义务，而排除道德义务。本书认为，行为人选择不履行的义务必须是刑事义务，但行为人选择履行的义务，不应当排除道德义务。例如，某甲的儿子与邻居家的小孩同时落水，某甲先救邻人之子而使自己的孩子溺水而亡。如果认为救邻人之子（履行道德义务）的行为与救助自己孩子的行为（侵害法律义务）不构成义务冲突的话，那么某甲将会因为没有履行救助自己孩子，而被追究遗弃罪的刑事责任。这显然是绝大多数人所不能接受的结论。所以，当两种义务不能同时履行时，为了履行了道德义务，不得不放弃履行刑事法律义务，如果道德义务的价值更大，那么履行该道德义务的行为当然不具有刑事违法性。

（2）行为人没有能力同时履行数项义务。这是指根据当时的主客观条件，行为人不可能全部履行并存的数个义务。换言之，一方义务的履行在性质上势必阻碍他方义务的履行。[30] 如果行为人有能力同时履行或者可以先后履行所有义务的话，就不成立义务冲突。例如，行为人家中发生火灾，年迈的双亲都需要救助，如果火势并不十分紧迫，行为人有充足的时间将双亲先后救出，这种情况不构成义务冲突。再如，一子一女在阳台上玩耍时，都掉落在一楼的地面上，均身受重伤，不立即急救就会导致死亡，但又没有交通工具可以将两个孩子同时送往相距甚远的医院。此时他们的父亲就陷入了义务冲突的困境，因为送其中一个孩子到医院急救就会导致另一个孩子不能得到急救而死亡。但是，如果女儿负重伤，儿子仅负轻伤，则父亲有较为充裕的时间，可以先将女儿送到医院以后，再返回来将儿子送往医院救治，使两个孩

---

[30] 参见赵秉志主编：《中国刑法案例与学理研究》，法律出版社2001年版，第108页。

子都得救。[31] 这种情况行为人可以先后履行其所负有的数个义务,因此也不构成义务冲突。

(3) 义务冲突情境不是由行为人引起的。如果义务冲突的情境是因行为人的故意或过失而产生的,则此时义务冲突行为的合法性就被排除。只有义务冲突情境的发生不能归咎于行为人时,才涉及运用义务冲突规则解决行为人的行为是否构成犯罪、是否应当追究刑事责任的问题,否则,便会为犯罪人逃避相应义务和罪责提供可乘之机。例如,某甲初习水性便贸然同时带三个均不会游泳的儿童到水库游泳,结果三儿童同时遇险,某甲只能救起其中一名儿童致使另两名溺水身亡。本案就无法适用义务冲突规则。因为行为人明知自己初习水性,救助能力有限,仍然贸然行事,自招危险,不能套用义务冲突规则排除其本身的刑事违法性。

(4) 行为人不履行的必须是刑事义务。在义务冲突情境下,行为人选择不履行的义务,也称被侵害的义务,必须是刑事义务。义务冲突之所以进入刑法学研究的视野,是因不履行刑事义务的行为,在形式上、实质上都符合某种犯罪的客观要件。该行为能否排除刑事违法性,取决于被侵害义务与被履行义务的价值衡量。只有履行的义务价值大,相比之下,不履行的刑事义务的价值小,才能阻却刑事违法性。

相反,在义务冲突情境中,行为人如果履行了刑事义务,而没有履行道德义务,则无论如何都不具有刑事违法性。例如,一证人在去往法院履行作证义务的途中,路遇一儿童落水,在无其他人在场的情况下而未加施救,最终儿童溺水身亡。作证是法律义务,营救儿童是道德义务,两者产生了冲突。此时行为人未履行之义务——救助儿童生命,纯粹是一种道德义务,尽管这种见死不救的行为应该受到道德谴责,但不能因此追究行为人的刑事责任。对此,我们也可以参照日本一个真实的案例。1964年的一天,某人在自杀前发电报,电报内容是其要自杀。邮局职员知情后,立即与上司商谈,问其是否需要通知警察。但上司认为,根据日本《宪法》第21条、日本《公众电气通信法》第5条以及日本《邮政法》第9条,邮局职员应当保守通信秘密,于是其没有采取任何措施。约2个小时后,发电报的人跳入电车下自杀身亡。

---

〔31〕 参见甘添贵:"义务冲突与阻却违法",载蔡墩铭主编:《刑法争议问题研究》,五南图书出版公司1999年版,第166~167页。

真相大白后,引起社会舆论的极大反响。[32] 在这一案件中,对于邮局职员来说,保守通信秘密是法律义务,而通知警察则是道德义务。在两者产生冲突的情况下,只要行为人履行了刑事义务,就不具有刑事违法性。一般而言,在义务冲突情境中,行为人选择不履行的刑事义务,主要有如下三种来源:

其一,法律明文规定的义务。法律明文规定的义务,包括作为义务与不作为义务。其范围不仅仅局限于刑法明文规定的义务。宪法、民法、行政法等非刑事法律中规定的义务,也可能成为义务冲突中刑事义务的来源。在这里需要指出的是,上述非刑事法律中规定的义务,要想成为义务冲突中刑事义务的来源,还必须要经过刑法的认可。例如,对未成年子女的抚养义务,既是家庭法规定的义务,也是刑法分则中遗弃罪构成要件所规定的义务。如果非刑事法律规定的义务,没有上升为刑法保护的层次,就不可能构成被侵害刑事义务。

其二,职务或者业务上所要求的义务。在我国刑法中,职务或者业务上要求的义务相当广泛。如值班医生有抢救危重病人的义务,执勤消防队员有消除火患的义务,扳道工有按时扳道岔的义务,等等。与前述之法律明文规定的义务相同,职务上或者业务上要求的义务必须符合刑法敞开的构成要件,[33] 上升到刑事义务的层次,才能进入义务冲突的考量范围。如值班医生可能因为没有履行抢救病人的作为义务而构成重大医疗事故罪,消防队员懈怠履行灭火义务可构成玩忽职守罪,扳道工未按时履行扳道岔义务可构成铁路运营安全事故罪。这些职务上或者业务上所要求的义务,因为根据刑法解释而符合了刑法敞开的构成要件,上升为了刑事义务,因而才成为了义务冲突中被侵害刑事义务的来源。

其三,法律行为、先行行为引起的作为义务。例如,甲带邻居的小孩乙和丙去游泳,只要他把乙和丙带离父母身边,便成立先行行为,此种先行行为立即引起了甲负有保护乙和丙人身安全的义务。如果甲故意将两个年幼的孩子带到危险的深水区,意欲制造危险的状况,当乙和丙两个小孩同时溺水

---

[32] 参见张明楷:《刑法格言的展开》,法律出版社 1999 年版,第 251 页。
[33] 刑法中敞开的构成要件亦称开放的构成要件,是指刑法虽然没有明文规定某种行为模式为犯罪客观要件,但是这种行为模式在刑法解释上可以纳入某种犯罪客观要件之中,并且这种刑法解释并不违反罪刑法定原则的情况。

时，甲只救起其中的一个孩子而使另一个孩子丧生，在这种情况下就不能以义务冲突为理由来开脱罪责。这是因为，此时两个孩子同时落水，完全是由于甲有意制造的。而刑法中义务冲突情境的出现，必须是客观产生的，不是行为人故意引起的。如果乙和丙两个孩子的危险不是行为人刻意制造的，而是客观产生的，或者说乙和丙的溺水完全是出于意外状况，行为人对此危险的发生不存在故意和过失的心理状态，此种情况下，行为人客观上只能救助一个孩子而无法救助另一个孩子的行为，完全符合义务冲突的条件。

（5）履行义务的价值大于或等于不履行义务的价值。这里所谓义务的价值，是指规定义务的法律规范、道德规范等所保护的利益的价值。是否在前提（假定条件）上符合犯罪客观要件，最终还要在履行义务而保护的利益与未履行义务而侵害的利益之间进行价值比较。只有履行义务而保护的利益比不履行义务而侵害利益的价值大或者相等，才能得出此义务冲突行为在假定条件上不符合犯罪客观要件，所以不具有刑事违法性。行为人选择履行义务的价值如何比较，有如下几种情况：

第一，不等价的义务发生冲突时的合理选择。在相互冲突的义务有价值高低之分的时候，行为人应当履行价值高的义务而放弃价值低的义务。如果行为人没有按照"两害相权取其轻"的法益衡量原则，履行了价值低的义务而放弃了价值高的义务，就应当是违法的。义务的背后体现的是一定的利益，因此在义务冲突的情形下，履行价值较高的义务而不履行价值较低的义务，是立足于社会整体利益所作出的明智选择。

第二，等价的义务发生冲突时的合理选择。在等价的义务之间发生冲突的情形下，西方有些刑法学者认为，行为人可以任意选择履行其中一个义务。笔者认为，这种观点有失全面。在同等价值的义务发生冲突时，应考虑以下方面的因素，即法益发生危险的缓急程度。在两个同等价值的义务发生冲突时，行为人应当优先救助危险紧迫的法益，而暂时放弃救助危险较为缓和的法益。只有这样，在排除了更为紧迫的危险之后，行为人才有可能救助其他法益。

第三，价值无法进行比较的义务发生冲突时的合理选择。当冲突的义务无法进行明确的价值比较时，有的学者主张，义务冲突是一种紧急事态，行为人必须在短时间内作出决定，不能因为进行利益权衡而耽误过多的时间，否则可能导致义务都不能得到履行。因此，在发生冲突的两个义务的法律价值一时间无法做出正确的判断的情况下，应当推定为等价，按照等价义务冲突的原则选择履行的义务。因为义务冲突多是一种紧急状态。在紧急情况下，行为人基于自身的知识、智力、经验等限制，往往很难在短时间内对义务价值的大小做出准确的认识和权衡，所以，我们不能过分地苛求行为人。在义务冲突无法进行明确的价值比较时，本书认为，可以推定其为等价的义务冲突。在等价的义务冲突情境下，行为人选择履行哪个义务都可阻却不履行另一个义务的违法性。

3. 义务冲突时的错误选择行为

（1）义务冲突时的错误选择行为的概念。义务冲突时的错误选择行为，是指在义务冲突情境下，行为人履行价值低的义务而放弃价值高的义务的行为。把握此概念应当充分注意以下两点：

第一，它明显区别于义务冲突行为。义务冲突行为，是指行为人在义务冲突中选择履行价值大的义务履行，放弃价值小的义务；而义务冲突时的错误选择行为，是指行为人在义务冲突中履行了一个价值小的义务，放弃了一个价值大的义务。

第二，它明显区别于完全不履行义务。义务冲突时的错误选择行为，也与行为人在义务冲突时完全不履行义务有根本区别。义务冲突时的错误选择行为类似于防卫过当的机理。它虽然履行了一个义务进而保护了一个法益，但却放弃了一个更重要义务而损害了一个重大的法益，导致其不履行义务的行为在形式上、实质上和假定条件（前提条件）上都完全符合犯罪客观要件，所以具有刑事违法性；但其违法性的量，较完全不履行义务减少。由于其履行了较小义务挽救了一个较小利益而冲抵了其不履行义务行为的违法量。

（2）义务冲突时的错误选择行为的特征：

第一，义务冲突时的错误选择行为的客观特征。义务冲突时的错误选择行为的客观特征，在于履行义务的价值小，不履行义务的价值大。而义务冲突行为的客观要求，是义务人所履行的义务价值大，其不履行义务的价值小。这是维护法秩序、保护社会整体利益的必然要求。

权衡义务价值大小的标准，可以根据该义务所保护的法益的大小来衡量。一般而言，可考虑下列几种情况进行判断：①生命权大于健康权；②生命权与健康权等人身权利都大于财产权；③社会秩序价值大于个人自由权。对于个人权利与公共权力的比较，我们有必要进行详细的分析研究。人类渴求秩序，如同渴望生命安全一样，是人类本性的要求，也是社会正常运行的必要前提。而人类对于自由的追求，则是人类自身的觉醒，两者都不能偏废。然而，在有限的资源之下，注重一种价值必然会导致对另一价值的减弱，冲突在所难免。虽然价值追求的顺序排列会因为社会需求和个人的旨趣不同而有所侧重，但是将"自由"和"秩序"作为确立"法律义务次序阶梯"的价值评定参照系，这是没有异议的。秩序立足于整体利益，而自由着眼于个体权利。因此，个人利益与社会利益的冲突实质上反映了自由和秩序价值取向的矛盾。当个人自由和社会秩序发生冲突时，应以实现秩序价值为首选。之所以如此，是因为人类社会的秩序是社会成员的共同需要。首先保证社会共同性需要是在社会资源有限的情形下所做的必要选择。

第二，义务冲突时的错误选择行为的主观特征。

其一，表现为故意的情况。这种情况也称义务冲突时的故意错误选择行为，是指行为人基于正确的认识，有意放弃履行价值大的义务，而选择履行价值低的义务。例如，一博物馆起火，消防员同时负有救助被困儿童和挽救一副价值巨大的名画的义务。生命价值高于财产价值是常识。可是消防员却故意选择履行抢救名画的义务，造成了被困儿童的死亡。在此种情况下该消防员不救助儿童的行为，具有刑事违法性，可能构成玩忽职守罪。

其二，表现为过失的情况。这种情况也称义务冲突时的过失错误选择行为，是指行为人在义务冲突时，因疏忽大意而导致义务权衡失当，或者没有预见到价值大的义务之存在，因而履行了价值较低的义务而懈怠了价值较高义务的行为。其有两种情况：一是行为人在权衡各项义务时应当预见到自己可能选择了价值较低的义务，可能造成一定的危害结果，但由于疏忽大意没有预见，因而导致损害结果的发生；二是行为人应当预见到义务冲突状况的存在，但因疏忽大意仅预见到了义务冲突中的一个或者几个价值较低的义务，完全没有意识到价值较高的义务的存在，因而未能履行价值较高的义务，造成损害结果发生。

其三，表现为无罪过的情况。包括两种情况：一种情况是在义务冲突情境下，由于情况紧迫行为人无法对于其所负的数个义务的价值进行准确的衡量,因此没有做出正确的选择,而履行了价值较低的义务,即使行为人选择错误,但其主观上也不存在罪过,这属于意外事件;还有一种情况是行为人在开始的时候做出了正确的判断,选择了履行价值较高的义务,但是行为人在履行这项义务的过程中发现该义务超出了自己能力所及的范围,为了避免损失的扩大,于是转而履行价值较低的义务,在这种情形下,行为人主观上也是没有罪过,这属于不可抗力事件。

(3) 义务冲突时错误选择行为的刑事责任。评价义务冲突时的错误选择行为的刑事责任,必须遵循主客观相统一原则。在义务冲突情境下,就犯罪客观要件而言,行为人没有履行之义务侵害了重大法益,而其选择履行之义务只保护了相对较小的法益,两个法益相差特别悬殊;就犯罪主观要件而言,行为人对于错误选择行为,具有故意或过失。基于前两者的理由,行为人就应当承担故意犯罪或者过失犯罪的刑事责任。

但是,需要特别说明的是,义务冲突时的错误选择行为,是一种酌定从宽处罚情节。行为人处于紧急状态中,难免选择错误;另外,他毕竟还履行了一种义务,而且在客观上也保护了一定的法益,相对纯粹不履行义务之行为而言,其刑事违法性当然要轻很多。所以,对其在量刑上可以予以减轻或免除的刑罚处罚。

《刑法》第20、21条分别对防卫过当和紧急避险过当的行为人作出了应当减轻或免除处罚的规定,此两个立法例为义务冲突时的错误选择行为的量刑具有参照意义。《刑法》第63条第2款规定:"犯罪分子虽然不具有本法规定的减轻处罚情节,但是根据案件的特殊情况,经最高人民法院核准,也可以在法定刑以下判处刑罚。"这也为义务冲突时的错误选择行为的从宽量刑,提供了法律依据和操作路径。

(二) 经被害人承诺的行为

1. 经被害人承诺的行为的概念

经被害人承诺行为,又称经被害人同意行为,是指在被害人表示允许或者同意的情况下,行为人给被害人的权利造成一定损失的行为。经被害人承诺的行为,一般不具有刑事违法性。

经被害人承诺的行为之所以能阻却刑事违法性,还是基于利益衡量的结果。在现代社会中,被害人的自主决定权也是一种重要权益。在被害人决定放弃自己能够处分的权益时，为了尊重被害人的自主决定权，可以从违法性的角度出发，进行社会相当性的考虑或者法益比较衡量，从而将这种原本符合特定犯罪客观要件的行为排除在犯罪之外。[34] 事实上，被害人同意或承诺，是法益所有人处分个人权利的行为，是一种私人利益的领域，法律一般不应当干涉，只有当被处分的权益超出个人权利的范围时，法律才能予以阻止。

有些国家的刑法对于经被害人承诺的行为作了明确规定。例如，《意大利刑法典》第 50 条规定："经由可以有效地处置权利的人同意，对该权力造成侵害或者使之面对危险的，不受处罚。"《韩国刑法典》第 24 条规定："依有处分权者的承诺，损害其法益的行为，不予处罚。但法律有特别规定的，不在此限。"

2. 经被害人承诺的行为的构成要件

（1）承诺者必须对法益具有处分权。同意或承诺实质上是对个人权益的一种处分，因此承诺者必须对承诺的权益具有处分权。一般而言，公民能够处分的必须是个人权益，包括人身自由权、性自由权、财产权、名誉权、人格权、住宅权等。任何个人对国家法益或社会法益都无权处分。当国家法益、社会法益与个人法益竞合时，即使获得个人法益主体的同意或承诺，侵害此法益的行为仍不能阻却刑事违法性。例如，伪证罪所保护法益是司法秩序，司法秩序是社会法益而不是个人法益。伪证行为即使已获得被陷害人的同意，仍然不能阻却刑事违法性。财产法益为几个人共同共有时，全体共有人的同意方可阻却刑事违法性；部分共有人的承诺不具有这个效果。承诺者一般只对归属本人的法益有处分权，当承诺者处于监护人地位时对被监护人的法益有无处分权，应具体分析。监护人对处于其监护之下监护财产法益通常有处分权，但对人身权方面的法益，一般没有处分权。

权利人对于自己权利的处分，是有一定范围的，并不是所有的个人权利，其所有人都具有处分权。例如，经被害人同意或承诺的杀人行为，不能阻却刑事违法性。经被害人承诺的重伤害致其严重残疾的，也不能阻却刑事违法性。前两种经被害人承诺行为的刑事违法性的量可能减少，但不能完全被

---

[34] 参见黎宏："被害人承诺问题研究"，载《法学研究》2007 年第 1 期。

阻却。

（2）承诺人必须有承诺能力。承诺能力是行为人对自己所承诺事项的后果应当具有的辨认能力、控制能力以及能够独立作出意思表示的能力。承诺能力与年龄、精神状态有关。通常情况下自然人达到一定年龄即具有承诺能力。未成年人一概无承诺能力，但当法律没有明确规定时，应根据其所承诺的内容，来判断其承诺的效力。比如关于与性有关的承诺，各国刑法普遍认为未满14周岁的幼女或儿童的承诺无效。因此虽经被害人同意，奸淫幼女或猥亵儿童的行为均具有刑事违法性。成年人也可能因为患精神疾病而丧失承诺能力。对承诺能力的认定，可参考民法关于民事行为能力的规定精神。

（3）承诺行为必须出于真实意思表示。被害人承诺，是指许可他人侵害自己法益的意思表示。这种意思表示必须真实，必须在自由意志状态下作出。玩笑性的承诺、基于强制或胁迫的承诺、神志不清状态下的承诺，都是无效的。基于错误的承诺是否有效应分两种情况：当对处分的法益本身产生错误认识时，承诺缺乏真实性，是无效承诺；当对处分的法益没有错误认识，只是对作出承诺的动机、条件有错误认识时，则不影响承诺的效力。被害人承诺的方式既可以是明示的，也可以是默示的，既可以是书面的，也可以是口头的。由于被害人承诺是一种能让别人理解的自主决定权，并不是单纯的内心活动，所以，此承诺必须能够明确地表达于外部，从而能被他人予以认识。

（4）承诺必须在侵害行为之前做出。被害人的承诺，必须在他人侵害行为之前或行为当时做出。在他人实施侵害行为之后表示的承诺，是无效的承诺。另外，承诺在侵害行为实施之前是可以撤销的。当然这种撤销必须是在侵害行为实施之前传达到行为人；如果在侵害行为实施后才传达到的，原来的承诺有效。承诺被撤销后实施的行为不能阻却刑事违法性。

（5）被承诺者必须在承诺的范围内实施行为。被承诺者只有认识到承诺并基于所认识的承诺而实施相应的行为，才能阻却刑事违法性。如果行为人并不知道被害人的承诺，而是出于犯罪的故意实施了侵害行为，不能阻却刑事违法性。当行为人超过承诺的范围实施侵害行为，造成了不应该有的损害，也应当具有刑事违法性。

（6）被害人承诺的动机必须合法并符合社会公序良俗。被害人承诺在主观上必须是为了追求有益于社会的目的。如果被害人的承诺损害是为了达到非法目的,如为骗取保险金而承诺对自己的财产造成损害等,则不能阻却侵害行为的刑事违法性。另外,根据承诺所做出的侵害行为的方法和程度,必须符合社会公序良俗和国家法律规定。比如,经被害人承诺,行为人可以毁坏其财物;但此毁坏行为不能影响其他人的利益,也不能破坏生态环境。

3. 经被害人承诺的行为的司法认定

下列情况不符合经被害人承诺行为的构成要件,因此不能阻却刑事违法性。

(1) 经被害人承诺的杀人、伤害等行为的定性。经被害人承诺行为,在形式上、实质上都符合某种犯罪的客观要件,但唯独在假定条件上不符合。犯罪客观要件的假定条件是"不存在法益冲突或虽然存在法益冲突但其侵害法益的价值大而其保护法益的价值小"。刑法理论的通说认为,被害人的承诺本身,也是一种权益,应当受到法律的保护。经被害人的同意而实施的侵害行为,虽然也侵害了法益,但如果其侵害法益的价值较小,其保护承诺权之法益的价值大,就不具有刑事违法性。因此,受到法律保护的承诺权,其所处分的必须是能够被处分的个人权益。这些权益一般包括财产权、名誉权、人格权、住宅权等。许多国家的法律规定,对于生命、健康等个人权益不能由个人自由处分。所以,经被害人承诺的杀人行为、严重的故意伤害行为,都不能阻却刑事违法性,但可以减轻刑事违法的量。德国《刑法》第216条第1款有受嘱托杀人的规定,日本《刑法》第202条有"同意杀人罪"的规定。另外,对于重伤、致人残疾、重伤致死等程度伤害,一般不能阻却刑事违法性。

(2) 在形式上和实质上都不符合犯罪客观要件的经被害人承诺行为的定性。有些经被害人承诺的侵害行为,在形式上和实质上都不符合犯罪客观要件,因此不属于刑事违法阻却事由。例如,经成年妇女同意的性交行为,在形式上和实质上都不符合犯罪客观要件,其原本就不具有刑事违法性,所以也谈不到违法阻却问题。另外,刑法规定的告诉才处理的犯罪,被害人没有告诉的,根本就不符合犯罪客观要件,因此也不涉及刑事违法阻却问题。换言之,对于告诉才处理的犯罪,被害人没有告诉的,不需要经被害人承诺行为的理论,也能解决其不构成犯罪的问题。

(3) 两则经被害人承诺的故意伤害案例的定性:

【案例1】2003年1月，曾某因无力偿还炒股时向黄某借的10万元欠款，遂产生保险诈骗的念头。其于2003年4月18日至22日间，在保险公司以自己为被保险人，投保了保险金额为41.8万元的意外伤害保险。为达到诈骗这笔人身意外伤害保险金的目的，曾某找到黄某，多次劝说黄某砍掉其双脚，用以向保险公司诈骗，并承诺将所得高额保险金中的16万元用于偿还黄某的10万元欠款及利息。黄某在曾某的多次劝说下答应与其一起实施保险诈骗。后由曾某确定砍脚的具体部位，由黄某准备砍刀、塑料袋等作案工具，并寻找地点伺机作案。同年6月17日晚21时许，二人骑着曾某的摩托车至一后山小路，黄某用随身携带的砍刀将曾某双下肢膝盖以下脚踝以上的部位砍断，之后，黄某将砍下的双脚装入事先准备好的塑料袋内，携带砍刀骑摩托车逃离现场，并将断脚、砍刀及摩托车丢弃。曾某在黄某离开后呼救，被周围群众发现后报警。曾某向公安机关、保险公司谎称自己是被陌生男子抢劫时砍去双脚，以期获得保险赔偿。同年8月13日与15日，黄某、曾某尚未来得及向保险公司提出理赔申请，即先后被公安机关抓获。经法医鉴定，曾某的伤情程度属重伤，伤残评定为三级。

【案例2】黑社会成员某甲为了对自己不讲义气的行为表示谢罪，遂请求被告人某乙将其左手小手指弄断。在某甲的要求下，某乙遂用偶然找到的钓鱼线把某甲的左手小指根部扎紧，止住血后，用菜刀将某甲的左手小指切断。

关于案例1中的黄某、案例2中的某乙是否构成故意伤害罪问题，主要存在以下两种意见：第一种意见认为，黄某、某乙均无罪。第二种意见认为，黄某构成故意伤害罪，某乙不构成犯罪。因为在被害人承诺的故意伤害案中，如果行为违反了公序良俗和社会容忍程度，且造成了重大伤害和严重残疾后果的，行为人就应当认定为故意伤害罪。在案例1中，显然黄某将曾某双足挥刀砍下的手段特别残忍，严重违反了公序良俗原则，其应当构成故意伤害罪。事实上法院的判决亦支持了这种意见，法院一审判决被告人黄某犯故意伤害罪，判处有期徒刑6年。被告人曾某犯保险诈骗罪，判处有期徒刑5年6个月，并处罚金人民币30 000元。本书赞同第二种意见。

（三）执行法令行为

1. 执行法令行为的概念及类型

所谓执行法令行为，是指国家公务员或普通公民根据成文法律、法规的规定或上级的命令而实施的给相对人造成损害结果的行为。执行法令行为是法律所允许的行为，自然是合法行为；但是，有些执行法令行为从形式上看与某些犯罪的客观要件相符合，也侵害了一定的利益，似乎具有刑事违法性，但是由于它们是根据法律规定而实施的，所以不符合犯罪客观要件的假定条件，因此最终不具有刑事违法性。

执行法令行为有如下类型：一是公务员执行法律行为，此即公务员依法行使职权（职务）的行为。例如，警察拘捕人犯的行为，死刑执行官对死刑犯执行死刑的行为等。二是执行上级命令行为，即行政机关的下级执行上级的职务命令而给相对人造成损害的行为。三是普通公民依法实施的行为，这是指普通公民根据法律规定而抓捕犯罪嫌疑人送往公安机关或扣押不法侵害行为人等待公安机关处理、监护人对被监护人惩戒等行为。

2. 执行法令行为的构成要件

（1）公务员执行法律行为的构成要件。公务员根据法律、法规执行职务的行为主要包括如下二种：一是有侦查权的人在侦查过程中实施拘留、逮捕、扣押财产等行为；二是警察的行政职务行为。根据《中华人民共和国人民警察法》等法律的规定，警察实施的强制带离现场、盘问、约束行为、强制检查、强制治疗、强制戒毒、使用警械等行为，必须符合下列条件才能阻却刑事违法性：

第一，必须有法律的明确规定。法律的明确规定是上述行为阻却违法的直接根据。例如，法律明确规定侦查人员在符合条件的情况下实施的拘留，才能阻却刑事违法性。在符合法律明确规定的强制带离条件时，警察实施的强制带离行为才能阻却刑事违法。

第二，必须严格遵守法律规定程序。公务人员行使权力必须根据一定程序进行；不按程序行使的权力，构成权力的滥用，仍不能排除行为的刑事违法性。

（2）公务员执行上级命令行为的构成要件：

第一，命令不能明显违法。我国《公务员法》第54条规定，"公务员执行公务时，认为上级决定或命令有错误的，可以向上级提出改正或撤销该决定或命令的意见；上级不改变或撤销该决定或命令，或者要求立即执行的，公务员应当执行该决定或命令，执行的后果由上级负责，公务员不承担责任；但是，公务员执行明显违法的决定或者命令的，应当依法承担相应的责任"。

第二，命令的形式合法。首先，上级命令对于下级具有拘束力。只有上级命令对下级具有拘束力，下级的执行才能具有阻却刑事违法的作用。拘束力应当从命令者与执行者之间职能分工来判断。一般来说，具有直接隶属的上下级关系是拘束力产生的根据。其次，上级命令不能超越职权范围。例如，公安机关命令税务部门工作人员作民事强制执行，就属于超越职权的命令。最后，上级的职权命令必须以合法的形式和程序发布。若上级发布的命令不符合法律规定的形式和程序，下级有权拒绝执行。

第三，命令执行者主体合格、程序合法。命令的执行者必须具有国家机关工作人员身份，必须在其职务范围内执行命令，超出命令范围实施其他活动的，不属于执行命令的行为。执行命令者所采取的手段必须保持在必要限度内并符合比例原则。[35] 执行命令者必须对命令进行形式审查，如果从形式上就能看出命令不合法、不符程序要求，就不能执行；如果仍执行该命令而给相对人的权益造成损害的，不能阻却刑事违法。

（3）普通公民依法实施行为的构成要件：

第一，具有法律规定的紧急情况、职业或亲属关系。指出现法律规定的犯罪嫌疑人正在实施犯罪、犯罪后即时被发现、身边有明显的犯罪证据等情况，公民才用强力将他扭送至公安机关。只有在具有近亲属关系且具有监护权时，监护人对于被监护人实施的人身惩戒，才有可能阻却刑事违法性。

第二，不能超过限度。公民扭送犯罪嫌疑人虽然可以使用一定的强力，但不能造成重伤或死亡的结果；监护人对被监护人的惩戒不能达到虐待的程度，更不造成重伤或死亡。何为虐待的程度，需要综合各种情况来加以判断。

3. 执行法令行为的司法认定

公务员不按照法律规定的程序、条件执行职务行为，具有刑事违法性，可能构成相应的犯罪。例如，警察对于明知是无罪的人而实施逮捕，就可能

---

[35] 比例原则，是指行政机关采取强制措施的强弱程度，应当与相对人实施的违法行为的强弱程度相适应。相对人只实施了轻微的违法行为，就不能对其施加较强的行政强制措施。

构成非法拘禁罪。公务员执行形式不合法且内容明显违法的命令，具有刑事违法性，构成犯罪的，可按共同犯罪处理。一般发出命令的上级是主犯，执行命令者是从犯。例如，某公安局刑侦支队支队长授意下属对嫌疑人刑讯逼供。执行命令者对嫌疑人实施了击打胸、腹部等严重加害行为，导致其死亡。发出命令的上级与执行命令者构成刑讯逼供罪的共犯。上级是主犯，执行命令者是从犯。普通公民执行法令超过限度也可能构成相应的犯罪。例如，监护人对被监护人的惩戒达到重伤、死亡结果，或达到虐待程度的，可能构成故意伤害罪和虐待罪。

（四）正当业务行为

1. 正当业务行为的概念

正当业务行为，是指并非根据法律的直接规定，而是在社会生活上被认为是正当的业务上的行为，在形式上符合犯罪的客观要件，好像给权利人造成了损害，但实质上不具有刑事违法性的情况。例如，医生给病人作截肢手术，从表面上看好像伤害了他人的身体，但实际上是在抢救他人生命。这种行为是有益的行为，不具有刑事违法性。职业性的体育活动，只要遵守竞技规则，即使造成了他人伤害，也不成立故意伤害罪。医生基于患者的承诺或推定承诺，采取医学上所承认的方法，客观上伤害患者身体的治疗活动，也是正当业务行为。

正当业务行为实质是一种利益的权衡，是在发生法益冲突时根据"两害相权取其轻"的原则，为保护价值较大的法益而侵害价值较小的法益的行为，不具有刑事违法性。

2. 正当业务行为的构成要件

（1）必须是正当业务行为。"业务"是指基于社会生活的需要反复实施的行为，通常包括企业、事业单位等组织或公民个人在社会生活中从事的具有连续性、固定性的活动。"业务行为"是指行为人在职业和从事业务过程中所实施的符合职业规程的行为。"正当业务"是社会需要的、能促进社会和个人生活幸福并且为法律所许可的业务。例如，卖淫、赌博等行为，就不是正当业务行为。从事不合法的业务给他人利益造成损害的，不能阻却刑事违法。

（2）行为主体必须具有相应资质。行为人必须具备法定的资质才能成为合格的业务行为主体。正当业务行为必须在特定的业务领域内反复实施，这些业务领域一般都受到法律法规的严格规范。并非所有的人均能实施特定的业务行为，只有具有特定资质的主体实施业务行为才具有正当性。例如，实施医疗正当业务行为的主体，必须是具有医师执照的医生。无证行医者若为了救治他人而实施了法益侵害行为（比如截肢等），有可能会成立紧急避险而不能成立正当业务行为。

（3）行为必须符合业务上技术要求。正当业务行为，必须遵守该项业务规程或技术操作的规章制度；如果违章或违反规程，则不能阻却刑事违法。行为人在业务过程中，要完全按照业务规定办事，不仅要求其从事业务的方式、方法与手段必须符合特定业务的要求，而且其行为所造成伤害的程度也必须适当。行为人必须遵守职业道德规范，尽量以法益损害最小的方式从事业务行为。例如，在体育竞技活动中，运动员只要遵守了有关竞赛规则，非故意致人伤残，就排除犯罪性，不负刑事责任；但若是为了取得胜利，采取不必要的手段致使他人伤残，就不属于正当业务行为。再如，在医疗行业，医务人员由于严重不负责任，造成就诊人死亡或者严重损害就诊人身体健康的，也不属于正当业务行为，可能成立医疗事故罪。

（4）造成的损害必须能换取更大的利益。从表面上看，正当业务行为好像给他人的权益造成损害；但从实际上考察，这种损害是为了换取更大的利益。例如，不截肢就不能保住生命，截肢是保住生命的代价；体育竞技可能带来伤害，但这种伤害是换取体育运动效果的必要代价。

3. 正当业务行为的类型

（1）医疗领域的正当业务行为。医护人员为恢复病人健康而实施的符合技术规范的医疗行为，属于正当业务行为。例如，医生给病人作截肢手术，只要符合医疗技术规范，就属于正当业务行为。

（2）竞技体育领域的正当业务行为。竞技体育由于比赛项目的对抗性导致比赛双方有互相伤害身体健康的可能性。比如在柔道、散打、拳击等比赛中，比赛规则决定了参赛双方必须进行打斗，甚至可能打伤对方身体。从表面来看，这种行为符合故意伤害罪的客观要件，但其同时符合正当业务行为的构成要件，属于正当业务行为，阻却刑事违法。

（3）科学实验领域的正当业务行为。此种行为主要指科研人员按照有关科研项目的计划和程序，对有关动植物以及尸体等进行实验所采取的相应行为。例如，科研人员出于实验的需要对尸体进行解剖的行为在形式上符合侮辱尸体罪的客观要件，但若符合正当业务行为的构成要件，属于正当业务行为，阻却刑事违法。

（五）推定被害人承诺行为

1. 推定被害人承诺行为的概念

推定被害人承诺行为，是指在行为人实施损害行为之前，被害人没有作出可以损害其法益的承诺；但是，被害人的法益面临紧迫危险必须通过损害其另一较小法益的方法来解救。行为人为了挽救被害人的更大利益而不得已实施了损害其较小利益的行为。例如，发生火灾时，为了避免烧毁被害人财产，行为人砸开其房门，搬出贵重物品；被害人由于交通事故伤势严重，处于昏迷状态，如果不立即进行手术就会有生命危险，医生在被害人未作出承诺情况下实施了手术行为。这两个案例都推定被害人承诺的行为，都可以阻却刑事违法性。

我国澳门地区刑法典对此有规定。该法第38条规定："一、推定同意等同于实际同意。二、行为人作出行为时之情况，可合理使人推测，假设受法律保护利益之人知悉作出事实之情节，将就该事实作出有效同意者，推定为同意。"

推定被害人承诺行为，能阻却刑事违法性，其根据与经被害人承诺行为相同。都是在于法益的衡量。为了保护更重要法益而损害较小法益的行为，虽然不符合紧急避险条件，但也能阻却刑事违法性。

2. 推定被害人承诺行为的构成要件

（1）被害人的利益面临紧迫危险。推定被害人承诺行为所救助的利益，正处于紧迫的危险状态，要想解救这一利益，必须通过损害其另一利益的方法才能达到。只有在此种情况下，行为人实施的损害行为才可能阻却刑事违法。行为时的情况紧急，所保护的权益面临现实危险，来不及也不可能去征得被害人的同意，是推定承诺的前提条件。

（2）损害的利益与保护的利益属于同一主体。推定被害人承诺行为所损害的法益，只能是被害人有处分权的个人法益；如果是国家或社会法益，被害人在事后表示同意或者承诺也无效。如果只有通过损害国家和社会的较小利益，才能救助被害人的较大利益，那这种行为就属于紧急避险的范畴。

（3）如果被害人在场也会同意如此行为。推定被害人承诺行为实施的当时，其并没有得到被害人的同意。但此行为之所以能阻却刑事违法，其根据在于：如果被害人在场，也一定会同意这样做。因为这种行为的最终结果是有利于被害人的。

（4）损害的利益必须小于保护的利益。推定承诺的行为所造成的损害，在价值上必须小于需要挽救的利益。推定被害人承诺行为的方法和程度还必须具有合理性。这也就是说，在实施损害被害人利益的时候，应当尽量避免扩大损害，能用最小损害的方法，就绝不能故意用扩大损害的方法。

3. 推定被害人承诺行为与紧急避险的区别

在紧急避险情况下，损害较小利益是挽救较大法益的唯一方法。如果存在其他方法，就不能紧急避险。这也叫做迫不得已条件。但是，在推定被害人承诺的行为，并没有这个要求。

紧急避险必须是通过损害第三方利益的方法来进行；而推定被害人承诺则是通过损害同一被害人的一个小利益而保护他的另一个较大利益，其损害的利益和保护的利益，均为同一主体。

（六）自损行为

1. 自损行为的概念

自损行为，就是行为人自己损害自己利益的行为。例如，行为人烧毁自己房产的行为。自损行为单纯从客观后果考察，也损害了一定的利益；但是从利益的法定主体行使处分权的角度来说，其属于行为人自己损害自己的利益，与物权所有人处分自己权利是一样的，是合法的。所以，自损行为能阻却刑事违法的根据就在于它是权利人自己处分了能够处分的权利。

2. 自损行为的构成要件

（1）行为人是被损利益的所有人。实施损害行为的人，必须是被损害利益的所有人，对被损害利益具有处分权。这是自损行为的最基本的条件。

（2）被损害的利益必须是个人法益。一般认为，个人对于自己的财产权、名誉权、健康权有处分权。但是，如果损害个人权利的同时又损害了他人权利、社会或国家的利益，就不能阻却刑事违法。例如，如果行为人自己的财物已经受到查封、已经担负着担保物权或者已经出租，那么所有权人所实施的损害行为，仍然不能阻却刑事违法，可能构成对查封秩序、担保秩序和租赁秩序的侵害，属于违法行为。

个人对于自己的生命权是否具有完全的处分权，法律没有明确规定。从社会道义和伦理关系的角度来说，个人并无处分自己生命的权利。对于自杀行为虽然法律并没有规定为犯罪，但要受到社会道义的谴责。

3. 自损行为的认定

（1）教唆自损行为。教唆自损行为，是指行为人教唆被害人自己损害自己的利益的行为，包括两种情况：一是被教唆人由于精神上或年龄上的原因不能理解被教唆行为的意义。此种情况可按间接正犯的理论，认定教唆人独立承担法律后果。二是被教唆人在精神或年龄上具有辨认和控制能力，在教唆人的教唆下实施自损行为。这种情况复分为两种类型：一是教唆人并没有欺骗被教唆人。此时被教唆人的自损行为如果不构成犯罪，刑法又没有规定教唆自损罪，那么教唆人的行为也不能构成犯罪；二是教唆人使用欺骗的方法使被教唆人陷入认识错误，而做出了自损行为，可按间接正犯理论，认定教唆人构成单独犯罪。

（2）用自损手段实现犯罪的目的。我国《刑法》第434条规定了战时自伤罪。战时自伤身体，逃避军事义务的行为即属于这种情形。再比如行为人欲谋害他人，与他人相约自杀，通过对自己造成一定的损害，来骗取他人先完成自杀行为。在他人自杀成功后，行为人违反约定，自己不自杀。在这种通过自损行为达到犯罪目的的情况中，行为人实施的自损行为，应当是犯罪的预备行为，或者是犯罪的实行行为，不能阻却刑事违法性。

（七）自救行为

1. 自救行为的概念

自救行为的概念可以概括为：行为人为了保护自己已经被侵害的合法权利，在来不及请求国家机关通过法律程序救助而且若不及时救助则事后该被侵害权利不能保全，或者恢复不能，或者恢复具有明显困难的情况下，依靠自身力量采取为法律和社会公德所允许的手段，保全自己的权利或使之恢复原状的行为。如某市中级人民法院审理的一起案件，某甲因抢劫一捷达牌小轿车被起诉。审查发现被害人某乙系某甲的妻弟，某乙原欠某甲10万元债务。于是，某甲便抢走了该车，其目的是为了追回自己的债权。于是该法院对某甲作无罪处理。[36]

有的国家在刑法中明确规定了自救行为。如《韩国刑法典》第 23 条规定："①在依法定程序不能保全请求权的情况下，为避免其请求权不能行使或者行使发生显著困难的行为，如有相当理由，不予处罚。②前项行为过当的，依其情况可减轻或者免除处罚。"自救行为之所以能阻却刑事违法，是因为救助的利益优越于侵害的利益。自救行为所救助的利益是先前被违法、犯罪行为所侵害的利益。自救行为所侵害的是人身权利（限定在轻伤以下程度）、自由权或财产权等。在前者在价值上大于后者的情况下，就能阻却刑事违法。虽然自救行为具有在急迫的情形下代行国家权力的性质，但毕竟不是国家在行使权力，所以，它的正当性必须限定在"造成的损害与侵害的法益具有相当性"的限度内。一般认为，为了恢复被盗窃、诈骗、抢劫的财产，财产所有人或合法管理人可以对先前的不法侵害者实施较轻的伤害，或拘束其人身自由，或扣押、抢夺其等值的财产。但是，如果造成重伤或死亡或抢劫价值远远超过先前被侵害的财产，就不能阻却刑事违法。

2. 自救行为的构成要件

并非所有的私力救济都具有阻却刑事违法的效果。为了防止私力救济行为的滥用，合理界定具有阻却刑事违法效果的自救行为的范围，以维护社会秩序的稳定和国家法律的严肃性是非常必要的。

（1）前提条件。自救行为的前提条件，是行为人的合法权利遭到不法侵害且不法侵害状态存续，同时这种被侵害的合法权利具有恢复的可能性。具体可以从以下方面来理解：

其一，被侵害的权利必须为合法权利。非法利益不应该成为法律保护的对象。自救行为的目的是为了尽最大限度地恢复社会秩序，保护公民利益，因此实施自救行为必须以保护合法权利为前提。反之，为了保护非法利益而实施的行为则不能构成自救行为。

其二，不法侵害行为已经结束但不法侵害状态仍然继续。如果不法侵害行为正在进行，则公民实施的保护自己权利的行为应当归于正当防卫或紧急避险。自救行为属于事后救济，这与正当防卫或紧急避险截然不同。

---

[36] 参见王政勋：《正当行为论》，法律出版社 2000 年版，第 391 页。

其三，被救济的权利必须具有可恢复性。有观点认为可以实施自救行为的权利，仅以可以保全或者恢复的财产权利为限。对于人身的侵害是无法挽回的，不可采用自救行为。[37] 但也有学者认为，被损害的人身权利虽然不能直接恢复，但可以通过损害赔偿的方式得到补偿，从而实现一种间接恢复。本书认为，人身权利一旦损害就难以恢复，不应当列入自救利益的范围。如果允许针对人身权利的侵害而实施自救行为，可能会产生私力报复的严重后果。

（2）时机条件。对于自救行为的时机条件，刑法理论界不存在较大争议，基本一致认为紧急状态为自救行为的时机条件。所谓紧急状态，是指权利被侵害后，不法侵害状态一直持续，如果等待国家的救助将使权利的恢复或保全不能实现或明显困难。例如，盗窃分子窃取了甲的财物，正准备烧毁，或者正准备破坏掉，或者正准备用汽车运往外地，等等。如果等待警察来解救，就来不及了。于是，甲对盗窃分子实施捆绑，以夺回了被盗窃之物。上述"正准备烧毁财物，或者正准备破坏掉财物，或者正准备用车运往外地等"，就属于情况紧急。

（3）限度条件。自救行为是行为人对自己合法权利的维护，但是这种维护也应当有一定的限度，不能不择手段地进行。自救行为的限度应当包含两个方面：

其一，自救行为的手段和方法应当适当。首先，行为人在实施自救行为时，可以对他人的财物施以扣押或毁损，也可以对他人的自由实施拘束。除了这两种手段外，行为人不得通过其他的手段实施自救行为。同时，这两种手段的实施也有先后之分，如果行为人在可以通过对他人的财物施以扣押或毁损的情况下保全或恢复自己的合法权利，那么行为人就不得对他人的人身自由实施拘束。只有在通过扣押或毁损他人财物不能达到保全或恢复自己合法权利的目的时才可以限制他人的人身自由。

其二，自救行为所造成的结果也应该与不法侵害所造成的损失相适应。[38] 也就是说，根据法益衡量说，行为人通过自救行为所保护的利益只有与其损害的利益相当时，此行为才具有正当性，才能被社会所认可。如果行

---

[37] 参见马克昌主编：《犯罪通论》，武汉大学出版社1999年版，第823页。
[38] 参见李凡："自救行为浅析"，载《法制与经济》（中旬刊）2011年第10期。

为超出了必要的限度，损害了社会的整体利益，就不能阻却刑事违法性。

（4）主体条件。自救行为的主体是否仅限于受害者本人？学界有不同的观点。第一种观点认为自救应该仅限于权利受侵害之本人，第三人无权加以干涉。配偶或其他家庭成员也不能有这样的权利。[39] 第二种观点认为，为了他人实施自救，应该可以阻却违法。[40] 第三种观点认为，公民受权利被侵害人的邀请，与其一道为恢复其权利而实施的自救行为，这种行为从属于权利被侵害人实施的行为，因而是可以允许的。[41] 不难看出，严格限制自救行为主体的观点，是有道理的。本书认为，自救行为主体的范围一般应当限定为被侵害权利的主体；但是，被害权利主体可能是幼小的未成年人，也可能是受伤而丧失自救能力的人。在这种情况下，有抚养扶助义务的家庭成员和近亲属可以实行自救行为，因为家庭成员内部的利益是紧密相连的。

3. 自救行为与正当防卫、紧急避险的区别

（1）自救行为与正当防卫的区别。自救行为和正当防卫一样，都是行为人在紧急状态下实施的行为，但是两者也存在明显的区别，主要表现在：

第一，自救行为属于超法规的违法阻却事由；而正当防卫则是我国刑法明确规定的违法阻却事由。

第二，自救行为的限度较正当防卫更严格。行为人若要实施自救行为，仅可通过对他人的财物施以扣押或毁损，或者对他人的自由实施拘束，并且应当为法律和一般社会公德所认可。而对于正当防卫的手段，法律并没有做过多的限定。行为人在必要时可以对加害人的财产进行扣押、毁损，对其人身实施限制甚至打死打伤。

第三，行为保护的权利主体不同。自救行为主要强调"自救"，即行为人是出于保护自己权利的目的。而正当防卫既可以为保护自身权利而实施，还可以为保护国家、公共利益、本人或他人的权利而实施。

第四，两者"紧急"的内容不同。自救行为中的情况紧急，表现为如不实施自救行为则事后权利保全或恢复不能或有明显困难。而正当防卫中的情

---

[39] 参见房清侠："正当防卫扩张之评判——兼论自救行为"，载《河南省政法管理干部学院学报》2004年第3期。

[40] 参见［日］大塚仁：《刑法概说（总论）》（第3版），冯军译，中国人民大学出版社2003年版，第424页。

[41] 参见王政勋：《正当行为论》，法律出版社2000年版，第394页。

况紧急,则表现为不法侵害行为正在进行。

第五,两者的时间条件不同。自救行为是在侵害行为实施完毕后,但不法状态尚存的条件下实施的,属于一种事后救济;而正当防卫则是在不法侵害行为正在进行的过程中实施的,属于一种事中救济。这也是自救行为区别于正当防卫的关键之处。

(2) 自救行为与紧急避险的区别。自救行为与紧急避险的区别较其与正当防卫的区别相比更为明显。

第一,是否出于法律明文规定不同。自救行为属于超法规的违法阻却事由;而紧急避险则同正当防卫一样,是法律明确规定的违法阻却事由。

第二,行为对象不同。自救行为实施的对象是实施不法侵害者本人;而紧急避险的对象则是行为人与不法侵害者以外的第三人。

第三,行为保护的权利主体不同。行为人实施自救行为只能是为了保护自己的利益;而紧急避险则可以是为了保全国家、公共利益、本人或他人的正当权利。

第四,行为保护的权利范围不同。自救行为是行为人为了救济可以恢复的权利而实施的行为,通常为财产性权利,人身权利不具有可恢复性,因此人身权利通常不是自救行为所保护的权利;紧急避险则既可以保护人身,也可能保护财产和其他权利,其保护权利的范围较自救行为宽泛得多。

第五,危险的来源不同。自救行为的危险来源,主要是被盗窃、抢劫后的财物"正在被烧毁,或者正在被破坏,或者正准备运往外地",等等,警察不能马上赶来解救;而紧急避险的危险源则比较广泛,即可以来自自然灾害,还可以来自动物的侵害,也可以来自人的生理、病理反应及其他人的不法侵害,等等。

二、非典型超法规违法阻却事由

(一) 非典型超法规违法阻却事由的例证和概念

1. 非典型超法规违法阻却事由的例证

对下面三个案例,司法机关很难认定其具有刑事违法性并构成犯罪;但其阻却刑事违法的理由是什么,已有的违法阻却事由理论难以解决。所以,非常有必要对其进行深入研究。

【案例1】 一个村的村民都以非法制造烟花爆竹作为谋生手段。此烟花爆竹的主要成份是黑火药。公安部门要求按每支鞭炮所含黑火药的分量来计算非法买卖、制造的爆炸物的重量。结果涉案黑火药数量少的村民，被起诉且定罪，罪名是非法制造、买卖爆炸物罪；但涉案黑火药数量多的村民，根据司法解释达到可判死刑量值的，司法人员不敢做主，为他们办理了取保候审，把案子挂了起来。这样就出现了一个怪结果：涉案数量少的村民被定了罪，判了刑，而涉案数量多的村民被释放了。这说明司法机关的处理结果是不合理、不公正的。如果将涉案数量多的村民释放，那么涉案数量少的村民更应当按无罪处理。

【案例2】 一个村的党支部书记为了全村修路，用土法制造炸药几百公斤，用于开山修路。路修好了，也没有产生任何伤害后果。按相关司法解释，他非法制造爆炸物的数量巨大，应当构成非法制造爆炸物罪，且达到了判处死刑的量刑标准。该支书被捕后，全村老百姓为他请愿，认为村支书不是犯罪。此类案例发生了很多，后来，最高人民法院不得不颁布了相关司法解释。2001年9月17日最高人民法院《对执行〈关于审理非法制造、买卖、运输枪支、弹药、爆炸物等刑事案件具体应用法律若干问题的解释〉有关问题的通知》第2条规定："行为人确因生产、生活所需而非法制造、买卖、运输枪支、弹药、爆炸物，没有造成严重社会危害，经教育确有悔改表现的，可依法免除或者从轻处罚。"2009年11月16日最高人民法院《关于审理非法制造、买卖、运输枪支、弹药、爆炸物等刑事案件具体应用法律若干问题的解释》第9条规定："因筑路、建房、打井、整修宅基地和土地等正常生产、生活需要，以及因从事合法的生产经营活动而非法制造、买卖、邮寄、储存爆炸物，数量达到本解释第1条规定标准，没有造成严重社会危害，并确有悔改表现的，可依法从轻处罚；情节轻微的，可以免除处罚。"

【案例3】 某市场有100多个小贩均以贩卖老鼠药作为谋生手段。此老鼠药含有毒鼠强成分。按司法解释，毒鼠强属于危险物质，未经批准而买卖此物质，数量较大的，构成非法买卖危险物质罪。最高人民法院、最高人民检察院《关于办理非法制造、买卖、运输、储存毒鼠强等禁用剧毒化学品刑事案件具体应用法律若干问题的解释》（2003年10月1日施行）第1条规定，非法制造、买卖、运输、储存毒鼠强等禁用剧毒化学品，危害公共安全，具有下列情形之一的，依照刑法第125条的规定，以非法制造、买卖、运输、储存危险物质罪，处3年以上10年以下有期徒刑：①非法制造、买卖、运输、储存原粉、原液、原药制剂50克以上，或者饵料2千克以上的；②在非法制造、买卖、运输、储存过程中致人重伤、死亡或者造成公私财产损失10万元以上的。第5条规定，本解释施行以前，确因生产、生活需要而非法制造、买卖、运输、储存毒鼠强等禁用剧毒化学品饵料自用，没有造成严重社会危害的，可以依照刑法第13条的规定，不作为犯罪处理。本解释施行以后，确因生产、生活需要而非法制造、买卖、运输、储存毒鼠强等禁用剧毒化学品饵料自用，构成犯罪，但没有造成严重社会危害，经教育确有悔改表现的，可以依法从轻、减轻或者免除处罚。

本书认为，上述3个案例蕴含着一种新型的违法阻却事由。这是因为：首先，这3个案例的行为虽然在形式上都分别符合某罪名的客观要件，也侵害了该罪名的法益，但司法机关很难认定其具有刑事违法性；其次，这3个案例不属于法定的违法阻却事由。它们既不是正当防卫，也不是紧急避险；再次，这3个案例也不属于典型超法规违法阻却事由。所谓典型超法规违法阻却事由主要指如下8种刑法理论普遍认同的具有典型意义的超法规违法阻却事由：①执行法令行为；②义务冲突；③经被害人承诺的行为；④推定被害人承诺；⑤自救行为；⑥自损行为；⑦业务正当行为等。为了深入研究这一类违法阻却事由，也为了司法机关处理案件时引证和行文方便，本书认为，将这3个案例所蕴含的违法阻却事由，称为"非典型超法规违法阻却事由"是可行的。这样一来，违法阻却事由就分成了三类：一是法定违法阻却事由；二是典型超法规违法阻却事由；三是非典型超法规违法阻却事由。

2. 非典型超法规违法阻却事由的概念

刑法学界通常把违法阻却事由分成两类，一是法定违法阻却事由；二是典型超法规违法阻却事由。所谓法定违法阻却事由，是指形式上符合某犯罪客观要件的行为，虽然侵害该客观要件保护的法益，但符合刑法规定的保护或促进另一更高价值法益的条件而使该行为不具有违法性的情况。所谓典型超法规违法阻却事由，是指形式上符合某犯罪客观要件的行为，虽然侵害了该客观要件保护的法益，但符合保护或促进另一个更高价值法益的条件而不具有刑事违法性，该违法阻却事由并不是刑法规定的，而是刑法理论加以概括的情况。

典型超法规违法阻却事由是与法定违法阻却事由相对比而存在的。正当防卫和紧急避险是各国刑法都规定的违法阻却事由；而上述 8 种违法阻却事由有的可能是法定的，有的可能是超法规的。这些事由如果被某国刑法规定了，那么对于该国来说它就是法定违法阻却事由，未规定的如果被该国刑法理论或司法实践承认或采纳了，就是典型超法规违法阻却事由。

与法定违法阻却事由和典型超法规违法阻却事由的概念不同，非典型超法规违法阻却事由，是指形式上符合犯罪客观要件且侵害了刑法法益的行为，由于保护或促进了现实生产、生活利益，当地群众普遍认为不违法，所以虽然不符合法定违法阻却事由和典型超法规违法阻却事由的条件，但根据利益权衡原理仍能阻却刑事违法的情况。

(二) 根据非典型超法规违法阻却事由出罪并不违反罪刑法定原则

上述 3 个案例中的行为，都符合刑法分则规定的某犯罪的客观要件且侵害了刑法法益；但根据当地社会的通常观念，司法机关又难以认定其具有刑事违法性进而构成犯罪。司法机关处理这类案件时，普遍感到非常棘手，不知如何处理。法定违法阻却事由的类型、构成要件都是法定的，对于符合法定违法阻却事由的行为，司法机关一般只要根据法定条件加以判断就可以了。但是，对于复杂的非典型超法规违法阻却事由的行为，司法机关无法根据法定条件来加以认定。如果司法机关将这类行为简单化地作入罪处理，那么明显违反实质正义。这样，刑法理论就非常有必要深刻揭示非典型超法规违法阻却事由的根据或本质，合理限定其构成要件，为司法机关认定此类行为提供理论根据。

司法机关根据非典型超法规违法阻却事由处理案件并不违反罪刑法定原则。"法无明文规定不为罪，法无明文规定不处罚"这个原则仅仅意味着，没有刑法的明文规定不能进行入罪处理，而出罪处理并不受制于"刑法明文规定"；换言之，将形式上符合犯罪客观要件并且侵害刑法法益的行为，进行正当化处理，并不需要遵守"刑法明文规定"这个要求。承认非典型超法规违法阻却事由，只能是对刑事可罚性的限制而不是扩大，并不妨碍刑法规范的保障机能，因而符合罪刑法定的要求。[42]本书同意这样的观点，即认为把形式上符合犯罪客观要件的行为合法化的事由，不仅仅在于成文法的规定，还在于实证。"因为合法事由在成文法中只得到极不全面的探讨，以至于合法判决的作出，在很大程度上不得不借助于在成文法以外来考虑合法与不法的实体内容如何"。[43]"对于符合犯罪客观要件的行为的正当化处理，不能仅仅根据刑法明文规定。作为允许规范的源泉，除了制定法以外，还应当考虑到国际法、习惯法以及社会的最高价值观所指向的超实定法"。[44]

当然，非典型超法规违法阻却事由也有缺陷，这一缺陷便是缺少规范性。其范围不确定，虽然未违反罪刑法定原则，但是，仅仅根据利益衡量的一般原理来考虑行为的正当化，将使刑法理论体系的严密性受到冲击，可能会危及刑法的安定，甚至导致腐败现象。因此，有观点认为："现代各国法律涉及社会生活的方方面面，对利益的保护渐趋完整和细致。在这种情况下，人们没有必要继续承认超法规的正当化事由。因此，正当化事由应当仅限于法律的规定，换言之，正当化事由应当来源于全部法律制度。"[45]

本书认为，这种全面否定非典型超法规违法阻却事由的观点，显然是站不住脚的。因为再严密的法律规定，也无法涵盖丰富多彩、千姿百态的生活事实。从世界刑法理论的总体趋势看，非典型超法规违法阻却事由得到了普遍的承认。另外，否定非典型超法规违法阻却事由的观点也是没有哲学根据的。任何事物、任何价值判断都是一般性与个别性、普遍性与特殊性的统一。刑事违法阻却事由也是个别性与特殊性的统一。抛弃了个别和特殊，就脱离了实质正义。任何脱离了实质正义的刑事判决都是不正当的。

（三）非典型超法规违法阻却事由的构成要件

全面否定非典型超法规违法阻却事由，可能带来对个别案件的处理脱离实质正义的弊端，从而损害了刑法的保障机能；而毫无限制地适用非典型超

---

[42] 参见刘孝敏："法益的体系性位置与功能"，载《法学研究》2007年第1期。

[43] [德] 弗兰茨·冯·李斯特、埃贝哈德·施密特：《德国刑法教科书》，徐久生译，法律出版社2000年版，第202页。

[44] [德] 汉斯·海因里希·耶赛克、托马斯·魏根特：《德国刑法教科书》，中国法制出版社2001年版，第39页。

[45] 参见[德] 克劳斯·罗克辛：《德国刑法总论》（第1卷），王世洲译，法律出版社2005年版，第136页。

法规违法阻却事由,也会带来破坏刑法安定性的弊端,从而损害刑法的保护机能。本书认为,为了确保刑事案件的处理既能保障实质正义又能克服非典型超法规违法阻却事由的弊端,最好的方法就是由刑法理论概括出其构成要件,在极其严格的条件下来适用它。

根据上述3个案例所蕴含的实质,参考相关司法解释,非典型超法规违法阻却事由的构成要件应当按如下标准掌握:

第一,在形式上符合犯罪客观要件。上述3个案例的行为在形式上分别符合非法制造爆炸物罪、非法买卖爆炸物罪、非法买卖、储存危险物质罪的客观构成要件。在形式上不符合客观构成要件的行为,虽然可能具有法益侵害性,但根据罪刑法定原则绝不具有刑事违法性进而构成犯罪。只有形式上符合客观构成要件的行为,才有可能具有刑事违法性,进而才有必要进行违法阻却与否的判断。

第二,仅仅危害"秩序"性法益且未产生实害性结果。非典型超法规违法阻却事由的行为,必须仅仅侵害社会公共秩序、管理秩序、生产经营秩序等法益;但不能产生生命、健康、财产等实际损害结果。

第三,保护或促进了另一个更高的生活利益且当地社会观念普遍认为不违法。上述3个案例虽然侵害了公共安全法益,但都促进了另一个生活利益,即"现实生产、生活利益",上述两个司法解释表述为"确因生产、生活所需"。当"现实生产、生活利益"与"公共秩序、管理秩序"发生冲突时,我们需要比较两者哪个价值更高。"现实生产、生活利益"并不必然比刑法法益价值高,比如绝不能为了"现实生产、生活利益"而侵害他人生命、健康、财产等权益。但是,如果"公共秩序、管理秩序"仅仅是全社会长远的公共"秩序"时,那么某一地区"现实生产、生活利益"在特定条件下就可能比它价值高。上述两个司法解释恰恰表达了这两种价值之比较。另外,非典型违法阻却事由的行为必须符合当地社会通念,即当地民众普遍认为是合理的、符合习惯的、不违法的。这种社会通念能使行为人有充分的理由认为自己实施的是合法行为。

第四,不符合法定违法阻却事由和典型超法规违法阻却事由的条件。因为如果符合了这些条件,就属于正当防卫或紧急避险,或者属于其他典型超法规违法阻却事由,而不可能构成非典型超法规违法阻却事由。

（四）非典型超法规违法阻却事由的根据

本书认为，非典型超法规违法阻却事由的根据仍在于利益权衡的原理。利益观念是所有价值判断的标准。一种生活行为是否具有刑事违法性也是一种价值判断，它的评价标准当然也应当是利益观念。由于不同价值主体的利益要求是不同的，所以导致其评价事物的标准也就必然不同，由此产生的评价结论也就必然有冲突。无论是个人、团体还是社会，作为价值主体其需要总是多方面的、多维度的。相对于这一维度而言是有价值的客体，相对于另一维度而言，可能是无价值的，甚至可能是负价值的。[46] 能满足物质需要的，不一定能满足精神需要；能满足情感需要的不一定能满足道德需要；符合长远利益的，不一定符合眼前利益；符合整体利益的，不一定符合局部利益……因此，同一生活行为用不同的利益观念来评价，就会形成多个对立性结论。

非典型超法规违法阻却事由的行为，也可以同时用不同的利益标准得出不同的评价结论。用刑法法益为标准来评价，它是刑事违法的；用"现实生产、生活利益"为标准来评价，它是正当的；用当地社会普遍观念为标准来评价，它是合情合理的。于是，后两个评价结论与前一个评价结论之间就产生了冲突。为了解决这种冲突，我们必须对这三个利益标准的实质进行分析：

其一，非典型超法规违法阻却事由的行为所侵害的刑法法益是一种"秩序"。"秩序"虽然也是一种利益，但它并不是现实的、有形的、物质性利益（生命、健康、财产等权益），而是物质性利益的保障线、边界线。侵害"秩序"只能威胁到物质性利益，但并不必然实际侵害物质性利益，产生实害性的结果。

其二，非典型超法规违法阻却事由的行为所保护或促进的是"现实生产、生活利益"。"现实生产、生活利益"是一种物质性利益，特指维持生计的物质性利益。如果没有这种利益，人们的生存就受到威胁。

其三，非典型超法规违法阻却事由的行为必须符合当地社会的通念。当地社会通念就是当地群众的主流价值观，是当地群众利益的观念表现形式，只不过它反映的利益形式一般不是眼前的物质利益，而是绝大多数人的长远利益、宏观利益、精神归属利益、文化利益、社会秩序利益的综合。由于长

---

[46] 参见冯平：《评价论》，东方出版社1997年版，第35页。

期的历史积淀，这种利益已经上升为一种普遍观念，脱离了物质利益的外在形式；但是，它最终仍然来源于物质利益。我国著名学者陈忠林教授就主张用"社会通念"来解释违法阻却事由的根据。[47] 一个社区的人群之所以能普遍坚守一种通念，是因为此观念反映利益时，往往比较稳定。它的变化落后于现实物质利益的变化。社会通念对于人们行为的评价和调整功能很强。一个人能以社会通念为标准来选择和决定自己的行为，恰恰证明了他具有社会归属感，证明了他具有遵守伦理规范的意志，也证明了他与社会能和谐相处。具有伦理规范意志的人所实施的与社会和谐相处的行为，一般而言，是对社会有益的。

　　社会是人群的集合体，只有人们在某一层次上达到一定的观念认同与共享，这个社会才有可能有效地运作。如果社会中人们的观念毫无共同之处，那么这个社会要正常存在与运作是不可能的。就一般情形而言，在具体社会形态中的每一个群体都有其独特的观念。这种独特的观念是社会群体进行行为评价与行为选择的标准。它是社会群体联结在一起的纽带，是这一群体区别于其他群体的一个特征。根据多数社会学家所认同的关于群体的界定，一个群体最主要的特征之一就是它的成员拥有共同的观念。[48]

　　在观念体系中，不同层次的观念其稳定性不同。处于观念体系中深层次、作为观念体系之内核的观念相对而言，其稳定性是最强的。它凝聚了人们的经验，成为人们活动的工具。一种观念被接受、被认同在根本上是因为它对人们的生活行为的协调是有效的、有益的。因此，在接受和认同了一种观念之后，人们便形成了一种对这一工具的依赖性。这一工具使人们能方便有效地解释新的经验，而解释的成功又加强了人们对这一观念的依赖。在这一过程中，观念被强化、被巩固。观念的抽象程度越高，解释力就越强，因而它化解矛盾信息与矛盾经验的可能性越大，其自身的稳定性也就越强。观念的方便与有效，使人们形成了一种思维的惰性。人们会简单地认为：符合社会通念的行为一定是对的、是有益的、是合习惯的，人们对于社会通念往往不假思索，更不加怀疑。因此，只有在原有观念实在无法解释新的经验，新的

---

〔47〕 参见陈忠林主编：《违法性认识》，北京大学出版社2006年版，第8页。
〔48〕 参见冯平：《评价论》，东方出版社1995年版，第150页。

经验与原有观念的冲突实在无法协调的情况下，原有的观念才有可能改变。[49]

如果某种行为被当地群众普遍认为是好的、有益的，那么即使这一行为侵害了某种"秩序"性刑法法益（主要是全国范围的社会长远、宏观的秩序，绝不是行为地当时的、眼前的、物质利益），司法者也应当充分考虑将这一行为具有违法阻却事由的可能性。司法者"必须做出有利于立法者的假定"[50]。他应当相信立法者不会制定非正义的法律。当解释者对法条做出的解释结论不符合正义理念时，不要抨击刑法规范违背正义理论，而应当承认自己的解释不符合正义理念……应当运用解释的方法得出正义的解释结论。[51]

通过上述分析可知，非典型超法规违法阻却事由只侵害了一个"秩序"性刑法法益，却保护和促进了"现实生产、生活利益"，又符合当地社会通念（社会通念也是一种利益观念）。司法者对这3个利益进行权衡，就能够得出非典型超法规违法阻却事由的行为侵害的利益小而保护和促进的利益大（两个利益之和）的结论。总之，非典型超法规违法阻却事由的根据仍在于利益权衡。其之所以阻却违法是因为它侵害的刑法法益价值小而保护和促进的生产、生活利益价值大，在于它侵害了一个利益却保护和促进了两个利益。

---

[49] 参见冯平：《评价论》，东方出版社1995年版，第151页。
[50] 参见[美]博登海默：《法理学：法律哲学与法律方法》，邓正来译，中国政法大学出版社1999年版，第337页。
[51] 参见张明楷：《刑法分则的解释原理》，中国人民大学出版社2004年版，第3页。

第六章 主观恶性的标准

第一节 主观恶性概述

一、主观恶性的概念及评价标准

（一）主观恶性的概念

刑法中的主观恶性，是指行为人在内心违反道德，产生了损害别人利益的想法，具备了犯罪故意或者犯罪过失的心理态度。损害别人利益的想法，是主观恶性的本质内容；犯罪故意和犯罪过失是主观恶性的两种表现形式，或者说是两种类型。主观恶性是对行为人内心意志的谴责性结论，是构成犯罪必不可缺的一个方面。如果说刑事违法性是对行为外部的客观效果的否定性评价，那么主观恶性就是对行为人内部之主观意志的否定性评价。行为既具有刑事违法性，又具有主观恶，才能构成犯罪。

（二）主观恶性的评价标准

主观恶性的评价标准有两个：一是犯罪主观要件，包括故意要件和过失要件；二是损人意志，亦即内心产生的要损害别人利益的想法。前者是具体标准，后者是最高标准。前者是类型化、形式化的标准，后者是抽象化、实质化的标准。如果行为人的心理态度在类型化方面符合犯罪主观要件，在实质性方面切实地具有损害别人利益的想法，在前提（假定条件）上也符合犯罪主观要件,[1]那么这种心理一定具有主观恶性。

二、用主观恶性概念代替有责性概念的合理性

（一）在犯罪构成体系中使用有责性概念的不合理性

我国刑法理论的通说都认为,行为人的主观心理态度符合故意要件或过失要件,行为人达到刑事责任年龄,具有刑事责任能力,就具有可责性或称有责性。本书认为,有责性的概念不符合我国法学理论的实际情况,极容易引起歧义,不便于理解和认定。

1. 有责性很容易被理解成刑事责任

在我国法律用语中,刑事责任的含义又是极其混乱的。我国刑法452个条文共有13个条文21次使用了"刑事责任"概念。另外,大量的刑法论著都广泛使用"应当追究刑事责任"的提法。但是,刑法论著对于刑事责任定义的观点分歧较大：①法律责任说。认为刑事责任是国家司法机关依照法律规定,根据犯罪行为以及其他能说明犯罪的社会危害的事实,强制犯罪人负担的法律责任。②法律后果说。认为刑事责任是依照刑事法律规定,行为人实施刑事法律禁止的行为所必须承担的法律后果。③否定性评价或称责难说、谴责说。认为刑事责任是指犯罪人因实施刑法禁止的行为而应承担的、代表国家的司法机关依照刑事法律对其犯罪行为及其本人的否定性评价和谴责。④刑事义务说。认为刑事责任是犯罪人因其犯罪行为根据刑法规定向国家承担的、体现着国家最强烈的否定性评价的惩罚义务。⑤刑事负担说。认为刑事责任是国家为维持自身的生存条件,在清算触犯刑律的行为时,运用国家暴力,强迫行为人承受的刑事上的负担。[2]人们往往把有责性、可责性与刑事责任相混同,而刑事责任的多义性极可能导致人们对有责性含义的错误理解。

2. 有责性很容易被理解成法律责任或承担责任

责任一词歧义繁多：①职责任务说。认为责任是一种职责和任务。它伴

---

[1] 犯罪主观要件的前提（假定条件）是行为人具有刑事责任能力和期待可能性。详见后文第七章第三节的内容。

[2] 参见赵秉志主编：《刑法争议问题研究》,河南人民出版社1996年版,第539~542页。转引自高铭暄、马克昌主编：《刑法学》（第3版）,北京大学出版社、高等教育出版社2007年版,第214页。

随着人类社会的出现而出现，有社会就有责任，身处社会的个体成员必须遵守规则和条文。责任带有强制性。责任有个人的责任和集体的责任：个人的责任指一个完全具备行为能力的人（成年人）所必需去履行的职责；集体责任指一个集体必须去承担的一种职责。责任的追究一般以法律有明文规定为准。②分内应做的事说。认为责任是分内应做的事情，也就是承担应当承担的任务，完成应当完成的使命，做好应当做好的工作。责任感是衡量一个人精神素质的重要指标。③没有做好分内的事的不利后果说。认为由于没有做应当做的事，或做错了事，损害了社会、他人的利益而被追究责任。④故意违反义务说。认为责任就是故意违反了社会的、法律的、道德的义务而应当承担的评价。⑤意志自由说。认为责任和自由是对应的概念，责任事实上——虽然不是时间上——以自由为前提，而自由只能存在于责任之中。由于人们往往把有责性理解成责任，而责任具有多义性，所以这极可能导致人们对有责性理解的错误或不确定性。

总之，有责性的概念很容易被理解成刑事责任、法律责任、责任等。后三者往往被人们理解成对一个生活行为之客观危害和主观恶性的综合评价，而不仅仅是针对主观意志的单方面评价。这就严重偏离了"有责性"原本只是针对主观意志进行评价的宗旨。所以，本书认为，用一个名副其实的概念来代替有责性概念很有必要。

（二）用主观恶性概念代替有责性概念的可行性及其意义

犯罪构成体系中的"有责性"，其确切含义是对指行为人主观意志的可责难性。有责性一定是与意志、意志自由相联系的概念。但是，在我国法学界和人们的观念中，责任主要指的是应当做的事，或者是没有做好分内的事情而受到的处罚。刑事责任、民事责任、行政法律责任的含义都是指行为客观违法、行为人主观具有故意或过失、达到应受法律制裁的程度的一种综合性评价。根据这一含义，刑事责任、法律责任、责任的概念是独立于犯罪构成体系之外的东西，是犯罪成立之后的东西，专指由整个犯罪（客观违法和主观恶性全部具备）所引起的否定性评价，而不仅仅是成立犯罪的条件之一——主观心态方面的评价。

既然我国刑法通说认为刑事责任是犯罪构成体系之外的东西，那么对于只能存在于犯罪构成体系之中的主观意志这一单一要素的评价，还是不用

"有责性"、"可责性"一词指称为好。这样做的好处是不会引起人们对责任含义的歧义性理解。用"主观恶性"概念代替有责性概念不但是可行的，而且具有如下意义：

第一，有利于为司法者评价犯罪指明方向。主观恶性的内涵确定，专指行为人违反伦理的意志——"损人意志"。用这一概念来指称对主观意志的评价结论，名副其实。这一概念能够为司法者评价犯罪指明方向，它向司法者表明，主观恶性之评价，指向的只是行为人的内部意志，不包括其行为的客观效果。

第二，有利于表明主观恶性评价在犯罪构成体系中的位置。主观恶性的评价特指司法评价犯罪的步骤之一，而不是指犯罪评价的全过程或犯罪成立的全部条件，更不是犯罪成立之后的处罚或处遇。主观恶性指称的只是行为人内心要损害他人利益的想法。行为人是否具有主观恶性，要依靠故意、过失要件符合性来加以判断。如果行为人的心理态度符合故意要件或过失要件并且具有刑事责任能力、行为时具有期待可能性，那么他的心理就具有主观恶性。

第三，有利于犯罪构成体系的逻辑自恰性。大陆法系刑法的有责性之责，专指司法者对于行为人意志的谴责、责难、非难。责是动词，其只针对主观意志而不针对客观行为。可责性或意志非难是以行为违法为前提条件的。在行为被评价为违法之后，再专门对行为人的意志进行评价，从而得出值得谴责的结论。在我国，责任是名词，一般被人们认为是违法或犯罪的后果。因此，我国刑法理论中的责任是行为否定评价与意志否定评价合二为一。在我国，刑事责任、民事责任、行政责任的概念已经深入人心，指的都是对行为以及支配行为之意志的综合评价，所以，在我国刑法中，对于单纯只针对主观意志的否定性评价，还是不称为责任或有责性为好，以免破坏了责任概念在人们心目中原有的、稳固的、约定俗成的理解和把握，造成不必要的概念混乱。

三、主观恶性的量

刑法中的主观恶性，必须是在量上达到值得刑法谴责程度。这正像刑事违法也必须达到一定的量一样。犯罪构成体系中的刑事违法，在量上必须达到应受刑罚惩罚的程度。刑事违法和应受刑罚惩罚，是一个事物的两个方面，是不可分割的整体。同理，犯罪构成体系中的主观恶性，必须达到应当受刑法谴责的程度。主观恶性和应受刑法谴责，也是一个事物的两个方面，是不可分割的整体。这正如物体和质量的关系一样。物体一定具有质量，质量一定是物体的质量。质量和物体二者不可分。同样，主观恶性和应受刑法谴责，二者亦不可分。

刑法中的主观恶性，之所以在量上必须达到应受刑法谴责的程度，其原因在于：在日常生活中，人们故意做错了事情，或者过失做错了事情，行为人主观心态上的恶性程度并不大，并不值得刑罚处罚。但是，当行为人认识到了刑法规定的犯罪客观要件的结果，并且希望或者放任这种结果的发生的主观恶性，以及行为人应当预见到刑法规定的犯罪客观危害结果会发生，而由于疏忽大意没有预见，或者已经预见而轻信能够避免的主观恶性，就必须用刑法来谴责，甚至值得刑罚处罚。将刑法中的主观恶性界定为应受刑法谴责的量，有助于把它与日常生活中的做错事情的主观恶性区别开来，也把它与一般民事违法或者行政违法的主观恶性区别开来。

判断一种故意心态和过失心态，是否值得刑法谴责，甚至是否值得刑罚处罚，关键要看行为人认识到以及应当认识到的结果，是否属于刑法规定的犯罪客观要件的结果。如果属于这种故意和过失之主观恶性的量，就值得刑法谴责。简单说，只要行为人认识到的结果，或者应当认识到的结果，属于犯罪客观要件的结果，那么他对于该结果所具有的故意或者过失，就值得刑法谴责。

第二节 犯罪主观要件

犯罪主观要件，是刑法规定的行为人对于自己实施的危害行为及其结果所持心理态度的类型，包括故意、过失以及犯罪动机等。其中故意、过失是一切犯罪成立必须具备的要件。动机只是刑法分则规定的个别犯罪成立的要件。

一、故意

（一）故意的概念和构成要素

根据《刑法》第 14 条的规定，故意是指明知自己的行为会发生危害社会的结果,并且希望或者放任这种结果发生的心理态度。

根据此概念,故意由两个要素构成:一是认识要素,即行为人明知自己的行为会发生危害社会的结果。简单说,"明知……会"是故意的认识因素。二是意志要素,即行为人希望或放任危害结果发生。简单说,"希望或放任"是故意的意志要素。行为人的心理态度只有同时具备这两种要素,才能认定为故意。

1. 认识要素

行为人明知自己的行为会发生危害社会的结果,就是故意的认识要素。认识要素的内容包括明知自己的行为的自然性质、社会意义和结果等。

(1) 对于自己行为本身的认识。这主要是指行为人对自己行为的对象、行为方式、实施过程、要达到的效果(目的)等的认识。例如,行为人对被害人有仇,产生了杀死被害人的动机,设计了杀人行为的对象、方式及如何实施的过程,想要达到的结果等。再如,行为人为了获得钱财,产生了抢劫的动机,设计了抢劫的对象、抢劫的工具、方法、实施过程,想好了抢劫要达到的结果。这便是对于抢劫行为本身的认识。

(2) 对于自己行为之社会意义的认识。行为人对于自己行为的认识,并不只是对行为外部的自然性质的认识,还必须认识到行为的社会意义。[3] 这就是说,行为人对于自己行为可能损害他人利益或损害社会利益要有认识。这实际上是对自己行为可能产生的社会评价的认识。行为人根据自己养成的价值观念和习得的知识体系,会对自己行为对于社会的意义有一个清楚的认识。所谓行为的社会意义,就是社会将如何评价自己的行为,是被社会评价为好的、有益的、允许的,还是不好的、有害的、不允许的。行为人对于自己行为的社会评价必须具有认识,否则就不能产生故意。这就是《刑法》第14条所规定的"明知自己的行为会发生危害社会的结果"的含义。这里的"危害社会的结果",实际就是社会对于自己行为的评价效果,只不过这种评价是不好的、有害的、不允许的。

(3) 对于自己行为结果的认识。行为结果就行为作用于对象可能产生的物质性变化。例如,盗窃行为作用于他人财物将产生他人财物在空间上转归

---

[3] 张明楷:《刑法学》(第3版),法律出版社2007年版,第215~216页。

行为人控制的结果;伤害行为作用于他人身体将产生身体伤害的结果;放火行为作用于他人的房屋将产生房屋烧毁的结果。行为人对于自己行为结果的认识不要求很精确,不要求对于结果产生的时间、产生结果的大小、产生结果的位置等有具体的认识,只要求认识到是某种类型的结果大体会发生就可以了。例如,故意杀人的行为人,只要认识到自己的行为可能导致他人死亡即可,不要求精确地认识到哪个被害人在什么地点什么时间死亡。对于行为结果产生的概率的认识也不必具体,只要行为人认识到自己的行为可能发生结果就可以。

在行为人实施的行为在产生结果之前,又介入了其他因素,共同作用导致了结果的发生。在这种情况下,结果产生的过程具有多因性。这时,不要求行为人对于结果产生的多因性有具体的认识。这也就刑法理论所说的"因果关系不是故意的认识内容"。例如,甲用刀杀乙,一刀下去,致乙轻伤,乙被送往医院救治。因为乙有严重的血友病,被刀伤后不治死亡。在这种场合下,仍不能否认甲具有杀人的故意。

2. 意志要素

故意的意志要素,是指行为人对自己行为所导致危害结果的发生,抱有希望或放任的心理态度。希望危害结果发生,就是行为人意欲、追求该结果发生。这种意志通常表现为创造条件、排除障碍、想方设法使危害结果发生。放任危害结果发生,就是行为人允许、同意危害结果发生。这种意志往往表现为行为人不采取任何措施来防止危害结果的发生,不反对危害结果发生。不反对、允许也是一种意志形式。

3. 认识要素与意志要素的关系

在故意的两个构成要素之间,认识要素是意志要素存在的前提和基础。行为人只有认识到了自己行为本身外部特征和行为的社会意义,才能产生对于行为结果的希望或放任意志,没有认识因素就没有意志因素;而意志要素则是认识要素的发展,如果仅有认识要素而没有意志要素,即主观上不是希望也不是放任危害结果发生,也就不存在犯罪故意,不会有故意犯罪的行为。[4] 总之,认识要素是故意产生的基础和前提,意志要素是故意产生的关

---

[4] 参见高铭暄、马克昌主编:《刑法学》(第4版),北京大学出版社、高等教育出版社2010年版,第117页。

键和核心要素。二者结合起来共同构成了故意，二者缺任何一个都不能产生故意。

（二）故意的学说

故意的学说是关于如何确定故意范围的理论，或者说是关于如何区分故意与过失的理论。中外刑法理论对于故意的范围，主要有三种学说：

1. 希望主义

该说认为，只有当行为人希望、意欲、追求危害结果发生时，才能认定为故意。相反，没有希望、意欲或追求的心理，就不能构成故意。刑法理论的通说认为，该学说不适当地缩小了故意的范围。它把"放任"危害结果发生的心理态度排除在故意之外，纳入到过失的范围。所谓"放任"的心理态度，是一种虽然不希望、不意欲、不追求，但也不反对，听之任之，任凭结果发生的态度。一般认为，将"放任"危害结果发生的心理态度纳入到过失范围中，是明显不合适的。

2. 认识主义

该说认为，只要行为人认识到自己的行为可能发生危害结果，就应当认定为故意。这种学说不考察行为人的意志要素，仅根据行为人对于危害结果的认识要素，就认定行为人是否具有故意。刑法理论的通说认为，该说不适当地扩大了故意的范围。这实际上等于将认识到危害结果发生但反对危害发生、采取积极措施想避免危害结果发生、但措施不得力结果还是发生了的心理态度，也认定为故意。这是十分不合理的。

3. 盖然性说、容认说

为了修补前两种学说的不足，刑法理论产生了立足于认识主义的盖然性说和立足于希望主义的容认说。

盖然性说以认识主义为基础，从认识要素上来区别故意与过失，主张只要行为人认识到危害结果发生的盖然性（较大的可能性），就可以认定为故意；相反，行为人认识到危害结果发生的可能性很小，就是过失。盖然性说最大的不足有两点：一是盖然性的标准不好操作。何为可能性大，何种程度的可能性才算盖然性，显然是人言人殊的。二是盖然性与可能性只不过是程度的差异，而故意与过失的责任具有质的区别，以量为基准来区分故意与过失是存在疑问的。[5]

容认说以希望主义为基础，认为行为人认识到自己的行为可能导致危害结果发生，而其在意志上又希望、追求该结果发生的，属于故意；其在意志上放任、容许、认可危害结果发生的，也是故意。相反，行为人认识到自己的行为可能发生危害结果，但其在意志上反对、不容许该结果发生，采取一些避免危害结果发生措施的，是过失。综合衡量以上学说，容认主义还是比较合理的。所以，我国刑法规定故意的范围，实际上采取了容认主义的立场。

（三）故意的类型

根据行为人对自己行为可能产生危害结果之认识程度的不同和所持有之意志内容的不同，可将故意划分为直接故意与间接故意两种类型。

1. 直接故意

直接故意是指行为人明知自己的行为会发生危害社会的结果并且希望该结果发生的心理态度。直接故意的认识要素与意志要素的情况如下：

（1）直接故意的认识要素。直接故意的认识要素有两种情况：①行为人明知自己的行为"必然"导致危害结果发生。这种认识的程度是确定的、准确的。例如，甲用枪顶住乙的太阳穴射击。他明知自己的行为必然导致乙死亡的结果，仍然决心实施该行为。②行为人明知自己的行为"可能"导致危害结果的发生。此时行为对于自己行为是否必然产生自己希望的结果并不确定。例如，甲在距离很远的地方向乙开枪，甲的枪法并不好，对于自己开枪的行为能否射中乙并不十分确定。

（2）直接故意的意志要素。直接故意的意志要素是希望、追求、意欲危害结果发生。这种意志态度往往表现为行为人创造条件、排除障碍、想方设法使危害结果发生。直接故意的意志要素与认识要素的组合有两种类型，可用公式表示为：①"认识到必然发生+希望发生"；②"认识到可能发生+希望发生"。

2. 间接故意

间接故意是指明知自己的行为可能发生危害社会的结果，并且放任这种结果发生的心理态度。间接故意的认识要素与意志要素的情况如下：

---

[5] 参见张明楷：《刑法学》（第3版），法律出版社2007年版，第213页。

（1）间接故意的认识要素。间接故意的认识要素是指明知自己的行为可能发生危害社会的结果。间接故意的认识要素不包括认识到自己的行为必然发生危害结果。如果行为人认识到自己的行为必然发生危害结果，还仍然实施这种行为，那么其主观意志就不可能是间接故意，而是直接故意。

（2）间接故意的意志要素。间接故意的意志要素是指行为人放任危害结果发生的态度。所谓放任危害结果发生，就是对一种危害结果虽不希望、不追求，但也不反对、不排斥，而是听之任之。其本质就是同意、允许、容忍、认可这种结果发生。从表面上看，放任意志的产生是违反行为心理学原理的。根据行为心理学原理，人的任何行为都是了为追求某种目的而实施的，没有目的之行为是不存在的。放任意志是听之任之，任其发展，与追求目的之行为心理相矛盾。但从实质上看，放任意志并不违反追求目的之行为心理。其原因在于：凡是行为人对于一个行为的结果存在放任意志的时候，此行为一定与两个以上的结果具有联系，或者说此行为可能产生两个以上的结果。在这两个结果之中，行为人必定追求其中一个，而放任另一个。所以，放任危害结果的发生，是行为人追求另一种结果发生的副产品。反之，在一个行为只能产生一个结果的情况下，行为人不可能产生放任意志。

当一个行为可能产生两个以上结果时，被行为人放任的结果一定是危害结果；而被行为人追求的结果则有可能是无害结果或者是另一个危害结果。按这样的思路分析，间接故意主要发生在如下三种情况：

第一，行为人为了追求无害结果而放任危害结果发生。例如，甲是一个药学专家，他一直在研究一种抗癌药物。为了实验药物，他利用医生的身份偷偷在一些病人身上实验。他明知这些药物的毒性很大，可能导致被实验人死亡，但他仍然决意为之，结果导致许多被实验者死亡。在这个案例中，甲实验药物的行为可能产生两个结果，一是实验成功，新药问世；二是被实验者人身伤亡。前一个结果是一个无害结果，甚至是一个有益于社会的结果；而后一个结果则是危害结果。甲为了追逐前一个有益结果却放任了后一个危害结果的发生，这就是一种间接故意。

第二，行为人为了追求一种危害结果而放任另一种危害结果的发生。刑法教科书中常举的案例是，丈夫为了杀妻，在妻子的食物中下了毒药，明知妻子可能把有毒食物分给孩子吃而导致孩子死亡，由于杀妻心切还是放任了孩子死亡。杀死妻子的结果是行为人追求的，导致孩子死亡的结果是行为人放任的。对于孩子的死亡而言，行为人的心理态度属于间接故意。

第三，行为人临时起意不计后果的行凶行为。这是指行为人瞬间情绪冲动，不计后果地实施危害行为，对于可能产生的结果并无具体认识，产生什么结果都无所谓、都不反对、都允许。正是由于间接故意的行为人并不直接追求结果的发生，主观上介入了其他因素，故称其心理为间接故意。[6]例如，某甲在一个餐馆吃饭，无端被几个小流氓围攻，在忍无可忍的情况下，拿起凳子向这几个小流氓乱砸，结果将其中一个打死。甲对于被害人死亡的结果，所持的就是间接故意的心理。

（四）直接故意与间接故意的区别

1. 认识要素上的区别

直接故意的认识要素是明知自己的行为可能发生危害结果或必然发生危害结果；而间接故意的认识要素是明知自己的行为可能发生危害结果，不包括必然发生危害结果。是否包括"明知必然发生危害结果"是直接故意与间接故意在认识要素的一个重要区别。

另外，在"明知可能发生危害结果"的认识程度上，直接故意与间接故意也有区别。由于直接故意是行为人直接追求某个结果的态度，所以它对于此结果发生的可能性的认识，往往比较明确；而间接故意是行为人为了追求彼一结果，而不得已放任此一危害结果，所以其对于放任结果能否发生的认识，往往比较模糊。

2. 意志要素上的区别

直接故意与间接故意的最显著的区别是在意志要素上。直接故意的意志要素是希望、追求危害结果发生，此时行为人往往采取措施、排除障碍、创造条件使危害结果发生。间接故意的意志要素是放任危害结果发生，"放任"就是听之任之，发生与不发生都符合其意志要求，此时行为人不采取任何措施来防止危害结果发生，或者说行为人对于危害结果是否发生，抱着无所谓的态度。

---

[6] 张明楷：《刑法学》（第3版），法律出版社2007年版，第221页。

3. 危害结果实际发生与否对于定罪与否的区别

无论直接故意希望、追求的危害结果发生与否，该故意行为都可能被定罪。即使危害结果没有发生，司法机关仍然可能根据行为人采取的措施、创造的条件等客观活动来认定行为人产生过某种犯罪的故意，从而可能将这种故意支配之下的行为认定为犯罪（有可能是未遂或预备）。但是，由于间接故意对于危害结果既不希望也不反对，只是消极地默认，持间接故意态度的行为人对于此危害结果没有采取任何措施，顺其自然，听之任之，所以，只有其放任的危害结果发生了，司法机关才能认定此间接故意成立，才能认定其支配的行为构成犯罪；反之，如果其放任的危害结果没有发生，则司法机关不能将其行为认定为犯罪。

二、过失

（一）过失的概念和特征

1. 过失的概念

《刑法》第15条规定："应当预见自己的行为可能发生危害社会的结果，因为疏忽大意而没有预见，或者已经预见而轻信能够避免，以致发生这种结果的，是过失犯罪。"根据此规定，过失是指行为人应当预见自己的行为可能发生危害社会的结果，因为疏忽大意而没有预见，或者已经预见而轻信能够避免，以致结果发生的心理态度。

2. 过失的特征

过失的特征是指过失在认识要素上和意志要素上与故意相比较而显现的区别。

首先，从认识要素上看，故意的认识要素是行为人明知自己的行为会发生危害社会的结果；而过失在认识要素上则表现为行为人虽然应当预见到自己的行为可能发生危害社会的结果但由于疏忽大意而没有预见到，或者虽然预见到了自己的行为可能发生危害社会的结果，但却轻信这种结果不会发生，可最终结果还是发生了，这实际上是一种错误的认识。

其次，从意志因素上看，故意的意志要素是希望或者放任危害结果的发生；而过失在意志要素上表现为两种情况：一种情况是行为人由于疏忽大意而没有预见到危害结果可能发生，其认识是一种空白，因而对于危害结果发生的追求意志或放任意志也是一种空白，因为认识要素是意志要素产生的前提和基础，认识上的空白必然导致意志上的空虚；另一种情况是行为人虽然认识到了危害结果可能发生，但没有根据地相信它不会发生，对于危害结果的发生持反对、排斥的态度。

（二）过失的本质

过失的本质在于行为人违反了注意义务。注意义务由结果预见义务和结果回避义务构成。

结果预见义务是指法律、职业规范、社会共同生活准则要求人们在生产、工作、生活的各个环节要时时刻刻注意自己的行为不要损害他人身体健康、财产或社会共同利益。《刑法》第15条规定的"应当预见自己的行为可能发生危害社会的结果"，就是对结果预见义务的表述；"由于疏忽大意而没有预见"是对行为人违反结果预见义务的表述。所以，过失支配下的行为产生了危害结果之所以要承担刑事责任，首先是因为行为人负有预见结果发生的义务，本来能够预见到危害结果的发生，却由于自己对他人或社会利益采取了极不负责任的态度从而导致了没有预见，最后导致自己的行为产生了危害社会的结果。

结果回避义务是指法律、职业规范、社会共同生活准则要求的行为人在预见到自己的行为可能发生危害结果的前提下，应当停止自己的行为，或者虽然可以继续实施自己的行为，但必须采取措施避免危害结果发生。《刑法》第15条规定的"已经预见而轻信能够避免"就是对于行为人违反结果回避义务的规定。该规定表明，行为人已经预见到了自己的行为可能发生危害结果，就应当遵守结果回避义务，停止自己的行为，或者虽然继续自己的行为，但必须采取有效措施避免危害结果发生。行为人没有避免危害结果发生，就是由于他违反结果回避义务所造成的。

总之，过失支配之下的行为产生了危害结果之所以要承担刑事责任，其根据就在于行为人要么违反了结果预见义务，要么违反了结果回避义务。

（三）过失的类型

根据《刑法》第15条的规定，刑法理论通常把过失划分为疏忽大意过失和过于自信过失两种类型。

1. 疏忽大意过失

（1）疏忽大意过失的概念和特征。疏忽大意过失，是指应当预见到自己的行为可能发生危害社会的结果，由于疏忽大意而没有预见，以至于发生这种结果的心理态度。疏忽大意过失具有如下特征：

第一，行为人对于自己行为可能发生危害结果没有认识。这是认识要素方面的特征。疏忽大意过失也被称为无认识过失，即行为人没有预见到自己的行为可能发生危害社会的结果。这种"没有预见"是建立在"应当预见"基础上的。这就是说，行为人应该（有义务）预见到危害结果的发生，而且能够预见到危害结果发生，却由于自己的疏忽大意、不负责任的态度而导致没有预见。

第二，行为人对于危害结果持排斥的态度。这是意志要素方面的特征。大体上可以认为，疏忽大意过失的行为人反对危害结果的发生或者希望危害结果不发生，至少可以说是既不希望也不放任危害结果发生。因行为人没有预见危害结果，故其实施行为时不可能希望或者放任危害结果发生。[7]

（2）疏忽大意过失的成立条件如下：

第一，行为人有结果预见义务来源。疏忽大意过失的本质在于"应当预见"而没有预见。"应当预见"是一种结果预见义务。判断行为人是否具有结果预见义务，首先要看其是否有结果预见义务的来源。一般认为，结果预见义务的来源有三个：

其一，法律、法规要求的预见义务。例如，《道路交通安全法》就对于从事道路交通工作的人员，特别是对于机动车司机规定了检查机动车辆机械、装置是否安全、在特别情况下避让、瞭望、保持距离、鸣号、打转向灯等方面的义务，这些都是为了防止交通肇事结果发生而规定预见义务。另外，食品安全法、药品安全法、防治污染环境的各种法律、法规等，都规定了防止危害结果发生的预见义务。

其二，职业、行业所要求的预见义务。国家关于采矿、特种危险行业的生产，特别危险品的运输等，都有安全生产的法律、法规。这些法律、法规都为从业人员在各个生产环节规定了防止危害结果发生的预见义务。这些义

---

〔7〕 参见张明楷：《刑法学》（第3版），法律出版社2007年版，第237页。

务的法律规定,是判断一个行业的专业人员是否具有预见义务的标准。职业、行业所要求的预见义务与法律、法规要求的预见义务有时是不好区分的。

其三,共同生活准则要求的预见义务。我们生活的社会是由共同生活的人群组成的。人的本质属性是社会性。在共同生活的社会中,道德等生活准则要求,每一个人在生活的各个过程中,都不要伤害到他人。例如,某甲与丈夫争吵,为了发泄愤怒,把家里的花盆从六楼的窗户扔下去,结果将一个女孩砸死。甲的心理态度之所以构成过失,是因为她违反了不准高空抛物的共同生活准则。除此之外,人们在走路、运动、吃饭、打扫卫生、做家务等各个方面,都有可能伤害到他人。社会共同生活准则要求,人们在生活的各个方面都不要伤害他人。如果违反这些准则,即违反预见义务,产生了危害结果,就构成过失。

第二,行为人有结果预见能力。行为人承担结果预见义务是以他有能力预见到危害结果可能发生为前提的。虽然行为人有预见义务的来源,但是,如果他自身不具备相应的能力来预见到危害结果的发生,也照样不能构成过失。所以,结果预见能力就成为疏忽大意过失的重要构成条件。

能够预见危害结果可能发生的能力就是预见能力。预见义务规范为一般人所设,无需具体规定;而是否有能力预见则因人而异,需要判断。[8] 判断一个人是否具有预见能力,刑法理论中主要有如下三种标准:

其一,主观标准说。该说认为判断一个人是否具有结果预见能力,应当以行为人自己的能力为标准,进行判断。

其二,客观标准说。该说认为判断一个人是否具有结果预见能力,应当以社会一般人的水平为标准来进行判断。

其三,折中说。该说主张如果行为人的预见能力低于通常人,则应采取主观说,如果行为的预见能力高于通常人时,则应采取客观说,按通常人的水平来判断行为人的预见能力。

其实,判断行为人是否具有预见能力,就应当坚持主观说。这是因为行为人能否预见到危害结果可能发生,是属于行为人自己的一种心理事实,而不是别人的心理事实,所以,对其进行判断时,绝不能以别人甚至社会一般

---

[8] 参见张明楷:《刑法学》(第3版),法律出版社2007年版,第238页。

人的心理事实来代替。判断行为人主观上是否能够预见到危害结果，一定要根据行为人本身的年龄状况、智力发育、文化知识水平、业务技术水平和工作、生活经验等因素以及行为当时的客观环境和条件，来具体判断他在当时的具体情况下对自己行为的危害结果能否预见。[9]当然，在判断行为人自己是否具有预见能力时，可以参考客观标准。如有观点主张："在行为导致了结果而行为人又没有预见的情况下，应当考察行为人所属的一般人或像行为人这样的一般人（而不是抽象的一般人）能否预见结果的发生。如果行为人是普通农民，则首先考察农民能否预见类似的结果的发生，如果行为人是医生，则首先考察像行为人这样的医生能否预见类似的结果的发生。其次，要考察行为人知识水平是高于一般人还是低于一般人。如果一般人能够预见，但行为人的知识水平低于一般人，则不宜认定行为人具有过失；反之，一般人能够预见，而行为人的知识水平并不低于甚至高于一般人，则宜认定行为人具有过失。"[10] 这种观点是有道理的。但是，这种参考客观标准来判断行为人自己的预见能力的观点，其实仍然是一种主观标准说，它只是说明了运用主观标准的技术路线而已。所以，考察行为人的预见能力，应当坚持主观标准说，绝不能用别人的认识水平甚至社会一般人的认识水平来代替行为人个别的、具体的、特殊的认识水平。

综上所述，判断行为人是否具有过失，首先应当判断行为人是否具有义务来源，其次再判断他是否具有预见能力。只有这两个条件都具备了，才能认定行为人主观上有过失。我们绝不能只判断预见能力而忽视了预见义务的来源，甚至认为只要判断行为人有了预见能力，就一定能够判断行为人有过失。例如，甲在人迹罕至的深山老林采松子，将一个铁制工具从树上扔下，将树下经过的一个人打伤。此时，如果仅仅判断预见能力，甲一定有从高处抛物可能伤害到他人的预见能力；但我们还不能因此就判断他主观上有过失。因为共同生活准则要求的预见义务是以社会生活为前提的。在人迹罕至的深山老林，一个人独处时，就没有社会共同生活的准则，也就没有"请注意千万不要伤害到他人"的预见义务来源。在没有义务来源的情况下，何必再判

---

[9] 高铭暄、马克昌主编：《刑法学》（第4版），北京大学出版社、高等教育出版社2010年版，第124页。

[10] 张明楷：《刑法学》（第3版），法律出版社2007年版，第239页。

断预见能力。再例如，一个下班过路的医生，见到一个病人倒在路边，他凭多年的从医经验判断此人是心脏病发作；但是他紧急抢救时，手法有错误，没有救活此病人。此时，我们不能认定此医生具有重大医疗过失。因为他并不在工作岗位上，此时他并没有职业或行业所要求的预见义务来源，只具有社会共同生活准则要求的预见义务来源。在他没有职业或行业所要求预见义务来源的情况下，就没有必要再判断他是否具有预见能力。如果他在工作岗位上，情况就不同。这时他已经有了医疗职业要求的预见义务，有了义务来源。如果他的救治行为不当，没有救活病人，则应当进一步判断他是否有预见能力。如果此时他有预见能力，他才能构成医疗上的过失。

（3）疏忽大意过失与意外事件的区别。根据《刑法》第16条规定，所谓意外事件，是指行为人的行为虽然造成了损害结果，但不是出于故意或过失，而是由于不能预见的原因所引起的。意外事件有三个特征：一是行为人的行为在客观上造成了损害结果；二是行为人在主观上没有故意和过失；三是行为所造成的损害结果是由于不能预见的原因引起的。

意外事件与疏忽大意过失有相似之处。二者都是行为人对于自己行为可能造成危害结果没有预见到；二者都是行为人的行为在客观上已经造成了损害结果。因此，二者之间容易混淆。

但是，二者之间毕竟具有本质上的区别。正确区分意外事件与疏忽大意，对于司法实践具有重要的指导意义。二者之间的主要区别在于：意外事件是行为人根据自己的认识能力和当时的情况，对于损害结果不应当预见，也没有能力预见；而疏忽大意过失则是行为人根据自己的认识能力和当时的情况，对于损害结果应当预见且有能力预见。是否应当预见，主要看行为人根据法律、法规、职业规范和日常生活准则是否具有义务来源；至于是否有能力预见，则应当根据行为人自身的认识能力，参考行为当时的具体情况来加以判断。

例如，一个农民在清早到场院上翻晒稻草。他用三股钢叉用力插向稻草垛，随即听到一声惨叫，结果发现钢叉插中了一个小孩，导致其重伤。后来查明这个小孩在大清早起来就与另一个小孩玩捉迷藏。根据当时的情况，此农民不可能预见到在大清早就有小孩藏在稻草垛里。这种损害结果属于意外事件。再如，某汽车司机在雨夜行车，从一块塑料布上驶过，压死了塑料布下的一个精神病人。司机以为塑料布下是附近农民的稻草,在当时的情况下他不可能预见到有人在雨夜躲在公路上的塑料布下,这属于意外事件。[11]

2. 过于自信过失

(1) 过于自信过失的概念及特征。过于自信过失,是指已经预见到自己的行为可能发生危害社会的结果,但轻信能够避免,以致发生这种结果的心理态度。过于自信过失具有如下特征:

第一,行为人对于自己行为可能发生危害结果有认识。这是认识要素方面的特征。所以,过于自信过失也被称为有认识过失,即行为人已经预见到自己的行为可能发生危害社会的结果。

第二,行为人对于危害结果持排斥的态度。这是意志要素方面的特征。大体可以认为,过于自信过失的行为人反对危害结果的发生或者希望危害结果不发生;但由于行为人过于自信,采取措施不力或没有采取防止结果发生的措施,才导致这种结果的发生。这种结果的发生是违背行为人意志的。

(2) 过于自信过失的成立条件。从行为人违反注意义务的角度分析,过于自信过失成立条件如下:

第一,履行了结果预见义务。过于自信的行为人已经预见到了危害结果可能发生。行为人之所以能认识到这种可能性,是因为他做出了努力,履行了职业、业务或社会生活准则赋予其的结果预见义务。

第二,违反了结果回避义务。注意义务要求行为人必须谨慎,时刻防止自己的行为可能给社会或他人造成损害。这就要求行为人必须履行两个方面的义务,一是谨慎地预见自己的行为是否会发生危害结果,这就是结果预见义务;二是如果有发生危害结果的可能性,就必须采取各种有效措施,防止危害结果发生;如果不采取防范措施,就必须停止该行为。采取防止结果发生的措施或者停止该行为,就是结果回避义务。过于自信过失的行为人虽然履行了结果预见义务,却违反了结果回避义务。其违反义务的表现是:要么采取防范措施不力,要么没有采取任何防范措施就悍然实施行为,最终导致危害结果发生。

(3) 过于自信过失与间接故意的区别。过于自信过失与间接故意有相似

---

[11] 参见高铭暄、马克昌主编:《刑法学》(第4版),北京大学出版社、高等教育出版社2010年版,第126页。

的地方。一是二者均认识到危害结果可能发生；二是二者对于危害结果的发生都不抱有希望的态度。但是，二者毕竟是两种不同的心理态度，其区别如下：

第一，认识要素上有差别。过于自信过失的行为人虽然也认识到了危害结果可能发生，但他认为这种可能性很小，只要自己采取一定防范措施，或者自己谨慎行为，该可能性最终就可以避免。所以，在危害结果可能发生还是不可能发生方面，过于自信过失的行为人的认识是模糊的、不确定的。间接故意的行为人也认识到危害结果可能发生，并且从这种可能性发展到现实性行为人的认识是较清楚的，其对危害结果可能发生的认识并不模糊，而是达到了明知的程度。

第二，意志要素有区别。过于自信过失的行为人在意志上反对危害结果发生，或者说危害结果的发生，并不符合其本意。间接故意的行为人在意志上并不反对危害结果的发生，他虽然不希望、不追求危害结果的发生，但同意、容许、放任该危害结果发生。

（4）过于自信过失与不可抗力事件的区别。根据《刑法》第16条规定，不可抗力事件，是指行为人的行为虽然在客观上引起了损害结果，但不是出于故意或过失，而是由于不可抗拒的原因引起的。不可抗力事件具有三个特征：一是行为人已经预见到了自己的行为可能引起客观损害结果；二是根据自身能力和客观情况，行为人不可能抗拒这种结果的发生；三是行为人的行为最终在客观上引起了损害结果。

不可抗力事件与过于自信过失有相似之处：二者的行为人对于自己的行为可能引起客观损害结果都有认识或预见；二者都是行为人的行为在客观上引起了损害结果。但是，二者也有本质上的区别。正确区分二者对于司法实践具有重要指导意义。

二者的区别主要表现在：不可抗力所引起的客观损害是行为人不可能采取措施避免的，或者虽然采取了避免结果发生的措施，但结果仍然不可避免；[12] 而过于自信过失引起的客观损害是行为人能够避免的，只是由于行为人没有采取措施或者采取措施不当、不到位而引起的。从是否违反注意义务

---

[12] 张明楷：《刑法学》（第3版），法律出版社2007年版，第242页。

的角度来说，不可抗力事件的行为人没有违反注意义务；而过于自信过失的行为人却违反了注意义务之结果回避义务。

例如，甲因突然受到他人冲撞，身体失去平衡将在悬崖边的某乙挤下悬崖致死，就属于不可抗力事件。再例如，扳道工被他人捆绑起来，无法在火车到来之前放下栏杆，造成火车与汽车相撞的重大事故。行为人虽然预见到不放下栏杆会造成重大事故，但他没有能力放下栏杆，不能排除或阻止事故的发生，这也属于不可抗力事件。

（四）事实错误[13]

事实错误是指行为人认识到的事实与客观发生的事实不一致，或者对于侵害某一对象行为人虽然没有认识错误，但由于侵害行为发生偏差或效力扩大而侵害了另一对象的情况。由于属于犯罪客观要件的事实错误，足以影响到对行为人的心理态度认定为故意还是认定为过失，所以，刑法理论中的事实错误特指犯罪客观要件事实的错误。犯罪客观要件以外事实的错误，并不影响对行为人的心理态度认定为故意或过失，所以，刑法对其并不加以研究。事实错误分为三类：即具体的事实错误、抽象的事实错误和违法阻却事由的错误[14]。

1. 具体的事实错误

具体的事实错误，又称同一犯罪客观要件事实的错误，是指行为人认识的事实与客观发生的事实虽然不一致，但两种事实都属于同一个犯罪客观要件事实的情况。具体的事实错误分为三种类型：一是对象错误；二是打击错误；三是因果关系错误。

对于具体的事实错误如何处理，刑法理论主要有具体符合说和法定符合说两种学说之争。具体符合说认为，行为人所认识的事实与实际发生的事实具体地相一致时，才成立故意的既遂犯[15]；法定符合说则认为，行为人所认

---

[13] 传统教材都将事实错误作为故意的内容加以论述，其实这样的安排并不合理。由于事实错误问题足以影响到对行为人心理态度认定为故意还是过失，所以必须在故意、过失相关知识讲述完毕之后再作探讨。故本书将事实错误放在过失内容之后加以论述。由于其内容不足以撑起一节的内容，且其本来就属于故意与过失之中的问题，故不另立一节。

[14] 违法阻却事由的错误主要包括假想防卫和假想避险等。这两个问题将在后文的正当防卫和紧急避险内容中加以阐述。故此处对这两个问题不作详细论述。

[15] 既遂犯亦即犯罪既遂形态。

识的事实与实际发生的事实,只要在犯罪构成范围内是一致的,就成立故意的既遂犯。[16]

(1)对象错误。对象错误是指行为人误把甲对象当作乙对象加以侵害,而甲对象与乙对象属于同一犯罪客观要件事实的情况。例如,行为人想杀死甲,却误将甲的孪生弟弟乙当做甲而杀死。具体符合说认为,行为人认识的事实与实际发生的事实应当具体一致才能认定为故意犯罪的既遂,本案行为人认识到其所杀的是一个人,实际杀的也是一个人,因此这种对象错误并不影响故意杀人罪既遂的成立。法定符合说认为,刑法规定的故意杀人罪客观要件中的对象,是抽象的人,并不特指个别的、具体的人,因此只要行为人主观认识到杀的是人,客观上发生的事实也是一个人被其行为所杀害,行为人主观认识的人与客观杀害的人在法律评价上是一致的,行为人的行为就应当成立故意杀人罪既遂。可见,对于故意杀人罪之对象错误的处理,具体符合说与法定符合说得出的结论完全相同。

(2)打击错误。打击错误也叫方法错误,是指行为人实施行为针对的对象在认识上并没有错误,只是行为方向发生偏离而侵害到另一对象,或者行为的效果扩大,不但侵害了意图侵害的对象,而且侵害了另外的本不希望侵害的对象,其意图侵害的对象与另外侵害的对象是同一犯罪客观要件事实的情况。打击错误可用最简单的语言概括为:"对象没错误,打击有偏差"。

行为打击偏差而侵害到另一对象的情况可以用案例 1 说明:甲开枪射击乙,但枪法不好而射中了丙,乙却安然无恙。行为效果扩大到另一对象的情况可以用案例 2 说明:行为人甲想杀死自己的妻子乙,就事先为其做好了下了毒药的葱油饼,但又害怕自己的儿子丙也可能吃饼而毒死,就叮嘱儿子在幼儿园里一定等爸爸来接,不要跟妈妈走。行为人提前 1 个小时来幼儿园接儿子,结果发现儿子已经被其妈妈接走,急忙回家发现妻子和儿子都中毒死亡。

关于打击错误的处理,具体符合说认为,由于客观事实与行为人的主观认识没有形成具体的符合,其认识到的对象没有错误,而打击的另外对象并不在其认识且意图侵害的想法之内,所以,对于案例 1,甲对乙承担杀人未遂

---

[16] 张明楷:《刑法学》(第 3 版),法律出版社 2007 年版,第 224 页。

的责任,对于丙承担过失致人死亡的责任;由于甲只实施了一个行为,属于想象竞合犯[17],从一重罪论处。具体符合说的这一结论存在如下缺点:①它无法合理解决案例2。因为此案中行为人认识到并想杀害的人死亡了,他不想杀害的人也死亡了,认定为故意杀人罪未遂显然是不合理的。②就是针对案例1的结论,也与社会情理产生矛盾。行为人想开枪杀人,结果确实有一个人被杀死了,却得出一个杀人未遂的结论,为社会常理所不容。

关于打击错误的处理,法定符合说认为,行为人对于杀人对象的认识准确无误,并意图杀死他,在此意识支配之下的行为却杀死了另外一个人。行为人意图杀害的人和打击偏差而杀害的另外的人,在法律评价上是相同的人,在犯罪客观要件中属于同一对象事实,因此,打击错误行为完全可以成立故意犯罪(故意杀人)既遂。

针对案例2的情况,法定符合说内部尚存在"一故意说"与"数故意说"之争:

法定符合说之"一故意说"认为,以一个故意(杀人的故意)杀死乙、丙二人时,只成立对乙的故意杀人既遂和对丙的过失致人死亡罪,因为对乙的杀害目的已实现,对丙的死亡结果属于过剩结果,不能用故意说明,只能认定为过失。但是,法定符合说之"一故意说"存在如下缺陷:如果甲想杀乙,并没有致乙死亡,却另外杀死了丙,根据一故意说,甲构成故意杀丙的既遂,却对乙构成过失致人死亡罪,这不合法理。[18]行为人本来意图杀害某对象,就因为未杀死,怎么就变成了过失罪?

法定符合说之"数故意说"认为,行为人对于认识到并意图杀害的对象,成立故意犯罪,对于行为打击偏差而杀害的对象,也应当是故意犯罪,但最终并不进行数罪并罚,因为毕竟只存在一个杀人行为,所以只能按想象竞合犯以一罪论处。在量刑时,应当将这种一个行为导致数人死亡的想象竞合犯与其他杀害数人的同种数罪相区别。[19]

(3)因果关系错误。因果关系错误,是指行为人侵害某一对象所设想达

---

[17] 想象竞合犯是指行为人只实施一个行为,却在观念上好像触犯了数个罪名的情况。由于行为人只实施了一个行为,所以只能成立一个犯罪,但应当按法定刑较重的罪名为其定罪。

[18] 参见张明楷:《刑法学》(第3版),法律出版社2007年版,第226页。

[19] 参见张明楷:《刑法学》(第3版),法律出版社2007年版,第226页。

到结果的时间与实际发生结果的时间不一致，或者设想结果发生的原因与实际发生结果的原因不一致的情况。简单说，因果关系错误就是危害结果发生时间或发生原因与行为人设想的不一致。因果关系错误包括三种情况：

第一，后行为产生的结果。这种情况是指行为人为了达到目的而事前设计了两个相互配合的行为，当前一行为达到预想结果后就实施后一行为，但实际上事前设想的前一行为的结果是由后一行为导致的。例如，甲以报复乙为目的，事前设计了两个行为，一是将乙用绳索勒死，二是为了隐匿罪证，将乙扔至水中；但实际上乙并不是被勒死的，而是被水溺死的。在这种情况下，行为人为了达到杀人的目的而设计了两个行为，其客观上也实施了杀害行为，被害人死亡结果的发生也确实是由他的两个行为共同直接造成的，因而这种因果关系错误并不阻却故意，其行为仍应当认定为故意杀人罪既遂。

第二，结果提前发生。是指行为人为达到犯罪目的而设计了两个行为，前一行为是后一行为的手段，由后一行为来达到犯罪结果；但是实际上设想后一行为达到的结果却由前一行为导致而提前发生了。例如，甲为了报复乙而设计了两个行为，前一行为是给乙吃安眠药使其入睡，后一行为是待其入睡后用刀杀死。但实际上乙由于被服用安眠药过量导致死亡。我国刑法理论权威的观点认为，此案能否认定为故意杀人罪既遂，关键在于行为人在实施第一个行为时是否已经着手（是否存在具体危险），如果能得出肯定的结论，应该认定故意犯罪既遂；如果得出否定结果，则不应该认定故意犯罪既遂。又如，妻子为了杀害丈夫，准备了有毒咖啡，打算等丈夫回家后给丈夫喝。在丈夫回家前，妻子去超市购物。但在妻子回家之前，丈夫提前回家喝了有毒咖啡而死亡。由于妻子还没有着手实行杀人行为，只能认定为故意杀人预备与过失致人死亡罪的想象竞合犯。[20] 对于此结论，社会观念也很难接受。因为着手实施犯罪本身就是一个非常不好界定的概念。本案之准备好有毒食物，到底是犯罪预备，还是犯罪着手，仍非常难以判定。

本书认为，对于此案，应当从行为人准备好了有毒食物到危害结果发生的时间段内其是否改变杀人态度来客观分析，如果行为人改变了杀人态度，想防止危害结果发生，但为时已晚的，按故意杀人预备与过失致人死亡罪的

---

[20] 参见张明楷：《刑法学》（第3版），法律出版社2007年版，第228~229页。

想象竞合犯处理；如果行为人至危害结果发生时仍没有改变杀人态度的，还是希望被害人死亡的，应当认定为故意杀人既遂。

第三，设想结果发生的原因与实际结果发生的原因不一致。这种情况是指行为人本想用自己实施的犯罪工具导致结果发生，但实际上该结果是由于其预想不到的另一原因导致的。例如，甲以杀人故意用刀刺杀乙，使乙受伤，但乙为血友病患者，因流血过多而死亡；再如，甲为了使乙溺死而将乙推入井中，但井中没有水，乙摔死在井中；又如，甲以杀人故意向乙开枪射击，乙为了避免子弹打中自己而后退，结果坠入悬崖而死。[21] 对于这些案例的处理，应当坚持"因果关系并不是故意的认识内容"的原则，只要行为人认识到自己行为的性质和会发生的危害结果，其行为确实导致了该危害结果的发生，就应当认定其行为构成故意犯罪既遂。

2. 抽象的事实错误

抽象的事实错误，也称不同构成要件事实的错误，是指行为人所认识的事实与实际发生的事实不一致，并且这两种事实分别属于不同犯罪客观要件事实的情况。例如，行为人甲本想杀死一条狗，于是向"狗"开枪，可是由于他认识错误，误将被害人乙当成了狗，结果将乙打死。在本案中，"狗（属于他人所有的很贵重的犬种）"属于故意毁坏财物罪的对象事实；"人"属于故意杀人罪或者过失致人死亡罪的对象事实。抽象的事实错误只有对象的错误和打击错误两种类型，不存在因果关系错误。

（1）对象错误。对象错误是指行为人由于认识错误而误将甲对象当作乙对象来加以侵害，而甲对象与乙对象分别属于不同犯罪客观要件之事实的情况。例如，行为人本想盗窃一般财物，却误将枪支当作一般财物而加以盗窃。在本案中，"一般财物"属于盗窃罪客观要件的对象；"枪支"属于盗窃枪支罪客观要件的对象。

（2）打击错误。打击错误是指行为人对某一对象加以侵害时并没有认识错误，结果由于侵害行为发生偏差或效果扩大而侵害到另一对象，并且这两种对象分别属于不同犯罪客观要件之事实的情况。例如，行为人甲本想射杀被害人乙，便向其开枪，由于枪法不好，结果将乙附近一条名贵的宠物狗打

---

[21] 参见张明楷：《刑法学》（第3版），法律出版社2007年版，第227页。

死。在本案中,"人"属于故意杀人罪客观要件的对象;"狗"属于故意毁坏财物罪客观要件的对象。

(3) 抽象事实错误的处理原则。对于抽象事实错误(包括对象错误和打击错误)如何处理,学界存在抽象符合说与法定符合说之争。抽象符合说认为,在行为人所认识的客观要件事实与实际发生的客观要件事实相一致的限度内,承认故意犯罪既遂。但是,此说在如何认定两个犯罪客观要件事实相一致方面,无法准确把握。

法定符合说认为,只要认识到的事实与实际发生的事实不属于同一犯罪客观要件,就应当阻却故意犯罪既遂,仅成立故意犯罪未遂和过失犯罪的想象竞合。例如,行为人本想射杀狗,却打中了人,可认定为未遂的故意毁坏财物行为和过失致人死亡罪或过失致人重伤罪的想象竞合。由于刑法一般不处罚未遂的故意毁坏财物行为,所以只成立过失致人死亡罪或过失致人重伤罪。再如,行为人本想杀人,却打中了附近的一条狗,由于过失毁损财物不构成犯罪,所以只能认定故意杀人未遂。法定符合说比抽象符合说更具有合理性。

三、犯罪目的

(一) 犯罪目的之两种含义

学界通说认为,所谓犯罪目的,是指犯罪人希望通过实施犯罪行为达到某种危害社会结果的心理态度,也就是危害结果在犯罪人主观上的反映或预想。例如,某人在实施盗窃行为时,就有非法占有公私财物的目的;实施故意杀人行为时,就有非法剥夺他人生命的目的;实施诬告陷害行为时,就有使被诬陷者受到错误刑事追究的目的。直接故意的主观方面包含着犯罪目的的内容;直接故意的意志要素表现为行为人决意实施犯罪行为并且希望通过犯罪行为达到某种危害结果的心理态度,其中,对发生危害结果的希望、追求的心理态度,就是犯罪目的的内容。"由于直接故意的主观方面都包含犯罪目的的内容,因而法律对犯罪目的一般不作明文规定。"[22]

---

[22] 高铭暄、马克昌主编:《刑法学》(第4版),北京大学出版社、高等教育出版社 2010 年版,第 129 页。

通说所界定之犯罪目的，实质就是直接故意的意志要素。我们知道，直接故意由认识要素和意志要素构成。其中意志要素是指：希望自己的行为会发生危害社会的结果。所谓希望危害社会的结果发生，就是行为人积极追求这种结果发生；这种结果的发生，正是他通过犯罪活动所要达到的目的。[23]但是，通说所界定的犯罪"目的"的本质，与其所列举的例证却是矛盾的。例如，通说认为，对某些犯罪，《刑法》条文又特别载明了犯罪目的。如《刑法》第152条的走私淫秽物品罪，法律特别载明应"以牟利或者传播为目的"；《刑法》第217条规定的侵犯著作权罪，法律特别规定须"以营利为目的"；《刑法》第363条规定的制造、复制、出版、贩卖、传播淫秽物品牟利罪，法律特别规定必须"以牟利为目的"。这种规定的意义在于说明，这些犯罪不仅是故意犯罪，而且另外还要求有特定的目的。[24]如果说"分析这些犯罪构成要件便可以明确需要的犯罪目的"，那么，《刑法》再明文规定出这种目的又有何意义？这种矛盾的症结在于：通说界定的犯罪"目的"，其本质是直接故意的意志要素；而其所列举的犯罪"目的"的例证，其实质是犯罪故意之意志要素以外的主观要素。

可见，犯罪目的实际上指两种含义：一是直接故意中的意志因素，即行为人对自己的行为直接造成危害结果的希望（即意志要素之目的）；二是指在故意犯罪中，行为人通过实施行为达到直接危害结果后，所进一步追求的某种非法利益或结果（即动机意义的目的）。如刑法分则所规定的非法占有目的、牟利目的等。显然，后一种意义的目的，是比前一种目的更为复杂、深远的心理态度，其内容也不一定是观念上的危害结果；后一种意义的犯罪目的，实际上就是犯罪动机。后一种意义的犯罪目的，是某些犯罪的构成要件。[25]"在某种条件下，刑法可能同时承认行为人在某一行为过程中的两个犯罪目的。尽管在心理学意义上，这两个目的之间的关系是动机与目的之间的关系，但既然刑法已有明确规定，二者便同为犯罪目的，不过一个目的为

---

[23] 高铭暄主编：《中国刑法学》，中国人民大学出版社1986年版，第127页。

[24] 高铭暄、马克昌主编：《刑法学》（第4版），北京大学出版社、高等教育出版社2010年版，第129页。

[25] 张明楷：《刑法学》，法律出版社1997年版，第212~213页。苏惠渔先生也持相同的观点，参见苏惠渔主编：《刑法学》，中国政法大学出版社1997年版，第169~170页。

根本目的，一个目的为直接目的。"[26] 该观点将属于直接犯罪故意之意志要素称为直接目的；将犯罪动机称为根本目的。

之所以出现上述名不副实的情况，是由于我国刑法分则条文将某种犯罪必须具备的动机，绝大多数用"以……为目的"的模式来规定；在个别情况下也用"意图……"的模式。如《刑法》第243条规定诬告陷害罪的主观动机是"意图使他人受刑事追究"。为了与刑法规定相一致，我国刑法理论将此种犯罪称为"目的犯"，也有学者称为"意图犯"。[27]

(二) 意志要素意义之犯罪目的与动机意义之犯罪目的之区别

通过上述分析可知，刑法中的犯罪目的指两种含义：一是直接故意的意志要素；二是犯罪故意以外的深层次心理动因——动机。为了将直接故意的意志因素与犯罪动机区别开来，将直接故意之意志要素称为意志要素之犯罪目的，将犯罪动机称之为动机意义之犯罪目的是适宜的。这样既符合刑事立法用语，又方便理论研究和司法操作。

在英美刑法中，关于故意之意志要素与动机的区别有如下观点：第一，直接——间接标准。只有与行为最接近的是故意之意志要素，其他的间接目标都是动机。第二，手段——目的标准。具有手段意义的是故意之意志要素，具有目的意义的是动机。第三，时间标准。以故意之意志要素与动机在实际案件中存在的时间长短为标准，故意之意志要素仅仅和行为本身相关联，而动机则和通过行为想要达到的较远的事情相关联，故意随着时间的实施终结而消失；而动机则继续存在。动机持续的时间比故意长。第四，功能标准。动机是行为的力量源泉，而故意之意志要素则是行为的指导。动机决定是否实施行为，故意之意志要素决定如何实施行为。[28] 这些区别标准对于正确区分故意之意志要素与犯罪动机有借鉴意义。

(三) 动机意义的犯罪目的与犯罪故意的关系

从心理学上讲，动机（Motivation），指发动、指引和维持躯体和心理活动的内部过程。在具有特定目标的活动中，动机涉及这种活动的全部内在机制，包括能量的激活、使活动指向一定的目标以及维持特有组织的反应模式，直

---

[26] 高铭暄主编：《刑法学原理》（第2卷），中国人民大学出版社1993年版，第120页。
[27] 刘明祥：《财产犯罪比较研究》，中国政法大学出版社2001年版，第68页。
[28] 刘士心：《美国刑法中的犯罪论原理》，人民出版社2010年版，第67页。

到活动的完成。[29] 动机是决定行为的内在动力。动机一般是由本能、需要、驱力和诱因等引起的。

与动机不同，意志通过行为表现出来，受意志支配的行为称为意志行为。意志是人类特有的心理现象，意志表现为意识对行为的调节。这种调节表现为发动和制止两个基本方面。前者表现为推动人们实施达到目的的计划，后者表现为制止与目的不相符合的愿望与行动。[30] 动机与意志的关系表现为：动机是形成意志的前提，意志直接调节行为，可将其过程具体表示为：动机→意志→行为。

从刑法学上分析，因为意志要素意义的犯罪目的，实际上就是直接犯罪故意的意志要素，它无疑属于直接犯罪故意的构成要素。但是，动机意义的犯罪目的不属于犯罪故意的内容。"犯意（动机）是和构成要件的结果相应的，但这些特殊的主观要素又超过了结果，所以它们又被叫作超主观要素或纯主观要素，并因此而把具有这种超主观要素的犯罪称为目的犯。"[31] "相对于故意的认识对象是犯罪的客观事实，而动机意义的犯罪目的则缺乏与之相对应的客观的要素（或者超越了客观的要素的范围），这一点与故意不同。"[32]

总之，动机意义的犯罪目的，不是犯罪故意的内容。犯罪故意与犯罪客观要件之结果能够相对应，而动机意义的犯罪目的超过了犯罪客观要件的结果，所以，它是故意之外的主观要素。

（四）动机意义的犯罪目的与犯罪主观要件的关系

动机意义的犯罪目的，只有被刑法分则规定时，才可能成为某个犯罪的主观要件。这种犯罪也被刑法理论称为目的犯。这就可以得出结论，动机属于刑法分则特别规定的主观要件，是独立于直接故意之外的主观要件。"犯罪的故意与过失的含义在总则中已有规定，人们可以根据总则的规定以及分则所描述的行为特征，概括出具体犯罪的主观要件的内容，分则只需要就特定

---

[29] 孟昭兰主编：《普通心理学》，北京大学出版社1994年版，第358页。
[30] 彭聃龄主编：《普通心理学》，北京师范大学出版社1988年版，第474~476页。
[31] [日]小野清一郎：《犯罪构成要件理论》，王泰译，中国人民公安大学出版社1991年版，第105页。
[32] [日]野村稔：《刑法总论》，全理其、何力译，法律出版社2001年版，第109页。

的（动机意义的）目的进行规定。"[33] 这就表明，如果动机意义的目的，是一种犯罪成立的必备因素的话，那么它就应该由分则明文加以规定。换言之，只有在刑法分则有规定的情况下，动机才可以成为犯罪主观要件。

在这一点上，动机意义的犯罪目的与犯罪故意不同。犯罪故意是行为人在对行为的性质、结果产生了认识的基础上，对行为的危害结果所持的希望或放任的心理态度，犯罪故意总是以行为性质和行为的危害结果为内容。因此，犯罪故意一般由刑法总则规定，人们只要根据总则的规定以及分则所描述的行为特征，就能够概括出具体犯罪的故意内容；而动机意义的犯罪目的由于它并不是以行为的危害结果为内容，是超出故意内容之外的主观心理态度，所以，刑法总则关于故意的规定不可能包括它。因此，只要刑法分则没有特别规定，它就不可能成为犯罪主观要件。

（五）动机意义的犯罪目的之规定方式

1. 明文规定的方式

由于动机意义的犯罪目的，是犯罪故意之外的主观要件，所以必须由刑法分则明文规定出来。比如，《刑法》第152条规定，走私淫秽物品罪必须"以牟利或者传播为目的"；《刑法》第164条规定，对非国家工作人员行贿罪必须"为了谋取不正当利益"；《刑法》第217条规定，侵犯著作权罪必须"以营利为目的"；《刑法》第218条规定，销售侵权复制品罪必须"以营利为目的"；《刑法》第228条规定，非法转让、倒卖土地使用权罪必须"以牟利为目的"；《刑法》第243条规定，诬告陷害罪必须具有"意图使他人受刑事追究"的动机；《刑法》第389条规定，行贿罪必须"为谋取不正当利益"等，刑法之所以明文规定动机意义的犯罪目的，是因为行为人只有具有这样的犯罪动机，其实施的行为对于法益的侵害程度才比较严重，进而才能构成犯罪。另外，刑法规定了动机意义的犯罪目的作为主观构成要件，主要是为了限制犯罪化范围。比如，刑法分则明文规定，只有"以牟利或传播为目的"而走私淫秽物品的行为才构成犯罪，那就意味着不"以牟利或传播为目的"的走私淫秽物品的行为，比如说为了自己欣赏而走私淫秽物品的行为，不构成犯罪。

---

[33] 苏惠渔主编：《刑法学》，中国政法大学出版社1997年版，第389页。

2. 学理解释且得到司法解释认可的方式

后文列举的犯罪，刑法并没有明文规定其必须具有犯罪动机，但根据学理解释，我国《刑法》第263、264、266、267条规定的抢劫罪、盗窃罪、诈骗罪和抢夺罪，必须以非法占有为目的，才能构成本罪。这种解释都得到了相关司法解释的明文承认。但是，刑法条文并没有明确规定这些取夺型财产犯罪的构成要件需要"以非法占有为目的"。刑法分则之所以不明文规定这种犯罪动机，是因为根据本罪的法益侵害性的要求，当然可以推导出侵害此罪法益的行为必须具有该种动机；否则，行为人如果不具有此种动机，就不可能构成对本罪法益的侵害。因此，刑法不再累赘地规定此罪之动机。在我国刑法中，取夺型财产犯罪必须具有"非法占有目的"，虽然不是刑法分则明文规定的，但已经被刑法理论和司法解释所普遍认同。

第三节 损人意志

一、损人意志概述

（一）损人意志的概念

损人意志就是想损害自己以外的其他自然人、其他单位、社会和国家利益的心理态度。对于这个概念，应当作如下理解：

1. 损人意志即规范违反意志

损人意志，也叫规范违反意志。这里的"规范"，是指国家、社会制定或认可的伦理规范。这种规范不能称作法（指实定法），它的存在要先于实定法；它的调整范围要广于实定法。德国刑法学家宾丁认为，规范是指逻辑上先于刑法的其他法律规范，也包括习惯规则；另一位著名德国学者麦耶认为，规范是指刑法根植于其中的文化规范。[34] 日本学者小野清一郎认为，规范是指作为法律根底的伦理规范，即人伦生活的事理、道理和道义。[35]

---

[34] 参见马克昌主编：《近代西方刑法学说史略》，中国检察出版社1996年版，第210、229页。

[35] 参见［日］小野清一郎：《犯罪构成要件理论》，王泰译，中国人民大学出版社2004年版，第30页。

2. 损人意志所违反的是核心伦理规范

人类社会从存在伊始，就逐渐地意识到并开始主张、倡导用一些规范来调整个人与他人、个人与集体、个人与社会之间的关系，调整利益取得、利益归属、利益保护的关系，调整人之自然本性与人之社会属性的关系。这些规范要求人们：一旦利益归属确定有效，任何一个人（包括团伙、集团）都不能损害他人和社会的利益。人既是个体的，也是社会的。个人要想取得自己的利益，必须尊重他人利益。如果一个人无端地损害他人的利益，那么他实际上就是损害自己。个人和他人、个人和社会之间，一定要存在着一个互不侵害、相互尊重的边界线，这就是秩序。

人的本性是利己。这种本性是一种自然属性，是人的一种内部固有属性。它无所谓恶，也无所谓善。只有当人的自然本性与社会的目的、社会的需要产生了联系，进行了比较，并用社会目的、社会的需要来衡量它时，它才具有了"恶"或"善"的意义。具体说，一种利己的本性，只有当它损害他人利益、社会利益时，它才是一种恶；当它不损害他人、不损害社会时，它就不是恶，甚至是一种善。例如，一个人为了自己的利益而合法地、辛勤地劳作，就是一种善。虽然它（指利己）是利己的，但它对于社会有利，又不损害他人，就是一种善。

所以，伦理规范核心内容就是调整"人的利己本性"和"人的社会属性"之间关系。这些规范由于其调整的是人伦关系而得名为伦理规范。伦理规范普遍认为"利他不损人"是高尚的；"利己不损人"也是道德的。相反，"损人不利己不利他"是极不道德的；"损人利己"是不道德的；"损人不利己而利他"也是不道德的。后三者的不道德性、反道德性的量依次减弱。从上面的五个规范的比较可知，"损人"是不道德的核心要素；相反，只要"不损人"（勿损人），无论是"利他不损人"还是"利己不损人"都是符合道德的。所以，"勿损人"就成为最基本的伦理底线，不能突破。个人的利己本性，必须在不损人的界线内发挥作用，才是社会允许的，才是道德的。

于是，"勿损人"就成为了社会核心的伦理规范。为了保障个人、他人、集体、社会之间的利益秩序，为了使个人的利己本性在合理的范围内发挥作用，社会就大张旗鼓地主张、倡导、奉行这个核心伦理规范——"勿损人"。社会上的其他生活道德规范、职业规范、法律规范等，都是"勿损人"规范派生出来的低层次规范。也可以说，从规范的层次上讲，"勿损人"是核心规范，社会上的其他规范都是非核心规范，或者说是派生规范。

(二)"勿损人"之核心伦理规范地位及其养成

根据内涵与外延的反变关系法则，概念的内涵越小、越抽象，它的外延就越广泛。"勿损人"是社会的核心伦理规范，其内涵高度抽象和高度概括，这就决定了它有无比广泛的外延和适用范围。国家、社会制定的各种具体道德规范、职业规范、法规范，都是以"勿损人"规范为基础。或者说，各种具体道德规范、职业规范、法规范，都是"勿损人"规范在社会生产、生活的某个方面、某个层次上的展开。"勿损人"规范可以对所有法规范的合理性加以说明，并为其提供伦理根据。

自有社会以来，"勿损人"规范就逐渐地被人们所意识到，逐渐地被社会所主张、倡导，并为社会绝大多数的成员所遵守。每个人自出生到成年，从父母、周围人群、社区意识的日常教导中，从幼年、少年直到成年的每一个阶段的正规教育中，都不断地从不同的侧面获得"勿损人"规范意识的培养。这种长期的、多方面、多角度的"勿损人"的教育，使人们从心理上逐渐养成了"勿损人"的意识和意志。这种"勿损人"的意识和意志的培养，远比实定法教育、实定法规范意识的培养，在时间上更早，在内容上也更丰富得多。

二、损人意志是主观恶性的本质所在

(一) 主观恶性的含义

关于主观恶性的含义，学界有不同的观点。有观点认为，主观恶性是指犯罪人通过犯罪行为所表现出来的恶劣的思想意识和品质，反映了犯罪人思想上反社会的程度，亦即"蔑视社会"的程度，并表现为应受道义上和法律上责难的程度。[36] 也有学者认为，主观恶性是指行为人对现实的破坏态度及与之相适应的在行为方式上的反社会心理特征。[37] 借鉴前两种观点，本书认

---

[36] 参见苗生明："刑事责任归责要素与阻却事由初探"，载《烟台大学学报》（哲学社会科学版）1998年第3期。

[37] 参见宋伟卫："包含抑或并立——人身危险性与主观恶性之辨析"，载《宁波大学学报》（人文科学版）2007年第5期。

为，主观恶性是指支配行为人实施危害行为的，违反核心伦理规范——"勿损人"的意志，即行为人在内心产生了要损害别人利益的想法——损人意志。主观恶性与损人意志是同义语。

(二) 主观恶性与人身危险性的区别

目前，在我国刑法理论中，主观恶性和人身危险性两个概念经常被并列使用。有些人甚至认为两者是同一个事物，或者认为两者区别不太大，从而导致了这两个概念的混淆。为了弄清楚主观恶性与人身危险性的区别，我们必须先弄清楚人身危险性的含义。我国刑法理论对于人身危险性的含义有较大争议。

狭义说认为人身危险性不包括初犯可能性，只包括再犯可能性；广义说则主张，除再犯可能性以外，初犯可能性也应该是人身危险性的内容。广义说是目前的通说。事实上，无论是对初犯可能的判断，还是对再犯可能的判断，其实质都是对具有危险状态的人是否会实施犯罪的判断，两者实际上是基于不同的主体对象而对人身危险性所进行的一种分类。对于没有犯过罪的人而言，人身危险性就是初犯可能性；对于已经犯过罪的人而言，人身危险性就是再犯可能性。针对社会上所有具有危险状态的人而言，人身危险性既包括初犯可能性，也包括再犯可能性。统一来说，它就是一个人犯罪的可能性。[38]主观恶性与人身危险性有如下根本性区别：

(1) 本质不同。主观恶性属于行为的范畴，是对支配行为之心理态度的评价；人身危险性属于人格的范畴，是对行为人的评价。前者属于已然的范畴，是对已然心理事实的评价；后者属于未然的领域，是对未来可能实施之行为的预测。

(2) 表现形式不同。主观恶性主要表现为故意与过失两种形式；而人身危险性则表现为初次犯罪可能性和再次犯罪可能性两种形式。

(3) 评价要素不同。主观恶性的评价要素如下：其一，"明知自己的行为可能发生危害结果"，并且"希望、放任危害结果"发生；其二，"应当预见到自己行为会发生危害结果"，但是由于疏忽大意而"没有预见"，或者虽然已经预见但在"能够避免危害结果"的情况下，由于违反义务最终还是没能

---

[38] 参见宋伟卫："包含抑或并立——人身危险性与主观恶性之辨析"，载《宁波大学学报》（人文科学版）2007年第5期。

避免，前述要素是法定的心理事实类型；而人身危险性的评价要素主要包括个人生理因素、个人成长的社区环境、社会因素和自然环境因素等，这些因素都是实证性的事实要素。

（4）功能不同。主观恶性主要决定罪质。"有害无恶不为罪"，只有危害行为，没有主观恶性，就不是犯罪。有时主观恶也决定罪量，主观恶小的，犯罪的量（危害性）也就小；而人身危险性主要决定刑罚量，这也就是说，人身危险性在一般情况下表现为量刑情节。

（5）一般性与个别性不同。主观恶性是通过故意、过失要件反映出来的，通过法定的心理事实类型及法定的评价要素对于已经发生的行为进行当时的心理态度的评价，这种评价往往具有一般性、抽象性，并不针对具体个人，得出的结论也是一般性的；而人身危险性是实证性判断，它是根据行为人个体在长期的成长历程中表现出来的多种事实要素进行评价所得出的结论。人身危险性是一个变量而不是一个定量，所以它极具个别性和差异性。

（6）两者并无必然的正比关系。人身危险性与主观恶性的评价量值没有必然的正比关系，也不存在反比关系。人身危险性的大小不能说明主观恶性的大小。反之亦然，主观恶性的大小也不能说明人身危险性的大小。纯粹就人身危险性来说，有时过失犯罪者甚至可能会比故意犯罪者得到更大的人身危险性评价。比如，一个根本不遵守交通规则的司机可以说是一枚"浮动的水雷"，而相较之下，在受到多年的欺凌后在忍无可忍的情况下，一个温和而有耐心的人杀死了迫害他的人，该行为人完全可能不再犯罪。[39]前一行为人构成过失犯罪的再犯可能性，要比后一行为人的再犯可能性大得多。

（7）各自的评价要素所存在的时间不同。主观恶性的评价要素存在于犯罪行为之时，并通过已然的犯罪行为表现出来；人身危险性的评价要素存在于犯罪行为之前较长的时期内或犯罪行为之后一定的期间。在犯罪行为之前，行为人的成长经历、生活的社区环境等因素决定了行为人的人身危险性程度；在犯罪行为之后一定期间，行为人对于犯罪行为的态度也决定行为人的人身危险性程度。但是，主观恶性的评价要素只存在于犯罪行为发生之当时，并与犯罪行为同时存在。

---

[39] 参见宋伟卫：《包含抑或并立———人身危险性与主观恶性之辨析》，载《宁波大学学报》（人文科学版）2007年第5期。

三、主观恶性之评价标准的层次

(一) 主观恶性之评价标准的层次概述

主观恶性到底用什么标准来评价？对此我国刑法学界有两种观点：一种观点认为，主观恶性集中体现在罪过这一概念上，罪过的心理状态体现了犯罪人的主观恶性，主观恶性与罪过是同义语。[40] 另一种观点认为，主观恶性的大小主要取决于罪过，但同时还应考虑犯罪人罪前、罪中和罪后的其他相关因素。[41]

本书认为，主观恶性是对行为人的心理态度违反伦理规范的负价值判断结论。它是一种关系的属性，是心理态度与价值标准之间的对比关系。我国《刑法》第14、15条从正面规定，犯罪在主观方面都必须具备故意或过失要件；第16条又从反面规定，行为虽然在客观上造成了损害结果，但不是出于故意或者过失，不能被评价为犯罪。这就等于刑法明文规定：判断行为人的心理态度是否具有主观恶性，必须以故意、过失要件为标准。一般情况下，行为人的心理态度符合故意、过失要件的，就具有主观恶性，不符合故意、过失要件的，就不具有主观恶性。但是，特殊情况下，行为人的心理态度符合了故意、过失要件，也可能不具有主观恶性，这就需要用"损人意志"作为最高标准来进一步判断行为人的心理态度是否具有主观恶性。

在英国刑法中，在13世纪前，只要证明客观行为就能定罪，实行结果责任制；13世纪后，由于受到宗教中"罪恶"（Sin）观念的影响，英国法院开始在定罪时要求证明被告人具有"邪恶的意图"（Vicious Will），并将这种"邪恶的意图"用拉丁语概括为"Mens Rea"。在英美刑法中，不论是普通法还是制定法，除了严格责任犯罪之外，都要求行为人主观上具有一定程度的犯罪心态。如果不能证明被告人具有可责的心理态度，就不能追究他的刑事责任。

"犯罪心态"（Mens Rea）一词在英美刑法理论中经常被用于多种含义，大体说来有两种含义：一是"可责性"（Culpability）意义的犯罪心态；二是

---

[40] 参见陈兴良：《刑法哲学》，中国政法大学出版社1992年版，第28~29页。
[41] 参见苗生明："刑事责任归责要素与阻却事由初探"，载《烟台大学学报》（哲学社会科学版）1998年第3期。

"要素"（Elemental）意义的犯罪心态。"可责性"意义的犯罪心态是犯罪心态要素在发展早期所具有的含义，也有学者将其称为传统的犯罪心态（Traditional Mens Rea），泛指一切主观伦理可责性。其内容被解释为各种各样的含义，如"不道德动机"、"邪恶意图"、"罪恶地"（Feloniously）、"违法地"（Unlawfully）、"恶意地"（Maliciouly）、"堕落地"（Corruptly）、"欺骗性地"（Fraudulently）、"有意地"（Willfully）等。[42] 通过比较可知，可责性的犯罪心态就是主观恶性；而要素意义的犯罪心态就是故意、过失等法定类型。一般而言，要素意义的犯罪心态是判断主观恶性有无及其程度的具体标准。

总之，主观恶性的评价标准有两个层次：一是具体类型化的标准，包括故意和过失要件；二是抽象的实质化的标准，即损人意志，这是一种对"勿损人"规范的违反意志。

（二）故意要件是主观恶性的第一具体标准

我国《刑法》第 14 条第 1 款规定："明知自己的行为会发生危害社会的结果，并且希望或者放任这种结果发生，因而构成犯罪的，是故意犯罪。"根据此规定，行为人在实施危害行为时，其心理态度只有同时符合故意型主观要件，才能被评价为具有故意型的主观恶性。

行为人明知自己的行为会发生危害社会的结果，是故意的认识要素。行为人对自己行为导致危害结果的发生，所抱的希望或者放任的心理态度是故意的意志要素。故意的认识要素和意志要素并不是中性、无颜色的心理事实，而是被立法赋予了否定性价值内涵的事实，是承载着"违反伦理"、"主观恶性"、"损人意志"之价值的事实。根据价值判断的规则，我们把"认识到了自己的行为会发生危害社会的结果"的心理认识和"希望、放任、不反对、同意这一危害结果发生"的心理意志结合起来，再与"勿损人"之伦理规范相比较，就会得出：具有故意类型心理态度的行为人在意志上一般都违反"勿损人"的伦理规范。换言之，凡是符合故意要件的心理态度，一般都是一种想损害别人利益的态度，是与"勿损人"规范相对立的态度。在刑法领域内它就是主观恶性的一种形式。

（三）过失要件是主观恶性的第二具体标准

我国《刑法》第 15 条第 1 款规定："应当预见自己的行为可能发生危害

---

[42] 刘士心：《美国刑法中的犯罪论原理》，人民出版社 2010 年版，第 55 页。

社会的结果，因为疏忽大意而没有预见，或者已经预见而轻信能够避免，以致发生这种结果的，是过失犯罪。"根据这一规定，过失有两种类型：一是疏忽大意过失；二是过于自信过失。下面分别论述这两种过失所承载的主观恶性。

1. 疏忽大意过失所表达的主观恶性

刑法明文规定疏忽大意过失的要素包括"应当预见"和"没有预见"两个。无论是"应当预见"，还是"没有预见"，都既是一种心理事实的描述，也是一种被赋予否定性价值内涵的心理事实。

（1）疏忽大意过失的心理事实基础。《刑法》第15条规定的"应当预见自己的行为可能发生危害社会的结果，因为疏忽大意而没有预见"，到底是一种心理事实，还是没有心理事实的"空"价值判断，在学界有非常大的争议。过失之心理事实否定论者认为，过失基本上是一种法律评价，是对主体是否遵守与其行为相关的注意义务的判断。在过去，人们曾多次试图寻找过失存在的心理学根据，但最终一无所获。[43]有英国学者也认为，过失意味着某人在心理上完全缺乏特定的思想，即空虚。[44]本书认为，这种观点是错误的。既然承认过失是一种罪过，是一种主观恶，是一种规范评价，是一种价值判断，就必须同时承认过失也是一种与价值判断或规范评价相对应的（心理）事实。如果它不是一种事实的话，就不能承载着价值判断或规范评价。这是因为：一方面，价值一定是与事实相联系并附着于事实之上的东西，绝不是事实本身；另一方面，价值也绝不能脱离事实、独立于事实。事实和价值统一、描述性与评价性统一，是一切价值判断（包括规范评价）的基本规律。"价值表达往往获得——由于用于衡量它们的标准固定不变——某种描述的力量"。[45]描述性也就是事实性。道德中使用"善"这一词一定有一组事物的特征可被定义为"善"，使用"恶"这一词也必然有一组事物的特征可被定

---

[43] 参见［意］杜里奥·帕多瓦尼：《意大利刑法学原理》，陈忠林译，法律出版社1998年版，第216页。
[44] 参见［英］塞西尔·特纳：《肯尼刑法原理》，王国庆等译，华夏出版社1989年版，第43页。
[45] 参见［英］理查德·麦尔文·黑尔：《道德语言》，万俊仁译，商务印书馆1999年版，第10页。

义为"恶"。[46]。一组事物之特征就是一定类型的事实,这一类型事实承载了"善"和"恶"的价值。价值与事实、规范性与描述性是不可分离的,是一存俱存、一损俱损的关系。所以,既然我们承认过失是一种规范性评价,就必然承认它有对应的心理事实。

疏忽大意过失表现为对危害结果"没有预见",所以有人认为它是一种事实空虚。其实,从心理学上讲,在研究"没有预见"的意义时,它一定存在着特定的心理事实。这种心理事实就是"没有预见"的起因或根底。这里所研究的是特定的、直接导致行为人对于自己行为侵害法益结果无认识的起因或根底。这种起因或根底其实是一种长期积淀的心理事实,即经验意识或潜意识。

首先,我们来分析疏忽大意过失心理事实的根底——经验意识。经验意识并不是人们头脑随意想象的产物。它是人们在反复的行为实践中产生的思维定式。从本质上说,经验如同条件反射那样,是大脑内各功能区之间后天形成的反射联络。这种联络也许是感觉与感觉之间的,也许是感觉与感受之间,或感觉与操作之间,或感受与操作之间等建立起来的对应联络。[47]经验与我们的生活是如此的密切,以至于我们有时很难说清楚人的每一行为或认识活动是经验的还是非经验的。有时我们都没有想过为什么要这样做,但经验却迫使我们不得不这样做。经验是一种下意识,我们大量的重复性的行为都是在经验支配之下进行的。经验使我们大脑的思维活动减轻了负担,使我们的脑力和体力付出处在更为经济的状态之中。[48]

行为是人有目的的操作过程。它实际是人为了达到某种目的所进行的一系列有序的操作活动。而受经验支配的行为,也是由一系列操作经验组成的复合经验。行为经验可以区分为两种:一种是符合专业操作规程、符合社会伦理的行为经验;一种是图省事、怕麻烦、损人利己的行为经验。前者是有利于社会的;后者是有害于社会的。疏忽大意的经验意识,就属于后者。疏忽大意过失是行为人在长期工作、生活过程中积淀下来的对于自己行为可能

---

[46] 参见[英]理查德·麦尔文·黑尔:《道德语言》,万俊仁译,商务印书馆1999年版,第82页。

[47] 参见石明:《价值意识》,学林出版社2005年版,第149页。

[48] 参见石明:《价值意识》,学林出版社2005年版,第175页。

"损人"之结果的漠视情绪。

　　与所有经验意识的形成一样，疏忽大意过失之经验意识的形成，同样受到"行为最大限度地满足目的"这一定律的决定。每一种行为经验的产生都是在"行为最大限度地满足目的"这一定律的支配下进行的。在行为的所得后果价值不变的条件下，行为人往往选择那些付出代价最小的行为，使其所付代价趋于最小化。行为经验的形成或强化总是使自己的行为朝着最为经济或最为省力的方向演变。[49]

　　但是，在后果价值不变的情况下，代价少、成本省的量是有限度的。符合专业技术操作规程、符合社会伦理的行为，表面上看，都很麻烦、都很繁琐，对于行为人本人来说，这是代价大、成本高的，但对于全社会整体利益而言，却是代价小、成本少的；行为人为了个人代价小、成本少，而有目的、有意识地不顾专业操作规程和社会伦理规范，长期在工作、生活中按最有利于自己（实际上危害社会）的行为方式行事，就形成了"漠视行为后果"、"办事态度不认真"、"处处想省力"、"事事怕麻烦"、"对他人利益冷漠或无视"的经验意识。而这一经验意识的形成，恰恰是在行为人追求本人最大利益（表现为减少付出）而忽视社会最大利益的目的支配之下形成的。用公式表达疏忽大意过失的心理事实过程是：追求个人最大利益→怕麻烦、少付出→漠视社会或他人利益→对自己行为可能危害他人利益无认识。在这种无认识之前，作为其起因或根底的，是有目的、有意识的经验意识，是实实在在的心理事实。能够承受且应当承受主观恶性评价的，就是这一心理事实。

　　其次，我们来分析疏忽大意过失之心理事实的另一种表述——"潜意识"。持过失"心理事实"肯定说的弗洛伊德认为，过失心理的核心是"潜意识"（Unconscious）。潜意识指导被压抑的欲望、本能冲动以及替代物（如梦、癔症）。潜意识的主要特点是非理性、冲动性、无道德性、反社会性、非逻辑性、非时间性、不可知性、非语言性。它是心理的深层次基础和人类活动的内驱力，它决定着全部有意识的生活甚至包括整个个人和民族的命运。弗洛伊德认为，过失的心理机制由两个因素构成：①倾向和倾向的冲突；②有一倾

---

[49] 参见石明：《价值意识》，学林出版社2005年版，第181页。

向被逐而产生过失以求补偿。[50]

实际上，潜意识和经验意识是既大体相同又有微小区别的事物。相同之处是：两者都是下意识，都区别于显意识。两者之间的联系是：潜意识是相互牵制的两个心理倾向之间的作用过程；而经验意识就是其中的一个倾向。过失的"图省事、不用心、不认真"的经验倾向，牵制了行为人对于危害结果应当认识的倾向；结果导致后一倾向被逐或不存在，就产生了过失。其区别是：对于偶发性的、突发性事件中的过失（普通过失）心理，往往是潜意识在起作用；对于专业操作和执行职务过程中的业务过失（技术渎职和公务渎职），往往是经验意识在起作用。

作为疏忽大意过失的起因、根底的经验意识或潜意识，只是心理学意义的心理事实。它们只有被归纳、抽象、概括为刑法明文规定的类型化的心理事实即法定要件时，才能作为司法评价主观恶性的价值标准。《刑法》第14条将这种经验意识或潜意识定型为两个法定要素：一是应当预见自己的行为会发生危害结果，简称"应当预见"；二是由于疏忽大意而没有预见，简称"没有预见"。

"应当预见"而"没有预见"是疏忽大意的认识要素，这是毫无疑问的。但是在疏忽大意过失的心理事实中，是否存在意志要件，学界存在不同的认识。有观点认为：疏忽大意过失有意志因素，并认为没有发挥主观认识能力的状态——疏忽，就是这一意志因素。[51] 也有观点认为，疏忽大意过失，在意志因素上，对危害结果的可能发生，持排斥态度，这就是它的意志因素。[52] 本书认为，疏忽大意过失没有意志因素。意志一定与对行为及结果的认识直接联系，意志因素一定是对于结果的追求、放任、同意或反对的心理态度，这一态度一定建立在对行为结果有认识的基础上。对于行为结果没有认识，没有预见，何来对于危害结果的追求、放任或反对等心理态度？对于危害结果有认识是意志产生的前提和基础，原因（前提和基础）不存在，结果何来？正所谓"皮之不存，毛将焉附"，虽然在现实生活中疏忽大意过失的

---

〔50〕 参见［奥］弗洛伊德：《精神分析引论》，高觉敷译，商务印书馆1984年版，第50页。转引自陈兴良："过失责任论"，载《法学评论》2000年第2期。

〔51〕 参见陈兴良："过失责任论"，载《法学评论》2000年第2期。

〔52〕 参见高铭暄、马克昌主编：《刑法学》，北京大学出版社、高等教育出版社2000年版，第120页。

行为人，在危害结果发生后，对于这一结果往往持排斥、反对态度，但这只是事后态度，绝不是事先支配行为的心理态度。我们切不能将事后心理态度直接等同于支配行为的事前态度，因为事后态度与事前态度毕竟是两码事。虽然两者往往一致，但也有不一致的情况。

（2）疏忽大意过失之"应当预见"的价值内涵。疏忽大意过失的心理事实是被类型化的事实。刑法中的要件、要素等，往往是用来表达事实性特征的，或被称为典型事实、构成事实等。"应当预见"，能不能称为要素，或者说是不是典型事实、构成事实，学界对此有不同的观点，但普遍认为，"应当预见"只是规范，不具有事实性，所以，"应当预见"不能称为要件、要素。

本书认为，"应当预见"，既然是规范的表达，就必然也是事实的描述。"应当"是一个价值词、规范词，它一定同时具有描述性和评价（规定）性。"应当（应该）"总是与"反复出现的情况"、"类似的、类型化的情况"、"实际知识"相联系着，即与事实相联系着。所以，"应当"总是具有评价性力量和描述性力量。"应当"语句的描述性功能或提供信息的功能，与人们一般地接受或人所共知地接受这一原则的程度成正比例增加。[53] "应当"实际上是以事实为例证，去指导、规范人们的行为。如果没有任何事实性，没有任何标准或这种标准根本不为人们所知道，它就没有任何描述性意义。而没有描述意义的规范，是不能被人理解的、执行的，也不能用来规范和指导行为，除非它是神秘的宗教教义。对于不理解何为"转舵"（转舵的描述性意义、转舵的事实性）的人来说，"转舵"永远不能成为规范、命令。同样，对于不知其"描述性意义"、"事实性意义"的人来说，"应当（应该）"同样是不可理解的，不可执行的。当一个人教导另一个人说："你应当这样做！"，被教导的人一定要问"为什么？"，除非被教导的人负有绝对服从义务或者其是一个不会思考的人。这时，教导者就一定要解释"应当"的含义、"应当"所包含的"为什么"。否则，这个"应当"就不能被理解，当然也不能被执行。"应当"的含义、"应当"包含的"为什么"，就是描述、就是事实。

同样，疏忽大意过失中的"应该预见"，也是与"不断出现的、类似的或类型化的"可预见的心理事实情况相联系着的。正因为它指涉了"不断出现

---

[53] 参见［英］理查德·麦尔文·黑尔：《道德语言》，万俊人译，商务印书馆1999年版，第152页。

的、类似的、类型化的"能预见、可预见的心理事实特征,所以,它才能规范、指导、命令、评价行为人的心理态度。正因为"应当预见"一定指涉了某种的事实特征,所以它才能为心理态度的评价提供标准。一句话,"应当预见"具有事实性,它描述了一定的事实特征,而且这一事实特征是包含于刑法明文规定中的,所以可称为要件或要素,且属于心理态度之认识要件或要素。比如,行为人是一名经验丰富的老驾驶员,在启动汽车倒退时,没有注意汽车周围的状况,以致将一个在汽车后面玩耍的小孩轧死。在此案例中,行为人身为一名驾驶员应当在启动汽车时注意汽车周围的状况,否则极易造成危害结果;但他因为疏忽大意而没有预见,以致造成严重后果。此处行为人的心理态度就是一种典型的疏忽大意的过失。这是因为此时我们把行为人的"应当预见",与老驾驶员的认识能力、对汽车周围状况的反应(具体心理事实)联系到了一起,并认为本案中的具体心理事实,与"应当预见"所指涉的典型心理事实相符合。

从法定的认识要件上分析,疏忽大意过失的"应当预见",是指行为人在行为时负有预见到行为可能发生危害结果的义务,并具有预见的可能性(预见能力)。"应当预见"即预见义务,不仅包括法律、法令和各种规章制度所确定的义务,而且也包括日常生活的伦理规范所要求的义务。但是,法律不强人所难,不会要求公民去做他实际上不可能做到的事情,而只是对有实际预见可能的人赋予其预见的义务。因此,预见义务是以预见可能为前提的。如果行为人不可能预见而造成危害结果的,即使结果再严重,也不应被评价为具有主观恶性。如此,"应当预见"要素,又具体由"预见义务"和"预见能力"两个要素构成。同样,"预见义务"和"预见能力"也是两个既具有事实性又具有规范性的要素。

(3)疏忽大意过失之"没有预见"的价值内涵:

首先,"没有预见"是一种对于心理事实的描述。它指的是行为人在行为时没有认识到自己的行为可能发生危害社会的结果。这种主观上对于可能发生危害结果的"无认识状态",是一种心理事实。我们绝不能把"无认识"与"无心理事实"画等号。说"无认识"是心理事实,是因为它恰恰描述、说明、阐释了行为人此时心理状态的特征。凡是对于事实特征的描述,都是一定的事实类型。

其次,"没有预见"也是有起因和根底的。这正是疏忽大意的经验意识或潜意识。正是这种经验意识或潜意识的心理事实,导致了行为人没有预见危害结果的发生。应当承受负价值判断(否定性评价)的,不是"没有预见"的心理事实特征,而是导致"没有预见"的根底——经验意识或潜意识的心理态度。

最后,"没有预见"也包含有规范性或评价性。这表现为:如果行为人"没有预见"的事实恰恰是现实生活中"应当预见"、"可能预见"的事实,那么这正是"没有预见"值得谴责的地方;反之,如果"没有预见"到的事实,是"不应当预见"、"不可能预见"的心理事实,就不值得谴责。在这里,"没有预见"已经是被评价的、值得谴责的心理事实特征。

2. 过于自信过失所表达的主观恶性

过于自信过失,是指行为人已经预见到自己的行为可能发生危害社会的结果,但轻信能够避免,以致发生这种结果的心理态度。比如,行为人驾车,虽明知强行超车会肇事,但认为路面较宽,而且自己驾驶技术高超,于是强行超车,导致车祸,造成人员伤亡。在此案中,行为人已经预见到自己的强行超车行为可能导致车祸,但自认为路面较宽、自己技术高超,超车行为不会发生车祸,结果却是事与愿违。此处行为人的心理态度就是一种典型的过于自信过失。

过于自信过失的认识要素表现为行为人已经预见到自己的行为可能发生危害社会的结果,反映了行为人履行了部分预见义务;过于自信过失的意志要素表现为轻信能够避免危害结果发生,反映了行为人违反危害结果回避义务。这恰恰是行为人的意志违反伦理规范之所在。

社会以"勿损人"这一核心伦理规范为基础,构建了一系列派生规范。这些派生规范涵盖了社会生活的方方面面和社会生产的各个领域。这些派生规范不仅包括"危害结果预见义务",也包括"危害结果回避义务"。当行为人预见到自己的行为可能损害他人时,就应当抑制自己的行为。如果行为人预见到自己的行为可能损害他人,却仍然悍然地实施该行为以致造成了损害结果,就违反了义务、违反了规范。此时,他没有直接追求、同意、容忍危害结果发生,甚至他是反对危害结果发生的,那为什么危害结果最终还是会发生呢?这是因为行为人实施的行为有损害他人的危险,行为人竟然不顾这种损人的危险，轻信损人结果不会发生，但这种轻信是无根据的，是不正确的。这种不正确的轻信表明，行为人履行预见义务仍然不充分，或者说，只是部分地履行了预见义务，部分地违反了预见义务，或者说部分地违反了"勿损人"的派生规范。另外，在过于自信过失行为中，行为人全面地违反了危害结果回避义务。一个部分违反危害结果预见义务和全面违反危害结果回避义务的心理态度，当然值得刑法进行否定性评价和谴责。

另外，过于自信过失的行为人之所以实施一个可能损害他人利益的行为，其目的是为了增加本人的利益（达到本人目的）。虽然他也做出了防止损人结果发生的努力（包括采取了防止损人结果发生的措施），想达到"勿损人"的目标，但是这种努力很不到位。这就等于行为人同时实施了"损人利己"的行为和"勿损人"的行为，这种情况是两个行为竞合。其主观上同时具有"损人利己"的动机（为了达到个人利益悍然实施了可能损人的行为）和"勿损人"的动机（采取措施想避免危害结果发生），这是两个动机的竞合。过于自信过失行为的最终结局还是发生了危害结果。其原因在于："勿损人"动机支配下的防止结果发生的努力付出太少，在量上不足以阻止损人结果发生；其"损人利己"动机支配下的行为可能产生损害他人利益的危险，并没有被"勿损人"的努力所消除，所以还是发生了损人的结果。这就说明，过于自信过失的行为人，"损人利己"的意志量，远远大于"勿损人"的意志量；导致"损人利己"的行为努力，远远大于"勿损人"的行为努力。此时，"损人利己"的意志量减去"勿损人"的意志量还有剩余，此剩余是净值，全部为"损人利己"的意志。"损人利己"的意志，就是对"勿损人"规范的违反意志。具有了损人的意志，也就具备了主观恶性。

总之，过于自信过失要件表明：行为人不仅在认识上部分地违反了预见义务，而且在意志上违反了"勿损人"规范。在过于自信的过失行为中，行为人对其行为的性质已有预见，即已经预见到行为可能引起危害结果；但其主观恶性并不表现在这种已有预见本身，而是表现在已有预见的前提下，行为人本可以放弃自己的行为以有效地防止危害结果的发生，但他却因为轻信自己能够避免危害结果的发生而悍然地实施该行为，以致发生危害结果。这种本应该放弃的行为或本应当有效地防止危害结果发生的行为，体现了行为人在意志上对恶的趋向。例如，在私拉电网防盗的案例中，行为人采取触电保护器的措施或者采取高电压低电流的措施，以防止危害结果发生，后因措施失灵，最终还是导致被害人死亡的结果。在这种情况下，行为人的主观态度一般被认定自信过失。在这样的案例中，行为人故意地违反不允许个人私设电网的行政法规范，私设了电网。私设电网行为之目的是利己的（保护自己的财物），私设电网之客观效果具有损害他人的危险。所以，私设电网行为就是一个"损人利己"的行为，表明了行为人"损人利己"的意志。另一方面，行为人又采取了防范结果发生的措施——安装触电保护器或高电压低电流的措施，这表明他主观上有"勿损人"的努力；但是，由于他"勿损人"的努力不够充分，危害结果还是发生了。这说明他"勿损人"的意志量，远远小于"损人利己"的意志量。

（四）损人意志是主观恶性的最高评价标准

如前文所述，"损人意志"——要损害别人利益的想法，是主观恶的本质内涵。根据评价规则，事物的最本质内涵同时也是该事物的最高评价标准。刑法将主观恶性的类型概括为故意和过失两种，并将这两种类型作为主观恶性的具体评价标准。但是，思维对任何一事物所概括的类型、形式或定义，都只是大概地把握了这一事物的范围。这一类型、形式或定义既有可能把具有这一事物本质的个别现象遗漏，也有可能把不具有这一事物本质的个别现象纳入这一事物的范围中来，即把极个别的不属于这一事物本质但却符合该事物定义的现象涵盖进来。我们判断个别的现象是否属于这一事物时，首先应当用这一事物的定义来进行形式判断，将不属于这一事物的现象排除在这一事物的范围之外。但是只这样做还不够。我们还必须用这一事物的本质内涵作为实质标准（最高标准），将符合定义但不具有这一事物本质的现象排除在这一事物的范围之外。

如上所述，主观恶性的类型有两种，一是故意要件，二是过失要件。刑法规定，故意、过失要件是一种以犯罪客观要件之行为和结果为内容的特定化、类型化的心理态度。在绝大多数情况下，行为人的心理态度符合故意要件或者过失要件，就具有主观恶性（损人意志）。但是，在极少数情况下，行为人的心理态度符合故意要件或过失要件，却并不一定具有主观恶性。比如，封建时代的大义灭亲就是这样。大义灭亲一般是指父亲亲手杀死作恶多端的儿子，在封建礼法的观念中，大义灭亲的父亲杀儿子的心理态度不具有主观恶性，相反是高尚的，虽然此时父亲杀子的心态完全符合杀人的犯罪故意要件。之所以封建时代父亲故意杀子的心态不被评价为具有主观恶性，是因为在父亲的观念中，父亲杀死作恶多端的儿子是合理合法的行为。

在刑法中，对于自己实施的行为是否违法的认识，叫作违法性认识。自认为自己的行为合法，就是缺乏违法性认识；相反，自认为自己的行为违法，就是具有违法性认识。违法性认识的有无，实质上就是"损人意志"有无的判断。认识到行为违法，还仍然实行之，就足以证明行为人具有"损人意志"。这是因为，行为人认识到自己的行为违法却仍然实行之，就充分证明他想损害别人（包括社会）的利益。因为法是保护社会利益和人们共同利益的。此时"损人意志"——要损害别人利益的想法，就成为判断行为人的心理态度是否具有主观恶的最高价值标准。

在英美刑法中，犯罪心态有两种含义：一是可责（Culpability）意义的犯罪心态（Mens Rea），二是要素（Elemental）意义的犯罪心态（Mens Rea）。二者之间的关系，恰如我国刑法中的主观恶性与故意、过失要件之间的关系。在英美刑法中，可责意义的犯罪心态是指行为人想损害别人利益的主观恶性；而要素意义的犯罪心态是指法律在犯罪定义中规定的作为犯罪主观要素的特定的心理状态，因此也称作法定的犯罪心态（Statutory Mens Rea），其含义明确，有类型与程度的划分。可责意义的犯罪心态与要素意义的犯罪心态的区别主要有：①前者注重说明行为人主观上违背社会伦理的性质；后者的重点则在于揭示被告人与犯罪客观要素之间的心理关系；②前者强调对行为的伦理评价；后者则是对行为的法规范评价；③前者是对行为主观可责性的综合评价，只要有此犯罪心态，行为人就要承担责任；后者只是对行为人与犯罪诸客观要素之间的心理关系的分别评价，并不能绝对确定行为人的主观犯罪性或刑事可责性。[54]

这也就是说，可责意义的犯罪心态与要素意义的犯罪心态并不是绝对一致的。正如英国学者乔纳森·赫林（Jonathan Herring）指出："尽管犯罪心态字面上是'有罪的心理'的含义，但是在被告人缺乏可责性的情况下，也可能存在犯罪心态（要素意义）。"[55] 简单地说，在个别情况下，被告人的心态

---

[54] 参见刘士心：《美国刑法中的犯罪论原理》，人民出版社2010年版，第56页。
[55] 参见［英］乔纳森·赫林：《刑法》（英文影印版），法律出版社2003年版，第58页。

并不具有主观恶性,但却符合犯罪故意要件。英国曾经发生过这样的案例:被告人因为共谋贩卖海洛因被定罪。被告人被指控与一名打入贩毒团伙内部的秘密缉毒官员尼达姆(Needham)密谋将一批海洛因从香港走私到澳大利亚。在案件中,尼达姆的意图在于通过运输毒品为贩毒组织设置陷阱,以便将其抓获。在诉讼中被告人辩称,既然尼达姆是侦查人员,就没有共谋意图,而他自己单方又不可能构成共谋犯,因此他无罪。但是,枢密院(The Privy Council)裁决认为,共谋的意图是指将犯罪付诸实施的意图,尼达姆具有实施密谋行为的意图,他破获贩毒案件的目的并不能排除共谋意图的成立。[56] 这样看来,尼达姆具有要素意义的犯罪心态,但却不具有主观恶性,因为尼达姆是为了保卫社会利益而产生犯罪故意的。换句话说,尼达姆虽然具有了要素意义的犯罪心态,但却不具有"损人意志",所以不具有主观恶性。可见,要素意义的犯罪心态与可责意义的犯罪心态,有些情况下是不一致的,可责意义的犯罪心态是判断主观恶性的最高标准。

---

[56] 参见〔英〕乔纳森·赫林:《刑法》(英文影印版),法律出版社2003年版,第463页。

第七章 主观恶性判断的步骤

第一节 犯罪主观要件形式符合判断

如前章所述,故意、过失要件,是主观恶性的具体评价标准,伦理规范违反意志,亦即损人意志,是主观恶性的最高评价标准。如果行为人的心理态度与故意、过失要件相符合,且具有损人意志,那么一般就可以认定其内心具有主观恶性。主观恶性是犯罪的重要组成部分,只具有刑事违法性而不具有主观恶性,不能构成犯罪;犯罪是刑事违法(客观害)与主观恶性(主观恶)的统一。判断行为人的内心是否具有主观恶性(后文简称主观恶性判断),是司法评价犯罪必不可少的阶段。主观恶性判断包括三个步骤:首先是犯罪主观要件形式符合判断;其次是犯罪主观要件实质符合判断;最后是犯罪主观要件前提(假定条件)符合判断。只有行为人的心理态度同时在形式上、实质上和前提(假定条件)上都符合犯罪主观要件,才能被评价为具有主观恶性。

一、故意要件形式符合判断

(一)故意要件形式符合判断的含义

故意要件形式符合判断,就是以行为人对"犯罪客观要件事实的认识和意志"为标准,来判断其心理对于危害社会的结果是否有认识,进而是否有希望与放任意志。之所以称其为形式判断,是因为犯罪客观要件具有类型性,以对"犯罪客观要件事实的认识和意志"为标准,来判断行为人心理是否符合故意要件，显然也具有类型性特点。类型性也就是形式性。

（二）故意要件形式符合判断的方法

故意要件形式符合包括两个方面：一是行为人对犯罪客观要件事实有认识；二是行为人对于犯罪客观要件事实的实现具有希望或放任意志。查明行为人对犯罪客观要件事实有认识，主要查明行为人对如下事实性因素有认识：一是行为的自然性质。所谓行为的自然性质，是指行为在物理意义上是一种什么样行为。例如，拿刀杀人、持枪抢别人东西等。二是行为对象。行为对象主要包括行为所针对的人和物。例如，行为人拿刀杀的是什么人、抢劫的是他人的财物等。三是行为结果。这里所说的行为结果，是指行为的自然结果，是行为人预期的结果。例如，杀人可导致被害人死亡的结果、盗窃可导致他人财物被行为人控制的结果等。四是其他法定事实。这主要是指行为的时间、地点、方法等。

行为人只要认识到了犯罪客观要件事实，并且决意实施犯罪客观要件的行为，就表明他"对犯罪客观要件事实抱有希望或放任"的态度。"对犯罪客观要件事实抱有希望或放任"是一种心理意志。它通过支配行为来对结果产生影响。如果行为人对于犯罪客观要件的事实有认识，并希望、放任该事实发生，那么就可以判断他的心理态度在形式上符合了故意要件。

二、过失要件形式符合判断

（一）过失要件形式符合判断的含义

过失要件有两类，即疏忽大意过失要件和过于自信过失要件。就前者而言，"应当预见"而"没有预见"的内容，是"犯罪客观要件的结果"。就后者而言，"已经预见"而"轻信能够避免"的结果，也是"犯罪客观要件的结果"。所以，过失要件形式符合判断，就是以犯罪客观要件的结果为内容，来判断行为人的心理是否"应当预见"而"没有预见"或"已经预见"而"轻信能够避免"犯罪客观要件的结果。如果"应当预见"犯罪客观要件的结果，却由于疏忽大意而"没有预见"，或者"已经预见"到犯罪客观要件的结果，却没有避免该结果的发生，都可以认定行为人的心理态度符合过失要件。由于犯罪客观要件的事实（包括结果）具有类型性或形式性，所以根据犯罪客观要件的结果所作出的心理态度的判断,仍然是一种形式上的判断。[1]

(二) 过失要件形式符合判断的方法

对行为人心理事实的认定和提炼,是评价过失要件形式符合的重要方法。行为人心理事实虽然是主观的,但却是可以认识的。在司法实践中,司法者一般要根据行为人实际实施的行为事实的客观要素来认定和提炼他的心理事实。对于认定心理事实有重要表征意义的客观要素有:行为的起因、行为人与被害人的平素关系、行为对象、行为结果、行为时间、地点、方法、行为人对于所造成的危害结果的事前与事后表现,等等。另外,在与客观事实相印证的条件下,行为人的供述和辩解也是认定心理事实的重要根据。例如,甲乙是同班同学,平素关系非常好。有一天在放学回家的路上,两人因为琐事争吵起来。甲向乙腹部踢了两脚,导致乙后脑着地,摔倒在马路牙子上。甲迅速叫救护车,将乙送到医院,乙经抢救无效死亡。此案对于甲的心理态度应当认定为疏忽大意过失。之所以认定为过失,就是因为根据"行为的起因、行为人与被害人的平素关系、行为时间、地点、方法、行为人对于所造成的危害结果的事后表现"等客观要素,只能作出这样的评价。这些客观要素就能表征行为人的心理态度:行为人对于危害结果事先没有认识;结果发生后行为人将被害人积极送医院抢救,说明其不希望、不放任被害人死亡。这样的认识要素与意志要素的结合,就是典型的过失心理。

司法者认定和提炼的行为人心理事实,如果符合"应当预见到犯罪客观要件的结果"但"由于疏忽大意而没有预见",就可以认定行为人的心理态度具有疏忽大意过失;如果符合"已经预见犯罪客观要件的结果"但"轻信能够避免即反对该结果发生",在该结果实际发生的条件下,可以据以评价行为人的心理态度在形式上符合过于自信过失。

---

[1] 此处所说的形式判断也具有相对性。它是相对于以"损人意志"为标准进行判断而言的。后文所言的以"损人意志"为标准来判断行为人的心理态度,是脱离犯罪客观要件的结果,以行为人所受到的文化、伦理培养和所处之社区意识为标准来进行的判断。所以,以"损人意志"为标准的判断更具有实质性。另外,故意要件、过失要件只不过是"损人意志"的两种形式或类型。相对于"损人意志"而言,故意要件、过失要件是形式的、类型的;而相对于故意要件、过失要件而言,"损人意志"是实质的、抽象的。所以,根据"损人意志"来判断行为人是否具有主观恶意,是一种实质判断。根据故意、过失要件为标准对主观恶性进行的判断是形式判断。

第二节　犯罪主观要件实质符合判断

一、故意要件实质符合判断

（一）故意要件实质符合判断的含义

故意要件实质符合判断，是指在判断行为人对犯罪客观要件的事实有认识、有希望或放任态度的基础上，再判断行为人对于自己实施的行为是否为社会所允许（是否违法）有明知的可能性，从而实质地判断他是否具有"损人意志"的评价活动。

在形式上符合故意要件的心理态度一般都具有"损人意志"的主观恶性本质；但是，在特殊情况下，这样的形式判断有可能把不具有"损人意志"的心理态度也概括进主观恶性的评价中来。"损人意志"与"故意、过失要件"并非绝对一致。在少数情况下，被告人主观心态本不具有主观恶性（损人意志），其心理态度却可能被评价为符合犯罪故意或过失要件。例如，在我国新中国成立初期，在封闭落后的山区，人们的普遍观念认为，大义灭亲行为是正义的。行为人在这种观念支配下，杀死了作恶多端、横行乡里的儿子。根据故意要件形式符合判断，此时行为人的心理态度完全符合故意要件，因为他明知自己的行为会导致儿子死亡，并希望这一结果发生。但是，他是否具有"损人意志"的主观恶性呢？本书认为，在此种情况下，行为人不但没有"损人意志"，反而证明他具有遵守规范的意志，有为他人谋利益的意志，因此不能认定他具有主观恶性。他实际上是在遵守"勿损人"的伦理规范，是在做"利他而损己"的事情。所以，在类似的情况之下，司法者在进行完犯罪主观要件形式判断之后，必须再进行以"损人意志"为标准的实质判断。

主观恶性是一种违反伦理规范的意志。伦理规范的核心是"勿损人"。行为人违反"勿损人"规范，产生"损人意志"，必须有一个前提，这就是他应当明知自己的行为会"损害他人"（包括损害社会）。如果他不知道自己行为是损害他人利益的行为，或者说他并不知道自己实施的行为是好的还是坏的、是社会允许的还是社会不允许的，那么他就应当做出努力，去查明他的行为是否为社会所允许，是否为法所允许。如果他没有做出这种努力，就表明他对于可能损害他人利益的结果抱放任态度,这实质上也是一种"损人意志"。如果行为人受能力所限,做出了查明自己行为是否违法的努力,却仍然查不清楚自己行为是为社会所不允许的(违法),或者错误地认为自己的行为是为社会所允许的(不违法),那么,就不能评价他具有"损人意志"。因为其努力查明自己行为是否违法的举动,反而能证明他具有遵守规范的意志。

综上,司法者以"对犯罪客观要件事实的认识、希望或放任"为标准,对行为人的心理态度进行了形式符合判断之后,还必须再判断行为人心里是否具有"损人意志"。如果行为人对于自己实施的行为是违法的,有认识的可能性,就可以判断他具有"损人意志"。如果行为人对于自己所实施行为是违法的,根本不可能认识,就可以认定他不具有"损人意志"。

(二)必须进行故意要件实质符合判断的原因

立法在规定犯罪主观要件时,同时使用了限定和概括两种方法。首先,《刑法》第14、15条规定之故意、过失的概念具有限定性。以《刑法》第14条规定为例,行为人明知自己的行为会发生危害社会的结果,并且希望或放任这种结果发生的心理态度就是故意。相反,如果行为人根本认识不到危害结果可能发生,就不符合故意要件,这就是故意要件的限定性。其次,《刑法》第14、15条对于故意、过失概念的规定又具有概括性。它很有可能把文字含义上符合犯罪主观要件的类型但实质上不具有"损人意志"的心理态度,也划入了主观恶性评价的范围。比如,在封建社会,行为人认识到自己的杀人行为可能发生儿子死亡的结果,他也希望儿子死,他仍然实施了杀死儿子的行为。从形式上或类型上分析,行为人的心理态度完全符合故意要件;但是,行为人之所以要杀死儿子是因为他作恶多端,欺压残害同乡的百姓。在行为人的意识之中,父亲杀死儿子是天经地义的,是符合封建礼法的。这样,从实质上分析,行为人的心理态度并不具有"损人意志",而是具有大义灭亲的"利他意志",因此,他的心理态度实质不具有主观恶性。这就需要司法者必须再用"损人意志"这一实质标准来评价行为人的心理态度,从而将形式上符合故意要件而实质上不具有"损人意志"的心理事实排除在主观恶性的范围之外。再比如,猎人以打猎为生。他一直在山野里猎杀一种动物作为生活来源。在他的观念中,猎杀动物的行为,与农民种庄稼的行为是一样的。在某一个时间,国家的行政法规把他经常猎杀的动物种类,列入国家重点保护的珍贵、濒危野生动物类别。根据《刑法》第 341 条规定，非法猎捕、杀害国家重点保护的珍贵、濒危野生动物的行为，构成非法猎捕、杀害珍贵、濒危野生动物罪。从文字含义上分析，猎人对于自己捕杀野生动物的行为，具有明知的认识要素，也具有希望的意志要素，符合故意要件。但是，只从文字含义上分析猎人的心理态度是不够的，我们还必须从实质上分析。我们必须用猎人是否具有"损人意志"这一实质要素，来判断他的心理是否具有主观恶性。本案中，猎人并不知道这种行政法规的存在，也没有可能认识到自己猎杀动物的行为是违法的，所以，他的心里根本没有要损害别人利益的想法。他一直认为他做的事情是合法的，并不损害任何人的利益。没有"损人意志"，当然就没有主观恶性。

根据间接故意的要件来认定犯罪人心态，也会出现行为人的心理态度符合法律规定的间接故意要件但却不具有主观恶性（损人意志）的情况。例如，英国刑法理论认为，行为人认识到他的行为是几乎肯定（Virtually Certain）要引起一定的危害结果发生，而实施其行为，是"明知"故意。这种情形是故意含义的扩展，理论上也有学者将这种故意称为"明知"（knowledge）或者"间接故意"（Oblique Intent）。[2] 英国发生过这样一起案例。在一次火灾中，被告人（一位父亲）抱着他的婴儿爬上了屋顶，在火焰烧向他们时，父亲将婴儿从屋顶扔了下去。尽管他意识到这样做几乎可以肯定会将婴儿摔死或造成重伤，但是他还是这样做了，因为在他看来，当时这样做是拯救婴儿的唯一方法。[3] 这种心理态度在形式上完全符合间接故意要件，但法官仍然认定他不具有主观恶性。法官没有认定被告人具有杀死或重伤婴儿的故意。[4] 这是因为，在认定行为人心理态度是否具有主观恶性的判断中，除了法律条件（法律所明文规定的故意、过失要件）之外，特殊情况下还要受到行为人的行为动机、行为偏离社会相当性的程度等伦理因素的影响。[5]

总之，任何对某一事物所下的定义都能把这一事物的范围限定住，把绝大多数不符合这一定义的东西排除在这一事物之外；但又可能把极个别不具

---

[2] 刘士心：《美国刑法中的犯罪论原理》，人民出版社 2010 年版，第 61 页。
[3] 刘士心：《美国刑法中的犯罪论原理》，人民出版社 2010 年版，第 63 页。
[4] ［英］乔纳森·赫林：《刑法》（英文影印版），法律出版社 2003 年版，第 65 页。
[5] 刘士心：《美国刑法中的犯罪论原理》，人民出版社 2010 年版，第 63 页。

有这一事物的本质但却符合定义的东西概括进来。对于后者，我们必须用这一事物的本质作为最高标准，再进行一次实质判断，把本来不符合这一事物本质的东西排除在定义的范围之外。这就是必须进行故意要件实质符合判断的原因所在。

所以，在故意要件符合性判断中，如果查明行为人认识到事实结果，并希望、放任这种事实结果的发生，还不能必然得出他具有"损人意志"的主观恶性的结论。在此基础上，我们还必须查清行为人有可能认识到其实施的行为是法律所不允许的，才能最后认定行为人具有"损人意志"。如果行为人错误地认为其实施的行为是法律所允许的，那么，我们就不能认定行为人具有"损人意志"，最终也就不能认定其具有主观恶性。

（三）故意要件实质符合判断的内容

1. 违法认识可能性是故意要件实质符合判断的全部内容

故意要件实质符合判断的内容，就是在判断行为人对自己实施的行为事实有"认识、希望或放任"之后，还要再判断他有可能认识到自己实施行为是违法的，是为社会所不允许的。

一般而言，行为人认识到了犯罪客观要件的行为事实之后，就能认识到该行为是社会所不允许的，是违法的。但是，在特殊情况下，行为人只认识到了犯罪客观要件的行为事实，也可能并不能认识到该行为是违法的，是为社会所不允许的。比如，一直以来，农民抓某种青蛙是社会允许的，没有行政部门加以管理。但是，突然在某个时间，国家出台了行政法规，认定这种青蛙是国家二级重点保护动物。而根据《刑法》第341条规定，未经行政批准而捕杀一定数量的国家重点保护的珍贵、濒危野生动物的行为，构成非法猎捕、杀害珍贵、濒危野生动物罪。在本案中，行为人认识到了自己行为是猎捕野生动物的行为，也认识到了自己行为的对象是人们经常抓捕的青蛙。从文字含义上分析，他的心理态度符合故意要件。但是，从实质上看，他和当地的村民一样，经常抓这种青蛙，认为这种行为是社会允许的，是合法的。他没有要损害别人利益的想法，没有违反伦理规范的意志。所以，从实质上讲，他的心理态度不符合故意要件，并不具有主观恶性。

行为人不甚明了自己实施的行为是否为社会所允许时，他有义务努力去查明。如果他能努力查明这一点，就表明他是一个有规范意识的人。规范意识也叫守法意识。社会是否允许某种行为，往往是由社会制定的法所表达的。所以，此处的社会允许还是不允许，也就是违法与否的同义语。对于社会允许还是不允许的认识，也就是违法与否的认识。所以，本书认为，对于故意要件之"明知自己的行为会发生危害社会的结果"之评价，必须用两个标准：一是行为人对犯罪客观要件事实有认识；二是行为人对于自己实施的行为是违法的，有认识可能。

之所以做这样的两重评价是因为：刑事法规严重膨胀的客观事实，使得现代社会的人们在特定的情况下只有通过直接知道某一刑法规范的存在或者只有正确理解某一刑事法规范的含义，才能够知道自己的行为具有损害他人利益的性质。现代社会刑法规定的一些犯罪，经常与社会道德相背离。公民根据自己的道德价值观并不能认识到自己行为的违法性，也不能认识到自己行为具有损害他人利益的性质。贝卡利亚指出："犯罪的界限含混不清，在一些国家造成了一种与法制相矛盾的道德，造成了一些只顾现时而相互排斥的立法，大量的法律使最明智的人面临遭受严厉处罚的危险，善与恶变成了两个虚无缥缈的名词……"[6] 在这种情况下，如果对于不知法或误解法而实施的行为加以刑罚处罚，就明显地不符合正义原则，就会无端地增加公民主观上无恶性而可能被刑罚处罚的风险。

2. 违法认识可能性是故意要件实质符合判断内容的立法例及分析

违法认识可能性，对于认定故意型的主观恶性的存在是十分必要的。这一点越来越得到各国刑法的承认。下列一些国家的刑法明文规定了如果缺乏违法认识可能性，就可以免责或减轻刑罚处罚：

1998年《德国刑法》第17条规定："行为人行为时没有认识其违法性，如该错误认识不可避免，则对其行为不负责任。如该错误认识可以避免，则依第49条第1款减轻处罚。"[7]

《韩国刑法》第16条规定："误认为自己的行为依法令不构成犯罪，如其误认确有正当理由者，不予处罚。"[8]

《瑞士联邦刑法典》第20条规定："行为人有足够的理由认为，他有权为

---

[6] [意] 切萨雷·贝卡利亚：《论犯罪与刑罚》，黄风译，中国大百科全书出版社1993年版，第69页。
[7] [德] 耶赛克等：《德国刑法》，徐久生等译，中国法制出版社2000年版，第48页。
[8] 《韩国刑法》，[韩] 金永哲译，中国人民大学出版社1996年版，第3页。

该行为的，法官以自由裁量减轻处罚（第46条）或免除刑罚。"[9]

《法国刑法典》第122-3条规定："能证明自己系由于其无力避免的对法律的某种误解，认为可以合法完成其行为的人，不负刑事责任。"[10]

《意大利刑法典》第5条规定："任何人不得以对刑事法律的不知为理由要求宽宥。"但是，1988年3月24日意大利宪法法院以第364号判决宣告此条违反《宪法》第2、3条、第25条第2款、第27条第1、3款以及第73条第3款，理由是：对于刑法法律"不可避免的不知"是应当免责的。[11]

《奥地利刑法典》第9条规定："①行为人因法律上的认识错误而未认识到行为不法，如果该错误认识不可避免，则对其行为不负责任。②对于行为人及任何人而言，很容易认识行为不法，或者如果行为人虽然不了解有关规定，但根据其职业、工作或其他情况，有义务认识该规定的，则其法律上的认识错误应受指责。③错误应受指责的，如行为人故意行为，适用相关之故意行为的刑罚，如行为人过失行为，适用相关之过失行为的刑罚。"[12]

《瑞典刑法典》（1994年458号法）第9条规定："误解行为被允许而实施犯罪行为，由于在宣布刑法规定时的错误而引起误解，或者由于其他原因，行为明显可原谅的，不处罚。"[13]

《芬兰刑法典》（2003年515号；2004年1月1号生效）第四章（"免责事由"）第2条规定："如果犯罪人错误地认为其行为是合法的，而且如果该错误基于以下原因而被认为是明显可恕的，则应被免除刑事责任：①法律的公布有瑕疵或有错误；②法律内容不明确；③官方的错误意见；④与此类似的其他原因。"[14]

日本也出现了把违法认识可能性作为故意成立条件的案例。[15]

通过分析上文所列举立法例和代表性判例，我们可以得出结论：对于行为人心理态度符合故意要件的判断，违法性认识不要说是错误的；将社会危

---

[9]《瑞士联邦刑法典》，徐久生译，中国法制出版社1999年版，第5页。
[10]《法国刑法典》，罗结珍译，中国人民公安大学出版社1995年版，第8~9页。
[11] 参见《意大利刑法典》，黄风译，中国政法大学出版社1998年版，第6页。
[12]《奥地利联邦共和国刑法典》，徐久生译，中国方正出版社2004年版，第4页。
[13]《瑞典刑法典》，陈琴译，北京大学出版社2005年版，第47页。
[14]《芬兰刑法典》，肖怡译，北京大学出版社2005年版，第18页。
[15] 参见周光权：《刑法总论》，中国人民大学出版社2007年版，第247页。

害性认识等同于违法性认识的观点也是不正确的。我们只能说，故意认识要件的认识要素内容是"社会危害性认识"。但是，判断"社会危害性认识"的标准有两个：一是对犯罪客观要件事实的认识，二是对行为的违法性有认识可能。以犯罪客观要件事实的认识或希望、放任为标准，对行为人心理态度作出符合故意要件的形式判断之后，还必须再以违法认识可能性为标准，对行为人心理态度实质符合故意要件作出判断。不进行实质判断，就会把形式上符合故意要件但实质上不具有"损人意志"的心理，也评价为主观恶性。这是非常危险和有害的做法。

（四）不同类型犯罪的行为人与违法认识可能性的关系

1. 自然犯的行为人一般都具有违法认识可能性

虽然将犯罪划分为自然犯和法定犯在个别情况下存在界限不绝对清晰以及法定犯向自然犯慢慢转化的问题，[16] 但是，这种划分基本为刑法理论和刑事司法所采纳。刑法理论一般认为，自然犯与违法认识可能性存在伴生关系，而法定犯与违法认识可能性则可能分离。将犯罪区分为自然犯和法定犯并对法定犯的故意需要特别进行违法认识可能性的判断，是德国、法国和意大利刑法理论和实务界的通说。[17]

具有社会伦理基础的犯罪是自然犯。根据我国刑法规定，故意的认识要件是"明知自己的行为会发生危害社会的结果"。但是，什么是"明知自己的行为会发生危害社会的结果"呢？刑法分则规定的犯罪客观要件都是危害社会的行为类型，都是侵害刑法法益的典型事实。所以行为人只要明知自己实施的行为是犯罪客观要件的事实，一般就会明知自己行为会危害社会的结果。因为刑法分则规定的犯罪客观要件事实，大量的是以伦理规范为基础的（自

---

[16] 自然犯是违反社会道德而构成的犯罪类型。例如，杀人罪、盗窃罪、强奸罪、抢劫罪等，都是违反社会道德的行为，也正因为它们严重违反道德，严重违反法律，所以才被刑法规定为犯罪。法定犯是指一些原来并不违反道德的行为，由于某种社会政策的需要，而被刑法规定为犯罪的类型。例如，原来倒卖粮食的商业行为并不违反道德，甚至是社会商业道德所赞扬和弘扬的行为。二战时期，日本由于前线粮食紧缺，国家需要统一配给居民粮食，就规定倒卖粮食的行为构成犯罪，这就是典型的法定犯。一般而言，刑法规定的交通领域的犯罪、环境与资源保护领域的犯罪、土地、矿山领域里的犯罪等，多数是法定犯。它们与社会道德不产生联系，或者说，它们与社会道德相互分离。

[17] 参见［德］汉斯·海因里希·耶赛克、托马斯·魏根特：《德国刑法教科书》，徐久生译，中国法制出版社2001年版，第546~548页；［意］帕多瓦尼等：《意大利刑法学原理》，陈忠林译，法律出版社1998年版，第258页；［法］卡斯东·斯特法尼等：《法国刑法总论精义》，罗结珍译，中国政法大学出版社1998年版，第395~396页。

然犯)。行为人认识了这些事实类型,就认识到了自己行为是社会所不允许的。行为人认识到了这一点还实施行为,就反映出其具有主观恶性。

2. 对于法定犯的行为人必须特别查明其是否具有违法认识可能性

不具有社会伦理基础的犯罪是法定犯。认定法定犯的故意,只判断行为人对犯罪客观要件事实有"认识、希望、放任"是不够的,还需要判断此犯罪客观要件不包含伦理因素(不直接地、明显地与社会伦理吻合),并对其进行违法认识可能性有无的判断。是否"包含社会伦理因素且有违法性认识可能"的判断,就是法定犯故意要件实质符合的判断。对于行为人心理态度与故意要件实质符合的判断,在大多数情况下,就是判断犯罪客观要件是否包含伦理因素。如果包含伦理因素,行为人对这一事实有"认识、希望、放任",就可判断行为人有"损人意志";在少数情况下,如果判断犯罪客观要件不包含伦理因素,那么行为人只对这一事实有"认识、希望、放任"是不够的,他还必须具有违法性认识的可能,才能被判断具有"损人意志"。

社会危害性是行为人根据自己养成的伦理观念及法制观念,对自己行为的社会价值属性的一种认识。当行为本身具有反伦理性、反社会性时,行为人只要认识到了行为事实,就应当认识到了行为的社会危害性或不为社会允许性;当行为本身不具有反伦理性、反社会性,只是根据法律规定才具有了违法的性质时,行为人在不知这一法律存在的情况下,仅仅认识到行为事实,还不可能认识到行为是为社会所不允许的。可见,在法定犯的情况下,只有查明行为人对于自己实施的行为的违法性有认识,才能认定其具有故意罪过。但是,这种对于行为违法的认识需要达到何种程度呢?通说的观点认为,这并不需要行为人有确切的明知,只要行为人有可能知道该行为是违法的即可。

(五)违法认识可能性的判断步骤、标准和方法

1. 违法认识可能性的判断步骤

刑法规定的犯罪客观要件,绝大多数都是以社会伦理为基础的,不包含伦理道德因素的很少。如果把这些为数很少的犯罪客观要件列举出来,那就非常具有可操作性。在我国刑法中,下列犯罪的客观要件一般不包含伦理因素:非法侵入计算机信息系统罪;提供侵入、非法控制计算机信息系统程序、工具罪;非法捕捞水产品罪;非法猎捕、杀害珍贵、濒危野生动物罪;非法收购、运输、出售珍贵、濒危野生动物、珍贵、濒危野生动物制品罪;非法

狩猎罪；非法采矿罪；破坏性采矿罪；非法采伐、毁坏国家重点保护植物罪、滥伐林木罪；非法收购滥伐的林木罪；等等。另外，一些犯罪客观要件的情节事实，也可能被人误解，这种误解如果是有充分理由的，也不能认定行为人具有故意的罪过。例如，在涉嫌非法行医罪的情况下，行为人被人欺骗而误认为自己取得了"医生资格证"而行医（其实他并未取得资格）；在涉嫌妨害国境卫生检疫罪的情况下，行为人不知道自己携带的货物需要检疫；在涉嫌非法向外国人出售、赠送珍贵文物罪的情况下，行为人不知道其行为对象是国家禁止出口的文物；在涉嫌非法种植毒品原植物罪的情况下，行为人以自用且以解除病痛为目的而种植了达到定罪数量的罂粟、大麻等植物，其并不知道此行为是违法的；等等。

通过上述逻辑论证和列举可知：故意要件实质符合判断的标准是伦理规范违反意志（损人意志）。判断行为人是否具有伦理规范违反意志，要分为两个步骤：一是判断行为事实是否包括伦理因素；二是在行为事实不包含伦理因素时，再判断行为人是否具有违法认识之可能性。

2. 违法认识可能性的判断标准

在法定犯的情况下，行为人对于犯罪客观要件事实有"认识、希望或放任"，他也有可能认识到自己行为的违法性，却没有认识到（违法性认识错误），就证明其心理态度在实质上符合故意要件，具有主观恶性。那么，如何认定这种违法认识可能性呢？德国学者罗克辛（Claus Roxin）认为：违法性认识是可能的，即违法性认识错误是可以避免的，取决于三个条件：①行为人必须本来有机会对自己举止行为可能具有违法性进行思考或者询问；②在存在这个机会时，行为人必须完全不去努力查明真相，或者这种努力必须非常不充分，以至于从预防的观点来看，不能认为排除责任是正当合理的；③当行为人不顾自己当时已经具有的机会，仅仅在一个过分狭窄的范围内来努力认识法，那么，就只有他做出了足够的努力来认识不法时，他的禁止性错误才是可以避免的。[18] 这种观点为我们提供了违法认识可能性的标准，可以简单概括为：①有机会去认识违法性；②不努力来认识违法性；③认识违法性的努力不充分。本文认为，判断行为人是否具有违法性认识的可能，应当参考如下标

---

[18] 参见［德］克劳斯·罗克辛：《德国刑法学总论》（第1卷），王世洲译，法律出版社2005年版，第625页。

准：①行为人的身份，即行为人从事的是何种职业，受到何种程度的教育，有无了解相关法律的机会；②行为人对自己行为的合法性是否产生了怀疑；③行为人是否受到了政府官员、法官、律师等的不正确法律解释；④行为人是否离开我国领域而在外国长期居住导致对于国内法不甚了解等。

3. 违法认识可能性的判断方法

为了能够给司法提供一个违法认识可能性的标准，除了提供正面的标准外，我们还必须明确地提供哪些情况是属于违法性认识不可能的。这种通过列举"例外"，来明确一个价值判断之成立范围的方法，在刑法理论中经常被运用，有非常好的可操作性。因为违法性认识不可能的情况很少，我们找到了这些很少的情况，剩下就是普遍的违法性认识可能的情况。通过对中外刑法理论相关问题的比较，本书认为，对于法定犯（又称行政犯）而言，下面列举的情况都是违法性认识不可能的情况：

（1）不知道法规的存在。由于通讯不发达、所处地区过于偏僻，或者由于法律规范信息传递上的瑕疵，如法律文件发布不可抗力的延迟，或者由于航海、出国等没有看到该法规等原因，行为人不知法规的存在。这一点可能参考美国《模范刑法典》第2·04（3）条的规定。该规定是："对行为在法律上不构成犯罪的一种相信，对基于这种行为的犯罪进行的起诉是一种辩护，当（A）定义这种犯罪的法令或者其他法规是行为人不知道的……"[19]

（2）司法、行政官员、律师的错误指导。这种指导必须是正式的指导。这一点可以参考美国《模范刑法典》第2·04（3）条的规定。该规定是："对行为在法律上不构成犯罪的一种相信，对基于这种行为的犯罪进行的起诉是一种辩护，当（B）他的行为是合理地依靠该法的一种官方说明，该说明后来被决定是不合法的或谬误的，但却是包含在（Ⅰ）一条法令或者其他法规中；一个司法决定、意见或者判决中；（Ⅱ）一项已颁布的行政命令或者许可令中；（Ⅲ）或者一名公共官员……的官方解释中。"[20]

（3）刑罚法规突然改变。行为人根据失效了的法律规定而行为，对改变

---

[19] [美]乔治·P. 弗莱彻：《刑法的基本概念》，王世洲等译，中国政法大学出版社2004年版，第199页。

[20] [美]乔治·P. 弗莱彻：《刑法的基本概念》，王世洲等译，中国政法大学出版社2004年版，第199页。

后的法规产生违法性的错误。[21]

（4）法律规范的区域冲突。不同国家或者同一国家不同地区对同一行为存在着不同的规范。法律规范体系完全不同的外国人进入中国时间过短，对自己的行为可能违反法规范一无所知。[22]

（5）错误裁判的指引。行为人基于对错误判决的信赖而产生的违法性认识错误，一般情况下，应当判定行为人不具有违法性认识的可能性。[23]

（6）以前类似的行为被官方默许。行为人知道自己或他人以前曾经实施过类似的行为，但并没有得到刑罚的否定性评价，从而坚信自己的行为合法。[24]例如，一个农民几年来一直抓一种青蛙卖钱，当地人都认为抓这种青蛙是法律所允许的。这种行为也一直无人管，得到了官方的默许。有一天，该农民照例抓了一些这种青蛙到市场上卖，突然被林业警察逮捕了，涉嫌的罪名是非法猎捕珍贵、濒危野生动物罪。本书认为，对于该农民的行为，法院应当以不具有"违法认识可能性"为理由，认定其不具有犯罪故意。再如，一个射击游戏摊位的经营者，刚刚从上一任经营者手中兑来这一摊位。其射击游戏用的是气枪。该气枪发射塑料子弹。这样的射击摊位长期存在，一直得到管理者的默许。可是，依照公安部相关规定，上述经营者用的枪支，属于《刑法》第128条"非法持有、私藏枪支、弹药罪"之对象。按其持有的数量，已经达到了构成犯罪的数量标准。本书认为，由于该经营者不可能有相应认知能力，认识到此种气枪属于犯罪对象的"枪支"，因而其不具有"违法认识可能性"，所以不能认定其具有非法持有枪支罪的犯罪故意。

二、过失要件实质符合判断

（一）过失要件实质符合判断的含义

行为人的心理态度在形式上符合过失要件，对犯罪客观要件的事实"应当预见"而"没有预见"或者"已经预见"而"轻信能避免"，最终还是发生了危害结果，并不一定必然具有伦理规范违反意志，并不一定必然具有主

---

[21] 周光权：《刑法总论》，中国人民大学出版社2007年版，第255页。
[22] 周光权：《刑法总论》，中国人民大学出版社2007年版，第255页。
[23] 于洪伟：《违法性认识理论研究》，中国人民公安大学出版社2007年版，第161页。
[24] 周光权：《刑法总论》，中国人民大学出版社2007年版，第255页。

观恶性。在这种文字含义层面上进行了形式判断之后，要想肯定地得出行为人心理具有主观恶性，必须再进行"损人意志"有无的判断，这就是过失要件实质符合判断。

（二）过失要件实质符合判断的两种情况

刑法理论和司法实践都认为，形式上符合过失要件但实质上不具有"损人意志"的情况主要有两种：一是被允许的危险，二是信赖原则。这是两种在形式上符合过失要件就一般具有主观恶性（损人意志）的例外情况。将这两种例外情况排除，就是过失要件实质符合判断。

1. 被允许的危险

在过失理论中，有一种阻却过失罪过的理由，叫作"被允许的危险"。被允许的危险，是指行为人预见到自己的行为可能发生危害结果，而此行为却能够促进重大社会利益，行为人虽然采取了一切可能避免危害结果发生的措施，但他对这些措施能否避免危害结果发生没有确切把握，为了达到行为的有益结果，行为人实施了行为，导致了危害结果发生的心理态度。例如，医师尽管预见到手术失败的可能性，但还是抱着万分之一成功的希望，来施行事关患者生命的手术。结果手术失败，病人死亡。再比如，科学家进行一项重大科学实验，认识到有失败的可能性，但是也有成功的可能性，为了追求实验的成功，也为了在失败中总结经验教训，他还是冒险进行了这项没有把握的实验。结果此实验失败，造成了重大财产损失或人员伤亡。

通过上文分析可知，被允许的危险行为，包含着维持当今文明生活所不可缺少的东西，或者至少是有益的东西。在发生人员伤亡等事故时，对这类行为者科以刑罚，无异于禁止、压制这类行为，其结果会使我们的日常生活失去前进的动力，社会生活的水平不得不倒退到产业革命以前的状态。如果为了防止由于汽车造成的事故而禁止汽车，或者为了避免触电事故、漏电事故而禁止使用电力的话，我们的生活条件将会倒退到何等地步呢？这是不言而喻的。因此，在行政上和民事上就防止危险的一般对策而对被害者的救济和保护加以特别考虑的同时，刑法上必须在一定限度内认可这种危险行为所产生结果的免责。[25]

---

[25] 参见［日］木村龟二主编：《刑法学词典》，顾肖荣译，上海翻译出版公司1991年版，第195页。

在被允许的危险中，行为人预见到了危害结果可能发生；他仍然实施行为，导致了这种结果的发生。从形式上看，这种心理态度完全符合过于自信过失要件。但是，从伦理规范违反意志标准上分析，行为人履行了结果预见义务从而预见到了危害结果，行为人虽然实施了行为，但此行为是符合规则要求的，没有违反职业、技术规范；最关键的是，行为人实施行为的动机是为了抢救病人或为社会创造财富（科学发现、技术发明等），这些都说明行为人并没有违反"勿损人"伦理规范，而是遵守了这一规范。他是抱着"利他、利社会"的动机而不是"损人害社会"的动机。这种遵守伦理规范的意志是不能被评价为具有主观恶性的，尽管它在形式上符合过失要件。

2. 信赖原则

所谓信赖原则，是指行为人在实行某种行为时，信赖被害人或者第三人应当履行适当的注意义务，如果这种信赖具有合理性，那么即使被害人或者第三者没有履行这种注意义务，导致危害结果发生，行为人也不对这种结果负过失之责任。

信赖原则适用于"数人参与活动并对防止共同危险有协力分担义务"的场合，即适用于行为人能够相信他人遵守规范的情况下，行为人符合规则的行为和他人违反规则的行为共同引起结果发生时，即使行为人对该结果的发生有预见可能性，也不能认定行为人具有过失的罪过。[26]

在信赖原则情况下，行为人心理态度在形式上（在文字的含义表述上），完全符合过失要件，他此时对危害结果的发生有认识的可能性（应当预见），但由于他相信被害人或第三人会遵守规则，所以他相信危害结果不会发生（没有预见）。如果我们不从实质考查"损人意志"的有无，好像此时行为人的心理符合了过失要件，有罪过。但是，我们从实质考查"损人意志"有无时，就会发现，此时行为人完全遵守了规范：行为人认识到了结果可能性，遵守了结果预见义务；虽然行为人最终相信危害结果不会发生，但那是建立在信赖被害人或者第三人会实施符合规则行为的基础上的，是由于被害人或者第三人实施了违规行为，才导致了危害结果的发生。这恰恰是被害人、第三人的过错。此时行为人遵守了行为的所有规则，履行了注意义务。对于一

---

[26] 参见喻海松："从'结果不法'到'行为不法'——信赖原则及其相关问题探析"，载《国家检察官学院学报》2004 年第 5 期。

个履行了注意义务、遵守规范的行为人,是不能被评价为具有主观恶性的。

信赖原则作为排除行为人过失罪过的理由,具有严格的适用条件。采纳信赖原则必须考虑如下因素:

第一,信赖原则目前一般在交通事故案件中适用,不宜扩大适用范围。

第二,要考虑参与交通的人都能受到交通法规教育、交通道德的培养。

第三,要考虑交通设施、交通环境的完善。这包括道路标志、语言、信号非常完备。

第四,行为人要有足够的理由相信被害人或者第三人会遵守交通规则。

第五,行为人本人遵守了全部的注意义务,没有瑕疵。如果存在下列情况,就不能适用信赖原则:其一,比较容易地看出被害人或第三人将实行不符合规则的行为;其二,被害人、第三人是老人、幼儿、残疾人或者其他无法期待其实施符合规则行为的场合;其三,行为人实施违反规则之行为,如酒后驾车等。[27]

(三)故意、过失要件形式符合判断与实质符合判断的关系

司法者对于行为人心理态度与故意、过失要件相符合的判断,必须在形式上与实质上相统一。所谓形式符合判断,就是抛开"损人意志"标准,先以行为人对犯罪客观要件事实是否有"认识、希望、放任"或反对为标准,来判断他的心理态度是否与故意、过失要件相符合。如果符合,此时他的心理态度一般就具有主观恶性;但在特殊情况下,即使行为人的心理态度与故意、过失要件形式符合,他的心理态度也可能不具有主观恶性。这时就需要根据"损人意志"的标准,对行为人的心理态度再进行实质判断。如果他实质上具有"损人意志",就一定具有主观恶性。

行为人的心理态度与故意、过失要件相符合的形式判断与实质判断,只是司法者评价思维过程的阶段划分,是司法者评价思维路径的两个阶段。但在实际的司法判决结论中,不可能存在形式判断结论与实质判断结论相分离或相矛盾的情形。司法者作出的行为人的心理态度实符合故意、过失要件,具有主观恶性的判断,一定是形式判断与实质判断相统一的。

---

[27] 参见喻海松:"从'结果不法'到'行为不法'——信赖原则及其相关问题探析",载《国家检察官学院学报》2004年第5期。

第三节 犯罪主观要件前提符合判断

一、犯罪主观要件前提符合判断概述

(一) 犯罪主观要件之前提的含义

《刑法》第14、15条规定故意要件和过失要件,都是对行为人具有"损人意志"的类型描述,这些类型是主观恶的表现形式。《刑法》第14条和第15条对于故意与过失的规定,实际上是一种法律规范。它表达的意思是:行为人的心理态度符合故意要件或过失要件,就具有损人意志,就应当予以道德上的谴责。

任何法律规范都由三个部分组成:"假定"、"处理"和"后果"。"假定"是法律要求行为人作出或者不作出某种行为的客观情况或前提条件;"处理"是作出或不作出某种行为本身的规定;"后果"就是行为人按照或不按照法律要求去行为的法律后果。单就假定部分来说,包括承受者(行为人主观上)应具备的特征和客观上作出或不作出某种行为所需要的条件。[28] 例如,《刑法》第234条规定:"故意伤害他人身体的,处3年以下有期徒刑、拘役或者管制。"据此,是否只要确认"某人故意伤害他人身体",就可以得出应当对其判处刑罚的结论呢?从表面上看,这样的推理似乎无可非议,其实并不如此简单。因为上引这一刑法规范命题不能被孤立看待,它在内容方面要受到如下若干刑法规范命题的制约:首先,其所指实施"故意伤害他人身体"的行为人,并非泛指一切实施这种行为的人,其内容要受《刑法》第17条关于刑事责任年龄规定的制约;其次,还要受《刑法》第18条关于行为人是否具有刑事责任能力规定的制约。如果不考虑刑法规范命题相互之间内容方面的关联性,就势必歪曲该项规定的原意。[29]

基于同样的道理,在刑法规范中要求行为者作出或不作出某种行为之主观心态的类型(犯罪主观要件),也必定是有前提(假定条件)的。实际上,在我国刑法中,犯罪主观要件(故意、过失要件)的前提是由《刑法》第17~

---

[28] 雍琦:《法律逻辑学》,法律出版社2004年版,第142页。
[29] 雍琦:《法律逻辑学》,法律出版社2004年版,第156页。

19 条规定的。这些规定的内容主要是刑事责任能力问题。如果行为人不具有刑事责任能力，那么他的主观心态就不符合犯罪主观要件的前提，导致其最终不可能符合犯罪主观要件。例如，一个 13 周岁的神童，其智力非常聪明，其智商超过普通 20 周岁的成年人。他故意杀害了一个人。他的主观心态与故意杀人罪的故意要件在形式上和实质上都符合。他明知自己实施的杀人行为会导致他人死亡的结果，并且希望这种死亡结果发生。这表明他的主观心态与故意要件形式符合；杀人犯罪包含着强烈的道德因素，是典型的自然犯。在自然犯场合，从行为人对于实施杀人行为的事实有认识的角度上，司法者就能推定他对于杀人行为的刑事违法性有认识可能，所以可以判定他的主观心态与故意要件实质符合。只是因为他不足 14 周岁，刑法规定故意要件的前提（假定条件）是行为人必须达到 14 周岁以上，所以他不具有刑事责任能力，他的主观心理不符合故意要件的前提（假定条件）。不符合故意要件的前提，从最终意义上说，就是不符合故意要件。

另外，刑法理论一般认为，"客观情况允许实施合法行为"（期待可能性）也是犯罪主观要件的前提（假定条件）。如果行为人缺乏期待可能性，就表明他的主观心态与犯罪主观要件在前提（假定条件）上不符合，即使他的主观心态与犯罪主观要件在形式上和实质上都符合，也不具有主观恶性。行为人的主观心态不符合犯罪主观要件的前提（假定条件），从终局的意义而言，就是不符合犯罪主观要件。一个行为人在主观心态上不符合犯罪主观要件，一定不具有主观恶性。

故意、过失要件是主观恶性的类型。主观恶性是值得国家和社会加以谴责的心态。"要对行为主体进行法的谴责，就要求行为主体能够认识其行为的内容、社会意义与危害结果，并能控制自己不实施法律所禁止的行为。所以，如果行为主体不具有辨认控制能力，就不能对之进行谴责……只有行为主体在客观上可以实施法律所允许的行为，却不实施时，才能对行为主体进行非难。"[30] 所以，刑法所规定的故意、过失要件，并不是针对所有人而言的，而只是针对有刑事责任能力（辨认控制能力）的人而言的；同理，刑法所规定的故意、过失要件，并不是不具体区分客观情况的，而只是针对"客

---

〔30〕 张明楷：《刑法学》（第 4 版），法律出版社 2011 年版，第 278 页。

观情况允许实施合法行为"而言的。

总之，刑法规定的故意、过失要件是有前提（假定条件）的，这些前提就是刑事责任能力和客观情况允许实施合法行为（期待可能性）。

（二）犯罪主观要件之前提的特征

1. 犯罪主观要件之前提不是价值标准

刑法规定的犯罪主观要件（故意、过失要件），同时具有事实描述性和价值评价性。就事实描述性而言，它客观地描述了行为人主观心态的类型；就价值评价性而言，它是一种负价值标准，行为人的主观心态如果符合它，就具有否定性价值或负价值，也就是具有主观恶性（损人意志）。例如，行为人明知自己实施的是盗窃他人财物的行为，并且希望将他人的财物据为己有，根据刑法规定之故意要件，此行为人的心态在形式上和实质上都符合故意要件，如果行为人的年龄达到14周岁以上，那么他的心态在前提上也符合故意要件。从最终意义上讲，行为人的心态完全符合故意要件，这样就可能肯定地得出上述行为人心态具有主观恶性的评价结论。

与犯罪主观要件相比，它的前提（假定条件）并不是一种负价值标准。"年龄达到14周岁以上、精神正常、生理功能健全、客观情况允许实施合法行为"都只是故意要件和过失要件的前提条件，其本身不是主观恶的评价标准。它只是主观评价标准的假定条件。更具体地说，行为人的心态符合故意、过失要件，就一定具有主观恶性，就一定具有否定性评价；而行为人符合刑事责任能力条件、符合期待可能性条件，单单就此符合性而言，不能得出任何评价结论。其原因在于，刑事责任能力、期待可能性并不是负的价值标准，而只是价值标准的假定条件（事实条件），行为人的条件符合它们，只是一种事实判断，而绝不是一种价值判断。因此，犯罪主观要件与犯罪主观要件之前提，是两种性质不同的事物，绝不能放在一个层次上谈论。把符合故意、过失要件的评价结论与具有刑事责任能力、具有期待可能性的事实判断不加区分，并将其功能同等看待的做法，是逻辑混乱的做法，不具有合理性。

2. 犯罪主观要件之前提存在于犯罪主观要件之外

顾名思义，犯罪主观要件的前提（假定条件）一定存在于犯罪主观要件之外。犯罪主观要件是损人意志的两种类型。刑法代表社会要对符合犯罪主观要件的心态加以谴责。从这个意义上讲，刑法规定犯罪主观要件的目的，是要求人们在主观心态上不要产生损害他人利益的想法。犯罪主观要件的立法实际上是向人们（规范的承受者）发出的一种命令，要求人们在主观心态上必须坚守"勿损人"的核心伦理规范，否则就要受到法律的谴责。但是，犯罪主观要件的前提（假定条件）则不然。它本身并不包含着刑法对行为者的命令，它并不要求人们如何思维、如何确立主观意志。它只是向人们说明，"在什么样的情况下"刑法的命令是有效的，或者说，它只是说明刑法的命令是有前提（假定条件）的——并不是在任何情况下人们都必须服从刑法的命令。当行为者本身所具备的主体条件或其所处的客观情况不符合这一前提（假定条件），他就不受刑法规范的约束，或者说刑法规范此时对他无效。

（三）犯罪主观要件前提符合判断的方法

行为人的主观心态在形式和实质上都符合犯罪主观要件，那么它一般也符合犯罪主观要件的前提（假定条件）。行为人的心态在形式上和实质上都符合犯罪主观要件，唯独在前提（假定条件）上不符合犯罪主观要件的情况比较少。为了节省思维成本，提高思维效率，人们往往选择"将特殊的情况排除掉"的方法来寻找普遍规律。判断行为人的心态是否在前提（假定条件）上符合犯罪主观要件也是一样的。司法者把在形式和实质上都符合犯罪主观要件，唯独在前提（假定条件）上不符合犯罪主观要件的情况挑选出来并加以排除，剩下的就是行为人的心态不仅形式和实质上符合犯罪主观要件，而且在前提（假定条件）上也符合犯罪主观要件的普遍情况。

根据我国刑法理论，在形式和实质上都符合犯罪主观要件，唯独在前提（假定条件）上不符合的情况有两种：一是不具有刑事责任能力；二是不具有期待可能性。"责任能力的判断，实际上是无责任能力的判断。"[31] 期待可能性的判断，实际上也是在何种情况下缺乏期待可能性的判断。

二、刑事责任能力

（一）刑事责任能力概述

1. 刑事责任能力的概念

刑事责任能力，是指行为人构成犯罪并承担刑事责任所必需的刑法意义

---

[31] 张明楷：《刑法学》（第4版），法律出版社2011年版，第281页。

上的辨认和控制自己行为的能力。简言之,刑事责任能力就是行为人辨认和控制自己行为的能力。

我国刑法理论一般认为,刑事责任能力的本质是行为人在行为时具备的相对意志自由能力,即行为人实施刑法所禁止的严重危害社会的行为时,必须具备相对自由的认识和抉择行为的能力。一般说来,当人达到一定的年龄之后,智力发育正常,就自然具备了这种能力。当然,这种能力也可能因年龄、精神状况、生理功能缺陷的原因而不具备、丧失或者减弱。行为人在具有刑事责任能力的前提下,如果他的主观心态与故意、过失要件在形式上和实质上相符合,才能最终被评价为具有损人意志,从而才能被评价为具有主观恶性。相反,不具备刑事责任能力的人,即使客观上实施了危害社会的行为从而具有刑事违法性,其主观心态也不能被评价为主观恶性,最终不能被追究刑事责任;刑事责任能力减弱者,其主观恶性也相对低些,其承担的刑事责任也相应地适当减轻。

辨认能力是指行为人具备的对自己的行为在刑法上的意义、性质、作用、后果的分辨能力,也就是行为人能够认识到自己的行为为刑法所禁止、谴责和制裁的能力。例如,一个人在实施杀人行为时,如果能够认识到杀人行为能导致他人死亡的结果,是刑法所禁止的行为,就具备了辨认能力。控制能力是指行为人具备的决定自己是否实施危害行为的能力。例如,行为人在认识到杀人行为的意义、性质后,能否决定实施或不实施杀人行为的能力,就是控制能力。

辨认能力和控制能力存在着紧密的联系。一方面,辨认能力是刑事责任能力的前提和基础。只有对自己的行为在刑法上的意义有认识,才能具有凭借这种认识而自觉有效地选择和决定自己是否实施触犯刑法的行为的控制能力。只要确认某人没有辨认能力,他便不具备控制能力,从而不存在刑事责任能力。不具备辨认能力的未达刑事责任年龄的幼年人和患严重精神病的人,自然也就没有刑法意义上的控制能力。另一方面,控制能力是刑事责任能力的关键。在具备辨认能力的基础上,还需要有控制能力才能具备刑事责任能力。行为人虽然有辨认能力,但也可能因为精神病理的作用而不具有控制能力。仅有辨认能力而没有控制能力,最终还是不具有刑事责任能力;控制能力的存在又须以具备辨认能力为前提,不可能存在仅有控制能力而没有辨认能力的情况。总之，刑事责任能力是辨认能力与控制能力的统一，缺一不可。

2. 刑事责任能力程度

一般说来，影响刑事责任能力程度的因素有两个方面：一是人的知识掌握程度和智力成熟程度；二是人的精神状况即人的大脑功能正常与否。前者主要受年龄因素的制约，后者则受是否患有精神疾病及精神疾病的种类、程度和特点的影响。此外，重要器官生理功能的丧失对刑事责任能力的程度也会有一定的影响。根据年龄、精神状况、生理功能状况等因素，我国刑法理论一般将刑事责任能力程度划分为如下几种情况：

（1）完全刑事责任能力。凡年满18周岁、精神和生理功能健全且智力发育正常的人，都是完全刑事责任能力人。间歇性的精神病人在精神正常时实施的刑法禁止的危害行为，因其行为时辨认和控制能力完全具备，故《刑法》第18条第2款规定："间歇性的精神病人在精神正常的时候犯罪，应当负刑事责任。"完全刑事责任能力人实施了犯罪行为的，应当依法负全部的刑事责任，不能因其责任能力因素而免除或者减轻刑事责任。

（2）完全无刑事责任能力。简称完全无责任能力或无责任能力，指行为人没有刑法意义上的辨认和控制自己行为的能力。完全无刑事责任能力人包括两类：第一类是不满14周岁的人；第二类是行为时因精神病而不能辨认或者不能控制自己行为的人。关于第二类，《刑法》第18条第1款规定："精神病人在不能辨认或者不能控制自己行为的时候造成危害结果，经法定程序鉴定确认的，不负刑事责任……"根据该规定，确认精神病患者为无责任能力人有两个标准：一是他在实施危害行为时处于精神病状态，或者说，从医学上看，行为人是基于精神病理的作用而实施危害社会行为的精神病人。这一标准即医学标准，也称生物学标准。这里的"精神病"，应作广义理解，不仅包括精神分裂症、癫痫病等，也包括痴呆症、夜游症、病理性醉酒等，但不包括神经官能症、人格障碍、性变态等非精神病性精神障碍。因此，只有精神病人才有可能成为《刑法》第18条规定的无责任能力人；至于非精神病性精神障碍人，则不属于《刑法》第18条所称之"精神病人"。二是由于精神病理的作用使他不能辨认或者控制自己的行为。这一标准即心理学标准，也称法学标准。只有将前后两个标准结合起来，才能认定实施刑法所禁止的危害行为的精神病人属于无责任能力人。

（3）相对无刑事责任能力。也称相对有刑事责任能力，指行为人仅对刑法所明文规定的某些严重犯罪具有刑事责任能力，而对未明确限定的其他危害行为无刑事责任能力的情况。我国《刑法》第 17 条第 2 款规定："已满 14 周岁不满 16 周岁的人，犯故意杀人、故意伤害致人重伤或者死亡、强奸、抢劫、贩卖毒品、放火、爆炸、投放危险物质罪的，应当负刑事责任。"因此，我国刑法中相对无刑事责任能力人为已满 14 周岁不满 16 周岁的人，这类人仅对《刑法》第 17 条第 2 款规定的 8 种犯罪行为具有刑事责任能力，对其他危害行为无刑事责任能力。

（4）减轻刑事责任能力。减轻刑事责任能力又称限制刑事责任能力、限定刑事责任能力，是完全刑事责任能力与完全无刑事责任能力的中间状态，是指因年龄、精神状况、生理功能缺陷等原因使行为人在实施刑法所禁止的危害行为时，虽然具有责任能力，但其辨认或控制自己行为的能力较完全责任能力人有一定程度的减弱或降低的情况。我国刑法明文规定的限制刑事责任能力的人有四种：①已满 14 周岁不满 18 周岁的未成年人；②尚未完全丧失辨认或者控制自己行为能力的精神病人；③又聋又哑的人；④盲人。根据刑法的规定，对于已满 14 周岁不满 18 周岁的人犯罪，应当从轻或者减轻处罚；对于尚未完全丧失辨认或者控制自己行为能力的精神病人犯罪的，可以从轻或者减轻处罚；对于又聋又哑的人或者盲人犯罪，可以从轻、减轻或者免除处罚。

（二）刑事责任年龄

刑事责任年龄是影响刑事责任能力程度的重要因素。刑法理论一般将刑事责任年龄划分为如下几个阶段：

1. 完全不负刑事责任年龄阶段

根据我国《刑法》第 17 条第 2 款的规定，不满 14 周岁的人，对于自己实施的任何危害行为都不承担刑事责任。这也就是说，对于不满 14 周岁的人，其主观心理态度不能被评价为犯罪故意或犯罪过失，因而也不具有刑法意义的主观恶性，所以他不能对其实施的危害行为承担刑事责任。但是，对于实施严重危害行为的不满 14 周岁的人，应当依法责令其家长或监护人加以管教，或由政府收容教养。

2. 相对负刑事责任年龄阶段

根据我国《刑法》第 17 条第 2 款的规定,已满 14 周岁不满 16 周岁的人,对于自己实施的下列严重危害社会的行为应当承担刑事责任:故意杀人、故意伤害致人重伤或者死亡、强奸、抢劫、贩卖毒品、放火、爆炸、投放危险物质等犯罪行为。

3. 完全负刑事责任年龄阶段

我国《刑法》第 17 条第 1 款规定,已满 16 周岁的人,实施任何犯罪都必须承担刑事责任。在此,完全负刑事责任的含义是指对一切犯罪都要承担刑事责任。此"完全负刑事责任"主要是针对犯罪的范围而言的,并不是针对承担刑事责任的程度而言的。事实上,已满 16 周岁未满 18 周岁的人,仍然属于未成年人。我国《刑法》第 17 条第 3 款规定,对于已满 14 周岁不满 18 周岁的人犯罪,应当从轻或减轻处罚。

4. 从宽负刑事责任年龄阶段

根据《刑法》第 49 条第 1 款规定,犯罪的时候不满 18 周岁的人不适用死刑。根据《刑法》第 17 条之一规定,已满 75 周岁的人故意犯罪的,可以从轻或者减轻处罚;过失犯罪的,应当从轻或者减轻处罚。根据刑法第 49 条第 2 款规定,审判的时候已满 75 周岁的人,不适用死刑,但以特别残忍手段致人死亡的除外。可见,未满 18 周岁和已满 75 周岁是从宽刑事责任年龄阶段。

(三)精神障碍

精神状况是影响刑事责任能力的重要因素之一。人即使达到负刑事责任的年龄,如果存在精神障碍尤其是存在精神病性精神障碍,就可能影响其辨认和控制能力,或者致使这种能力减弱,或者导致这种能力完全丧失。我国《刑法》第 18 条专门规定了精神病人的刑事责任问题。我国刑法理论一般将因精神障碍而影响刑事责任能力的人划分为如下几种:

1. 完全无刑事责任的精神病人

我国《刑法》第 18 条第 1 款规定:"精神病人在不能辨认或者不能控制自己行为的时候造成危害结果,经法定程序鉴定确认的,不负刑事责任,但是应当责令他的家属或者监护人严加看管和医疗;在必要的时候,由政府强制医疗。"根据这一规定,认定精神障碍者为无责任能力的精神病人,必须同时具备两个标准：

（1）医学标准，亦称生物学标准，简言之，即实施危害行为者是精神病人。确切地讲，从医学上看，行为人是基于精神病理的作用而实施特定危害社会行为的精神病人。

（2）心理学标准，亦称法学标准，是指从心理学、法学的角度看，患有精神病的行为人所实施的危害行为，不但是由其精神病理机制直接引起的，而且是由于精神病理的作用，使其在行为时丧失了辨认或者控制自己行为的能力。

2. 完全负刑事责任的精神障碍人

依据我国《刑法》第18条的规定和有关的司法精神病鉴定实践及司法实践经验，责任能力完备而应完全负刑事责任的精神障碍人包括以下两类：

（1）精神正常时期的"间歇性精神病人"。我国《刑法》第18条第2款明文规定："间歇性的精神病人在精神正常的时候犯罪，应当负刑事责任。"我国司法精神病学一般认为，刑法中所说的"间歇性精神病"，是指具有间歇发作特点的精神病，包括精神分裂症、躁狂症、抑郁症、癫痫性精神病、周期精神病、分裂情感性精神病、癔症性精神病等。所谓"间歇性精神病人的精神正常时期"，包括上述某些精神病（如癫痫性精神病）的非发病期。"间歇性精神病人"在精神正常的时候实施危害行为的，其辨认和控制自己行为的能力完全具备，不符合无责任能力和限制能力所要求的心理学（法学）标准，因而法律规定这些行为人对其实施危害行为依法负完全的刑事责任。

（2）大多数非精神病性精神障碍人。按照我国司法精神病学，非精神病性精神障碍的主要种类有：第一，各种类型的神经官能症，包括癔症、神经衰弱，焦虑症，疑病症，强迫症，恐惧症，神经症性抑郁，等等，但癔症性精神错乱除外；第二，各种人格障碍式变态人格（包括器质性人格障碍）；第三，性变态，包括同性恋，露阴癖，窥淫癖，恋物癖，恋童癖，性虐待癖，等等；第四，情绪反应（未达到精神病程度的反应性精神障碍）；第五，未达到精神病程度的成瘾药物中毒与戒断反应；第六，轻躁狂与轻性抑郁症；第七，生理性醉酒与单纯慢性酒精中毒；第八，脑震荡后遗症、癫痫性心境恶劣以及其他未达到精神病程度的精神疾患；第九，轻微精神发育不全，等等。非精神病性精神障碍人，大多数并不因精神障碍使其辨认或者控制自己行为的能力丧失或减弱,而是具有完备的责任能力。因而不能对其行为不负刑事责任,也不能对其行为负减轻的刑事责任,而应在原则上令行为人对其危害行为依法负完全的刑事责任。但在少数情况下,非精神病性精神障碍人也可成为限制责任能力人甚至无责任能力人,从而影响到减轻刑罚或者不负刑事责任。[32]

3. 限制刑事责任的精神障碍人

限制刑事责任的精神障碍人,又称减轻(部分)刑事责任的精神障碍人,是介乎无刑事责任的精神病人与完全刑事责任的精神障碍人中间状态的精神障碍人。我国《刑法》第 18 条第 3 款规定:"尚未完全丧失辨认或者控制自己行为能力的精神病人犯罪的,应当负刑事责任,但是可以从轻或者减轻处罚。"这里的"精神病人",从立法意图来说,应作广义的理解,一般包括以下两类:一是处于早期(发作前期)或部分缓解期的精神病(如精神分裂症等)患者,这种患者在精神病理机制的作用下,辨认或控制行为的能力有所减弱;二是某些非精神病性精神障碍人,包括轻至中度的精神发育迟滞(不全)者,脑部器质性病变(如脑炎、脑外伤)或精神病(如精神分裂症、癫痫症)后遗症所引起的人格变态者,神经官能症中少数严重的强迫症和癔症患者等。[33]

(四)生理功能丧失

人的重要生理器官如听力器官、语言器官、视觉器官是获取知识、增加智力的重要管道。这些器官的功能如果丧失,就会影响其接受教育,影响其学习知识和智力发展,最终影响其辨认或控制行为的能力,一般情况下能导致这种能力下降或减弱。我国《刑法》第 19 条规定:"又聋又哑的人或者盲人犯罪,可以从轻、减轻或者免除处罚。"这就是我国刑法中对聋哑人、盲人刑事责任能力的特殊规定。

正确理解《刑法》第 19 条,应当注意如下几点:第一,聋哑人的条件是既聋又哑,其中主要是先天聋哑者或自幼年就聋哑者。第二,盲人的条件是

---

[32] 高铭暄、马克昌主编:《刑法学》(第 4 版),北京大学出版社、高等教育出版社 2010 年版,第 102~103 页。

[33] 高铭暄、马克昌主编:《刑法学》(第 4 版),北京大学出版社、高等教育出版社 2010 年版,第 103 页。

双目失明，主要是指先天和幼年丧失视力者。第三，"可以从轻、减轻或者免除处罚"是指在大多数情况下要予以从宽处罚，但这不是绝对的；对于犯罪性质恶劣、情节和后果非常严重的聋哑人、盲人犯罪分子，也可以不从宽处罚。

（五）生理性醉酒和病理性醉酒

1. 生理性醉酒

又称普通醉酒、单纯性醉酒，简称醉酒。我国《刑法》第18条第4款规定："醉酒的人犯罪，应当负刑事责任。"我国刑法理论一般认为，生理性醉酒的人，其辨认和控制自己行为的能力仍然存在，所以对其实施的危害行为应当承担刑事责任。生理性醉酒的人也可能因为酒精作用而使其辨认和控制自己行为的能力有所减弱，但是，由于这种减弱是由于行为人自己自愿饮酒行为所造成的，饮酒过多导致醉酒是一种恶习，而且这是完全能够控制的行为，所以刑法规定醉酒的人犯罪应当负刑事责任，不从宽处罚。其中具有刑事政策的理由。[34] 如果法律规定醉酒的人犯罪可以从宽处罚的话，那就可能导致以醉酒为掩护而实施犯罪的行为大量增加。这种后果非常不利于社会秩序的稳定。

但是，我国《刑法》第18条第4款的规定，应当限定在行为人对于饮酒具有认识和控制能力的场合。如果行为人对于饮酒行为没有控制能力或出于意外事件，那么对于其陷入无责任能力状态的结果行为也不应当进行谴责。医学研究证实，在普通生理性醉酒中，醉酒者可能进入一种完全丧失刑事责任能力的昏睡期。如果某人被歹徒强行灌醉，陷入完全丧失知觉的昏睡状态，不能履行特定作为义务而导致了可罚的危害结果，就不能追究他的刑事责任。

2. 病理性醉酒

"病理性醉酒属于精神病状态，多见于通常并不饮酒或者对酒精无耐受性或并存感染、过度疲劳、脑外伤、癫痫症者，在偶然一次饮酒后发生。病理性醉酒人行为紊乱、记忆缺失、出现意识障碍，并伴有幻觉、错觉、妄想等精神病症状，且其行为通常具有攻击性。"[35] 病理性醉酒人在醉酒时完全丧失辨认和控制自己行为的能力。如果单独考察其醉酒时的刑事责任能力，其

---

[34] 张明楷：《刑法学》（第4版），法律出版社2011年版，第283页。
[35] 张明楷：《刑法学》（第4版），法律出版社2011年版，第283~284页。

对于危害行为不应当承担刑事责任。但是，病理性醉酒的行为较一般精神病人的行为更复杂。它是由两个部分组成的：一部分是行为人饮酒的行为，是否饮酒是行为人能够认识和控制的；另一部分是饮酒后陷入无责任能力状态，在此状态下实施的行为是行为人无法认识和控制的。我们考察病理性醉酒人的刑事责任，显然不能单独考察其陷入醉酒而无责任能力时的情况，而应当对前后两部分行为全面考察，才能得出正确的结论。

根据责任主义原则，只有行为人对所实施的违法行为及危害结果在实施行为的当时具有意志自由和刑事责任能力，才能对行为人进行非难或谴责。如果在实施危害行为时，行为人处于精神障碍状态，则应对其减免责难。这也是现代刑法的责任能力与实行行为同时存在原则。如果绝对适用这一原则，会使那些有意自陷精神障碍状态并利用这种状态犯罪的人逃避刑事处罚。为解决这一难题，德日刑法学者提出了原因自由行为理论，认为犯罪人在实施犯罪客观要件行为时虽处于精神障碍状态，缺乏意志自由，但这种不自由状态是由于行为人自己的原因造成的，他在设定原因阶段具有责任能力，意志是自由的，那么其应当对其缺乏意志自由状态的行为承担刑事责任。[36]

原因自由行为，亦称作原因上之自由行为、可控制之原因行为。狭义说认为，原因上的自由行为是指行为人由于故意或过失使自己置于无责任能力状态，然后在无责任能力的状态下导致构成要件行为的实现。广义说认为，原因自由行为是指行为人因故意或过失而使自己陷于无责任能力或限制责任能力状态，且在此状态下实现构成要件行为。广义说是通说。原因自由行为具有三个特征：其一，责任能力与实行行为的分离性。原因自由行为在构造上包括前后相继的两部分——造成精神障碍状态的原因行为和实施犯罪客观要件行为的结果行为，其最显著特征就是，原因行为是具有责任能力但原因行为不是构成要件行为；结果行为是构成要件行为，但结果行为时没有责任能力（或没有完全责任能力）。其二，原因行为的可责性。在原因自由行为中，原因行为必须是行为人的故意或过失行为，即陷于精神障碍状态是由行为人故意或过失造成的。这是原因自由行为可罚性的心理根据和伦理基础。如果行为人由于不能预见或不能抗拒的原因（如意外误食麻醉药、被他人强

---

[36] 刘士心："论中国刑法中的原因自由行为——兼论新《刑法》第18条的完善"，载《河北法学》2000年第2期。

行注射毒品等）而陷入精神障碍状态，并实施了犯罪行为，则不属于原因自由行为。其三，精神障碍状态的暂时性。原因行为所造成的精神障碍状态具有暂时性，一般犯罪后即可自行恢复。[37]

原因自由行为可划分为如下类型：其一，过失的不作为犯。即过失地使自己陷入无责任能力或限制责任能力状态，而实施不作为犯罪。其二，过失的作为犯。即过失地使自己陷入无责任能力或限制责任能力状态，而实施作为犯罪。例如，具有病理醉酒体质的人出于疏忽饮酒致醉，在病理醉态中打伤他人。其三，故意的不作为犯。即故意使自己陷入无责任能力或限制责任能力状态，而实施不作为犯罪。如夜间值班护士故意醉酒睡着，不履行护理职责，导致危重病人死亡。其四，故意的作为犯。即故意地使自己陷入无责任能力或限制责任能力状态，并在此间实施某种作为犯罪行为。

对于原因自由行为，应当将先前的故意或过失地陷入醉酒等无责任能力或限制责任能力状态的行为，与在无责任能力或限制责任能力状态下实施的结果行为统一看作一个完整的行为来进行评价。只要行为人开始实施与结果发生具有因果关系的行为时具有责任能力，就视为其在整个行为（包括原因行为与结果行为）都具有责任能力，就可以对整个行为进行刑事违法性和主观恶性的双重评价。但是，如果行为人开始饮酒的行为是不可控制的，即行为人对于饮酒行为不能认识或控制。例如，如果行为人被他人欺骗或强迫而饮酒，那么他就不能对饮酒后的无责任能力状态下实施的行为承担责任。只有行为人故意或过失地使自己陷入限制刑事责任能力状态或无刑事责任能力状态而实施危害行为的，才应当负刑事责任，而且不得减轻或免除处罚。

三、期待可能性

（一）期待可能性的概念和本质

期待可能性是指根据行为之际的具体情况，能够期待行为人不实施违法行为而实施合法行为的可能性。如果不能期待行为人实施合法行为，就不能对行为人的意志进行非难和谴责，因而就不存在刑法上的主观恶性。

---

[37] 刘士心："论中国刑法中的原因自由行为——兼论新《刑法》第18条的完善"，载《河北法学》2000年第2期。

从本质上说，期待可能性是故意和过失要件的前提（假定条件），故意和过失要件是违反伦理规范（损人意志）的类型和标准。行为人心理态度符合故意、过失的要件，一般就可以推定其主观意志是违反伦理规范的，是恶的。但是，主观恶是一种社会评价，是一种价值判断，具有极强的相对性。故意地违反伦理规范的意志，社会一般对其不加宽容，要对其加以责难；但是，社会评价、法律评价绝对不强人所难。由于行为人在行为时的条件和情况极其特殊，导致其遵守伦理规范的自由度受到极大地削弱的情况下，就不能对行为人的意志进行强烈的否定性评价。从本质上说，期待可能性理论实际上是阐释行为人在行为时是否具有意志自由的问题。[38]

人的意志，一方面要受到外部客观情况的制约，另一方面又具有能动性。就客观制约性而言，人的意志绝对自由只是一种永远也无法证实的神话。人的意志形成无时无刻不受到许多客观因素的制约和影响，如年龄、性别、出身、经历、疾病、气质、气氛、疲劳度、兴奋度、激情、国民性情、风土人情、气候等。这就表明，人的意志总要受到一定前提条件的制约，在一定程度上是不自由的。就主观能动性而言，人的意志能决定人对行为性质具有辨认能力以及在此基础上的控制能力和决定能力。所以，法律对行为人的意志进行规范性评价时，就应当充分考虑这两个方面的因素：既考虑素质与环境的影响，又承认其具有相对自由的余地。

期待可能性目前主要有广义说与狭义说两种理论。广义说认为，期待可能性是指对行为人从实施该行为之际的内部、外部的一切情形进行观察，期待其不实施该行为而实施其他适法行为是可能的情况。狭义说认为，期待可能性是指对行为人从行为之际的外部的情形进行观察，期待其不实施该违法行为而实施其他适法行为的可能性的情况。[39] 本书持狭义说，认为期待可能性是指从行为之际的外部情形来考察，期待行为人实施合法行为的可能性。由于期待可能性主要考虑行为之际的外部情况，所以也被称为客观情状之期待可能性。[40]

---

〔38〕 参见童德华：《刑法中的期待可能性论》，中国政法大学出版社 2004 年版，第 51 页。
〔39〕 马克昌：《比较刑法原理——外国刑法学总论》，武汉大学出版社 2002 年版，第 498 页。
〔40〕 参见邵维国："论期待可能性的内部层次"，载《广州大学学报》（社会科学版）2008 年第 4 期。

(二) 缺乏期待可能性事由的类型

期待可能性的范围一般是通过缺乏期待可能性事由来划定的。排除缺乏期待可能性事由，剩下的情况就是具有期待可能性的范围。缺乏期待可能性事由是非常罕见的情况。我们只要将缺乏期待可能性事由一一列举出来，剩下的就是行为时具有期待可能性的广泛情况。这是"排除特别例外以界定普遍规律"的方法。缺乏期待可能性事由可分为两类：一是法定的缺乏期待可能性事由；二是超法规的缺乏期待可能性事由。

1. 法定的缺乏期待可能性事由

法定的缺乏期待可能性事由是指我国刑法、司法解释等规定的缺乏期待可能性事由，主要有以下几种：

（1）《刑法》第28条规定："对于被胁迫参加犯罪的，应当按照他的犯罪情节减轻处罚或免除处罚。"相关司法解释如下：2005年12月12日《最高人民法院关于审理未成年人刑事案件具体应用法律若干问题的解释》第9条第2款规定，在共同盗窃中起次要或者辅助作用，或者被胁迫，可不认定为犯罪。

（2）《刑法》第20条第2款规定："正当防卫明显超过必要限度造成重大损害的，应当负刑事责任，但是应当减轻或者免除处罚。"

（3）《刑法》第21条第2款规定："紧急避险超过必要限度造成不应有的损害的，应当负刑事责任，但是应当减轻或者免除处罚。"

2. 超法规的缺乏期待可能性事由

刑法不能让行为人额外地承担其他人或异常社会问题所应负的责任。超法规的缺乏期待可能性事由，是指未见之于刑法规定，但根据社会经验和人之常情，由于行为人实施行为之际出现了极其特殊的事件，导致行为人实施合法行为的期待可能性明显地减弱或丧失，因此司法者应当评价行为人不具有主观恶性的情况。例如，甲几十年积攒的几十万元血汗钱被乙骗走了，而乙买通司法工作人员，致使甲不能通过法律途径追回被骗的钱。一气之下，甲将乙的儿子绑架，威逼乙还钱。甲的行为具有刑事违法性是没有疑问的，但他主观意志能否被评价为主观恶性，却不是仅仅靠其心理态度符合故意要件就能解决的问题，而是取决于行为人此时是否有不实行违法行为的期待可能性。这就是一个规范评价问题。[41]在此案情况下，司法一般认为行为人缺乏守法的期待可能性。类似的事由，由于刑法或司法解释没有明文规定，所以可称之为超法规缺乏期待可能性事由。

（三）期待可能性的标准

期待可能性的标准，是指司法机关认定行为人在实施行为之际是否具有守法可能性的判断标准。刑法学界主要有如下标准：

1. 国家标准说

国家标准说认为，依照国家意志的统一要求，以国家所颁布实施的法规作为期待可能性为标准，来判定行为人在行为之际是否有采取具体的合法行为的可能性。国家标准说也被称为法定标准说。有观点认为，国家法律规定的期待可能性只有意外事件和不能辨认或不能控制自己行为的精神病人两种。本书认为，国家标准说存在最大的不足是：它不能够就期待可能性与具体客观情形之间所存在的动态发展关系作出公正解释。[42]法定的责任能力的界限，是根据一般意义上的、抽象的类型因素为基础确定的，不能保证在具体场合中不存在其他影响行为能力的因素。行为人受到外部条件的压力而不得不选择违法行为的情况是非常复杂的，绝不仅限于国家法律规定的有限的几种情况。如果仅仅根据国家法律，而无视行为人受外部条件压迫不得不实施违法行为的复杂情况，这对行为人是不公平的。

此外，根据狭义的期待可能性含义，精神病不属于期待可能性范畴。国家标准说将其视为期待可能性问题，是与狭义期待可能性立场不相容的。期待可能性是行为之际的外部情形异常，它和以行为人内部的属性为基础的责任能力之间具有不同的本质，必须对这两个概念加以区分。刑事责任能力与期待可能性的区别如下：一是法定性与否不同。刑事责任能力是法定的；缺乏期待可能性事由既有法定的，也有超法规的。二是类型化与非类型化有区别。刑事责任能力是类型化的价值标准；而缺乏期待可能性事由非常复杂，往往缺少类型化的价值标准。三是行为人内部能力与外部情状有区别。刑事责任能力是由行为人内部的素质和生理功能所决定的；而期待可能性是行为之际的外部条件压迫所造成的。四是参考要素的有限性与无限性不同。刑事

---

[41] 参见童德华：《刑法中的期待可能性论》，中国政法大学出版社2004年版，第76页。

[42] 参见童德华：《刑法中的期待可能性论》，中国政法大学出版社2004年版，第99页。

责任能力参考要素包括年龄、精神状况、生理功能（病理性醉酒考虑的也是生理功能）三种要素；而期待可能性参考的因素多样、复杂。五是认定标准不同。责任能力认定的标准是法定的，一般是医学标准和心理学标准；而期待可能性的标准并非法定。例如，甲年满18周岁，如果依据精神医学或者生理医学的标准，判断他的精神状态是正常的，不是愚钝、白痴或者疯癫之人，那么，只要他实施了刑法分则规定的客观要件行为，侵害了法益，达到了应受处罚的程度，他就有责任能力。但他是否有实施合法行为的期待可能性，则是责任能力标准本身不能解决的问题，要看行为之际的具体情况。因而"将期待可能性置于责任能力之中，是明显不妥当的"。[43] 可见，将刑事责任能力与期待可能性问题混淆是国家标准说的最大弊端。

2. 行为人标准、平均人标准、类型人标准说

行为人标准说认为，确定行为人实施行为之际有无期待可能性，应当以行为人自身条件和行为之时的具体客观情况为标准。该说存在如下不足：一是有可能导致法秩序的破坏，法律会变成因人而异的东西；二是不符合评价的操作规程。评价期待可能性的主体是司法者，司法者评价行为人的期待可能性必须运用一个先在的、既定的标准。这一标准一定是与被评价者相分离的事物。如果一个评价标准与被评价对象是同一个事物，评价将不能进行。

平均人标准说认为，根据社会一般人处在行为人的情形之下有无遵守法律而不实施违法行为的可能性为标准，来判断行为人的期待可能性。平均人标准说仍然存在不足：一是何为平均人，其界限模糊；二是平均人的概念不利于法官掌握。法官不能对社会的人群进行抽样调查或问卷调查，从而得出平均人是什么样的。

类型人标准说认为，判断行为人有无守法的期待可能性，应当根据不同年龄、不同性别、不同职业、不同身份等特征而将行为人划分为不同的类型。不同类型的人在从事社会活动过程中具有相同的守法期待可能性。类型人标准说的缺陷也是明显的。因为如何评价出类型人的结论仍然是不可操作的。划分出多少类型的人才能满足司法评价主观恶的需要，也是未可知的。

---

[43] 参见童德华：《刑法中的期待可能性论》，中国政法大学出版社2004年版，第202页。

3. 类型事件（案例）标准说

类型事件（案例）标准说认为，应当以一定事件为类型，作为决定行为人有无期待可能性及其程度的标准。本书赞成这种观点。就狭义的期待可能性的认定标准而言，我国刑法规定的三种缺乏期待可能性事由，即《刑法》第20、21、28条之规定，都是根据一定类型的事件而作出的。被胁迫而参加犯罪，是一种类型的事件。这一规定并没有考虑行为人的类型、行为人标准等。防卫过当、避险过当也都是一定类型的事件。这些规定也并没有考察行为人职业、年龄、经验、学历等个人情况或类型人情况。不但法定的缺乏期待可能性事由是根据一定类型的事件而作出的规定，而且通过具体考量可知，超法规缺乏期待可能性事由也是一定类型的事件。这种类型的事件，跟行为人类型、平均人标准或者行为人自身素质并没有关联。这一点也是期待可能性本身性质所决定的。大多数学者认为，期待可能性的概念是指从行为时的外部环境和条件来考察能够期待行为人实施合法行为的可能性。如果行为人在行为时具有选择为合法行为的可能性，则具有期待可能性；如果行为人行为时没有选择为合法行为的可能性，即无期待可能性。[44] 根据狭义的期待可能性观点，在考察期待可能性时，行为人已经具有责任能力，其心理态度已经被评价为符合故意、过失要件，只需要考虑行为时的外部情况和条件是否极端异常，而不需要考虑行为人内部意志和行为人人格特征等因素。

缺乏期待可能性的情况，可以用类型事件（案例）来说明。除《刑法》第20、21、28条规定情况以外，一般认为，下列类型事件可视为超法规的缺乏期待可能性事由：

（1）为了快速地将难产而生命垂危的孕妇送到医院，司机驾车超速、闯红灯，还剐伤了一个行人。在此类型事件中，司机缺乏遵守通过法规的期待可能性。

（2）被人设圈套诱骗参赌，当被诱骗参赌者要求退还所输钱财时，设赌者以暴力相威胁，甚至将被诱骗参赌者打伤、并将其身上所带钱财抢走。被诱骗参赌者事后报警，警察不管。被逼无奈，被诱骗而参赌者用绑架方法，将被骗赌资索取回来的行为，一般认为在此类型事件中，行为人缺乏或减少

---

[44] 参见康伟等："第五届全国中青年刑法学者专题研讨会暨'期待可能性'高级论坛会议综述"，载《金陵法律评论》2008年第1期。

守法期待可能性。

（3）行为人的母亲被绑匪绑架为人质。绑匪要求行为人去杀另一个人，不然就把他母亲杀死。行为人不得已实施了杀人的行为，一般认为在此类型事件中行为人没有守法的期待可能性。

（4）社区绝大多数人都实施相同的危害行为而获得个人好处。这种行为长期没有官方的管理或禁止。这一社区的任何一位成员，都是在法不责众的心理支配之下实施此种危害行为。在此类型事件中，对其中任何一个人的心理意志来说，都缺乏守法的期待可能性。

（5）小商小贩一天辛苦经营只能收入几十块钱。他在经营中有时会误收了假币，为了避免损失，就将假币使用出去。小商小贩在常年经商过程中在类似情况下使用假币的面额或张数即使能够被证据证明达到定罪的标准，一般也不能追究小商小贩的刑事责任。一般认为，在此类事件中，小商小贩缺乏守法的期待可能性。

上述类型事件，都与行为人标准、平均人标准和类型人标准无涉，但根据社会经验和人之常情，都很难认定行为人具有主观恶性。所以，在判断期待可能性时，无论是法定的缺乏期待可能性事由，还是超法规缺乏期待可能性事由，都是根据一定的类型事件作为标准的。除刑法规定的缺乏期待可能性事由之外，刑法理论为司法者提供一定的类型事件作为评价缺乏期待可能性的标准，最具有操作性，也不易导致法治的破坏。因为这些类型事件是经司法实践认可和刑法理论论证的，不是朝定夕改、随人想象的。如果说适用案例就可能导致法治破坏的话，那么英美法系国家早就无法治可言了。另外，必须说明，行为人的主观态度符合故意、过失要件但因为缺乏期待可能性而被免除主观恶性评价的情况是极其罕见的。司法者一定要慎用缺乏期待可能性的理由，除非客观情况极端异常，如以上 5 例类型事件。

第八章 司法认定犯罪的逻辑顺序和实操步骤总结

第一节 司法认定犯罪的逻辑顺序

司法认定犯罪有四个标准,即前文所述的犯罪客观要件、法益侵害、犯罪主观要件、损人意志。按照评价规则,对犯罪成立的评价,必须按照先客观评价后主观评价、先形式判断后实质判断、先入罪判断后出罪判断、先第一层次价值判断后第二层次价值判断的顺序来进行。总共分为六个步骤,每个步骤都是"序号与名称相组合"的范畴。这是一种"四标准六步骤"的犯罪构成体系。当然,如果判断犯罪不成立,可不受上述步骤和顺序的限制。这样的体系能规范法官的思维路径,能充分保障人权,能使认定犯罪的结论更具有公信力。

一、先进行客观事实的评价后进行主观意志的评价

司法认定犯罪之所以必须先进行客观事实的评价,后进行主观意志的评价,是因为只有这样的评价顺序才具有合理性。

第一,这样的顺序符合评价的逻辑进程。虽然犯罪的发生过程是"先主观后客观"的,即行为人先有心理态度,在心理态度支配之下实施行为,造成了侵害法益的客观影响,但是,司法者对于已经发生过的犯罪的认定(评价),必须先进行客观方面的评价,后进行主观方面的评价,否则就很容易作出不合理的有罪认定。这是因为任何评价都必须先从有形的、客观的要素开始,而不能从无形的、空泛的、主观的心理态度开始。心理态度是主观思想,

是看不见、摸不着的观念。它只有见之于客观之后，才能表达其意义。当它还没有表现为客观、表现为行为时，我们根本无法认知它、理解它、把握它，当然也无法评价它。

第二，这样的顺序符合主要法系之犯罪构成体系的共通规则。对我国刑法理论产生巨大影响的德日法系的犯罪构成体系，正是遵循"先客观后主观"的顺序建构的。其构成要件符合性判断主要是指客观要件符合性判断。[1] 该客观要件包括行为主体的身份、单位（法人）、行为对象、行为类型、行为结果、因果关系、行为时间、地点和方法等。在构成要件符合性判断中，该体系要求司法者必须先判断客观要件的符合性，再判断违法性和有责性（主观恶性）。

英美法系的犯罪构成体系是双层次的体系。其犯罪评价标准分为实体意义上的犯罪要件和诉讼意义上的犯罪要件。实体意义的犯罪要件包括犯罪客观要件和犯罪主观要件。其中犯罪客观要件包括行为、对象、危害结果、附随情节、因果关系等，犯罪主观要件包括故意（希望和明知）、轻率、疏忽等。[2] 诉讼意义的犯罪要件主要包括合法辩护事由和免责辩护理由，其内容包括未成年、错误、精神病、醉态、胁迫、警察圈套、安乐死、正当防卫、紧急避险等。在英美法系中，司法认定犯罪的进程是由控方首先对是否存在犯罪客观要件之行为、对象、结果、情节等进行指控，其次再进行犯罪主观要件的指控，最后由被告人或辩护人提出合法辩护事由或免责辩护事由。这一进程也是遵循"先客观后主观"的逻辑顺序进行的。

第三，这样的顺序符合我国刑法的规定。我国《刑法》第13条规定的是犯罪行为的客观特征——侵害法益的表现和性质；第14、15条规定的是犯罪行为人的主观心理态度——故意、过失。这一立法模式遵循的也是"先客观后主观"的逻辑。

二、先形式判断后实质判断

（一）犯罪客观要件形式符合判断

它是根据法条文字含义的通常涵盖范围来判断生活行为是否符合犯罪客

---

[1] 有些观点认为德日法系的构成要件也包括构成要件故意和构成要件过失，并与责任故意和责任过失区别开来。

[2] 刘士心：《美国刑法中的犯罪论原理》，人民出版社2010年版，第110~120页。

观要件的活动。犯罪客观要件是抽象、概括的价值类型。所谓抽象性、概括性就是舍掉对象的某些方面的特点、差异，抽取出其共同的东西；就是在思维中将对象的不同方面隔离开来、剥离开来，将所要着重研究的那一方面抽取出来，将其他方面暂时地舍掉；就是将对象的现实复杂关系"简化"为逻辑上的关系，着重研究这种简化了的关系的变动情况及其制约条件。据此，法官必须根据犯罪客观要件这一类型化的行为模式，将复杂的、现实的生活行为（案件事实）在观念中分解成若干方面或环节，从而确定自己的评价对象，确定自己关注的是案件事实的哪一方面、哪一个环节、哪一种属性，再根据法条文字含义所能涵盖的范围，对它进行是否符合犯罪客观要件的判断。

在形式（根据文字含义的通常涵盖范围）上判断一个生活行为是否符合犯罪客观要件是非常重要的。刑法是国家公权力与公众之私权利之间的博弈。为了使这种博弈公平，必须对国家司法权力划定出严格的界限。这不但是保障人权的需要，也是国家民主建设的要求。为此，世界各国刑法的普遍做法是：绝不能仅仅依据抽象的原则来判断犯罪，必须以明确的犯罪客观要件为标准来判断犯罪。"犯罪的评价必须先根据犯罪客观要件符合性的判断来完成。一个行为应受刑事惩罚不可能像一些民事法律后果那样，可以在没有明确固定的行为构成的情况下，从一般的法律原则中推导出来。"[3]

犯罪客观要件是刑事立法为司法机关预定的类型化的行为模式。它是通过一定文字表达的价值类型。形式性、类型性是它的最明显特征。据此，判断生活行为是否符合犯罪客观要件的第一步骤必须是形式判断。法条文字含义是法官权力的边界。如果仅仅从法条文字含义的通常涵盖范围上理解，生活行为不符合犯罪客观要件，那么就应当排除其刑事违法性，不管其危害性有多大，不管其多么为社会公众所不能容忍，这就是形式判断的要义。它刚性地将形式上不符合犯罪客观要件的生活行为绝对地排除在刑事违法评价范围之外，保障了公民可以做任何刑法没有明文规定为犯罪的行为的自由，确保了司法机关在罪刑法定的原则下行动。

（二）犯罪客观要件实质符合判断

它是指以法条保护的法益为标准来判断生活行为是否侵害了该种法益的

---

[3] [德]克劳斯·罗克辛：《德国刑法总论》（第1卷），王世洲译，法律出版社2005年版，第119页。

活动。刑法分则在规定犯罪客观要件时，无一例外地将其归类，并置于特定章、节之下。章名规定的法益就是本章中全部犯罪客观要件保护的法益，节名规定的法益也是本节规定的全部犯罪客观要件的保护法益。法益是犯罪客观要件的灵魂和目的。它可以帮助解释犯罪客观要件的含义。立法者以保护某种法益为目的，将现实中的行为类型化，形成刑法分则规定的各种犯罪客观要件。但是，由于语言文字与现实生活之间的差距始终存在，刑法的语言文字难以准确概括现实生活中的各种行为现象，因此，犯罪客观要件的文字含义并不总是非常清楚、明确的。事实上，一个法条在文字上的含义，总是首先通过法官的解释，才会在确切无疑的意义上被确定下来。而法官解释不可能是任意的，他必须根据刑事立法的目的来解释犯罪客观要件。既然法益是刑法规范的目的，那么对犯罪客观要件的解释就必须遵循法益的要求。

必须强调的是，以法条的目的——法益为标准进行的实质判断，必须放在以文字含义的通常涵盖范围为标准而进行的形式判断之后。这是因为如果先用抽象的法益来解释犯罪客观要件进而判断生活行为为符合犯罪客观要件的话，就等于用最抽象的原则来判断犯罪，就等于是有罪类推，就等于是罪刑不法定、罪刑不明确。这样做就严重地违反了罪刑法定原则。但是，如果先用文字通常含义的涵盖范围来解释犯罪客观要件，之后再用刑法法益来解释犯罪客观要件，就不会产生罪刑不明确的问题。先用文字含义的通常涵盖范围来解释犯罪客观要件，就是罪刑明确的表现，此后再用法益来解释犯罪客观要件，只能使犯罪评价的范围缩小。这有利于限制司法权，有利于保障人权，有利于实现司法公平。

（三）犯罪主观要件形式符合判断

它是根据行为人对于犯罪客观要件事实的认识与否，以及对该事实持有何种意志（希望、放任、反对，三者取其一）来判断其心态是否符合故意要件或过失要件（故意要件和过失要件分别是主观恶性的两种类型）的活动。如果行为人对于犯罪客观要件的事实有认识，并且希望或放任该事实发生，其心理在形式（法条描述故意要件所用文字的通常涵盖范围）上就符合故意型主观恶；如果行为人对于犯罪客观要件的事实应当预见而没有预见，或者已经预见而轻信能够避免（反对型意志），但最终还是发生了危害结果的，其心理在形式（法条描述过失要件所用文字的通常涵盖范围）上就符合过失型主观恶。

(四) 犯罪主观要件实质符合判断

之所以必须进行主观恶的实质判断，是因为主观恶性的形式判断有可能将不违反伦理的意志、甚至遵守伦理的意志也评价为具有主观恶。其根源在于事物的形式与事物的实质经常会发生相背离之定律。为防止这种情况的出现，在形式判断之后，对于主观恶性必须再进行实质判断。

故意型主观恶性的实质判断，就是根据行为人对于自己行为的违法性有无"认识可能"，来判断其心态是否属于故意型主观恶。如果行为人的心态在形式上符合故意要件，在实质上对自己行为的违法性有"认识可能"，就可以认定其心理具有恶性的结论，反之亦然。

过失型主观恶的实质判断，就是根据行为人是否出于正当冒险心理或基于信赖心理而实施行为。如果能认定其不是出于正当冒险心理或基于信赖心理而实施行为，那么在发生了危害结果的条件下，就能认定其主观上有恶性。反之，如果行为人出于正当冒险心理或者基于信赖心理而实施行为，即使发生了危害结果，也不能认定其主观上有恶性。

上述主观恶性的形式判断必须先进行，其实质判断必须后进行，绝不能颠倒过来。

三、先入罪判断后出罪判断

刑法有两个机能：一是社会保护机能，二是人权保障机能。前者要求把危害社会的行为入罪，后者要求入罪的判断必须有明确的标准。入罪的判断是司法者对于生活行为危害社会的形式判断、初步判断。这种判断必须经得起理性的出罪理由的检验，只有这样才能保障人权。因此，犯罪评价体系必须分为入罪形式判断与出罪实质判断两个层次。入罪必须以类型化的犯罪客观要件为标准，出罪必须以抽象法益为标准。"尽管人们可将入罪判断与出罪判断两个方面进行逻辑整合，形成各具特色的犯罪论体系，但是，从入罪与出罪两个角度来判断行为是否构成犯罪，应当得到普遍的承认。"[4]

在入罪判断阶段，司法者必须首先根据犯法条的文字含义来衡量此生活

---

[4] 刘孝敏："法益的体系性位置与功能"，载《法学研究》2007年第1期。

行为是否符合犯罪客观要件。如果符合了，它才有可能是犯罪。这一判断过程是入罪判断的过程。但是，刑法的人权保障机能要求司法者所作的入罪判断的结论必须经得起出罪理由的检验。犯罪是不得已而得出的结论，必须经过层层的出罪理由的检验。形式上符合犯罪客观要件的行为，并不一定在实质上侵害刑法法益。是否侵害刑法法益是判断生活行为是否构成犯罪的重要环节，这一环节是以出罪为价值取向的。生活行为不但形式上符合犯罪客观要件，而且实质上侵害了刑法法益，才可以判断为刑事违法。

在主观恶判断中，行为人的心理态度在形式上符合故意或过失要件，一般就具有主观恶性。但是，这种形式判断必须经得起行为人在实质上是否具有伦理规范违反意志的检验。在有些情况下，虽然行为人的心理态度在形式上符合故意或过失要件，但并不一定具有主观恶。这些情况主要是指：在故意判断中，如果涉及行政犯的故意，仅仅根据行为人对于犯罪客观要件的事实有认识是不够的，还必须进行有无违法性认识可能性的判断。如果有违法性认识之可能，才能判断行为人具有主观恶；在过失判断中，行为人为了挽救他人利益或追求科学实验的成功而冒险的意志，或者在交通事故中行为人信赖被害人或第三人会遵守交通规则的情况下，即使行为人的心理事实符合过失要件，也不能被认定为过失型主观恶。故意、过失要件符合性判断是入罪判断，伦理规范违反意志判断是出罪判断。行为人的心理态度在形式上符合了故意、过失要件，但实质上不具有伦理规范违反意志（损人意志），也不能被评价为具有主观恶性。

四、先第一层次价值判断后第二层次价值判断

第一层次价值判断是指导评价者以某种评价标准对某一评价对象所作的价值判断，也叫单一价值判断。它的结构是：评价对象+评价标准-→价值判断。第二层次价值判断是在两个或两个以上第一层次价值判断中，选择一个作为最好的、最后结论，因而也叫择优价值判断。它的结构是：A 价值判断+B 价值判断→A（或 B）价值判断。择优价值判断以事先已经形成的两个以上都正确的单一价值判断为前提。社会生活利益的冲突常常会产生"对同一生活行为的对立性价值判断都正确"的情况。在两个对立性价值判断中，我们只能选择其中一个作为最后的评价结论。

根据价值判断层次的划分，犯罪客观要件形式符合判断与实质符合判断，属于第一层次价值判断，即单一价值判断。它是以刑法法益和犯罪客观要件为价值标准，对生活行为（评价对象）进行评价所得出的结论。犯罪客观要件前提符合判断是第二层次价值判断，[5] 即择优价值判断。它是在某行为侵害了一个法益因而具有负价值与该行为又保护了其他利益因而具有正价值两者之中，选择到底该行为具有正价值还是具有负价值的判断活动。简言之，它是在已经对同一生活行为作出的两个对立性价值判断中，选择其中一个作为最后评价结论的判断。

同理，犯罪主观要件形式符合判断与实质符合判断，属于第一层次价值判断，即单一价值判断。它是以故意、过失要件和伦理规范违反意志为价值标准，对行为人的心理态度进行评价所得出的结论。犯罪主观要件前提符合判断是第二层次价值判断，即择优价值判断。[6] 它是在行为人的心理态度符合故意或过失要件因而具有损人意志应当被评价为具有主观恶性，与行为人主观意志不自由因而不应当被评价为具有主观恶性这两种对立性评价结论之间的选择评价。一般而言，虽然司法者单单以故意或过失要件为标准就能评价一个人的意志具有主观恶，但是如果从行为人的年龄、精神状态或行为之际的客观状况来考虑，得出行为人主观上缺乏意志自由因而不可能对其心态进行责难，那么就最终不能得出此行为人的心理态度具有主观恶性的评价结论。

之所以将价值判断划分为第一层次价值判断和第二层次价值判断，原因在于两者的操作顺序不同。必须先完成第一层次价值判断才能进行第二层次价值判断，绝不能反过来。

---

[5] 犯罪客观要件之前提是"不存在法益冲突或者虽存在法益冲突但行为侵害了大法益却只保护了小法益"，亦即不存在正当防卫、紧急避险等事由。

[6] 犯罪主观要件——故意、过失要件之前提是"不存在期待可能性和无刑事责任能力情况"，亦即行为人有实施合法行为的可能性并且具有刑事责任能力、达到刑事责任年龄。

第二节 司法认定犯罪的实操步骤

一、司法认定犯罪就是将生活行为的客观事实和主观心态分别与犯罪客观要件和犯罪主观要件相比较

犯罪是一种价值判断的结论，其必须通过评价活动来获得。评价活动就是将评价对象与一定标准相比较的过程，分为三种类型：第一，借助于一种具体事物为标准对另一种事物进行评价，如斧子比锯子好。第二，借助于类似于"等价物"的规范为标准对另一事物或行为进行评价，如"张三不诚实"。这种评价是以规范——"诚实"为标准来进行的比较。第三，借助于价值的象征物为标准而进行评价。价值的象征物是对某种价值经验的客观认识，如"自然好比母亲"、"功名好比草芥"。这里的"母亲"与"草芥"代表了两种价值标准。

显然，犯罪是借助于规范为标准而对生活行为进行评价的结论，是一种负价值判断。评价犯罪的价值标准有四个：犯罪客观要件、刑法法益侵害、犯罪主观要件、伦理规范违反意志（损人意志）[7]。这四个标准都是规范。规范是主体需要、目的之表达。刑法法益、伦理规范，是全社会长远、根本利益和需要（目的）之表达。犯罪客观要件是侵害刑法法益的行为类型或客观表现形式；犯罪主观要件——故意或过失是伦理规范违反意志的类型。司法者对生活行为进行是否构成犯罪的评价，必须将生活行为外部客观效果与内部心理态度分别与上述价值标准相比较（对比），才能得出结论。

二、司法认定犯罪的过程应当分解为六个步骤

任何学科的方法论都是将事物分解为要素，揭示单个要素的功能、此要素与彼要素组合起来的功能，进而说明要素与要素如何组合起来发挥作用的理论。将事物分解为要素、将要素与要素按一定程序组合起来是十分重要的。

---

[7] 伦理规范违反意志从根本上说就是损人意志。损人意志是行为人损害他人利益的想法，损人意志违反了人类核心伦理规范。人类核心伦理规范就是不要损害他人利益，即勿损人，勿损人是所有其他层次道德规范的基础。

司法认定犯罪的活动也不例外。如前所述，认定犯罪的价值标准应当被分解为四个。其每个价值标准的功能各有区别。前两个价值标准的组合是刑事违法的标准；后两个价值标准的组合是主观恶性（有责性）的标准；生活行为在客观效果和主观心态分别符合前后两组标准，才能被认定为犯罪。所以，认定犯罪的活动必须分解为步骤，即司法者在将生活行为与四个价值标准相对比时，一定要分解为若干环节。

根据前述认定犯罪的顺序，司法认定犯罪的活动必须分解为若干步骤，每一个步骤都要上升为逻辑范畴，或者说每一个步骤都要为其配备一个专有名称，该名称能够表达其根本特征，每一步骤的名称与序号要恒定组合在一起，步骤名称和步骤序号可以互相代表，〔8〕不能错位。

首先，司法认定犯罪的活动应当从大的方面来分解，必须分为客观效果的评价和主观心态的评价两大上位步骤。前者是就是刑事违法评价；后者就是主观恶评价（有责性评价）。

其次，还要把客观效果与主观心态的评价再分解为下位步骤。现用序号与专有名词（范畴）组合起来标识其步骤如下：

第一步骤：犯罪客观要件形式符合判断。
第二步骤：犯罪客观要件实质符合判断。
第三步骤：犯罪客观要件前提符合判断。
第四步骤：犯罪主观要件形式符合判断。
第五步骤：犯罪主观要件实质符合判断。
第六步骤：犯罪主观要件前提符合判断。

司法认定犯罪成立的思维路径，必须严格按上述六个步骤的顺序进行，不能跳跃，〔9〕更不能更改。本书称以上的体系为"四标准六步骤"体系。但

---

〔8〕 比如，犯罪客观要件形式符合判断，是犯罪评价第一步骤；反过来说，犯罪评价第一步骤，一定指的是犯罪客观要件形式符合判断。同理，犯罪主观要件实质符合判断，是犯罪评价的第五步骤，同样，犯罪评价第五步骤，一定指的是犯罪主观要件实质符合判断。

〔9〕 当法官的潜性经验思维已经判断了前一步骤，生活行为明显地符合这一步骤的价值标准时，法官的显性思维可以直接进行下一步骤的判断。这在表面上看，好像是思维可以跳跃几个步骤，但实际上，潜性经验思维已经完成了前一步骤的判断，只是其不被自觉而已。例如，生活中发生了一起杀人事件，法官马上判断其是不是正当防卫。其实法官的潜性经验思维已经判断了这一杀人事件在形式上和实质上符合杀人罪的客观要件，所以其显性思维起点放在了正当防卫与否上。但是，法官的总体思维，包括潜性经验思维与显性逻辑思维，还是按步骤进行的。

是，如果认定犯罪不成立，则不受上述顺序和步骤的限制。

第三节　司法认定犯罪按顺序分步骤进行的重大意义

司法认定犯罪成立，必须按顺序分步骤，是指司法者将生活行为与犯罪的四个价值标准相对比时，一定要从第一步骤开始，按顺序一个步骤一个步骤地进行，直到第六步骤结束，中间不能省略某一步骤或某几步骤。当然，如果认定犯罪不成立，则不受上述顺序和步骤的限制。这样做具有如下重大意义：

一、有助于司法保障人权

司法评价犯罪的体系，必须合理地分解为多个步骤。各个步骤之间必须形成位阶关系，每一步骤都要安排好先后顺序。这对于充分发挥犯罪论体系的人权保障功能具有重要意义。大陆法系犯罪论体系之"构成要件该当性→违法性→有责性"三个层次的判断并非同时进行，而是依次进行，从而呈现出位阶性。其第一个层次的判断直接制约着后两个层次的判断。同理，其第二层次的判断直接制约着第三个层次的判断。这种层层的制约关系为充分保障被告人的辩护权留下了充分的余地。这一体系的合理性值得我们借鉴。本书设计的"四标准六步骤"犯罪构成体系共分六个步骤，每一步骤的顺序都是固定的，不允许更改。前一判断是后一判断的前提，无此前提则不能进入后一判断，后一判断则依附于前一判断而存在。在层次递进的判断过程中，每一个步骤都为法官慎重思考、小心定罪留下了充分的余地，也为犯罪嫌疑人、被告人及其辩护人在每个阶段找到控方的瑕疵留下了广阔的空间。这非常有利于嫌疑人、被告人为证明自己不构成犯罪找到不同层次、不同角度的理由。这种分步骤的犯罪构成体系，非常符合评价逻辑规则，对于实现刑法的人权保障机能，一定会起到重大的、合理的促进作用。

例如，司法按照"先客观后主观"、"先形式后实质"的评价路径来评价犯罪，就非常有利于发挥刑法的人权保障机能。行为人的意志只有支配了行为、表现为行为，并且这一行为对于社会利益产生了侵害的影响时，才具有刑事违法可能性。如果行为人的意志还没有表现为行为，或者其支配之下的行为没有对社会利益产生影响，那么这种意志就不能被评价为刑事违法。对于客观事物的评价，只要评价者秉持的目的（标准）相同，一般就可能形成大体相同的评价结论。但是，如果不结合其外部客观表现，对于主观意志就根本无法评价。如果抛开了主观意志的外部表现，那么我们就根本无法把握它，无法理解它。如果意志支配之下的行为尚未对社会利益产生侵害性的影响，仅仅根据此意志是恶的，就将其评价为刑事违法，势必造成罪刑擅断，出入人罪。抛开了客观表现、抛开了客观行为，先考察主观意志，就等于司法者说你恶可以没有事实根据，说你不恶也可以没有事实根据。这样，嫌疑人、被告人的人权就没有任何客观保障了。

二、有助于使认定犯罪的结论取得公信力

在法治国家，司法者评价某个生活行为具有犯罪的价值属性，是一项极其严肃的活动。因为这一评价直接涉及到行为人重要权利的剥夺与否。所以，这种评价结论必须经得起社会公众思维的检验，从而得到社会公众思维的认可。民心是法，法本民心。公众思维是检验司法评价结论的试金石。根据评价逻辑规则而得出价值判断结果，只要判决书将司法评价犯罪的标准、顺序、步骤交待给公众，使公众的思维跟随着法官的思维来思考，公众就能对法官的评价结论给予认可。所以，一个认定犯罪的结论要想取得公信力，要得到公众的认可，法官必须将自己评价思维的标准、顺序、步骤通过判决书清楚地告诉公众，公众才能根据法官评价的标准、顺序、步骤来检验法官评价过程的每一步骤，最终检验整个评价过程乃至最后的评价结论。

三、有助于规范法官认定犯罪的思维路径

按顺序、分步骤的犯罪构成体系的最大作用是能规范法官的评价路径，能约束法官的思维惰性，能帮助法官克服不合理的经验思维习惯。"四标准六步骤"体系，包含着特定的司法评价犯罪的标准、顺序和步骤。它是根据评价规则总结出来的，是借鉴大陆法系犯罪论体系、英美法系犯罪论体系的共同性而设计出来的。法官按照这种体系来进行犯罪评价，一般不会因为思维路径不对头而导致评价结论的错误或者举棋不定而难以形成评价结论。

但是，法官在经验上可能对有些案件省略掉犯罪"四标准六步骤"体系

要求的某一步骤或几个步骤，这只是法官的习惯性思维。这种习惯性思维是思维惰性所致。人们往往会自觉不自觉地陷入思维惰性。它往往表现为减少思维成本，省略思维步骤，总想一下子、笼统地、凭感觉得出自己的评价结论，而不愿意费力气一步一步地思考其原因。这种思维惰性是人之常情。对于日常生活中的一些不重要的评价结论，这种思维惰性可能无可厚非；但是，对于从事科学研究的人员来说，对于评价结论事关他人自由与生命权的法官们来说，就一定要克服这种经验性的、习惯性的惰性思维。因为这种省略了评价步骤的思维虽然在有些案件中可能作出正确的判断，但也可能在某些案件中会作出错误的判断。为了保证思维路径的准确性，法官必须在头脑中牢固树立犯罪评价要按标准、按顺序、分步骤的观念。与重大职责相对应的职业素养要求法官绝不能省略认定犯罪的任何一个步骤、忽视任何一个价值标准，相反，一定要按顺序一步一步地开展自己的评价思维。

第九章 犯罪停止形态

第一节 犯罪既遂形态

犯罪停止形态是指犯罪行为在实施过程中由于客观或主观原因停止下来，不再向前发展，形成了终局性的状态。犯罪停止形态分为犯罪完成形态和犯罪未完成形态。犯罪完成形态即犯罪既遂；犯罪未完成形态包括犯罪预备、犯罪未遂和犯罪中止。犯罪既遂是认定犯罪预备、犯罪未遂、犯罪中止的参照系。不知道什么是犯罪既遂，就不可能正确认识犯罪预备、犯罪未遂和犯罪中止。

一、犯罪既遂形态的概念及特征

（一）犯罪既遂形态的概念

通说认为，犯罪既遂形态是指行为人所故意实施的行为，已经具备了某种犯罪构成的全部要件。[1] 例如，某甲以暴力手段对妇女某乙实施了奸淫行为，某甲的行为具备了刑法分则规定的强奸罪的全部要件，因而构成强奸罪的既遂。[2] 这种观点被叫作"构成要件齐备说"。其实，这一学说的"具备"、"齐备"应当特指行为人故意实施的行为"具备"、"齐备"刑法分则规定的具体犯罪的行为类型的进程。为了更清楚地、更有针对性地说明这一点，

---

[1] 高铭暄、马克昌主编：《刑法学》（第4版），北京大学出版社、高等教育出版社2010年版，第158页。

[2] 参见高铭暄主编：《中国刑法学》，中国人民大学出版社1989年版，第167页。

本书认为，犯罪既遂的概念应当作如下界定会更准确一些。所谓犯罪既遂，是指行为人具有罪过，实施的行为符合犯罪客观要件，且达到了法定刑设置的进程（进度）。

例如，《刑法》第 111 条规定，为境外的机构、组织、人员窃取、刺探、收买、非法提供国家秘密或者情报的，处 5 年以上 10 年以下有期徒刑。此条文法定刑前面描述的行为进度，就是本罪既遂的标准。第 114 条规定，放火、决水、爆炸以及投放毒害性、放射性、传染病病原体等物质或者以其他危险方法危害公共安全，尚未造成严重后果的，处 3 年以上 10 年以下有期徒刑。此条文法定刑前面所描述行为进度，就是本罪既遂的标准。再比如，第 133 条之一规定：在道路上驾驶机动车追逐竞驶，情节恶劣的，或者在道路上醉酒驾驶机动车的……处拘役，并处罚金。本条在法定刑前面所规定行为类型的进度就是犯罪既遂。刑法分则规定的犯罪客观要件的行为进度，就是立法确定的犯罪既遂标准。

（二）犯罪既遂形态的特征

1. 行为符合犯罪客观要件且不具有违法阻却事由

刑法分则规定的具体犯罪的客观要件是一种行为类型，它以侵害一定刑法法益为内容。生活中的行为只有在类型上符合犯罪客观要件，才有可能构成既遂。例如，行为人用刀逼迫被害人交出财物并且劫走的行为，符合《刑法》第 263 条规定的"以暴力、胁迫或者其他方法抢劫公私财物"的行为类型，唯有在此基础上，他的行为才有可能构成犯罪既遂。下面举相反的例子，行为人欠了别人的钱长期不还的行为，不符合刑法分则规定的任何客观要件，所以他的行为不可能构成犯罪，当然也谈不上犯罪既遂问题。此外，构成犯罪既遂，还要求符合犯罪客观要件的行为不具有违法阻却事由。

2. 行为达到设置法定刑的进度

刑法分则条文在描述犯罪客观要件行为之后，紧接着规定了刑罚幅度。此描述的客观要件行为进度，就是立法选择的既遂点。仍然以前面列举的 3 个法条为例。《刑法》第 111 条规定，为境外的机构、组织、人员窃取、刺探、收买、非法提供国家秘密或者情报的，处 5 年以上 10 年以下有期徒刑。按此规定，只要行为人为境外的机构、组织、人员窃取、刺探、收买、非法提供国家秘密或者情报，就构成本罪既遂。《刑法》第 114 条规定，放火、决水、爆炸以及投放毒害性、放射性、传染病病原体等物质或者以其他危险方法危害公共安全,尚未造成严重后果的,处3年以上10年以下有期徒刑。按此规定,只要行为人放火、决水、爆炸以及投放毒害性、放射性、传染病病原体等物质或者以其他危险方法危害到了公共安全,就构成本罪既遂。《刑法》第133条之一规定:在道路上驾驶机动车追逐竞驶,情节恶劣的,或者在道路上醉酒驾驶机动车的……处拘役,并处罚金。按此规定,只要行为人在道路上驾驶机动车追逐竞驶达到情节恶劣的,或者只要在道路上醉酒驾驶机动车,就构成本罪既遂。值得说明的是,刑法分则规定的犯罪客观要件的行为进度很抽象,甚至不太明确。例如,如何界定窃取、刺探、收买、非法提供了国家秘密或者情报,何为危害到了公共安全,何为情节恶劣等,这些都有待于对刑法的规定进行解释。要完成这一解释的任务,可以用司法解释,也可以用学理解释,或者用判例确定的规则等。但是,这些司法解释、学理解释或法官解释,都不能突破(广于)刑法分则条文的文字含义的范围。这是罪刑法定原则的根本要求。

3. 行为人有罪过且具备刑事责任能力

过失犯罪是否有既遂形态,学界有争议。通说认为,过失犯罪不存在既遂形态问题。过失犯罪只有成立与不成立问题。没有未遂问题,当然也没有既遂问题。也有观点认为,过失犯罪有既遂形态。[3] 间接故意犯罪是否有既遂形态,学界也同样有争议。通说也认为间接故意犯罪不存在既遂形态问题。间接故意支配之下的符合犯罪客观要件的行为,如果产生了有形的可以具体测量的确定的物质性结果,就构成犯罪,如果没有产生这样的结果,就不构成犯罪。所以,间接故意支配之下的行为只有构成犯罪与否的问题,没有犯罪未遂与既遂的问题。[4] 也有观点认为,间接故意行为也同样存在既遂形态。[5]

---

[3] 刘艳红主编:《刑法学总论》,北京大学出版社2004年版,第177~186页。该学者认为:任何事物或现象的存在都表现出一定形态,犯罪现象也是如此。过失犯罪发生犯罪结果的结局状态实际上就是既遂形态。如果不称过失犯罪的这一结局形态为既遂形态,又该称作什么形态呢?我们不能因为过失犯罪只有惟一的一种形态,就否认它是犯罪既遂形态。

[4] 高铭暄、马克昌主编:《刑法学》(第4版),北京大学出版社、高等教育出版社2010年版,第155页。

[5] 刘艳红主编:《刑法学总论》,北京大学出版社2004年版,第177~186页。

本书支持过失犯罪、间接故意犯罪也存在既遂形态的观点。"既遂"是完成、成功之意。只要犯罪行为达到完成、成功的进度，刑法为其专门设定了法定刑，就是既遂形态。过失犯罪、间接故意犯罪成立，也同样是犯罪的既遂。当然，犯罪既遂的成立，还要求行为人具有相应的刑事责任能力。

二、犯罪既遂标准的法定性

（一）犯罪既遂标准法定的理由
1. 犯罪既遂标准的设定必须体现立法目的

通过以上分析可知，犯罪既遂的标准绝不是由理论或学说来设定的，而应当是由刑法明文规定的。刑法分则为什么要明文设定犯罪既遂的标准，而不规定犯罪未遂等未完成形态的标准呢？其主要原因是处于不同停止形态的犯罪对于法益的侵害程度不同。犯罪未遂、犯罪中止等未完成形态一般都是在法益未被实际侵害之前就停止下来，或者有效防止了法益侵害的物质性结果的发生，它们对于法益侵害的危险性或实际侵害的程度肯定比犯罪行为实施完成的犯罪既遂形态要轻。设定了犯罪既遂的标准，实际上就为犯罪未遂、犯罪中止等未完成形态设定了参照系。"不同的停止形态都有可能达到可罚性的程度，且可罚性的程度不同，需要裁量不同的刑罚……犯罪停止形态设定的目的，就是为了对不同停止形态的犯罪进行与其社会危害性相适应的处罚。"[6] 这样的问题必须由刑法来规定，其他任何理论观点、个人或团体的意见都没有这样的权力。因为犯罪是由法律规定的侵害法益的行为类型，危害行为达到何种进度（程度）才算是完成或既遂，必须由刑法根据惩罚犯罪的社会需要来规定。

何为犯罪既遂，与刑法设定该犯罪的目的有密切的联系。毫无疑问，刑法设定犯罪客观要件的目的是为了保护法益。所以，一般而言，犯罪完成的标准应该是法益受到了侵害。不同的法益，其被侵害的表现形式并不一样，有的表现为物质性结果，有的没有物质性结果。如侮辱罪和诽谤罪的行为，只能使被害人的人格与名誉权受侵害。这种侵害是一种精神性结果。这就需要刑法对于侮辱、诽谤等犯罪行为达到何种程度才算完成加以合理设定，并

---

[6] 李洁："从立法目的看犯罪既遂之'遂'的应有内涵"，载《法制与社会发展》1999年第3期。

不一定考虑是否产生物质性结果。再比如，对于颠覆国家政权的行为，其行为达到何种进度应受刑罚处罚，也只能由刑法根据惩罚犯罪的需要来设定，而不能根据其自然的逻辑进程达到将政府被推翻才算是既遂。

犯罪既遂标准的设定，还涉及到刑法为该犯罪行为配置刑罚幅度问题。符合犯罪客观要件的行为达到何种进度才算是既遂，进而配置相应的法定刑，这显然是一种立法选择问题，绝不能根据犯罪人心愿是否达成或者犯罪行为在客观上、在逻辑上自然地产生什么结果来确定。这是罪刑法定原则的必然要求。

2. 犯罪既遂标准的相关理论观点有不周延之处

有观点认为，犯罪既遂的标准不是刑法的明文规定，而是刑法的理论总结。其中代表性的观点有两种：一种认为犯罪既遂的标准是指行为人预想的结果实现；[7] 另一种认为犯罪既遂的标准是指发生"行为人所直接追求的、行为性质所决定的危害结果"。[8] 本书认为，这两种理论标准都有不足。

如果采第一种观点，即认为犯罪既遂的标准是行为人预想的结果实现，那么许多犯罪就永远无既遂形态可言。以《刑法》第103条规定的分裂国家罪、第105条规定的颠覆国家政权罪为例，如果以行为人预想的结果实现作为既遂标准的话，那么国家确实分裂、国家政权已经被颠覆才能算是犯罪既遂。如果犯罪行为真的达到这种进度的话，其行为人可能已经成为"功臣"，其实施的犯罪行为反而得不到惩罚。

如果采第二种观点，犯罪既遂的标准是发生了"行为人所直接追求或放任的、行为性质所决定的侵害结果"，那么对于有些犯罪将无法确定犯罪既遂。比如，在《刑法》第139条之一不报、谎报安全事故罪中，行为人追求的结果是逃避安全生产法律的处罚，而该行为性质所决定的结果有两个：一是行为人逃避了法律处罚，二是贻误事故抢救。那到底以哪个结果的出现作为犯罪既遂的标准呢？显然法律以贻误事故抢救的结果作为犯罪既遂的标准。这时行为人所追求的行为性质决定的逃避法律处罚的结果并不是也不可能是此罪既遂的标准。再比如，在我国《刑法》第133条之一规定的危险驾驶罪

---

[7] 谢慧："再谈犯罪既遂与未遂的区分标准"，载《西北第二民族学院学报》（哲学社会科学版）2000年第1期。

[8] 张明楷：《刑法学》（第4版），法律出版社2011年版，第321页。

中，行为人追求的结果（目的）无非是驾车方便或追求精神刺激；该行为的性质所决定的结果可能是交通事故。但刑法并不以此行为产生任何结果作为犯罪既遂，而是规定只要实施"追逐竞驶情节严重或醉酒驾车"的行为就构成犯罪既遂。在这里刑法并不是根据"行为人追求或放任的由行为性质所决定的侵害结果发生"作为既遂标准的。此外，根据本条第2款规定，如果这种危险驾驶行为产生了实害性的结果（物质性结果），同时构成其他犯罪的，依照法定刑较重的规定定罪处罚。司法实践一般认定为交通肇事罪、以危险方法危害公共安全罪或故意杀人罪等。此时，危险驾驶罪在发生结果时就转化成其他更严重的犯罪。这也就是说，立法并没有将发生了行为性质决定的结果作为本罪既遂的标准。

3. 犯罪既遂标准只能由刑法明文规定

犯罪既遂是司法认定犯罪的基本形态，也是司法认定犯罪未遂、犯罪中止的参照系；如果犯罪既遂的标准不明确，就根本不可能认定犯罪的未完成形态。从严格意义上讲，犯罪既遂的标准，是指故意犯罪行为停止时是否达到了刑法分则规定的客观要件行为的进度（进程）。因为犯罪既遂的故意内容与该种犯罪未完成形态的故意内容完全相同。犯罪既遂与犯罪未完成形态的本质区别，主要在于行为人在实施犯罪客观要件行为的过程中停止下来时，所达到的行为进度不同。如果行为停止下来时，所达到的进度恰好符合刑法规定的犯罪客观要件的进度，那么此时的犯罪行为就构成既遂。而犯罪客观要件所要求的行为进度必须由刑法分则条文来规定。对此，韩忠谟先生也认为："按犯罪行为之实行，有达于完成犯罪要件之程度者，曰既遂犯，未遂于此程度者，曰未遂犯……夫既遂与未遂之标准，应依法律上所规定之构成犯罪事实决定之。"[9]

(二) 刑法规定犯罪既遂标准的方式

犯罪既遂的标准必须由刑法明文规定已无疑问；但是，刑法到底如何规定犯罪既遂标准的呢？是用总则条文来规定还是用分则条文来规定？这确实也是一个争议较大的问题。因为它涉及到司法者如何从刑法的规定中找到犯罪既遂的标准这个重大问题。大体说来，刑法规定犯罪既遂标准的方式有如

---

[9] 韩忠谟：《刑法原理》，中国政法大学出版社2002年版，第174页。

下两种方式。

1. 总则条文与分则条文共同规定的方式

有些国家的刑法用总则条文和分则条文来共同规定犯罪既遂标准。例如，1996年《俄罗斯联邦刑法典》第29条明确规定："如果犯罪人实施的行为中含有本法典规定的犯罪构成的全部要件，则犯罪是既遂犯。"[10] 根据这一规定，寻找俄罗斯刑法中的犯罪既遂的标准，必须根据总则第29条之规定，到刑法分则中查找相应的具体犯罪的规定，并根据规定来确定此犯罪的既遂标准。

2. 分则条文规定的方式

我国刑法是用分则条文来规定犯罪既遂标准的。刑法总则并无一个条文规定"犯罪既遂"，而刑法分则规定的每一个具体的犯罪客观要件，都是以既遂为模式的，都是犯罪既遂的行为进度标准描述。

（1）用分则条文来规定犯罪既遂标准是《刑法》第22、23条的隐含意思。这两个条文规定，对于预备犯和未遂犯可以比照"既遂犯"从宽处罚，但并没有说明"既遂犯"是在哪里规定的。我们遍览刑法总则全部条文，没有一个条文规定了"既遂犯"。《刑法》第23条规定："已经着手实行犯罪，由于犯罪分子意志以外的原因而未得逞的，是犯罪未遂。"有观点认为此条立法从反面说明，犯罪"得逞"就是既遂。其实，这是望文生义。"得逞"是一个非常抽象的概念，其内涵十分模糊、外延十分不确定，因此它不可能承担起作为各种具体犯罪既遂的标准之重任。事实上，从立法史上考察，《刑法》第23条只是用"未得逞"来表达犯罪未完成的含义，并没有用其反面含义来界定犯罪既遂的用意。我国1957年的刑法草案和1963年的刑法草案对于未遂的规定都是"已经着手实行犯罪，由于犯罪分子意志以外的原因未遂的是犯罪未遂"。1979年刑法典为了避免同语反复才将未遂改为未得逞。可见，"未得逞"只是对于"未遂"的另一种语言表达形式，并且它不是唯一的表达形式，所以，其反面的含义"得逞"也就不必然是既遂犯的标准。我们切不可以"得逞"来探究既遂的标准。

既然《刑法》第22、23条要求司法者对于预备犯和未遂犯比照"既遂

---

[10] 俄罗斯联邦总检察院编：《俄罗斯联邦刑法典》，黄道秀等译，中国法制出版社1996年版，第13~14页。

犯"从宽处罚，那就说明刑法中一定有"既遂犯"的规定。根据罪刑法定原则，既遂犯是犯罪的基本形态，它必须由刑法明文规定。我国刑法总则条文规定的犯罪预备、犯罪未遂和犯罪中止都是以犯罪既遂为参照标准而设立的。在刑法总则没有规定既遂犯标准的条件下，如果刑法分则条文也没有规定既遂犯标准的话，那就等于刑法没有明文规定既遂犯标准，那就等于说预备犯、未遂犯、中止犯都没有明确的标准，那就会导致罪刑擅断。这种情况是绝对不可发生的。既然在刑法总则条文中没有任何"既遂犯"规定，那么我们只能得出结论："既遂犯"的标准必然规定在刑法分则条文之中。

（2）用分则条文规定犯罪既遂标准是许多外国立法的通常作法。在英美法系刑法中，未遂犯（Attempt）属于不完整罪（Inchate Ccrimes）。"Inchoate"一词来源于拉丁语，原意是"开始"（To Begin）。"Inchate Crimes"即已经开始实施而尚未完成的犯罪。英美刑法理论认为，圈定不完整犯罪的处罚范围主要应当考虑两个因素：第一，在被告人的行为接近引起犯罪结果的危险性之前允许司法介入的必要性；第二，以行为反映出的被告人的犯罪倾向进行矫治的必要性。[11] 在英美刑法中，未遂犯的历史并不很长。早期英国法律中没有未遂犯的概念，现代意义的未遂犯概念产生于18世纪。现在，英美刑法基本上都以制定法的形式对未遂犯的处罚作出总则性的规定。英国1981年颁布了《1981年刑事未遂法》（The Criminal Attempt Act 1981）。美国绝大多数州的刑法典也都有未遂犯的规定。[12] 如《纽约州刑法典》规定："犯罪未遂就是行为人怀有犯罪意图而实施了接近完成该犯罪的行为。"这说明，英美刑法在不处罚未遂犯的漫长司法实践中，都是以处罚既遂犯为基本模式的。除了用特别法规定处罚未遂犯以外，被刑罚惩罚的都是既遂犯。所以，既遂犯是犯罪的常态、基本情况，未遂犯等是犯罪的非常态、特别情况，它需要由特别的法条加以规定。

在德日等大陆法系刑法中，分则条文规定的犯罪是普遍类型——既遂犯，总则条文规定的犯罪是特殊类型——未遂犯等，但是对于未遂犯的处罚范围则仍然由分则条文列举出来。例如，德国刑法分则规定的具体犯罪是既遂模式，但其总则第23条第2款规定：未遂犯可比照既遂犯减轻处罚（第49条

---

[11] 刘士心：《美国刑法中的犯罪论原理》，人民出版社2010年版，第231页。
[12] 刘士心：《美国刑法中的犯罪论原理》，人民出版社2010年版，第232页。

第1款)。德国刑法理论认为:"对于每个具体犯罪而言,犯罪既遂的时刻只能有现行法律规定之。法律并不总是视出现结果为既遂,而常常是将实施了针对结果的行为视为既遂。"[13]《俄罗斯刑法典》第29条规定,如果犯罪人实施的行为含有本法典规定的犯罪构成的全部要件,则犯罪是既遂犯罪。其刑法理论认为,犯罪既遂的时间取决于刑法典分则的具体规范对该犯罪构成的结构如何规定。[14] 意大利刑法理论也认为,犯罪的"既遂"是指完全具备刑法分则规定的犯罪构成要件的犯罪。[15]

(3) 分则条文规定的法定刑幅度是为犯罪既遂而设定的。从应然性讲,刑法分则条文规定的刑罚幅度,不可能是为犯罪中止或犯罪未遂等未完成形态而设定。因为刑法分则规定的具体犯罪,有许多是没有未遂形态的。刑法分则为此类犯罪规定的法定刑当然只能是针对犯罪既遂而设定。例如,所有的过失犯犯罪都只有犯罪成立一种形态,没有未遂形态。刑法分则为此类犯罪设定的法定刑,当然不能针对预备犯、未遂犯等情况,而只能是针对犯罪完成的形态而设定的。根据刑罚配置标准统一性原则,刑法分则设定的刑罚不可能有时是为犯罪完成(既遂)形态而专门设定,有时是为犯罪未完成(预备、未遂等)形态而设定。法定刑配置统一性原则要求立法只能为既遂犯设定法定刑幅度。因为刑法以处罚既遂犯为原则,以处罚未遂犯为例外,所以,刑法分则规定的犯罪客观要件总是以既遂为模式的。

三、犯罪成立最低标准说不合逻辑

刑法分则规定的客观要件,到底是"既遂标准",还是"犯罪成立最低标准"? 学界对此存在着争议。犯罪成立最低标准说认为,刑法分则规定的犯罪客观要件是犯罪成立的最低标准。符合犯罪客观要件的行为既可能构成犯罪预备(犯罪成立的最低条件),也可能成立犯罪未遂,还可能成立犯罪既

---

[13] [德] 弗兰茨·冯·李斯特:《德国刑法教科书》,徐久生译,法律出版社2000年版,第329页。
[14] 俄罗斯联邦总检察院编:《俄罗斯联邦刑法典释义》,黄道秀译,中国政法大学出版社2000年版,第60~61页。
[15] [意] 杜里奥·帕多瓦尼:《意大利刑法学原理》,陈忠林译,法律出版社1998年版,第295页。

遂。[16] 本书认为，这种观点并不符合立法实际。

（一）犯罪成立最低标准说导致刑法分则条文模式不统一

从故意犯罪发展过程来看，一般经过了预备、着手实行、完成等过程。很明显，在这一过程中，犯罪预备对法益的侵害程度是最低的。如果认为刑法分则规定的是犯罪成立的最低标准，那么刑法分则规定犯罪客观要件的行为就应当是预备行为的类型。可是，我国《刑法》第22条规定："为了犯罪，准备工具、创造条件的，是犯罪预备。"这充分说明，准备工具、创造条件的行为是犯罪客观要件行为类型之外的行为。这样看来，犯罪成立最低标准的观点是与《刑法》第22条的规定相矛盾的。另外，并不是所有的犯罪均需经过犯罪预备阶段，有的犯罪行为根本不存在预备阶段。在这种情况下，犯罪成立最低标准就可能是犯罪未遂形态。但是，有些犯罪并不存在未遂形态，例如《刑法》第133条之一规定的危险驾驶罪就不存在未遂形态。在这种情况下，犯罪成立最低标准就只有是犯罪既遂形态了。如此推论，犯罪成立最低标准一会儿可能指犯罪预备，一会儿可能指犯罪未遂，一会儿又可能指犯罪既遂，试问这种标准还能算是一种标准吗？据此，我们只能说，刑法分则规定的犯罪客观要件行为之进度，是犯罪既遂的条件，同时也是犯罪成立的条件。犯罪成立的条件也就是犯罪既遂的条件。犯罪成立条件实质上就是犯罪既遂之成立条件的简称。至此，我们完全可以得出这样的结论：刑法分则条文规定的是犯罪既遂的成立条件，刑法总则条文规定的是犯罪预备、犯罪未遂和犯罪中止的成立条件。"犯罪成立最低标准"是一个极其不确定的概念，是一个内涵十分不清楚的概念，是一个不应当提倡的概念。

（二）犯罪成立最低标准说导致各种犯罪停止形态都无标准可依

如果认为刑法分则规定的犯罪客观要件是犯罪成立的最低标准，包括了预备犯、未遂犯、中止犯和既遂犯的话，那将首先导致既遂犯没有标准可依。因为《刑法》总则第22~24条对预备犯、未遂犯和中止犯作了专门规定，唯独没有对既遂犯作出规定。如果认为刑法分则规定的犯罪客观要件不仅仅是针对犯罪既遂形态的标准作出的规定，而是对于各种犯罪停止形态笼统规定的话，那就会导致既遂犯在整个刑法典中难觅踪影。如果既遂犯没有标准的

---

[16] 参见李洁：《犯罪既遂形态研究》，吉林大学出版社1999年版，第68页。

话，将导致两个恶果：一是违反罪刑法定原则；二是最终导致预备犯、未遂犯、中止犯的标准也子虚乌有。预备犯、未遂犯、中止犯的标准都是相对于既遂犯的标准而确定的。预备犯是为了实施犯罪既遂行为而准备工具、创造条件，未遂犯是着手实施犯罪行为而未达到既遂标准；中止犯也必须是在犯罪结果发生前自动停止犯罪或自动有效地防止犯罪结果发生。所有这些标准，都有赖于何为犯罪既遂、何为犯罪结果的界定。

四、犯罪既遂与犯罪成立的关系

（一）对于过失犯罪和间接故意犯罪而言

我国刑法通说认为，过失犯罪、间接故意犯罪没有犯罪停止形态。过失犯罪、间接故意犯罪只有构成与否的问题，没有未遂问题，因此也就无所谓既遂问题。所以，构成这两类犯罪，可叫作犯罪成立，不可叫作犯罪既遂。本书认为，过失犯罪、间接故意犯罪的成立，也可称作犯罪既遂。因为从文字含义上讲，"既遂"与"完成、成立、成功"的意思相同，所以"犯罪成立"的概念与"犯罪既遂"的概念不应当有区别。犯罪成立、犯罪构成、犯罪完成、犯罪既遂等说法，不应当存在什么差别。[17]

（二）对于没有未遂形态的情节犯和一些数额犯而言

犯罪既遂与未遂之间的关系应当是这样的："作为未完成形态的犯罪未遂，必须有与其相对应的犯罪既遂；但作为完成形态的犯罪既遂，则未必有与其相对应的未完成形态——犯罪未遂。"[18] 刑法分则规定了大量的具备"数额较大"、"情节恶劣"、"情节严重"等情节才能构成的犯罪，如果行为实际未达"数额较大"、"情节恶劣"、"情节严重"，通常不作为犯罪处理。此时，"情节严重"、"情节恶劣"、"数额较大"就既是犯罪成立的标准，也是犯罪既遂的标准。所以，我们切不可将犯罪成立与犯罪既遂截然分开。

（三）对于预备犯、未遂犯和中止犯而言

如果将犯罪既遂等同于犯罪构成或者犯罪成立，那么对于预备犯、未遂

---

[17] 徐光华："论我国刑法分则的立法模式——犯罪既遂与犯罪成立模式之争"，载《刑法论丛》2009年第2期。

[18] 徐光华："论我国刑法分则的立法模式——犯罪既遂与犯罪成立模式之争"，载《刑法论丛》2009年第2期。

犯和中止犯三种犯罪形态而言，就不能笼统地说犯罪成立，而只能说预备犯的成立、未遂犯的成立和中止犯的成立。相对于一般犯罪成立的条件，这三种未完成犯罪形态的成立条件具有特殊性。在不加前置定语的情况下，犯罪成立就是指犯罪既遂、过失犯罪、间接故意犯罪的成立；而对于三种未完成形态犯罪的成立，必须加上前置定语，称作预备犯的成立、未遂犯的成立或中止犯的成立。

五、犯罪既遂的类型及处罚原则

（一）犯罪既遂的类型

所谓犯罪既遂的类型，是指刑法理论对刑法分则规定的犯罪既遂标准的各种情况，加以概括而大体划分的种类。刑法分则规定的既遂点是高度抽象的，不同具体犯罪的既遂点是不同的，如何相对准确地确定每个具体犯罪的既遂点，仍然需要刑事司法进行个案研究。从刑法分则规定犯罪既遂标准的大体情况来看，既遂犯的类型包括如下两类五种。

1. 结果犯

所谓结果犯，是指以行为人实施的符合犯罪客观要件的行为发生了法定的结果作为既遂标准的犯罪既遂类型。通说认为，刑法中的危害结果包括物质结果和危险结果。所以，结果犯可再分为物质结果犯和危险结果犯。由于危险状态也是犯罪引发的一种结果，故危险犯当然是结果犯的一种特殊类型。[19]

（1）物质结果犯。物质结果犯（简称结果犯），是指行为人实施的符合犯罪客观要件的行为，侵害法益而产生了法定的、有形的、可以具体确定测量的物质结果，因而刑法分则为其设置法定刑的犯罪既遂类型。例如，故意杀人、故意伤害罪、抢劫罪、盗窃罪、诈骗罪等，都以被害人死亡、产生法定伤害程度、被害人失控财产而转到行为人控制等物质性结果作为既遂标准。

（2）危险结果犯。危险结果犯（简称危险犯），是指行为人实施的符合犯罪客观要件的行为，导致了足以发生危害不特定或多数人的生命、健康或

---

[19] 刘艳红主编：《刑法学总论》，北京大学出版社2004年版，第180页。

重大财产安全的危险状态,但尚未实际发生这样的物质性结果,从而成立犯罪既遂的类型。

在刑法理论中,危险犯大体上有两种含义:一是犯罪既遂意义的危险犯;二是犯罪成立意义的危险犯。例如,犯罪预备、犯罪未遂之可罚性或成立犯罪的前提,就在于其对于法益的侵害有紧迫与现实的危险,因而是危险犯。犯罪既遂意义的危险犯,特指犯罪行为只要造成"产生一定物质性危害结果"的危险,并不需要这种结果实际发生,就构成犯罪既遂的类型。

既遂意义的危险犯之"危险",是危害结果的一种类型,是发生有形的、可以具体确定测量的物质结果的现实可能性。刑法分则规定的客观要件的危险状态,都是具有特定的物质性指标的。例如,《刑法》第116条规定:"破坏火车、汽车、电车、船只、航空器,足以使火车、汽车、电车、船只、航空器发生倾覆、毁坏危险、尚未造成严重后果的,处3年以上10年以下有期徒刑。"这里的"足以使火车、汽车、电车、船只、航空器发生倾覆、毁坏"就是危险状态的特定物质性指标。因而,大多数危险之危险结果可由实害结果而得知。[20]

本书认为,作为犯罪既遂的类型,危险犯只存在于危害公共安全罪中,其危险状态的特定性物质指标是:足以发生危害不特定或多数人的生命、健康或重大财产安全的危险状态。在刑法分则第二章中,第114条之放火罪,决水罪,爆炸罪,投放危险物质罪,以危险方法危害公共安全罪;第116条之破坏交通工具罪;第117条之破坏交通设施罪;第118条之破坏电力设备罪,破坏易燃易爆设备罪;第121条之劫持航空器罪,劫持船只、汽车罪;第123条之暴力危及飞行安全罪;第124条之破坏广播电视设施、公用电信设施罪;第130条之非法携带枪支、弹药、管制刀具、危险物质危及公共安全罪;第133条之一的危险驾驶罪都是危险犯。

一般而言,危险犯都有与之相对应的物质结果。如果产生这种对应物质结果,那它当然也是犯罪既遂,但它是一种结果加重犯的形态。例如,根据《刑法》第119条规定,行为人实施《刑法》第116条的行为,破坏火车、汽车、电车、船只、航空器,造成严重后果的,处10年以上有期徒刑、无期徒

---

[20] 刘艳红主编:《刑法学总论》,北京大学出版社2004年版,第181页。

刑或死刑。"这里"造成严重后果"是第116条之危险犯的结果加重犯。

如前所述，危险犯是犯罪既遂的一种类型。特别值得注意的是，有些学者站在立法者为什么将某种危害行为规定为犯罪的立场上（犯罪成立意义上），认为盗窃、抢夺枪支罪也是一种危险犯。[21] 本书认为，站在犯罪既遂类型的角度，盗窃、抢夺枪支罪与盗窃罪、抢夺罪没有什么两样，都是物质结果犯，以发生枪支失控或行为人控制枪支的物质结果，作为既遂标准，当然是一种物质结果犯。

2. 行为犯

行为犯是指行为人实施的符合犯罪客观要件的行为，达到刑法分则为其规定法定刑的进度，法律对于该进度并不要求造成物质性的、有形的危害结果或者造成特定物质指标的危险状态作为既遂标准的犯罪既遂类型。

行为犯是与结果犯相对应的一个概念。与结果犯需要发生特定危害结果（实害结果或危险结果）不同，行为犯无须发生特定的危害结果即可成立既遂。所以，有学者认为：从犯罪成立的角度看，如果法律条文没有规定特定的犯罪结果，而只规定危害行为，那这种犯罪既遂的类型就是行为犯。[22] 例如，强奸罪、脱逃罪、伪证罪等，都是行为犯。行为犯可以再分为如下类型：

（1）举动行为犯（举动犯）。所谓举动犯，是指行为人实施的符合犯罪客观要件的行为，一经着手就立即会对刑法法益造成损害，达到既遂点，故其没有未遂可能性的行为犯类型。简单说，举动犯是指实行某些危害行为，一着手实施即告完成，从而也就马上达到犯罪既遂的犯罪类型。举动犯就是行为犯的一种类型，它具备所有行为犯的特征。[23] 例如，《刑法》第103条规定的分裂国家罪，第105条的颠覆国家政权罪，第249条的煽动民族仇恨、民族歧视罪，第373条的煽动军人逃离部队罪、雇用逃离部队军人罪，第120条的组织、领导、参加恐怖组织罪，第294条的组织、领导、参加黑社会性质组织罪，第295条的传授犯罪方法罪，等等，都是举动犯。上述举动犯大体上可划分三类：一是煽动型犯罪；二是参加某种组织的犯罪类型；三是传授犯罪方法和教唆类型的犯罪。

---

[21] 张明楷：《刑法学》（第4版），法律出版社2011年版，第624页。
[22] 刘艳红主编：《刑法学总论》，北京大学出版社2004年版，第180页。
[23] 李居全："关于犯罪既遂与未遂的探讨"，载《法商研究》1997年第1期。

(2) 过程行为犯。所谓过程行为犯，是指行为人实施符合犯罪客观要件的行为，并不是一着手即告完成，按照法律的要求，这种行为要有一个实行过程，要达到一定的进度或程度，才能构成犯罪既遂的行为犯类型。[24] 根据刑法规定，过程行为犯，在着手实施行为以后，至达到犯罪完成之前，有一个阶段或过程，即在达到既遂点之前，存在犯罪未遂的可能性。例如，强奸罪是一种过程行为犯，它的既遂点有两种情况：一是奸淫幼女型的强奸行为，只要达到生殖器接触就构成犯罪既遂；二是对14周岁以上妇女的强奸行为，只要达到插入就构成犯罪既遂。刑法分则规定的过程行为犯主要有伪证罪、诬告陷害罪、脱逃罪、逃离部队罪、偷越国（边）境罪、叛逃罪、军人叛逃罪、战时临阵脱逃罪等。

(3) 情节行为犯。情节行为犯简称情节犯，是指行为人故意实施符合犯罪客观要件的行为，达到情节严重才能构成犯罪既遂的行为犯类型。情节犯之情节要件，作为犯罪客观要件以外的一项综合性指标，是对整个犯罪行为过程的一个或数个事实因素的评价结论，可以是犯罪后果非常严重，犯罪动机特别鄙劣，犯罪手段非常狡猾，或者犯罪行为影响非常恶劣，犯罪次数多，危害对象多，也可能涉及犯罪数额很大，还可能是以上几个方面因素的综合。情节犯像其他犯罪一样，仍然存在一个犯罪发展过程，在行为人着手实行犯罪以后，达到齐备犯罪构成的全部要件时才是犯罪既遂。[25]

刑法分则规定了大量的情节行为犯。如刑讯逼供罪、强制猥亵、侮辱罪、诽谤罪等都是情节犯。一般而言，刑法分则在规定刑罚幅度起点之前规定了"情节严重"、"以及有其他严重情节"字样的犯罪，都是情节犯。例如《刑法》第246条规定，以暴力或者其他方法公然侮辱他人或者捏造事实诽谤他人，情节严重的，处3年以下有期徒刑、拘役、管制或者剥夺政治权利。这就是典型的情节犯。

在有些情况下，虽然刑法分则规定犯罪客观要件时，并没有使用"情节严重"、"以及有其他严重情节"的字样，但是司法解释规定这些犯罪的成立仍需要有一些情节，这样的犯罪也是情节行为犯。例如《刑法》第238条规定，非法拘禁他人或者以其他方法非法剥夺他人人身自由的，处3年以下有

---

[24] 赵秉志：《犯罪未遂形态研究》（第2版），中国人民大学出版社2008年，第112页。
[25] 刘艳红主编：《刑法学总论》，北京大学出版社2004年版，第183页。

期徒刑、拘役、管制或者剥夺政治权利。在这个罪的刑罚幅度起点之前没有规定"情节严重"字样，但是，根据相关司法解释，构成非法拘禁罪的情节必须达到：实施3次以上非法拘禁行为，或者非法拘禁3人次以上，或者使用殴打侮辱方法拘禁他人，等等。

综合判断上述行为犯的三种类型，可以认为，行为犯与危险犯有相同之处，即它们都不要求实际产生物质性侵害结果；但是它们之间的区别也是明显的：行为犯逻辑发展不包含产生物质性结果，或者说不可能产生物质性结果，一般产生的是精神性损害，其非物质性的危害结果往往与行为同时产生，没有分离的可能性；而危险犯的逻辑发展过程，必然包含产生不特定或者多数人的生命、健康、重大财产损失的物质性结果。其危险犯状态是以特定物质指标为内容的。

（二）犯罪既遂的处罚原则

刑法分则条文的法定刑幅度，是为犯罪既遂而设定的。故刑法无需再专门规定既遂犯的特殊处罚原则。因此，在司法机关裁量刑罚时，对于各种既遂犯罪，直接按照刑法分则条文规定的法定刑幅度处罚即可，但也应区别案件的不同情况。既遂犯又具备其他情节的，特别是具有法定情节的，要注意考量这些情节，要同时引用相关的条款来裁量刑罚。

第二节 犯罪预备形态

一、犯罪预备形态的概念及特征

（一）犯罪预备形态的概念

我国《刑法》第22条第1款规定："为了犯罪，准备工具、制造条件的，是犯罪预备。"这是刑法对犯罪预备行为的规定，但它并不是犯罪预备形态的概念，因为它没有说明犯罪形态必须具备的停止下来不再发展并形成终局性状态的本质特征。本书认为，犯罪预备形态，是指行为人为实施犯罪而准备工具或制造条件，由于意志以外的原因未能着手实行犯罪而终局性地停止下来的犯罪形态。

(二)犯罪预备形态的特征

1. 行为人已经实施犯罪预备行为

从行为的类型化上讲，犯罪预备行为并不符合犯罪客观要件。它只是提前为实施犯罪客观要件的行为所做的一些准备工作。如果不联系行为人的目标犯罪（为了实施犯罪），那么这些准备工作可能根本就不违法，或者即使违法也不符合犯罪客观要件行为的类型。

从行为的范围上讲，犯罪预备行为包括两种：一是准备犯罪工具，包括制造犯罪工具、寻求犯罪工具及加工犯罪工具等；二是为实行犯罪制造条件。因为从广义上讲，为实行犯罪准备犯罪工具也是一种为实行犯罪制造条件，所以《刑法》第22条规定的"制造条件"应当从狭义上理解，即除准备工具以外的其他为实行犯罪而制造条件的行为。例如，为实行犯罪事先调查犯罪场所、时机和被害人行踪，事先练习犯罪技术，排除实行犯罪的障碍，追踪或守候被害人，拟定实施犯罪、逃跑、逃避侦查的计划，等等，都属于为实行犯罪制造条件。

2. 行为人尚未着手实行犯罪而终局性地停止了预备行为

因为《刑法》第23条规定犯罪未遂行为是"已经着手实行犯罪"，所以根据刑法反向解释的原理，《刑法》第22条之犯罪预备行为的根本特征应当是"未着手实行犯罪"。这一特征充分说明犯罪预备行为是远离或未达到着手实行犯罪的行为。换言之，犯罪预备行为并不符合犯罪客观要件。

所谓终局性地将预备行为停止下来，是指由于一定的客观原因，使得行为人已经不可能将犯罪预备行为顺利发展到着手实行，即本次预备行为彻底结束，不可能再往前发展了。例如，行为人在准备犯罪工具时被抓捕，或者行为人准备杀人工具，还没有着手杀人之前，被害人已经病故。

3. 行为人停止预备行为是由于意志以外原因造成的

作为犯罪预备形态的一个特征，行为人停止犯罪预备行为的原因必须是客观条件使然，即由于产生了一定的客观情况，迫使行为人不得不停止犯罪预备行为。如前文所述，行为人被抓捕，或者行为人准备杀害的人在着手杀人前病故，就是意志以外的原因。

相反，如果行为人出于意志以内的原因，自愿地停止了犯罪预备行为，如消除犯罪工具、取消犯罪计划或者彻底停止制造犯罪条件的行为，属于预备阶段的犯罪中止形态。预备阶段的犯罪中止形态，并不是犯罪预备形态，而是犯罪中止形态的一种类型。根据《刑法》第24条第2款规定，对于犯罪预备阶段的中止形态，应当免除刑罚处罚。

二、犯罪预备行为出罪与入罪的理由

（一）犯罪预备行为出罪的理由

1. 预备行为不属于犯罪客观要件行为

大陆法系国家的主流观点是以客观主义刑法理论为依据来解释预备犯的，倡导法律不惩罚意图，认为应受刑罚处罚的是犯罪行为，而不是行为人，行为所造成的社会危害性是定罪的依据。行为人实施的行为只有与刑法分则明文规定的犯罪客观要件行为相符合，或者说，行为人实施的行为属于刑法分则规定的犯罪客观要件行为之一部分或全部的条件下，才具有刑事可罚性。而预备行为没有给法益造成实际侵害，只指向和逼近刑法所保护的利益，有少量的法益侵害危险性。"预备行为的危险性……从构成要件中的结果来看，是间接的危险性。"[26] 这种间接的危险性并不是犯罪构成要件行为本身的危险性，因此不可动用刑罚来处罚。[27]

2. 预备行为没有侵害法益

有的学者以法益侵害说的基本理论为依据，认为预备行为没有侵害法益，所以不应当处罚犯罪预备行为。如有学者认为："根据法益侵害说的基本理论，既遂犯受处罚的依据是因为行为侵害了法益，未遂犯是因为行为具有侵害法益的危险性，而对于预备犯来说，其行为尚停留在准备工具、制造条件的阶段，行为人并未着手实施犯罪实行行为。在一定程度上可以说，犯罪预备对法益几乎没有造成实际的威胁或侵害。"[28]

---

[26]　[日] 小野清一郎：《犯罪构成要件理论》，王泰译，中国人民公安大学出版社1991年版，第74页。

[27]　德国刑法学家李斯特指出："未遂的本质特征在于无论是在主观还是在客观关系上均没有发生符合构成要件的对外部世界的改变。离既遂的发生越远，犯罪行为在思想意志活动的越早的阶段中断，此等关系也就越难证明之；也就越不能谈及行为的客观危险性。因此，有必要将离既遂更远的犯罪预备行为与离既遂较近的行为区分开来，前者不处罚，而后者则要处罚。"参见 [德] 李斯特：《德国刑法教科书》，徐久生译，法律出版社2000年版，第337页。

[28]　蒋剑锋："过失危险行为的犯罪化与刑法谦抑"，载于梁根林、张立宇主编：《刑事一体化的本体展开》，法律出版社2003年版，第130页。

3. 将预备行为入罪违反刑法谦抑价值[29]

有学者从刑法的价值取向出发，提出："一般情况，预备行为不会产生实际危害，并且在多数情况下预备行为不仅未侵犯社会的重要利益，甚至对被害人并未造成实际影响，被害人并未感知。对这样的行为予以刑罚处罚，有违刑法慎刑这一价值取向。"[30]

4. 将预备行为入罪违反罪刑法定原则

从客观方面说，预备行为是行为人着手实行犯罪之前的行为，不符合任何犯罪客观要件；从主观方面说，预备行为具有模棱两可的性质。它"不能说明行为已经进入犯罪的实施阶段，也不能说明行为者已经具备犯罪意图"。[31] 如果处罚不符合犯罪客观要件的行为，就违反罪刑法定原则。

（二）犯罪预备行为入罪的理由

1. 主观主义刑法观

主观主义刑法观认为，应当受刑罚处罚的是行为人而不是行为，要以人的主观危险性而不是行为的实害与危险作为衡量犯罪与否的标准，进而认为刑法重在惩罚行为人的犯意，当行为人的行为与其希望达到的目的有联系并接近此种目的时，行为人的犯意即可得到认定，此时即可对行为人发动刑罚。主观主义刑法观还主张，预备犯之所以负刑事责任，其依据在于行为人的人身危险性，在于行为人对法律的敌对意识。根据这样的刑法观念，犯罪预备行为应当入罪处罚。

还有学者从行为过程来论证犯罪预备的可罚性，提出："整个故意犯罪过程就是犯罪意图逐步实现的过程，也是社会关系不断遭受侵害的过程，同时也是犯罪活动从抽象危险性转化为现实危险性的过程。在这样一个过程中，犯罪预备行为无疑起着实现侵害转化的中介作用，自然应当受到刑法的否定性评价。"[32]

---

[29] 刑法的谦抑价值，是指刑事立法与刑事司法必须秉持的价值取向，包括刑事立法和刑事司法两个方面内容。在立法上，要坚持非犯罪化的价值取向，要尽可能把轻微损害法益的行为按违法处理，不要上升为犯罪处理。在司法上，要尽量轻刑化和非监禁化。轻刑化要求能判处轻刑解决刑事责任的，尽可能不要判处重刑；非监禁化要求对于没有再犯可能性的犯罪人，不要收监入狱，要尽可能判处罚金刑。

[30] 裴昱："犯罪预备的刑事可罚性研究"，载《广西政法管理干部学院学报》2010年第4期。

[31] 胡凯生："犯罪预备立法及概念之比较"，载《安徽警官职业学院学报》2003年第1期。

[32] 刑志人：《犯罪预备研究》，中国检察出版社2001版，第197页。

2. 预备行为具有对法益侵害的危险

预备行为虽说有时对刑法所保护的社会关系尚未造成现实危害，但通常会带来可能的危害。刑法中的危险犯和人身危险性，一般都是在这个意义上使用的。因此，将具有危害社会可能性理解为社会危险性的一种，也是符合逻辑和现实的。笼统地说犯罪预备不具有社会危险性是不准确的。[33]

3. 犯罪预备行为符合修正的犯罪构成

目前大陆法系刑法学界关于预备犯刑事责任根据的通说认为，预备行为符合修正的犯罪构成。该说主张，行为符合犯罪构成是刑事责任的唯一根据。行为符合（齐备）犯罪构成具体又有基本构成要件齐备说、修正构成要件齐备说等观点。预备犯的行为符合修正的犯罪构成要件。

（三）本书的观点

本书认为，对于犯罪预备行为一般不能定罪处罚；但是，如果犯罪预备行为是为了实施特别严重的目标犯罪，对于完成目标犯罪起到实质作用，特别是对于法益的侵害具有紧迫危险，在刑事诉讼中，排除口供的其他证据能排除合理怀疑地证明目标犯罪的，可以定罪处罚。

三、国（境）外犯罪预备立法例及其分析

（一）大陆法系国家的立法例

大陆法系国家对于预备犯的立法例基本上可划分为如下两大类型。

1. 总则不作规定而分则将某些犯罪预备规定为独立罪名

这种犯罪预备立法的类型是，总则条文对预备犯罪不作任何规定，分则条文对预备犯罪作出明确规定，并配置独立的法定刑。这实际上是将预备犯罪作为独立罪名来看待。这种类型的立法例主要有如下几种模式：

（1）德国模式。德国刑法总则对于犯罪预备没有明文规定。分则第80条规定了预备侵略罪，第83条规定了预备叛乱罪，第149条规定了预备伪造货币及印花税罪，第275条规定了预备伪造官方证明罪，第310条规定了预备犯爆炸或放射线罪。该法典对于预备伪造货币及印花税罪、预备伪造官方证

---

[33] 刑志人：《犯罪预备研究》，中国检察出版社2001版，第196~197页。

明罪、预备犯爆炸或放射线罪都用叙明罪状的方式规定了类型化的客观要件行为。[34] 这5个预备罪，实际上是独立的罪名，各自有独立的犯罪构成要件，有独立的法定刑。

(2) 日本模式。日本刑法总则条文对于犯罪预备也没有任何规定，其分则规定独立的预备罪名，并规定了独立的法定刑。第78条规定了内乱预备，第88条规定了预备诱致外患、预备援助外患，第93条规定了私战预备，第113条规定了对现住建筑物等放火罪的预备、对非现住建筑物等放火罪的预备，第153条规定了对伪造货币罪的准备，第201条规定了杀人罪之预备，第237条规定了强盗罪预备。[35]

(3) 瑞士模式。瑞士刑法总则条文不对犯罪预备作出任何规定，其分则只用一个条文来对犯罪预备加以规定。第260条a规定："有计划采取具体的技术或组织上的预备措施，其方式和范围表明，行为人计划实施下列犯罪行为之一的，处5年以下重惩役或监禁刑：第111条之故意杀人、第112条之谋杀、第122条之重伤罪、第140条之抢劫、第183条之剥夺他人自由和诱拐、第185条绑架人质、第221条之纵火。行为人自动中止犯罪预备行为的，不处罚……"[36] 该法典将预备犯罪作为危害公共安宁类罪项下的一个具体罪名，专门为预备犯罪规定了独立的法定刑。其实质是将全部的预备犯罪只作为一个罪名来看待。立法将此罪名与破坏治安罪、宗族歧视等罪并列。

(4) 意大利模式。意大利1889年刑法典曾区分犯罪预备和犯罪未遂。区分的标准为：是否已经"着手执行"犯罪。如果只是为犯罪准备工具或了解情况，则为犯罪预备；如果已着手执行犯罪，但结果未出现，则为犯罪未遂。由于当时的刑法理论认为，犯罪预备行为并不能十分确定地表现出犯罪意思的强度，而且行为人放弃犯罪意图的可能性很大，因而，为防止根据简单的怀疑而施罚，刑法规定对预备行为免除处罚。然而，司法实践表明，很难根据"着手执行"的标准区分预备和未遂，因而1930年刑法典取消了预备和未遂的区别，并且不再以"着手执行"作为未遂的法定特征。该法典第56条规

---

[34] 参见《德国刑法典》，徐久生、庄敬华译，中国法制出版社2000年版，第96~97、134、191、209页。

[35] 《日本刑法典》，张明楷译，法律出版社1998年版，第30~32、38、48、64、76页。

[36] 《瑞士联邦刑法典》，徐久生译，中国法制出版社1999年版，第84页。

定:"实施毫不含糊地表明旨在犯罪的适当的行为的,如果行为尚未完成或者结果尚未发生,对犯罪未遂负责。"这一定义抛弃了"着手执行"的标准,要求未遂行为必须具有"明确性(不含糊性)"和"适当性"。所谓"明确性"是指:行为的发展足以明确地表现出犯罪目的,并且足以排除行为人不实施犯罪的可能性。所谓"适当性"是指:已实施的行为具有实现犯罪意图的潜在可能性,即实现犯罪计划的实际危险性;法官应当根据行为实施后的具体情形来判断是否存在这种适当性。[37]《意大利刑法典》分则第243条规定了"为同意大利交战的目的与外国勾结"、第304条规定了"以协议方式进行政治预谋"等犯罪,这些犯罪相当于预备性质的犯罪。

(5)法国模式。法国刑法第121-4条规定:"下列之人为罪犯:①实施犯罪行为者;②图谋实施重罪,或者在法律有规定之场合,图谋实施轻罪者。"图谋实施犯罪,实际上是预备犯。法国刑法只处罚重罪的预备犯,在法律有特别规定时才处罚轻罪的预备犯。法国刑法第450-1条规定,"以一项或多项实际行动,实行一项或多项重罪,或者准备实行一项或多项当处10年监禁之轻罪,由此组成的任何小团体或达成默契,均构成坏人结社罪,处10年监禁并科100万法郎罚金。"第450-2条规定,任何参加了450-1条所指小团体或达成默契的人,如果在受到任何追究之前,向主管机关揭露此种团体或此种达成默契之事实、从而得以侦破其他参加者,免其刑罚。[38]

2. 总则规定"原则上不处罚犯罪预备但法律有特别规定的除外",而分则将某些预备行为规定为独立罪名

这种立法模式以韩国为代表。例如,《韩国刑法典》在总则第28条中规定:"犯罪的阴谋或者预备行为未达到着手实行阶段,不予处罚。但法律有特别规定的,不在此限。"其分则条文则特别明示应当处罚的犯罪预备,并规定独立的法定刑。这些应当处罚的预备犯包括:内乱罪、意图内乱而杀人、诱致外患、通敌、募兵利敌、提供设施利敌、破坏设施利敌、提供物品利敌、间谍、一般利敌、对外国私战、使用爆炸物、协助脱逃、看守员协助脱逃、现住建筑物等的放火、公共建筑物的放火、一般建筑物等的放火、爆炸物破裂、现住建筑物等的决水、公用建筑物等的决水、一般建筑物等的决水、妨

---

[37]《意大利刑法典》,黄风译,中国政法大学出版社1998年版,第21页。
[38]《法国刑法典》,罗结珍译,中国人民公安大学出版社1995年版,第188页。

害火车、船舶等交通、火车等的倾覆、妨害使用饮用水、妨害使用自来水、水道不通、通货（货币）的伪造等、伪造有价证券、冒用资格印制有价证券、邮票、印花的伪造、杀人、杀害尊亲属、受托、承诺杀人、移送国外之拐诱、买卖、强盗（抢劫）等罪的预备或阴谋。[39] 韩国刑法对预备犯罪的立法，没有规定类型化的客观要件行为，只能根据预备犯"××条规定之罪"来判断预备行为的范围。

（二）英美法系国家和地区的立法例

英美法系国家和地区刑法对于犯罪预备行为一般不处罚；但会将两人以上共同实施的犯罪预备（谋议）纳入犯罪处罚，或者在严格条件限制下对个别预备行为纳入犯罪未遂范围而加以定罪处罚。

1. 美国模式

美国刑法一般不处罚犯罪预备，但处罚共谋罪。其刑法理论认为，共谋罪与预备罪是有本质区别的。共谋罪是共同犯罪的早期预备形式，而犯罪预备是个人为自己实施犯罪而做前期准备的行为。对于个人为了自己实施犯罪而作前期准备的行为，刑法一般不予处罚。两人以上共同预备（谋议）目标犯罪可以入罪处罚。[40]因为"共同犯罪比个人犯罪更危险"（二人共同犯罪的危险大于两个单独犯罪危险之和）是美国各州及联邦刑法关于共谋犯罪的观点。如果说犯罪未遂的核心本质是通过行为外化了的犯罪意图，那么犯罪共谋就这一点而言更为明显。法律惩罚"犯罪共谋"的目的在于把危险的组织犯罪扼杀在萌芽状态，即惩罚共同犯罪的"预备行为"甚至是"前预备行为"。除共谋罪以外，"不处罚预备"是美国刑法的原则。

2. 英国模式

英国刑法对于处罚犯罪预备行为也有严格条件限制，一般将对于完成犯罪"具有实质作用"的预备行为纳入未遂犯加以处罚。英国"法律委员会未完成罪工作组"就主张，司法机关应使用"实质步骤标准"，扩大未遂罪的范围，将诸如勘察实施预定犯罪的地点，获取、准备或者配备用于实施犯罪的工具（这些工具是打算用于非法行为的或者它们在当时的环境下不可能用于

---

[39] 《韩国刑法典及单行刑法》，[韩]金永哲译，中国人民大学出版社1996年版，第16~54页。
[40] 储槐植：《美国刑法》，北京大学出版社1996年版，第148页

合法目的）等都应包括在内。[41] 这表明，在英国，只有证明行为人所做的勘察预定犯罪地点是完成犯罪的"实质性步骤"（即没有此预备行为犯罪将无法完成）情况下，或者必须证明在当时的环境下，行为人准备的工具不可能用于合法目的之严格条件下，才能将"为犯罪创造条件"及"准备工具"等行为纳入犯罪未遂加以处罚。[42]

3. 加拿大模式

加拿大刑法第一章通则第 24 条关于未遂之规定是："①任何人计划犯罪并为实施计划而为作为或不作为，无论依当时之情况是否有可能犯罪，为犯罪未遂。②未遂犯罪者之作为或不作为是否单纯为犯罪预备，以及是否太遥远以至于不能构成犯罪未遂，系法律问题。"[43] 从此规定来看，该法律原则上不处罚犯罪预备或离犯罪太遥远的行为。但是，何为犯罪预备，何为犯罪未遂，其界限是模糊的，该法条只用了一个"系法律问题"而不作解答。在分则条文中，《加拿大刑法》第 46 条对于严重叛国罪的预备行为有规定，包括发动对加拿大的战争的预备行为。这种规定实际上是把预备行为"实行化"[44]。

4. 我国香港特别行政区模式

我国香港地区在严格条件限制之下将对于完成犯罪"起实质作用"的预备行为纳入未遂犯加以处罚。对于离犯罪实施还比较远或者还不能证明此预备行为属于违法或是为了犯罪的预备行为，一般不予处罚。只有被告人实施的预备行为达到一定程度的，法律才认为被告人犯有未遂罪。[45]

（三）受前苏联影响之国家的立法例

1. 前苏联模式

这种模式是：在刑法总则中规定了处罚预备犯的一般原则，分则不对预备犯作任何规定。也就是说，任何犯罪的预备行为都可能是犯罪。这是一种"犯罪预备原则可罚"的立法模式。前苏联、东欧部分国家、我国及蒙古、朝

---

[41] 黄开诚："大陆法系国家刑法与英美法系国家刑法中犯罪未完成形态比较研究"，载《贵州民族学院学报》（哲学社会科学版）2004 年第 6 期。

[42] 黄开诚："大陆法系国家刑法与英美法系国家刑法中犯罪未完成形态比较研究"，《贵州民族学院学报》（哲学社会科学版）2004 年第 6 期。

[43] 《加拿大刑事法典》，卞建林等译，中国政法大学出版社 1999 年版，第 25 页。

[44] 《加拿大刑事法典》，卞建林等译，中国政法大学出版社 1999 年版，第 25 页。

[45] 赵秉志、罗德立主编：《香港刑法》，北京大学出版社 1996 年版，第 67 页。

鲜等采用的是这种立法模式。如 1924 年《苏联和各加盟共和国刑事立法基本原则》与 1926 年《苏俄刑法典》都规定，无论是犯罪的预备行为还是未遂行为都要负刑事责任。1958 年《苏联和各加盟共和国刑事立法纲要》规定，在任何情况下预备犯罪均应受到惩罚。[46] 在这一立法思想的指导下，1960 年的《苏俄刑法典》第 15 条第 3 款规定："对于预备犯罪和犯罪未遂的行为，应依照本法典分则规定这种犯罪责任的条款处罚。"这种立法模式表面上严密了刑法之网，有利于打击犯罪，而事实上，无论是在立法上，还是在司法上，都有滥用刑罚之虞，不利于人权保障。

2. 俄罗斯联邦模式

这种模式是总则规定对严重犯罪的预备行为犯追究刑事责任，分则不再作具体规定。如《阿尔巴尼亚刑法典》、《越南刑法典》和 1996 年颁布实施的《俄罗斯联邦刑法典》就属此种立法例。如《俄罗斯联邦刑法典》第 30 条在第 1 款规定了预备犯罪的定义，在第 2 款规定："只有对预备实施严重犯罪和特别严重的犯罪，才追究刑事责任。"言外之意，预备实施较轻的犯罪，不构成犯罪。

3. 前苏联时期东欧一些国家的模式

这些国家刑法的总则规定预备犯的概念和特征，并规定对预备犯的处罚以分则有明文规定为限，同时分则明确规定哪些罪的预备行为应予何种处罚。如 1951 年《保加利亚人民共和国刑法典》以及同时期制定颁布的匈牙利、捷克斯洛伐克、民主德国、波兰等国刑法典都是这种模式。这种立法例虽然在总则中对预备犯作出了规定，但对预备犯处罚的关键根据其实是分则的规定，将对预备犯的处罚限制在合理的范围内。这样既有利于刑法人权保障机能的发挥，又能有效的保护社会免受犯罪侵犯。[47]

（四）对于上述立法例的分析

通过对上述立法的分类和归纳，我们可以得出结论："原则上不处罚犯罪预备但法律特别规定的除外"是刑事立法的趋势和发展方向，属于共通模式。大陆法系刑法原则上不罚预备行为；但是，对实施严重犯罪的预备行为，刑

---

[46] ［苏］皮昂特科夫斯基等：《苏联刑法科学史》，曹子丹等译，法律出版社 1984 年版，第 91 页。转引自贾学胜、梁玉霞："犯罪预备的立法反思及完善"，载《学术界》2008 年第 3 期。

[47] 贾学胜、梁玉霞："犯罪预备的立法反思及完善"，载《学术界》2008 年第 3 期。

法分则通过明文列举或单独规定客观要件的方式来宣布其入罪,并为其规定独立的法定刑。这样做非常符合罪刑法定原则。英美法系刑法一般也不处罚犯罪预备,或者说它们以"不处罚犯罪预备"作为一般原则。但是,对于两个人以上进行的犯罪谋议,要定罪处罚。东欧一些国家的刑法也都用分则条文明确规定哪些罪的预备行为应受处罚。

四、根据我国《刑法》第 22 条处罚犯罪预备行为的条件

从归纳总结的犯罪预备立法规律出发,根据罪刑法定原则和人权保障思想,在目前我国立法不加修改的条件下,本书认为,根据《刑法》22 条处罚犯罪预备行为,应当同时符合下列条件:

(一) 预备行为的目标犯罪必须是严重犯罪

只有为实施严重或极其严重犯罪而进行预备的行为,才有可能被定罪处罚,是上文列举的外国和地区刑事立法的共通原则,不过其立法模式不同。大陆法系刑法一般用分则条文明确规定,对严重犯罪的预备行为才规定加以定罪处罚。有的国家刑法用总则条文明确宣布,为了实施严重犯罪的预备行为才处罚。根据罪刑法定原则和刑法保障人权的机能,我国司法机关必须做到:只对严重或极其严重犯罪的预备行为才定罪处罚。

1. 侵害生命权、公共安全等严重犯罪的预备行为一般可罚

从我国刑法对犯罪预备的立法看,对所有故意犯罪的预备行为,都可以定罪处罚。这不仅给人以刑法过于严厉的印象,而且也不利于司法机关的具体操作。我国的司法资源有限,即使规定了对所有的犯罪预备都可以处罚,也只能是一纸空文,无法真正落到实处。因此,有必要将犯罪预备行为处罚的范围限定在一个严格的范围内。这个范围是:只有对于侵害生命权、公共安全等法益的严重犯罪的预备行为,才可能定罪处罚。现将这样的犯罪列举如下:杀人罪、绑架罪、强奸罪、抢劫罪、放火罪、决水罪、爆炸罪、投放危险物品罪、破坏易燃易爆设备罪、破坏电力设备罪、生产、销售伪劣产品罪、生产、销售假药罪、生产、销售有毒、有害食品罪、走私武器弹药罪、走私文物罪、伪造货币罪、走私、非法买卖制造毒品,等等。必须说明的是,即使实施了以上犯罪的预备行为,也不一定必然定罪处罚。要想处罚犯罪预备行为,还必须同时符合后文的条件。

2. 情节犯和数额犯的预备行为一般不可罚

我国刑法理论通说认为，情节犯一般没有犯罪未遂。行为人着手实施这类行为，没有达到情节严重，就不构成犯罪。根据当然解释原理，行为人未着手实施这类行为，而只是为实施这类犯罪进行准备工具和创造条件的预备行为，更加不应当构成犯罪。

所谓数额犯，是指以危害行为侵害犯罪对象或者犯罪收益达到一定的经济价值量或者物理量（重量或者数量）作为构成要件的犯罪类型。例如，司法解释规定，盗窃罪以行为人窃取1000至3000元的财物作为构成犯罪的要件。如果行为人没有盗窃到这样价值量的财物，就不构成犯罪。根据刑法当然解释原理，为了实施不确定数额之盗窃罪的预备行为，更加不可罚。但是，如果司法解释规定在一定条件下实施数额犯罪的行为可按未遂犯处罚的，那么具备此条件的预备行为，也可以定罪处罚。

总之，除法律、司法解释规定，对于符合一定条件的数额犯可按未遂犯定罪处罚的，符合此条件的预备行为也可定罪处罚外，对于其他大量的数额犯的预备行为，都不能定罪处罚。

（二）预备行为对于完成目标犯罪起到实质作用

一般而言，下列预备行为都能为完成目标犯罪起到实质性的重要作用：①准备凶器等工具；②勾结、集结共同犯罪人，在共同犯罪中参与拟定犯罪计划；③开始实施排除实行犯罪的障碍；④前往或已经到达预定犯罪地点，但被害人尚未出现；⑤尾随被害人以等待时机；⑥为对被害人加以侵害而守候在其住处、可能经过之地，或者已经进入被害人房间而被害人不在；⑦准备好犯罪工具、拟订好去某处实施某种犯罪的计划，尚未上路或尚在途中；[48] ⑧在故意杀人、故意伤害或抢劫等犯罪中，被告人公开或秘密寻找被害人或其他犯罪对象（往往携带凶器），在寻找过程中被他人制止或未能找到，因而未实施杀害、伤害或以暴力等方法取财的行为。[49] 为实行严重犯罪而实施了上述类型的预备行为的，可以定罪处罚。

（三）口供以外的证据能排除合理怀疑地证明目标犯罪

有些预备行为，如出发前往犯罪场所、守候被害人到来等行为，从形式

---

[48] 赵秉志：《犯罪未遂形态研究》（第2版），中国人民大学出版社2008年版，第94页。
[49] 赵秉志：《犯罪未遂形态研究》（第2版），中国人民大学出版社2008年版，第99页。

上看完全符合正常社会生活规范。要使这样的行为入罪，必须在排除口供的基础上，用证人证言、物证、被害人陈述等证据形成证据链，排除合理怀疑地证明行为人想实施何种严重犯罪。如果达不到这样的证明要求，就不能对一个预备行为定罪。否则，就可能导致一个从事正常生活行为的人，被无辜地采取强制措施并被讯问。再比如，在没有查清行为目的的情况下，为了实施抢劫而去买一把刀的行为、为了实施飞车抢夺而去买一辆摩托车的行为等，都是一种正常的社会生活行为。要把这样的预备行为定罪，必须先排除口供，只有搜集到的证人证言、物证、被害人陈述等证据形成完整的证据链，能排除合理怀疑地证明行为人想实施何种犯罪，才能小心地将其入罪。如果不排除口供，就会导致破案完全依靠嫌疑人自证其罪，这样就会侵害嫌疑人的人权。

五、犯罪预备的处罚原则

《刑法》第22条第2款规定，对于预备犯，可以比照既遂犯从轻、减轻处罚或者免除处罚，对此规定应注意以下四点：

第一，对预备犯原则上予以从宽处罚。但是刑法对预备犯规定的处罚原则是得减主义。即审判人员可以予以从宽处罚，也可以在有特殊理由情况下不予从宽处罚。

第二，对于犯罪预备的处罚可以比照既遂犯，从轻、减轻或者免除处罚。我国刑法规定的法定刑，绝大多数有相对确定的幅度，但往往不止一个幅度。在司法实践中，对于预备犯究竟应当比照哪一个法定刑幅度处罚，这就需要比照此罪预备如果发展到既遂的情况先来确定一个法定刑幅度，然后再根据预备犯的情节从轻、减轻、免除处罚。比如，《刑法》第263条规定一般情节的抢劫罪的法定刑是3至10年有期徒刑，并处罚金；加重情节的抢劫罪的法定刑是10年以上有期徒刑、无期或死刑。如果对一个抢劫罪的预备行为定罪量刑，就要首先考察如果此罪发展到既遂，是一般情节的抢劫罪，还是加重情节的抢劫罪。如果是一般情节的抢劫罪，就应当以3至10年有期徒刑为参照刑，进行从轻、减轻处罚的量刑。如果是加重情节的抢劫，就应当以10年以上有期徒刑、无期或死刑为参照刑，进行从轻、减轻处罚的量刑。

第三，应注意犯罪预备与《刑法》第13条"但书"的关系。犯罪预备的成立以犯罪行为足以构成犯罪为前提，如果行为人的行为属于《刑法》第 13 条规定的"情节显著轻微危害不大"情况的，应依法不认为是犯罪。

第四，自动中止犯罪预备行为的，应当免予刑罚处罚。所谓自动中止犯罪预备行为，是指行为人实施了某种犯罪的预备行为后，基于自己的意志，终局性地放弃着手实行犯罪的情况。由于这种犯罪预备行为不可能发展到着手实施的程度，不可能产生侵害法益的危险，行为人主观上也自动放弃了犯罪意图，所以不应当判处刑罚。

第三节　犯罪未遂形态

一、犯罪未遂形态的概念及特征

犯罪未遂形态（未遂犯），是指行为人已经着手实行符合犯罪客观要件的行为，由于意志以外的原因而没有达到犯罪既遂所要求的行为进度，而终局性地停止下来的犯罪形态。犯罪未遂形态具有如下特征：

（一）故意着手实行符合犯罪客观要件的行为

通说认为，因为过失行为只有发生严重危害结果才构成犯罪，而没有发生这种结果就不构成犯罪，所以没有犯罪未遂。反言之，未遂犯只存在于故意犯罪之中。未遂犯的故意与同一具体犯罪的既遂犯故意相同，要求行为人认识到自己实施的危害行为会产生危害结果，并且希望这种结果的发生。通说还认为，直接故意支配的行为能构成犯罪未遂，间接故意支配的行为不能构成犯罪未遂。也有观点认为，间接故意也有犯罪未遂。[50] 本书支持通说的观点。

"着手实行"简称"着手"，是一个非常重要的刑法概念。它是犯罪预备与犯罪未遂的分界点。着手实行犯罪之前的行为，有可能构成犯罪预备行为，但不可能构成犯罪未遂。"着手实行"是犯罪未遂行为的起点。何为"着手"或"着手实行"，理论界众说纷纭。本书认为下面的界定是相对合理的。"着

---

[50] 此观点认为：间接故意也存在犯罪未遂。因为事实上确实可能存在行为人放任结果发生，而危害结果没有发生的情况；而且直接故意犯罪人与间接故意犯罪人可以成立共同犯罪，既然如此，在共同犯罪未遂的情况下，没有理由仅处罚直接故意犯罪人而不处罚间接故意犯罪人。参见张明楷：《刑法学》（第 2 版），法律出版社 2003 年版，第 146~148 页。

手实行"是指行为已经初步侵害到其指向的对象（人或物），或者使法益（生命、健康、性自由、所有权关系，等等）面临紧迫的受损害的危险之下。

上面对"着手实行"的界定还是非常抽象，必须结合具体案例才能解释清楚。例如，在故意杀人、故意伤害、暴力、胁迫型强奸、抢劫等类型的案件中，如果行为人持有伤害性较强的工具，并且被害人已经在行为人眼前，那就表明该行为已经"着手"；如果行为人没有这样的工具，那么应当以生命权、健康权、身体自由受到初步侵害来认定为"着手"。

在"初步侵害法益"和"使法益受到紧迫危险"的两个标准中，通常情况下，采取后者来认定着手。仍以杀人案为例，杀人行为可能存在以下几个动作：持枪逼近被害人、推弹上膛、瞄准被害人、扣动扳机。通说认为，只要实施了其中一个动作，就应当认为是杀人行为的着手，而不能仅仅把扣动扳机的一瞬间作为着手杀人的标准。[51]"着手"必须在类型化的行为群体中分门别类地加以对比研究，才能搞清楚。这里只提供一个总体上较好操作的标准。毋庸置疑，此标准仍然很抽象，只能为分门别类研究具体犯罪的"着手"提供一个思路。

（二）没有达到犯罪既遂所要求的行为进度

犯罪既遂的标准，一般是以犯罪客观要件行为进展到分则条文是否为其配置了刑罚幅度为标志。刑法分则规定的盗窃、诈骗、抢夺、故意杀人、强奸等犯罪，通说认为其既遂标准分别是行为人控制财物或者被害人失去控制财物、被害人死亡、男性生殖器插入等。这些既遂标准是刑法理论根据立法规定之客观要件类型及其保护法益之目的解释出来的。这种解释必须符合立法目的和立法文字含义的范围。这样看来，刑法分则只要为犯罪客观要件行为之进度配置了法定刑，就表明立法者将其作为犯罪既遂看待。以犯罪既遂标准为参照系，犯罪未遂是指符合犯罪客观要件的行为没有发展到犯罪既遂要求的进度。

（三）没有达到犯罪既遂是由于行为人意志以外原因造成的

"意志以外"，是指行为人希望或追求的结果没有出现是违背其意志的。例如，行为人着手实行杀人行为，为的是达到被害人死亡的结果，但是这种

---

[51] 马克昌主编：《犯罪通论》，武汉大学出版社1999年版，第444页。

结果却没有出现，这是违背行为人意志的。"意志以外的原因"是导致行为人希望的结果没有出现的主观与客观情况。"意志以外的原因"可分为主观原因与客观原因。

"意志以外"的主观原因有两种：第一种是行为人对自己的能力认识不足。本来自己的能力完全可以实施完犯罪行为，但误认为自己此时的能力不足而停止了行为，最终导致追求之结果没有产生。例如，行为人对被害妇女实施暴力，欲行强奸，被害妇女反击时打伤了行为人腿，行为人误以为自己腿断了，不能完成强奸行为，就放走了被害妇女。其实行为人的腿只是被轻微伤了一下。第二种是行为人对客观情况产生认识错误。例如，甲想杀死乙，就用刀向乙的胸部捅了一刀，乙流血不止，并深度昏迷。甲误以为乙死亡，就离开了。结果乙被救，没有死亡，只构成重伤。

"意志以外"的客观原因有多种。例如，作案情况发生改变造成行为人无法完成犯罪；作案时警察来了或者有人发现而高喊"警察来了"；被害人强烈反抗导致犯罪无法完成；作案工具失灵导致犯罪无法完成；行为对象（人或物）不在预定位置；以人作为行为对象的犯罪，在着手实行后发现被害人早已死亡；以物为行为对象的犯罪，着手实行后发现该物早已灭失，等等。

二、犯罪未遂成立的范围

（一）德、日、韩、芬兰、瑞典等国的立法例

1. 分则列举规定应受处罚的未遂犯罪名

《日本刑法典》第44条规定："处罚未遂的情形，由各本条规定。"[52] 韩国、芬兰、瑞典等国刑法典，也有类似规定。[53]

2. 按重罪与轻罪分别规定应受处罚的未遂犯罪名

法国、德国刑法典就采取这种立法例。如《德国刑法典》第23条第1款规定："重罪的未遂一律处罚；对轻罪的未遂的处罚以法律有明文规定为限。"[54]

上述两种立法例对于司法机关处罚未遂犯具有明确的指导性。司法机关

---

[52]《日本刑法典》，张明楷译，法律出版社1998年版，第21页。

[53] 赵秉志：《犯罪未遂形态研究》（第2版），中国人民大学出版社2008年版，第65页。

[54]《德国刑法典》，徐久生、庄敬华译，中国法制出版社2000年版，第49页。

只要按照法律的明文列举来处罚未遂犯就可以了。

(二) 我国犯罪未遂成立的范围

我国刑法除在总则用一个条文即第 23 条规定了未遂犯的特征和处罚原则外，没有任何一个条文对哪些罪名或哪些类型的犯罪可构成未遂犯而处罚作出规定。我国刑法规定了四百多个罪名，这些犯罪不可能都存在未遂犯。所以，对我国未遂犯成立的范围作出理论总结，对于指导司法办案非常有意义。

1. 过失犯罪、间接故意犯罪没有未遂形态

这两类行为只有发生严重结果才能构成犯罪，如果不发生严重结果，就不可能构成犯罪，因此更没有构成犯罪未遂的可能性。

2. 危险犯没有未遂形态

虽然危险犯是一种既遂形态，但对于实施危险犯的行为人而言，在危险状态未成立的情况下，其行为一般不能构成犯罪未遂。简单说，危险犯没有未遂形态。[55] 如果处罚危险犯的未遂犯，就等于对没有任何法益侵害危险的行为也要处罚，这严重违反"不侵害法益不为罪"的原则，这样会无根据地扩大刑罚处罚范围。例如，我国《刑法》第 133 条之一规定的危险驾驶罪，就没有成立犯罪未遂的可能性。同理，放火罪、爆炸罪、决水罪、投放危险物质罪、以危险方法危害公共安全罪、破坏交通工具罪、破坏交通设施罪、破坏电力设备罪、破坏易燃易爆设备罪、劫持航空器罪、劫持船只、汽车罪、暴力危及飞行安全罪、破坏广播电视设施、公用电信设施罪、非法携带枪支、弹药、管制刀具、危险物质危及公共安全罪，等等，都没有犯罪未遂。因为这类犯罪行为只要对本罪法益具有侵害的危险性，就按危险犯构成犯罪既遂；如果没有这种危险性，就不构成犯罪。

3. 情节犯没有未遂形态

情节犯是指行为人实施符合犯罪客观要件的行为达到情节严重、情节恶劣等，才能构成既遂的犯罪类型。一般而言，这类危害行为如果没有达到情节严重、情节恶劣就不构成犯罪。因此，情节犯不可能存在犯罪未遂。[56]

---

[55] 张明楷：《刑法学》(第 4 版)，法律出版社 2011 年版，第 322 页。

[56] 高铭暄、马克昌主编：《刑法学》(第 4 版)，北京大学出版社、高等教育出版社 2010 年版，第 157 页。

4. 数额犯一般没有未遂形态

数额犯是指以法定的犯罪数额的发生作为犯罪成立或既遂标准的一种犯罪类型。数额犯一般是物质结果犯。数额犯在多数情况下，行为实施终了，达到"数额较大"标准，构成犯罪既遂，此时"数额较大"是罪与非罪的界限。有些犯罪，刑法没有规定数额，但司法解释为其规定了数额。这是司法解释对于立法的缩小解释，为的是缩小犯罪范围。这是"立法定性，司法定量"和司法自由裁量权的重要体现。我国刑法共规定了40个数额犯。[57]

绝大多数情况下，实施数额犯的危害行为，如果没有达到立法或司法解释规定的数额标准，就不构成犯罪，所以此时也就没有犯罪未遂的可能性。但是，对于少数的数额犯，司法解释明确规定可以构成犯罪未遂并加以处罚的，也可以构成犯罪未遂。例如，《刑法》第140条规定，生产、销售伪劣产品销售额达5万元的，才构成犯罪。如果没有达到这个数额，就不构成犯罪。但是根据相关司法解释，生产、销售伪劣产品销售额未达5万元，但其未销售的货值额达15万以上的，可按犯罪未遂处罚。再比如，概括性故意支配下的盗窃行为，如果实际盗窃额没有达到数额较大（1000至3000元以上），就不构成犯罪；但是根据相关司法解释，如果以数额巨大财物（30 000至10 000元以上）为盗窃目标的，可以构成盗窃罪未遂。一般说来，处罚数额犯的未遂，必须由司法解释明确规定。

---

〔57〕赵威：《数额犯研究》，辽宁大学出版社2010年版，第18页。数额犯有四种类型。第一种是以货币数额作为犯罪构成条件的犯罪，包括：生产销售伪劣产品罪、走私普通货物、物品罪、偷税罪、逃避追缴欠税罪。第二种是以"数额较大"作为犯罪构成的基本要件的犯罪，共29个罪名，包括：《刑法》第163条非国家工作人员受贿罪，第164条对非国家工作人员行贿罪，第171条出售、购买、运输假币罪，第172条持有、使用假币罪，第173条变造货币罪，第175条高利转贷罪，第178条第1款伪造、变造国家有价证券罪；第178条第2款伪造、变造股票、公司、企业债券罪，第190条逃汇罪，第192条集资诈骗罪，第193条贷款诈骗罪，第194条票据诈骗罪，金融凭证诈骗罪，第196条信用卡诈骗罪，第197条有价证券诈骗罪，第198条保险诈骗罪，第204条骗取出口退税罪，第214条销售假冒注册商标的商品罪，第224条合同诈骗罪，第267条抢夺罪，第270条侵占罪，第271条职务侵占罪，第274条敲诈勒索罪，第389条行贿罪，第394条贪污罪，第395条隐瞒境外存款罪，第396条私分国有资产罪。第三种是以数额较大作为选择性构成要件的犯罪，包括：第217条侵犯著作权罪（数额较大或者有其他严重情节），第264条盗窃罪（数额较大或者多次盗窃、入户盗窃、携带凶器盗窃、扒窃的），第268条聚众哄抢罪（数额较大或有其他严重情节），第275条故意毁坏财物罪（数额较大或者有其他严重情节），第383条第1项贪污数额较大或者其他较重情节的。第四种以数额较大与其他情节并列作为构成要件的犯罪，包括：第272条挪用资金罪（数额较大且超过3个月未还；或数额较大且进行营利活动），第384条规定的挪用公款罪（数额较大且进行营利活动或者数额较大且3个月未还）。参见上书。

当然，个别社会危害性极其严重的数额犯，即使没有司法解释的明确规定，也可以处罚未遂犯。例如，《刑法》第170条伪造货币罪，立法只规定"伪造货币的，处3年以上10年以下有期徒刑……"，没有明确定规定数额。本罪的司法解释规定，伪造货币币值达2000元或数量达200张才能构成犯罪，此司法解释规定的数额就是犯罪成立的条件。如果伪造货币未达到这个数额，其准备了印刷机械等，可认定为犯罪未遂。

三、犯罪未遂的类型

根据不同的分类标准，可以对犯罪未遂作不同的分类。

（一）实行未了未遂和实行终了未遂

以犯罪行为是否已经实行终了为标准，犯罪未遂可分为实行未了的未遂与实行终了的未遂。

实行未了未遂，是指行为人已经着手实施符合犯罪客观要件的实行行为，在行为实施终了之前，由于其意志以外的原因而未能继续实施犯罪的停止形态。如甲潜入仓库盗窃，在刚刚打开保险柜，尚未来得及往外取财物时，即被保安人员抓获。

实行终了未遂，是指行为人已经将符合犯罪客观要件的行为实施完毕后，但由于其意志以外的原因，而未发生刑法规定作为既遂之结果的犯罪未遂形态。如乙为了杀害丙，用木棍猛击丙的头部5下，以为丙已经死亡而逃离现场，但丙被路过的群众发现，送往医院抢救而脱离生命危险。

就离犯罪既遂的时空距离来看，实行终了未遂要比实行未了未遂离犯罪既遂较近，在其他条件相同的情况下，具有更大的社会危害性，在量刑时应有所区别。

（二）能犯未遂和不能犯未遂

以行为的实行在客观上能否构成犯罪既遂为标准，犯罪未遂可分为能犯未遂与不能犯未遂。

能犯未遂，是指行为人已经着手实行符合犯罪客观要件的行为，并且这一行为实际上有可能完成犯罪，但由于其意志以外的原因，使犯罪未能完成的犯罪未遂形态。如甲用枪向乙射击，意欲打死乙，但由于其枪法不准，未能击中乙，乙见状得以逃脱。

不能犯未遂，是指行为人已经着手实行符合犯罪客观要件的行为，但由于其行为的性质，致使其行为不可能完成犯罪，因而使犯罪未能完成的犯罪未遂形态。在不能犯未遂中，行为人往往对其行为的性质存在错误认识。这种认识错误就是成立犯罪未遂之"意志以外的原因"。

不能犯未遂又可进一步区分为工具不能犯未遂与对象不能犯未遂两种。[58] 所谓工具不能犯未遂，是指行为人由于对所使用的犯罪工具存在错误认识而未能完成犯罪的未遂。如将白糖当作砒霜放入他人食物中意图毒死他人。所谓对象不能犯未遂，是指行为人对所指向的犯罪对象存在认识错误而未能完成犯罪的未遂。如将野猪当作人射杀。一般认为，就实际造成犯罪结果的可能性上来讲，能犯未遂的可能性要比不能犯未遂大，具有较大的社会危害性，因而在量刑应有所区别。[59]

四、犯罪未遂的处罚原则

根据《刑法》第23条第2款规定，对于未遂犯，可以比照既遂犯从轻或者减轻处罚。在该处罚的适用中，具体应注意以下几点：

第一，对未遂犯原则上要从宽处罚。犯罪未遂行为毕竟没有造成刑法规定的犯罪既遂结果，所以刑法规定，对未遂犯可以比照既遂犯从轻或者减轻处罚。

第二，对未遂犯到底是否予以从宽处罚，应由法官根据案件的具体情况决定。需要指出的是，对未遂犯并非必然从轻或者减轻处罚。如甲预谋杀害乙，在将乙砸昏过去后，将其挖坑活埋，其走后不久，乙被闻讯赶来的他人挖出送医院抢救，虽然经抢救乙脱离了生命危险，但成了植物人。在本案中，虽然甲的行为属于故意杀人罪未遂，但对其不应从轻处罚。

第三，对未遂犯是适用从轻处罚还是减轻处罚，应当由法官根据具体案件情况和法定情节决定。

---

[58] 高铭暄、马克昌主编：《刑法学》（第4版），北京大学出版社、高等教育出版社2010年版，第168页。

[59] 我国刑法理论界有一派观点认为不能犯可以根据一定的标准再划分出可罚的不能犯未遂与不可罚的不能犯。其划分标准又学说林立。参见张明楷：《刑法学》（第4版），法律出版社2011年版，第328~336页；赵秉志：《犯罪未遂形态研究》（第2版），中国人民大学出版社2008年版，第185~201页。

第四节　犯罪中止形态

一、犯罪中止形态的概念及特征

（一）犯罪中止形态的概念

我国《刑法》第 24 条第 1 款规定："在犯罪过程中，自动放弃犯罪或者自动有效地防止犯罪结果发生的，是犯罪中止。"根据刑法的这一规定，犯罪中止是指在犯罪过程中，行为人自动放弃犯罪或者自动有效地止犯罪结果发生，而未完成犯罪的一种犯罪停止形态。犯罪中止形态可以分为两种类型：一是自动放弃犯罪的中止形态；二是自动有效防止犯罪结果发生的中止形态。[60] 二者的特征有所区别。

（二）自动放弃犯罪的中止形态的特征

自动放弃犯罪的中止形态，是指行为人在犯罪过程中自动放弃犯罪而成立的犯罪停止形态。它有以下三个特征。

1. 时空性

成立犯罪中止的时空性条件是"在犯罪过程中"，即必须在犯罪处于运动中而尚未形成任何其他犯罪停止形态的情况下放弃犯罪，这是犯罪中止成立的前提条件。所谓"在犯罪过程中"，是指从实施犯罪预备行为开始，直至犯罪达到既遂（完成）之前的过程中。具体来讲，包括犯罪预备阶段和犯罪实行阶段。在这一过程中，犯罪尚未出现其他停止形态。根据我国刑法理论，犯罪停止形态之间具有不可并存性、不可互相转化性和不可逆转性。如果出现了犯罪既遂形态，就不可能同时存在犯罪中止等犯罪未完成形态，也不可能逆转为犯罪中止等犯罪未完成形态。如果出现了犯罪预备形态或者犯罪未遂形态，也不能再转化到犯罪中止形态。因为犯罪预备形态和犯罪未遂形态都是不可能再向前发展的终局性形态。

2. 自动性

犯罪中止的自动性，是指行为人出于自己的意志而放弃了自认为当时本

---

[60] 自动放弃犯罪的中止形态也称为"消极中止"；自动有效防止犯罪结果发生的中止形态也称为"积极中止"。

可以继续实施和完成的犯罪。自动性的认定应当注意三点：

第一，行为人自认为当时可以继续实施和完成犯罪，这是成立自动性的先决条件。这是一个主观标准，应以行为人在行为当时的主观认识为准，即使在他人看来不可能继续进行和完成犯罪，或者犯罪虽然在客观上实际不可能继续进行和完成，但行为人并不了解这种客观情况，就不影响行为人放弃犯罪之"自动性"的成立。反之，虽然在客观上犯罪尚可继续实施与完成，但行为人却误认为不可能进行，这种情况下行为人是基于认识错误而被迫停止犯罪的，不成立停止犯罪的自动性，这种情况应属于犯罪未遂。

第二，行为人必须出于本人意志而放弃犯罪。这是认定自动性的关键条件。引起行为人自动放弃犯罪的动机或主观、客观原因有很多，既有出于真诚悔悟，也有对被害人的怜悯和同情，还有接受他人的劝告教育，害怕将来罪行暴露受到法律制裁，以及受到其他不足以阻止犯罪的轻微不利因素影响，经过思想斗争而自动放弃犯罪，等等。这些不同的动机只反映了行为人的悔悟程度，对于自动性的认定没有影响。

第三，对自动性的认定应尽量从宽。只要行为人基于自己的意志而放弃了自认为当时本可以继续实施和完成的犯罪，即应认为成立犯罪中止；至于行为人中止犯罪的动机则在所不问。

3. 彻底性

彻底性是指行为人彻底放弃了本次犯罪。具体是指行为人在主观上彻底取消了原来的犯罪意图，客观上彻底放弃了自认为本可继续实施的犯罪行为，即行为人不打算以后再继续实施该项犯罪。彻底性表明了行为人放弃犯罪的真诚性及其决心，说明行为人自动放弃犯罪是坚决的、完全的，而不是暂时的中断。如果行为人只是暂时地停止犯罪，而等待时机、条件成熟时再继续实施本项犯罪，就不具备放弃犯罪之彻底性。同时需要指出的是，彻底放弃犯罪也是相对而言的，是指行为人彻底放弃正在进行的具体犯罪，而不是指行为人在以后任何时候都不再犯同种罪，更不能理解为行为人在以后不再犯任何罪。

（三）自动有效防止犯罪结果发生的中止形态的特征

自动有效防止犯罪结果发生的犯罪中止，是指行为人已经着手实行犯罪，在尚未产生犯罪既遂的结果时，自动有效地防止犯罪结果的发生，而成立的犯罪中止形态。自动有效防止犯罪结果发生的犯罪中止，除了具备上述时空性、自动性、彻底性三个特征外，还要求具备"有效性"特征。有效性特征的认定，应当注意以下几点：

第一，中止行为必须对于防止犯罪结果的发生具有实质性作用。只作了意思表示或者对防止犯罪结果发生起不到实质作用的行为，不能认定为具有"有效性"。比如，甲把不会游泳的乙扔进很深的江河中，意图杀死乙，实施犯罪行为后深感悔意，就大喊"有人掉水里了，快来救人啊"，然后就扬长而去。这样的行为就不能够认定为有效的犯罪中止。再比如，乙委托甲购买胃药，但甲和乙有仇，想趁此机会报复乙，于是买了一包毒药给乙，后甲产生悔意，在第二天去乙家打算取回毒药，而乙谎称已经服下该药，甲见乙没什么异样，就回家了，没有将真实情况告诉乙，过了几天，乙服了毒药而死。本案中行为人虽然采取了一定的措施，但并不足以防止危害结果的发生，故不具有"有效性"，不成立犯罪中止，是犯罪既遂。

第二，未遂犯与中止行为竞合情况下，如果中止行为对于防止结果发生起到实质作用，应当认定犯罪中止成立。如甲意图谋害乙，在其酒杯置入毒药，乙喝下酒之后，甲出于悔悟急忙将乙送入医院抢救，但实际上甲所投置的毒药毒性非常小，不足以致命，甲不送乙去医院抢救也不会出现生命危险。由于将被害人送医院是最有效的抢救方法，对于防止死亡结果的发生具有实质作用，所以本案的行为人应当被认定中止犯。再例如，甲用10g毒药想毒死乙，而实际上10g的此种毒药根本不可能毒死一个人。甲看到乙喝药之后，心存悔恨，马上把乙送到了医院，乙得救。此时，甲成立犯罪中止。这样的结论，恰好能与后一案例在逻辑上相一致。甲想用100g毒药毒死乙，而实际上50g的此种毒药就能把乙毒死。甲看到乙喝药之后，心存悔恨，马上把乙送到了医院，乙得救。甲成立犯罪中止。

但是，如果中止行为对于防止结果的发生没有起实质作用，由应当认定为犯罪未遂。例如，甲对乙实施杀害行为，走出一段距离之后出于悔悟而急忙回去救助，然而之前刚好有路人经过，已经将乙送往医院抢救，从而使被害人及时转危为安。这种情况不能成立犯罪中止。

第三，在中止行为的过程中，介入其他因素，由其他因素导致犯罪结果发生的，应当认定犯罪既遂，即此中止行为不具备"有效性"。例如，行为人在实施杀害行为的过程中，因出于悔悟立即将昏迷的被害人送往医院抢救，但在途中被违章驾驶的车辆撞上，而导致被害人死亡。再例如，行为人将被害人杀成重伤后，及时将被害人送往医院救治，经过医生抢救，本来完全可以治愈，但被害人却拒绝服药，拒绝配合治疗，最终导致其死亡。上述两案例都应当认定犯罪既遂。但是，行为人防止犯罪结果发生的努力，应当在量刑时加以考虑。

二、自动放弃可能重复的侵害行为的定性

自动放弃可能重复的侵害行为，是指行为人实施了足以造成既遂危害结果的第一次侵害行为，由于意志以外的原因而未发生既遂的结果，在当时有继续重复实施侵害行为实际可能的情况下，行为人自动放弃了重复侵害的行为，因而使既遂结果没有发生的情形。其典型案例是：甲开枪杀乙，第一枪未能射中，当时有条件再射击（枪中尚有子弹，被害人没发觉，现场也没有其他人发觉），但甲出于本人意愿而自动放弃了继续射击，因而既遂结果没有发生。对于自动放弃可能重复的侵害行为如何定性，在刑法理论界存在犯罪未遂和犯罪中止两种观点，其中犯罪中止说是通说。犯罪中止说主要理由如下：

第一，行为人放弃可能重复的侵害行为，发生在犯罪过程中，符合犯罪中止的时空条件。理解这一点的关键在于区分行为与动作。犯罪停止形态不能互相转化。如果认定甲开第一枪就构成犯罪未遂的话，那就不存在构成犯罪中止的可能性。但实际上，行为人甲开第一枪只是其杀人行为的一个动作，并非一个完整的杀人行为。行为是否终了的标准，不仅要看行为人客观上是否实施了足以造成犯罪结果的犯罪行为，还要看犯罪人是否把自认为完成犯罪所必要的行为都实行完毕。在上述案例中，行为人甲在第一枪未击中乙的情况下仍有可能继续射击，直到射中乙为止。行为人主观上也认识到这一点。从主客观相结合来看，行为人的犯罪行为和整个犯罪活动都尚未终了。

第二，行为人自动放弃可能重复的侵害行为，符合自动性条件。甲在整个犯罪行为尚未实行终了，在客观上有条件继续实施危害行为，其在主观上也认识到了这一点的情况下，出于本人的意志放弃了可以继续实施的犯罪行为，体现出放弃犯罪的自动性。

第三，行为人彻底放弃本次可能重复的侵害行为，使犯罪既遂结果没有发生，符合彻底性条件。

三、危险犯既遂后仍能成立犯罪中止

此问题可用如下两个案例来说明。甲1向集体食堂的饭里投毒，1个小时后又后悔，跑回食堂向大家说明饭里有毒，让大家不要吃。此时大家刚打好饭，准备吃。其中有2个人还吃了两口饭。甲1及时将这2个被害人送到医院抢救。两被害人身体恢复健康。甲2为泄愤而对一座公共建筑物放火，当大火开始燃烧时，后悔了，急忙连续取水将火浇灭。

刑法理论认为，《刑法》第114条规定的投放危险物质罪和放火罪是危险犯。这两个罪的既遂标准是产生足以威胁公共安全的危险，并不需要产生实际的人死、人伤和财产损失结果。根据这一标准，上述两案中，甲1实施的投放危险物质罪和甲2实施的放火罪都已经达到既遂。在犯罪既遂后，甲1和甲2采取有效防止犯罪结果发生的行为，能否构成犯罪中止呢？一种观点认为，危险犯已经既遂，就不能再成立犯罪中止。因为犯罪停止形态是终局性的、不能互相转化的形态，既然成立犯罪既遂，就不能再回到犯罪中止。另一种观点认为，危险犯既遂后，在人死、人伤、财产损失等实害结果还没有产生之前，犯罪行为仍然没有停止，仍然属于"在犯罪过程中"，即符合犯罪中止的时空条件。如果行为人的行为又符合犯罪中止的自动性、彻底性和有效性条件，那当然可以成立犯罪中止。

本书认为，上述两个案例中，甲1和甲2的行为应当构成犯罪中止。危险状态出现意味着犯罪既遂，但是犯罪行为在出现危险状态后往往继续向前发展，并没有停止，一直到实害结果的出现才能被认为是最终完成。所以，对于危险犯来说，既遂状态的形成只是说明了犯罪过程的相对终结，但整个犯罪过程并未结束，因为实害犯的犯罪过程尚未结束。此时行为人自动有效地防止严重危害结果发生的，应认定为实害犯的中止。[61]

---

[61] 参见赵秉志：《犯罪未遂形态研究》（第2版），中国人民大学出版社2008年版，第125页。

四、犯罪中止的类型及处罚原则

(一) 犯罪中止的类型

1. 预备阶段中止、实行未了中止和实行终了中止

根据行为发展的时空范围不同,可将犯罪中止分为预备阶段中止、实行未了中止和实行终了中止三类。

(1) 预备阶段中止。这是指行为人在为实行犯罪而准备工具、制造条件的过程中,自动放弃犯罪而成立的犯罪停止形态。

(2) 实行未了中止。这是指行为人在着手实行犯罪行为而未终了之前,自动放弃犯罪而成立的犯罪停止形态。犯罪行为是否实行终了,以行为人自己设计或自己认为完成犯罪所必需的行为过程实行完毕为准。当行为人认为自己预计的犯罪行为还没有实施完成时,自己主动停止犯罪行为的,就属于实行未了的中止。

(3) 实行终了中止。这是指行为人在实行犯罪行为终了以后,作为犯罪既遂的结果发生以前,自动放弃犯罪并有效地防止该犯罪结果发生而成立的犯罪停止形态。当行为人认为自己预计的犯罪行为已经实施完成了,主动停止犯罪行为并采取措施有效地防止既遂结果发生的,就属于实行终了中止。

就离犯罪既遂的时空距离而言,预备阶段中止离犯罪既遂最远,实行未了中止较近,实行终了中止最近。在其他条件相同的情况下,预备阶段中止的社会危害性和行为人的主观恶性最小,实行未了中止较大,实行终了中止最大。在具体量刑时,对这三种类型的犯罪中止应有所区别,以体现罪刑相适应原则,从而鼓励犯罪分子尽早自动放弃犯罪。

2. 消极中止和积极中止

根据成立犯罪中止是否要求行为人做出一定积极行为(采取有效措施)为准,可以将犯罪中止分为消极中止和积极中止。

(1) 消极中止。这是指只需行为人消极停止犯罪行为,便可以成立的犯罪中止。预备阶段的中止都是消极中止,实行未了中止一般也属于消极中止。

(2) 积极中止。这是指不仅需要行为人停止犯罪行为的继续实施,而且还要积极采取有效措施去防止既遂结果发生,才能成立的犯罪中止。实行终了中止都是积极中止,也有一小部分实行未了中止属于积极中止。在其他条

件相同的情况下，积极中止的社会危害性要比消极中止大。

（二）犯罪中止的处罚原则

《刑法》第 24 条第 2 款规定，对于中止犯，没有造成损害的，应当免除处罚；造成损害的，应当减轻处罚。适用这一规定，应当注意以下几点：

第一，对中止犯要采取从宽处罚的原则。这既符合刑事政策的要求，鼓励犯罪分子停止犯罪，也符合中止犯的社会危害性较小和主观恶性相对较低的情况。

第二，对中止犯应当根据不同情况，分别给予减轻处罚或者免除处罚。没有造成损害的，应当免除处罚；造成损害的，应当减轻处罚。

第三，对中止犯从宽处罚不用比照既遂来裁量。《刑法》第 22 条规定对预备犯可以比照既遂犯从轻、减轻或者免除处罚；第 23 条规定对未遂犯可以比照既遂犯从轻或者减轻处罚。但是，《刑法》第 24 条并没有规定对中止犯应当比照既遂犯减轻处罚。对于没有造成损害的中止犯，应当免除处罚，这自然不用比照既遂犯来裁量。对于造成损害的中止犯的减轻处罚，也不用比照既遂来裁量。对于发生了物质性危害结果的中止犯，法官可以参照刑法分则条文为本罪规定的法定刑幅度，来决定如何减轻处罚。

第四，对中止犯采取必减主义。根据《刑法》第 22、23 条的规定，对预备犯和未遂犯采取得减主义，即可以从宽处罚也可以不从宽处罚。对未遂犯，如果根据具体案件情况，行为人的行为虽然未达到既遂，但是具有极其恶劣的情节的，可以不予以从宽处罚。但是，根据《刑法》第 24 条的规定，对中止犯应当从宽处罚，即没有造成损害的，应当免除处罚；造成损害的，应当减轻处罚。换言之，法官对于中止犯，必须予以从宽处罚。在从宽与不从宽之间，法官没有自由裁量的余地。

第十章 共同犯罪

第一节 共同犯罪的构成要件

《刑法》第 25 条规定，共同犯罪是指二人以上共同故意犯罪。二人以上共同过失犯罪，不以共同犯罪论处；应当负刑事责任的，按照他们所犯的罪分别处罚。根据此规定，共同犯罪的概念是：二个以上的行为人，通过意思联络形成共同犯罪故意，实施对于危害结果都具有原因力的共同犯罪行为，从而构成的犯罪。根据以上概念，共同犯罪的成立，要求同时具备主体、主观和客观三个方面的要件。

一、二个以上犯罪主体

共同犯罪的主体，必须是二个以上达到刑事责任年龄、具有刑事责任能力的人或者单位。包括三种情况：一是二个以上达到了刑事责任年龄、具有刑事责任能力的自然人构成共同犯罪；二是一个达到了刑事责任年龄、具有刑事责任能力的自然人和一个以上的单位构成共同犯罪；三是二个以上的单位构成共同犯罪。两个以上的自然人，其中一个不具有相应的刑事责任能力，不能构成共同犯罪。例如，不满 14 周岁的人，不能与他人构成共同犯罪；已满 14 周岁不满 16 周岁的人，不能与他人构成故意杀人、故意伤害致人重伤或者死亡、强奸、抢劫、贩卖毒品、放火、爆炸、投放危险物质等罪以外的共同犯罪。精神病人"在不能辨认或者不能控制自己行为的时候"不能与他人构成任何共同犯罪。

二、具备共同犯罪故意

共同犯罪故意,是指各行为人通过意思联络,明知自己与他人共同实施的行为会造成危害社会的结果,并且希望或者放任这种危害结果发生的心理态度。包括三种形式:一是共同直接故意;二是共同间接故意;三是直接故意和间接故意的组合。在第三种形式下,一部分共同犯罪人具有直接故意,另一部分共同犯罪人具有间接故意。

(一) 共同犯罪故意的要素

与单独犯罪故意一样,共同犯罪故意也是由认识要素和意志要素组成的。共同犯罪故意的认识要素,是指每个犯罪人都认识到不是自己一个人单独实施犯罪,而是与他人共同实施犯罪,都不仅认识到自己的行为会导致某种危害结果,而且认识到其他共同犯罪人的行为会共同导致同一危害结果。共同犯罪故意的意志要素,是指每个行为人决意参与共同犯罪,每个行为人都不仅希望或者放任自己的行为可能会产生某种危害结果,而且希望或放任其他共同犯罪人的行为也能导致同一危害结果发生。

(二) 意思联络

共同犯罪故意产生的前提是意思联络。意思联络是指能使共同犯罪人不仅认识到自己在和他人一起犯罪,而且能借以形成共同故意的主观沟通和思想联系。意思联络的概念应当有以下三个要点:一是意思联络是一种共同犯罪人之间的主观沟通和思想联系;二是意思联络是一种能使犯罪人认识到自己不是在孤立地犯罪,而是在和他人一起共同犯罪的主观沟通和思想联系;三是意思联络是能使共同犯罪人借以形成共同故意的主观沟通和思想联系。

共同犯罪人意思联络的内容,实际上就是共同犯罪人在思想意识中交换共同故意的认识因素,包括以下三个方面:一是通过意思联络,共犯人应当认识到不只是自己一个人在实施犯罪行为,而是与他人一起共同实施犯罪行为。即"每个参与人都知道,除他之外还有其他人参与共同实施犯罪,且后者也有同样的认识"。[1] 二是通过意思联络,各共犯人应当概括地认识到自己行为和

---

[1] [德] 汉斯·海因里希·耶赛克、托马斯·魏根特:《德国刑法教科书》(总论),中国法制出版社 2001 年版,第 822 页。

其他共犯人行为的性质和结果。共犯人对于共同行为的性质和结果的认识不必十分具体，只要概括性地认识到即可。三是通过意思联络，共犯人预见到共同犯罪行为与共同犯罪结果的因果关系，[2] 不过这种预见不用太具体。

共犯人之间的意思联络具有以下特征：一是意思联络的共犯人必须都有相应的刑事责任能力。二是意思联络必须是双向的沟通。这就是说，进行犯罪意思联络的共犯人，必须都在主观上接受并理解了对方的犯意并产生沟通，从而达到双方主观信息的交换和交流。片面性的、单向的犯意表示并不能产生意思联络。三是意思联络必须发生在犯罪行为结束前。即意思联络必须发生在犯罪行为实施前、实施行为之际或实施行为过程中，在犯罪行为结束后不能产生犯意联络。

三、实施共同犯罪行为

共同犯罪行为，是指各犯罪人的行为都指向同一犯罪结果，互相联系、彼此配合，组合在一起，共同导致了该犯罪结果发生的行为组合。它要求各行为人所实施的行为都必须达到犯罪的程度，各行为人的行为必须相互联系与配合，都对同一犯罪结果的产生起到了促进作用。

共同犯罪行为有三种表现形式：一是共同作为。如两个人共同用刀杀死了被害人。二是共同不作为。如发生火灾时，两个消防员商量好都不去救火。三是作为与不作为的结合。如小偷与保安商量后共同决定，小偷盗窃时，保安故意不阻拦。刑法理论将共同犯罪行为按分工标准作如下分类：一是实行行为；二是组织策划指挥行为；三是教唆行为；四是帮助行为。实施不同行为的人，其对于共同犯罪所起作用不同，应当承担的刑事责任也不同。

四、因欠缺共同犯罪故意而不能构成共同犯罪的情况

上述三个要件，缺少任何一个，都会导致共同犯罪不成立。在司法实践中，因欠缺共同故意而不构成共同犯罪的案例比较常见。下面着重讨论这种情况。

（一）共同过失行为不能构成共同犯罪

《刑法》第25条规定，共同过失行为不构成共同犯罪，应当负刑事责任

---

[2] 马克昌主编：《犯罪通论》，武汉大学出版社1999年版，第511页。

的，按照他们各自所犯的罪分别定罪处罚。例如，两个生产作业的指挥人员都严重不负责任，共同导致了一场安全事故的发生，造成多名工人死亡。这两个生产作业的指挥人员，不能构成共同犯罪。他们应当分别以重大责任事故罪定罪处罚。

（二）故意行为与过失行为不能构成共同犯罪

甲故意生产有毒有害食品。乙是食品管理员，对于食品生产环节负有监督管理责任。由于乙严重不负责，致使甲生产的有毒有害食品流入市场，结果导致大量消费者食物中毒。本案中甲乙的行为不能构成共同犯罪。甲的行为出于故意，构成生产、销售有毒有害食品罪；乙的行为出于过失，构成食品监管渎职罪。对他们应当分别定罪量刑。

（三）缺乏意思联络的同时犯不能构成共同犯罪

二人以上同时或先后针对同一个目标或在同一地点实施相同的犯罪，但主观上缺乏共同实施犯罪的意思联络，属于同时犯，不能构成共同犯罪。如甲趁门卫离开之际，从某公司的仓库大门进入盗窃财物，正好乙也从窗户爬入仓库盗窃，甲从天窗爬出逃走，乙仍从窗户爬出逃走，二人对对方的盗窃互不知情。此时甲乙二人的行为不能构成共同犯罪。再如，甲殴打丙，致其轻伤，然后离去。接着乙路过此地，见到丙，本来两人有仇，就用木棒击打丙的头部，致丙死亡。在本案中，甲具有伤害丙的故意，应当构成故意伤害罪；乙具有杀人的故意，应当构成故意杀人罪。他们不能构成共同犯罪。

（四）实行犯过限不能构成共同犯罪

实行犯过限，是指二个以上行为人事先约定实施某种确定的犯罪，但是在实行过程中，其中一个超出事先约定的范围，实施了事先确定的犯罪以外的其他犯罪事实的情况。例如，甲和乙约定共同盗窃，但除此之外甲还单独实施了放火行为。再如，甲乙事前约好，甲在门外把风，乙入室盗窃。乙入室盗窃时，被室内主人发现，室内主人抓捕乙。乙用刀将其捅伤。根据法律规定，乙在盗窃过程中为抗拒抓捕而使用暴力，其行为从盗窃罪转化为抢劫罪。但是，甲事先并不知道乙有刀，其在门外也不知道室内发生了暴力伤害的事实，其与乙约定好只实施盗窃，所以其对于乙实行过限的故意伤害行为不承担责任。基于此分析，甲构成盗窃罪，乙构成抢劫罪。

（五）间接正犯不属于共同犯罪

间接正犯，也称间接实行犯，是指行为人（利用者）通过手段对被利用者（工具）形成事实支配或操纵的地位，将被利用者作为工具，来实现其犯罪的情况。多数的间接正犯（利用者），其与被利用者（工具）之间没有产生意思联络，没有形成共同犯罪故意，被利用者的行为只是利用者行为的一个组成部分，因此利用者事实支配和操纵被利用者完成的犯罪，是他个人的单独犯罪。间接正犯主要有五种类型。

1. 利用无刑事责任能力人的身体活动

例如，18 岁的人让 13 岁的小孩与自己共同杀人。此时，18 岁的人是间接正犯，单独承担杀人罪的责任。他与 13 岁的小孩不构成共同犯罪。

2. 利用他人不知情的行为

例如，行为人甲想要利用乙杀丙，就将一把有子弹的枪交给乙，欺骗他说枪里没有子弹，并让其向丙开枪来吓唬他。乙信以为真，就向丙开了枪，结果将丙打死。再例如，医师想要杀死病人，因为他们之间有仇，就将有毒的注射液交给护士，让护士给病人注射，结果导致病人死亡。很明显，医师是杀人罪的间接实行犯。

3. 利用他人的正当行为

这里的正当行为主要是指防卫行为或紧急避险行为。例如，甲出于杀害乙的目的，指使乙攻击丙，然后对丙说乙要攻击他，并给丙以致命的武器以备其"防卫"之用。结果丙在防卫中将乙杀死。在这种情况下，甲利用了丙的所谓"正当防卫"的合法行为，隐瞒了自己的违法意图，致使丙在不知情的状态下成为甲的杀人工具，因此，甲构成间接正犯。再例如，驾驶汽车的司机甲出于损坏乙商店财物的目的，突然开车冲向路过该商店门前的行人丙，使丙不得不闯进乙的商店，造成乙商店财物损坏，甲构成故意损坏财物罪的间接正犯。在此案中，甲实施了开车撞人的诱致行为，造成了损害丙的人身权益的危险状态，导致了丙不得不冲入乙的商店的紧急避险行为，所以甲的诱致行为（开车撞人）与丙的冲入商店的行为结合在一起，实现了甲自己想损坏他人财物的犯罪目的。

4. 利用有故意而无目的之行为

我国《刑法》第 363 条规定了制作、复制、出版、贩卖、传播淫秽物品牟利罪，此罪必须以牟利为目的；第 364 条规定了传播淫秽物品罪，此罪并不需要牟利目的，只要实施传播淫秽物品行为情节严重就可以构成。对于这种目的犯，有特定目的的人隐瞒其目的而唆使无此目的的人实施构成要件行为，利用者构成目的犯的间接实行犯，而无此目的的被利用者构成普通的犯罪。比如，甲隐瞒其牟取非法利益的目的，唆使并无此目的之乙传播淫秽物品，且情节严重的，甲构成传播淫秽物品牟利罪的间接正犯。

5. 利用有故意而无身份之人的行为

例如，我国《刑法》第247条规定，司法工作人员对犯罪嫌疑人、被告人实行刑讯逼供或者使用暴力逼取证人证言的，构成刑讯逼供罪和暴力取证罪。该罪的主体必须具有司法工作人员的身份。某司法工作人员甲，指使不具有司法工作人员身份的乙，对嫌疑人、被告人实施体罚、殴打等刑讯逼供或暴力取证行为。甲就是刑讯逼供罪、暴力取证罪的间接正犯。再比如，我国《刑法》第248条规定，构成虐待被监管人罪的主体必须具有监管人员身份。监管人员指使被监管人殴打或者体罚虐待其他被监管人的，该监管人员就是间接正犯。

第二节　共同犯罪的主要类型

一、简单共犯与复杂共犯

根据共同犯罪人之间是否存在实行行为与非实行行为的分工，可以将共同犯罪划分为简单共同犯罪和复杂共同犯罪。[3]

简单共同犯罪，是指各共同犯罪人都直接实行刑法分则规定的某一具体犯罪客观要件行为的共同犯罪。在这样的共同犯罪中，每一个共同犯罪人都是实行犯，他们之间不存在分工。例如，甲乙约定好后，一起到某仓库，并各自盗窃一些财物。

复杂共同犯罪，指各共同犯罪人之间存在着实行行为与非实行行为分工的共同犯罪。实行行为是指刑法分则规定的具体犯罪客观要件的行为；非实行行为具体包括组织行为、教唆行为和帮助行为。组织行为是对整个犯罪活动予以组织、策划、指挥和领导的行为；教唆行为是指唆使他人产生犯罪意

---

〔3〕参见高铭暄、马克昌主编：《刑法学》（第4版），北京大学出版社、高等教育出版社2010年版，第182~183页。

图的行为；帮助行为是指对犯罪的实施、完成和保持犯罪后的不法状态，提供物质和精神上的帮助的行为。共同犯罪人之间的分工具体可以表现为教唆行为和实行行为的分工、实行行为与帮助行为的分工、组织行为与实行行为的分工，也可以表现为教唆行为、实行行为、帮助行为的分工等。与简单的共同犯罪相比，复杂的共同犯罪具有更大的社会危害性。因为犯罪人之间存在精细分工，对于完成更大、更难的犯罪会起到很大的促进作用。

二、一般共犯与犯罪集团

根据共同犯罪人有无组织性，可以将共同犯罪分为一般共同犯罪和特殊共同犯罪。[4]

一般共同犯罪，又称非集团性共犯，指各犯罪人没被一定的组织形式或组织纪律管理与约束的共同犯罪。参与这种共同犯罪的人一般是为实施某个犯罪而临时结合，每个成员都是平等的，没有等级差别，没有命令与服从的纪律管束，一旦完成特定的犯罪后，就各自散去。

特殊共同犯罪，也称有组织的共同犯罪，又称犯罪集团。根据《刑法》第26条第2款的规定，犯罪集团是指3人以上为共同实施犯罪而组成的较为固定的犯罪组织。具体而言，认定犯罪集团必须同时具备以下四个特征：①主体必须是3人以上。这是犯罪集团在主体数量方面的特征。②有一定的组织性。所谓组织性，主要是指成员比较固定，且内部存在着领导与被领导的关系，有组织纪律，成员之间有等级差别，有首要分子、有骨干分子、一般参加者等层级。组织性是犯罪集团最本质的特征。③具有长期实施某种或某几种犯罪的目的性。④具有一定的稳定性。稳定性有两种情况：其一，为了在较长时间内多次实施犯罪活动，各共同犯罪人组织起来，在实施一次或多次犯罪后，该犯罪组织仍然存在。其二，为了实施一次重大的犯罪，比如，为盗窃北京故宫馆藏文物，各共同犯罪人组织起来，长期地做训练准备工作，形成很强的组织性、等级性及命令与服从性。待该次犯罪完成后，该组织即告解散。

---

〔4〕 参见高铭暄、马克昌主编：《刑法学》（第4版），北京大学出版社、高等教育出版社2010年版，第183~184页。

三、任意共犯与必要共犯

根据共同犯罪能否任意构成，可以将共同犯罪分为任意的共同犯罪和必要的共同犯罪。

任意的共同犯罪，是指刑法分则规定的一个人能单独实施的犯罪，由二人以上共同实施而形成的共同犯罪。如盗窃罪，既可以由一个人实施，也可以由二人以上共同实施。对任意共同犯罪，应根据刑法分则为有关具体犯罪所规定刑罚，并结合总则关于共同犯罪的量刑原则，来具体裁量刑罚。

必要的共同犯罪，简称必要共犯，是指刑法分则规定必须由二人以上共同实施才能构成的犯罪。必要的共同犯罪的主体必须是二人以上，一个人不可能单独完成此罪。[5] 比如，聚众淫乱罪，就不可能由一个人来完成此罪。对于必要共同犯罪，应当根据刑法分则对于本罪首要分子、积极参加者、多次参加者及一般参加者专门规定的刑罚幅度直接量刑，不必再根据刑法总则关于共同犯罪的条款规定。

第三节 聚众犯罪

根据上述共同犯罪的分类，我们下面讨论较为复杂的犯罪类型——聚众犯罪。

一、聚众犯罪的概念和特征

聚众犯罪是指刑法明文规定的以聚众的行为方式实施的犯罪。聚众犯罪在主观方面表现为故意的心理态度。[6] 其具有如下法律特征：

（一）罪名范围的法定性

聚众犯罪必须是刑法分则条文明文冠以"聚众"二字的犯罪行为，这是刑法典将该类型犯罪法定化的主要标志。所以，该犯罪类型不是学理解释所

---

[5] 参见高铭暄、马克昌主编：《刑法学》（第4版），北京大学出版社、高等教育出版社2010年版，第180~181页。

[6] 参见邵维国："论聚众犯罪"，载《中国青年政治学院学报》1999年第3期。

作的分类，而是法定的犯罪类型。刑法典之所以对该类型犯罪明确加以规定，是为了将该类型犯罪与刑法总则规定的一般共同犯罪和犯罪集团区别开来，同时也是为了把其与一般单独犯罪区别开来。根据这一特征，我国刑法分则只规定了下列各罪是聚众犯罪：①包含聚众"打砸抢"行为的故意伤害罪、故意杀人罪、抢劫罪（第 289 条）；②聚众阻碍解救被收买的妇女、儿童罪（第 242 条第 2 款）；③聚众哄抢罪（第 268 条）；④聚众扰乱社会秩序罪（第 290 条第 1 款）；⑤聚众冲击国家机关罪（第 290 条第 2 款）；⑥聚众扰乱公共场所秩序、交通秩序罪（第 291 条）；⑦聚众斗殴罪（第 292 条）；⑧聚众淫乱罪（第 301 条第 1 款）；⑨引诱未成年人聚众淫乱罪（第 301 条第 2 款）；⑩包含聚众赌博行为的赌博罪（第 303 条）；⑪包含聚众哄闹、冲击法院行为的扰乱法庭秩序罪（第 309 条）；⑫聚众持械劫狱罪（第 317 条第 2 款）；⑬聚众冲击军事禁区罪（第 371 条第 1 款）；⑭聚众扰乱军事管理区秩序罪（第 371 条第 2 款）。

（二）侵害法益的特定性

在上述 14 个聚众犯罪中，有 2 个规定在侵犯公民人身权利、民主权利罪中，有 1 个规定在侵犯财产罪中，还有 2 个规定在危害国防利益罪中，其余 9 个都规定在妨害社会管理秩序罪中。很明显，绝大多数聚众犯罪侵犯的法益是社会管理秩序，这是由聚众行为性质所决定的。聚众行为是聚集、纠合不特定的多数人实施某种危害社会的行为，具有严重危害社会管理秩序的性质，或者利用人数多、秩序混乱的方式来侵害公民人身权利、财产权利和军事利益。

（三）行为方式的复合性

所谓复合性是指聚众犯罪行为是由两个行为组成的，即由聚众行为和直接危害行为构成。其中聚众行为是指组织、策划、指挥、聚集、纠合不特定的多数人同时同地参加某种危害社会活动的行为，其行为对象是"众人"，即被聚之"众"。该种行为在各种不同的聚众犯罪中的表现方式都是一样的，只能由"首要分子"实施；而直接危害行为是直接侵害社会秩序等法益的行为，其行为性质、方式由刑法分则条文明确规定。在各种不同的聚众犯罪中，直接危害行为的性质、方式各不相同。如聚众赌博中的赌博行为、聚众淫乱中的淫乱行为、聚众哄抢中的哄抢行为等，其行为表现各不一样。直接危害行为主要是由"积极参加者"、"多次参加者"、"使用暴力、威胁方法的参与者"等实施的。当然,也可以由"首要分子"在实施完聚众行为后接着实施。

(四) 犯罪主体的区别性

在聚众犯罪的参加人中,刑法分则条文对"首要分子"、"积极参加者"、"多次参加者"、"使用暴力、威胁方法的参与者"分别规定了不同的刑罚幅度。所以,对聚众犯罪人量刑时,必须首先确定他是何种类型的参加人。

二、聚众犯罪的分类

聚众犯罪应作如下分类:以聚众犯罪与共同犯罪的关系为标准,可分为必要共犯的聚众犯罪和任意共犯的聚众犯罪。

(一) 必要共犯的聚众犯罪

这种聚众犯罪,由其犯罪性质决定,只能表现为共同犯罪,不可能转化成单独犯罪。因此,刑法分则对所有参加此种犯罪的行为人都规定了相应的法定刑。属于必要共犯的聚众犯罪只有一个,它就是聚众持械劫狱罪。《刑法》第317条第2款规定:"暴动越狱或者聚众持械劫狱的首要分子和积极参加的,处十年以上有期徒刑或者无期徒刑;情节特别严重的,处死刑;其他参加的,处三年以上十年以下有期徒刑。"该条文将参加聚众持械劫狱行为的首要分子、积极参加者和其他参加者都规定了相应刑罚。这就是说,凡是参加该活动的人,都构成犯罪,无一例外。所以该罪在任何情况下都是共同犯罪。

(二) 任意共犯的聚众犯罪

除聚众持械劫狱罪以外,其他13个聚众犯罪都属于任意共犯的聚众犯罪。这是指该类型犯罪在一般情况下表现为共同犯罪,但在一定条件下又都可以转化为单独犯罪。这类聚众犯罪是共同犯罪还是单独犯罪,主要由犯罪的具体情况决定。

1. 表现为共同犯罪的情况

当上述13个聚众犯罪中有两个以上的行为人构成犯罪时,该聚众犯罪就是共同犯罪,这主要有以下两种情况。第一种情况,两个以上的首要分子构成共同犯罪。这种情况是指在聚众犯罪中只有两个以上的首要分子构成犯罪,不存在应受刑罚处罚的积极参加者,亦即其他参加者都不构成犯罪。这时,只有首要分子们共同犯罪,而不是首要分子和积极参加者共同犯罪。第二种情况，首要分子和积极参加者、多次参加者等构成共同犯罪。当聚众犯罪的首要分子为一人或二人以上，根据犯罪的具体情况，又存在构成犯罪的积极参加者、多次参加者，使用暴力、威胁方法的参与者时，则首要分子与他们构成共同犯罪。

2. 表现为单独犯罪的情况

当聚众犯罪只有一个首要分子，根据犯罪实际情况，又不存在构成犯罪的积极参加者、多次参加者等时，以上 13 个任意的聚众犯罪都可以表现为单独犯罪。这是因为在聚众犯罪中，首要分子所聚之"众"一般是被动参加的，他们被首要分子组织、指使、诱骗、裹挟而参加犯罪，其行为侵害的法益一般是社会管理秩序，社会危害性并不十分严重。所以，当他们的参加行为比较缓和情节又不严重时，他们就不构成犯罪。这样，就不存在刑法规定的"积极参加者"、"多次参加者"和"使用暴力、威胁方法的参与者"。这时如果聚众犯罪的首要分子只有一个，那么该聚众犯罪就只能是单独犯罪。

第四节 共同犯罪人的分类及量刑

对共同犯罪人进行分类，主要有三种做法：第一种是以分工为标准，将共同犯罪人分为实行犯、组织犯、教唆犯和帮助犯；第二种是以共犯人所起的作用为标准，将共犯人分为主犯和从犯；第三种是以作用分类法为主，以分工分类法为补充，将共犯人分为主犯、从犯、胁从犯和教唆犯。我国采取的是第三种分类方法。

一、主犯及量刑

根据《刑法》第 26 条第 1 款规定，主犯是指组织、领导犯罪集团进行犯罪活动或者在共同犯罪中起主要作用的犯罪分子。可见，我国刑法中的主犯有两种：

(一) 犯罪集团首要分子

1. 犯罪集团首要分子的特征

组织、领导犯罪集团进行犯罪活动的犯罪分子，就是犯罪集团的首要分子。认定为这种主犯应当同时具备以下两个条件：其一，以犯罪集团的存在为前提。没有犯罪集团就没有这类主犯存在的可能。其二，必须是组织、领导犯罪集团进行犯罪活动的犯罪分子。组织、领导往往具体表现为：负责组建犯罪集团，网罗犯罪集团成员，制定犯罪活动计划，召集犯罪人会议，分配犯罪任务，指挥集团成员进行具体的犯罪活动；等等。其对犯罪集团的成立、维持、发展和存续都发挥着最重要的作用。《刑法》第97条规定："本法所称首要分子，是指在犯罪集团或者聚众犯罪中起组织、策划、指挥作用的犯罪分子。"根据刑法对犯罪集团首要分子的定义与以上的分析，我们也可以得出犯罪集团首要分子的特征：第一，犯罪集团首要分子在集团中处于领导者的地位；第二，犯罪集团首要分子在集团中发挥的是组织、策划、指挥和领导作用；第三，犯罪集团首要分子通过等级地位、纪律约束、管理与惩罚机制来对成员进行控制与支配；第四，首要分子是集团的灵魂，其对集团的生存和发展有着不可或缺的作用。

2. 犯罪集团首要分子的量刑

对于犯罪集团首要分子的量刑，可以分两种情况进行。

第一，按照《刑法》第26条第3款量刑的情况。除刑法分则将犯罪集团首要分子规定为独立量刑情节的以外，对于绝大多数犯罪集团的首要分子，都应当按照《刑法》第26条第3款的规定，对其按照集团所犯的全部罪行处罚。所谓"集团所犯的全部罪行"，应当是指首要分子组织、指挥的全部犯罪，对于集团个别成员所实施的超出首要分子组织、指挥范围的犯罪，不能由首要分子承担刑事责任。

第二，按照《刑法》第26条第3款并参照相应刑法分则条款量刑的情况。我国刑法分则为下列犯罪集团的首要分子规定了加重的法定刑幅度。它们是伪造货币集团的首要分子（第170条），拐卖妇女、儿童集团的首要分子（第240条），组织他人偷越国（边）境集团的首要分子（第318条），盗掘古文化遗址、古墓葬集团的首要分子（第328条），走私、贩卖、运输、制造毒品集团的首要分子（第347条）。对于这些犯罪集团的首要分子，刑法分则将其规定为特别的加重处罚情节。如《刑法》第170条规定，伪造货币罪的一般行为人，其刑罚幅度是3年以上10年以下有期徒刑，并处罚金；而若行为人属于伪造货币集团的首要分子，则其刑罚幅度上升到10年以上有期徒刑或者无期徒刑，并处罚金或者没收财产。

刑法分则条款对犯罪集团首要分子的规定与《刑法》第 26 条第 3 款的规定之间是什么关系呢？本书认为，第 26 条第 3 款规定的是对首要分子定罪处罚的范围问题；而刑法分则条款对犯罪集团的首要分子规定的是加重的量刑幅度的问题。对于分则规定为加重量刑幅度的犯罪集团的首要分子，除根据《刑法》第 26 条规定按全部犯罪集团的犯罪范围来定罪量刑以外（把犯罪集团的全部犯罪都可以算到首要分子的头上），还应当根据刑法特别规定的加重的刑罚幅度来对其量刑。但是，对于上述分则条款规定的犯罪集团的首要分子以外的其他犯罪集团的首要分子，就只需要根据《刑法》第 26 条规定把全部集团的犯罪算到首要分子头上，根据犯罪事实和情节，根据主犯的量刑原则，从重处罚即可。

（二）其他主犯

1. 其他主犯的特征

这类主犯是指除犯罪集团首要分子以外在共同犯罪中起主要作用的犯罪分子。具体包括以下两类：第一，犯罪集团的骨干分子。在犯罪集团中，并非只有组织、领导犯罪集团进行犯罪活动的首要分子才可以成为主犯，积极参加犯罪集团的犯罪活动的骨干分子也可以成为主犯。第二，在一般共同犯罪中起主要作用的犯罪分子。即在非犯罪集团的共同犯罪中，起主要作用的犯罪分子，也是主犯。需要指出的是，共同犯罪中的主犯可能只有一人，也可能有多个。

2. 其他主犯的量刑

根据《刑法》第 26 条第 4 款的规定，对其他主犯，应当按照其所参与的或者组织、指挥的全部犯罪处罚。

二、从犯及量刑

（一）从犯的概念及种类

根据《刑法》第 27 条第 1 款规定，从犯是指在共同犯罪中起次要或者辅助作用的犯罪分子。可见，我国刑法中的从犯分为两种。

1. 在共同犯罪中起次要作用的犯罪分子

这是指虽然直接实行犯罪客观要件的行为，但在整个犯罪活动中其作用居于次要地位的实行犯。这种情形的从犯既可以存在于犯罪集团中，也可以存在于其他一般的共同犯罪中。在犯罪集团中，该种从犯受首要分子或者其他主犯的指挥，罪行较小或者情节不严重。在一般的共同犯罪中，这种从犯虽然实施的也是犯罪客观要件的行为，但这种行为不能单独、直接地引起犯罪结果。例如，现场把风的行为，或者现场站威助势的行为，虽然也属于实行行为，但都是次要的实行行为。实施这种行为的犯罪分子，就是次要实行犯，是从犯的一种。

2. 在共同犯罪中起辅助作用的犯罪分子

这是指并未直接实施犯罪客观要件的行为，而是为实行犯罪客观要件行为的人提供工具，或者创造条件的犯罪分子。这种从犯实施的行为通常包括：提供犯罪工具；指示犯罪对象和犯罪地点；打探和传递有关犯罪实施和完成的信息；在场外望风；等等。

(二) 从犯的量刑

1. 从犯的一般量刑原则

根据《刑法》第 27 条第 2 款规定，对于从犯，应当从轻、减轻或者免除处罚。在从犯刑事责任原则的具体适用中，应注意以下两点：①我国刑法对从犯采取必减主义。即对从犯"应当"从轻、减轻或者免除处罚。②应对从犯综合考察其在共同犯罪所起作用的大小，来具体给予从宽处罚的力度。

2. 从犯的特殊量刑原则

我国《刑法》第 26 条规定的是从犯的一般量刑原则。我国刑法分则条文对一些必要共犯的从犯和主犯一起规定了具体的法定刑。如《刑法》第 317 条第 1 款规定，犯组织越狱罪的，对首要分子和积极参加者，处 5 年以上有期徒刑；对其他参加者，处 5 年以下有期徒刑或者拘役。此处的其他参加者，显然是指组织越狱罪中的从犯。对于这种刑法分则规定了具体法定刑的从犯，应当直接按照分则规定处罚，不必再根据《刑法》第 27 条规定，从轻、减轻或者免除处罚。

三、胁从犯及量刑

(一) 胁从犯的概念

根据《刑法》第 28 条规定，胁从犯是指被胁迫参加犯罪的人。胁从犯具有以下特征：①客观上实施了犯罪行为。②在主观上明知自己实施的行为是犯罪行为,在可以选择不实施犯罪的情况下,仍实施了犯罪行为。这也就是说,行为人在实施犯罪行为与否的问题上,仍然有一定的意志自由。如果行为人完全丧失意志自由,则不构成犯罪。③行为人是在受到胁迫的情况下而参加犯罪的。胁迫是指以对行为人或其亲友以杀害、伤害、揭发隐私、损坏财物等相威胁,对行为人施加精神强制,强迫其参加犯罪。不过应注意区分受胁迫而实施犯罪与紧急避险的区别,区分二者的关键在于被迫损害的利益是否小于所保护的利益。如他人以杀害相威胁,行为人在迫不得已的情况实施了盗窃行为。这种情况如果具备紧急避险的成立条件,则按紧急避险处理。在实践中,还应注意胁从犯向主犯转化的问题。即第一次被胁从参加犯罪的人,在其后的共同犯罪中自愿参与,且在共同犯罪中起主要作用,对这种共同犯罪人应认定为主犯。

(二)胁从犯的量刑

根据《刑法》第28条规定,对于胁从犯,应当按照他的犯罪情节减轻处罚或者免除处罚。对胁从犯量刑时,应注意以下两点:①我国刑法对胁从犯采取必减主义。即对胁从犯"应当"减轻或者免除处罚。②具体对胁从犯予以减轻处罚,还是免除处罚,应按照其具体犯罪情节来确定。这些情节包括被胁迫的程度、对危害结果所起作用大小、罪后表现等因素。

四、教唆犯及量刑

(一)教唆犯的概念及构成条件

根据《刑法》第29条第1款规定,教唆犯是指故意唆使他人犯罪的人。成立教唆犯必须同时具备下列条件:

1. 必须针对特定对象

教唆犯的对象是特定的、本来没有犯罪意图的、具有刑事责任能力的人。第一,教唆的对象必须特定化。如果行为人向人群高呼"去犯罪吧",那他可能构成煽动型犯罪,但不能构成教唆犯罪。但是,如果行为人向人群中的某个人或某几个具体的人说:"你去犯罪吧!",这时就可能构成教唆罪。第二,教唆未达到刑事责任年龄或者不具有责任能力的精神病人实施犯罪的,不构成共同犯罪,教唆者可能构成间接正犯(实行犯)。第三,被教唆人本来没有产生所教唆之罪的意图。已经有所教唆之罪意图的人,不能成为教唆对象。

2. 必须实施了教唆行为

教唆者必须在客观上已经实施了教唆他人犯罪的行为，即教唆行为。第一，教唆的内容必须是某种犯罪。如果教唆他人实施违法行为，不能成立教唆犯。第二，教唆行为本身具有多样性，主要包括劝说、利诱、引导、命令、逼迫等。第三，教唆行为的表达方式也具有多样性。既可以是口头教唆，也可以是书面教唆，还可以是通过打手势、使眼神等肢体语言进行教唆。

3. 必须具有教唆故意

教唆者在主观方面必须具有教唆他人犯罪的故意，即教唆故意。第一，从认识因素上讲，教唆者必须认识到自己的行为会使一定的人产生某种犯罪的意图，并进而实施该种犯罪。如果他主观上没有这种认识，不构成教唆犯。第二，从意志因素上讲，教唆者对被教唆者实施犯罪以及危害结果的发生，持希望或者放任的态度。这也就是说，教唆故意既可以表现为直接故意，也可以表现为间接故意。

（二）教唆犯的量刑

1. 一般教唆犯的量刑

根据《刑法》第29条第1款规定，对教唆犯，应当按照他在共同犯罪中所起的作用处罚。这一量刑原则所针对的是：被教唆者已经实施所教唆的罪，因而教唆犯与被教唆者构成共同犯罪的情况。被教唆者实施了被教唆的罪，包括以下几种情况：一是实施了犯罪且达到犯罪既遂；二是已经着手实施犯罪，由于意志以外的原因而未遂；三是已经实施了犯罪预备行为，由于意志以外的原因而未能着手实行；四是在犯罪过程中自动停止犯罪或者有效地防止犯罪结果的发生。

教唆犯在共同犯罪中，通常情况下起主要作用。因而对教唆犯一般应以主犯论处。但是，教唆犯在个别情况下也可能对于共同犯罪起次要作用。例如，教唆他人帮助别人犯罪，或者教唆他人再去教唆别人犯罪，在这两种情况下，教唆犯对于共同犯罪就起次要作用，可以按从犯论处。

2. 教唆未成年人犯罪之教唆犯的量刑

根据《刑法》第29条第1款的规定，教唆不满18周岁的人犯罪的，应当从重处罚。未成年人分辨是非的能力差，容易被犯罪分子利用，所以教唆未成年人犯罪具有更大的社会危害性；同时，教唆未成年人犯罪，也反映出教唆者具有较强的主观恶性。基于以上两点，对教唆未成年人犯罪的，应从重处罚。

3. 教唆未遂的内涵及量刑

所谓教唆未遂，是指教唆者针对特定具有刑事责任能力的人，实施了教唆行为以后，被教唆人没有犯被教唆的罪的情况。

（1）"被教唆的人没有犯被教唆的罪"之内涵。目前，我国关于《刑法》第29条第2款规定的"被教唆的人没有犯被教唆的罪"的通说认为，"被教唆的人没有犯被教唆的罪"包括以下几种情况：一是被教唆人拒绝了教唆犯的教唆，亦即根本没有接受教唆犯的教唆。二是被教唆人当时接受了教唆，但随后又打消了犯意，没有进行任何犯罪活动。三是被教唆人当时接受了教唆犯关于犯某种罪的教唆，但实际上他所犯的不是教唆犯所教唆的罪。例如，教唆者教唆他人犯盗窃罪，被教唆者接受了这一教唆，但实际上犯的却是强奸罪。四是教唆犯对被教唆人进行教唆时，被教唆人已经有实施该种犯罪的故意，即被教唆人实施犯罪不是教唆犯的教唆所引起。[7]

（2）教唆未遂承担刑事责任的学说。目前，学界对教唆犯的性质的认识，主要形成了"共犯从属性论"和"共犯独立性论"以及我国通说认为的"共犯二重性论"三种有力的观点。[8] 其一，共犯从属性论。其主张共犯（教唆犯和帮助犯）成立犯罪，需要在正犯（实行犯）至少着手实行犯罪的基础上。[9] 共犯（教唆犯和帮助犯）是以依赖于故意之正犯的存在而存在的。[10] 换而言之，"共犯的犯罪性和可罚性是从属于正犯的犯罪性和可罚性而成立的，正犯没有实施犯罪行为，共犯的犯罪性和可罚性也就不能成立"[11]。共犯（教唆犯和帮助犯）只有在正犯成立犯罪的条件下才从属于正犯。[12] 其二，共犯独立性论。共犯独立性论认为，教唆他人去实施犯罪的行为本身就显露出了教唆人固有的反社会性和人身危险性，它也是正犯最终追求的且有

---

〔7〕高铭暄、马克昌主编：《刑法学》（第4版），北京大学出版社、高等教育出版社2011年版，第178页。

〔8〕这里的"共犯"，特指狭义共犯，即非实行犯，包括教唆犯和帮助犯。

〔9〕[日]西原春夫：《刑法总论》（改订准备版·下卷），成文堂1995年版，第377页。

〔10〕[德]汉斯·海因里希·耶赛克、托马斯·魏根特：《德国刑法教科书》（总论），中国法制出版社2001年版，第792页。

〔11〕马克昌：《比较刑法原理——外国刑法学总论》，武汉大学出版社2002年版，第658页。

〔12〕[韩]李在祥：《韩国刑法总论》，[韩]韩相敦译，中国人民大学出版社2005年版，第378页。

可能发生的危害结果的原动力,所以,教唆人应本着个人责任原则为他本人的行为负刑事责任,而并不是非要从属于正犯的犯罪而受到处罚。[13] 换言之,教唆人自身固有的主观恶性是其犯罪性和可罚性的根源,教唆犯被定罪处刑是其教唆行为显露出反社会性和人身危险性的结果,因此,教唆犯是否构成犯罪不以被教唆的人有无实施犯罪为前提。其三,共犯二重性论。该说认为,我国《刑法》第29条第1款规定的教唆犯,其成立的条件只能是限于被教唆人实施了被教唆的罪的情形,也就是说,当且仅当教唆人与被教唆人形成共同犯罪关系时,教唆人才成立犯罪并被科处一定的刑罚。但对教唆人作出处罚时,并非依照被教唆人的量刑标准论处,而是以其在共同犯罪中所起的作用作为量刑的准绳,这体现的是教唆犯的相对独立性。另外,第29条第2款规定的教唆犯,事实上与被教唆人根本不成立共同犯罪的关系,却依然要受到刑法的处罚,可见,这种情形下的教唆犯只具有独立性。[14] 共犯二重性论是目前最有力的学说。根据此说,可以解释第29条第2款的规定,即如果被教唆的人没有犯被教唆的罪,对于教唆犯,可以从轻或者减轻处罚。

(3) 教唆未遂的量刑。根据第29条第2款的规定,对于教唆未遂确定刑事责任的原则是:"可以从轻或者减轻处罚",需要注意的是:第一,这种情形下的教唆犯是采取得减主义,即是"可以"从轻或者减轻处罚而不是"应当"从轻或者减轻处罚,即是予以从宽处罚还是不予以从宽处罚,由审判人员根据具体的案情裁量。第二,具体是适用"从轻处罚"原则还是适用"减轻处罚"原则,也应由审判人员根据案件的具体情况决定。

五、聚众犯罪人的种类及量刑

(一) 聚众犯罪首要分子及量刑

聚众犯罪的首要分子的刑罚幅度,都是由刑法分则相应条款明确规定的。所以,对该聚众犯罪的首要分子具体科处刑罚时,只要依照刑法分则条款的具体规定判处刑罚就可以了,不必再依照刑法总则关于主犯的规定。

---

[13] 参见赵秉志、魏东:"论教唆犯的未遂——兼议新刑法第29条第2款",载《法学家》1999年第3期。

[14] 参见马克昌主编:《犯罪通论》,武汉大学出版社1999年版,第556~557页。

（二）聚众犯罪积极参加者、多次参加者、使用暴力、威胁方法的参加者及量刑

这类聚众犯罪人是积极参加、多次参加或者使用暴力、威胁方法参与实施聚众犯罪的行为人。该类犯罪人与其他共同犯罪中的从犯有区别：第一，从犯一般分为次要实行犯和帮助犯两种；而该类聚众犯罪人一般都是实行犯，不可能是帮助犯。第二，从犯的刑事责任由刑法总则规定。《刑法》第 27 条规定："对从犯应当从轻、减轻处罚或免除处罚。"而该类聚众犯罪人的刑罚幅度，是由刑法分则的相应条款专门规定的。对于该类聚众犯罪人，只能按照分则条款规定处罚，不必再参照总则条款的规定。

（三）聚众犯罪其他参加者及量刑

这种聚众犯罪人只存在于必要共犯的聚众犯罪即聚众持械劫狱罪中。在该罪的参加人中，除了首要分子和积极参加者外，其余的人都是其他参加者。《刑法》第 317 条第 2 款专门为这种犯罪人规定了法定刑。对其具体科处刑罚时，只要依照本条款即可，不必参照总则关于从犯的规定。

第五节 共同犯罪故意的认定

在司法实践中，各行为人实施的危害行为相互配合，互相联系，共同促成了某种犯罪结果之发生的情况，比较常见。此时，各危害行为在客观上的联系性，比较好认定；但是，各行为人之间是否通过意思联络而形成了共同犯罪故意，形成了何种犯罪故意，却非常难以认定。由于这涉及到共同犯罪成立的主观条件问题，不具备共同犯罪故意，就不能成立共同犯罪，因此如何认定共同犯罪故意，就成为司法实践中非常重要的问题。

一、实行犯之间共同犯罪故意的认定

各实行犯对于共同犯罪行为所负的刑事责任，只限于意思联络明确的犯意范围。行为人对于其他实行犯超过犯意之外的犯罪行为不承担责任，后者应当单独对自己超过共同犯意的行为负责。这是根据我国刑法实行犯过限理论所得出的结论。但是，这里存在一个极为重要的实践操作问题，即如何准确判断共同实行犯（正犯）的意思联络的犯意范围。这样的判断标准在实践

中是非常重要的。本书认为，可以用以下标准来具体判定意思联络的犯意范围。

第一，以共犯人明确约定行为的性质、结果、方法、工具等为判断标准。这些属于明确、具体的意思联络，足以判明其犯意范围。

第二，以反对的意思表示或相应的行为作标准。如果共犯人约定的犯意并不十分明确，但一方共同正犯人事先明确表示反对造成某种严重结果的，并采取相应措施，防止另一共同正犯人造成这种结果，另一共同正犯人仍然造成了该结果的，由另一正犯人单独对该严重后果承担责任。例如，甲乙共同商定对某丙实施伤害，甲在实施前明确表示，只伤害丙，不许杀死他，并且约定只能用木棒，不许用刀。但在实施行为的过程中乙却使用了刀，甲当场表示反对；但乙并没听从并将丙杀死。对此，甲只在共同意思联系的范围——伤害的范围内承担责任，而乙单独承担杀人罪的责任。

第三，以对过限行为的默许为标准。共同正犯人在事先明确约定了犯意范围，但在实施行为的过程中，一方正犯人偏离或超越了原犯意范围，实施了过限行为，而另一方就在现场，能阻止却不加阻止，也没有口头表示反对，应当视为他默示地同意了此过限行为。这实际上是共同正犯人之间又以默示的犯意联络方式确定了新的犯意范围，因此，各共犯人应当对实际发生的过限行为后果共同承担责任。当然，这必须以另一方正犯身在现场为前提。

第四，以犯意发起者发起犯意的意思表示所应当包括的真实犯意为标准。在临时起意或突发性的共同犯罪中，犯意发起者的意思联络方式往往是极度抽象的。其对于行为的性质、后果、方法、工具等都没有明确的约定，其他共犯人都按照个人对抽象意思的理解去准备工具，实施行为。在这种情况下，应当事后查明犯意发起者的真实犯意，并以该犯意来确定犯意发起者的责任。其他共犯人实施的超越此犯意的行为和产生的结果，由该其他共犯人自己承担。例如，某甲与某乙等几个人在一起打麻将。突然，某甲的女朋友跑来说，某丙欺负她了。某甲便向某乙等三人说："帮我去教训他！"于是，四人就在某甲的要求下去打某丙。某乙在某甲不知情的情况下，携带了一把刀。在某甲与某丙厮打的过程中，某乙从后面向某丙刺了一刀，将其杀死。在此案中，某甲发起的犯意是很抽象的。跟随者不能明确其犯意的范围，但可从事后调查中认定其犯意范围。犯意发起者某甲只是为了一件小事与一个以前并无深仇的人去打架，并且空手而去，这足可断定他并没有杀人的犯意。所以他的意思联系的范围只在伤害以内。而跟随者某乙自己准备了刀，并实施了杀人行为，理应认定其对杀人单独负责。所以，某甲不能为某乙的杀人行为承担责任。反之，如果事后查明犯意发起者的犯意是杀人，那就应当对其认定承担共同杀人的责任。

二、现场帮助者与现场实行者之间共同犯罪故意的认定

现场的帮助行为一般都按照实行行为定罪。陈兴良先生也持有相同的观点。他认为："在大多数情况下，如果亲临犯罪现场进行帮助，就属于实行犯；但是现场帮助真正身份犯者，不是实行犯，而是帮助犯。"[15] 所以，现场帮助者对于实行行为的任何结果都应当承担相应的责任。

三、共谋共同正犯之共同犯罪故意的认定

对于参与共谋而没有参与实行的行为人，我国刑法理论的通说认为应当构成共同犯罪。"所谓共谋是指二人以上就准备实施的犯罪进行谋议，它可能是策划实施犯罪，也可能是商讨如何实施犯罪，因而共谋本身就是共同犯罪行为。所以参与犯罪谋议而未参与犯罪实行，应当认为构成共同犯罪。"[16] "在共同谋议实行犯罪的场合，不论其是否直接参与实行行为，都应根据其在共同犯罪中所起作用处罚。"[17] 在司法实践中，可能构成共谋共同正犯的人包括：在犯罪集团和聚众犯罪中起组织、策划、指挥作用的犯罪分子，刑法分则以首要分子为构成犯罪条件的犯罪中的首要分子等。[18] 共谋共同正犯成立的基础，关键在于犯罪人之间的主观意思联络。共谋正犯与实行者之间的意思联络与其他类型的意思联络相比，具有如下特征：第一，必须是具体的意思联络。所谓具体的意思联络，是指共谋者对于共同犯罪的目的、性质、结果都必须形成具体的沟通，形成共同的认识。其方式一般是直接的、明示的。第二，参与共谋而未实行者，一般是集团犯罪的首要分子或者聚众犯罪的首

---

[15] 陈兴良：《共同犯罪论》，中国社会科学出版社1992年版，第104页。
[16] 高铭暄主编：《中国刑法学》，中国人民大学出版社1989年版，第185页。
[17] 马克昌主编：《犯罪通论》，武汉大学出版社1999年版，第510页。
[18] 林亚刚："共谋共同正犯问题研究"，载《法学评论》2001年第4期。

要分子，或者在一般共同犯罪中对于犯罪实行人具有较强影响力的人。他参与的谋议，对于其他犯罪实行人具有一定的意思支配作用。第三，犯罪实行者的行为没有超过共同谋议的范围，即不能产生实行犯过限的情况。

四、承继共同正犯之间共同犯罪故意的认定

所谓承继共同正犯，是指先实行犯没有与任何人进行意思联络，在单独犯罪的故意支配下，单独实施了一部分犯罪客观要件行为以后，后实行犯才参加到犯罪实行中的情况。例如，甲单独实施抢劫行为，他用暴力将被害人打成重伤以后，乙恰好路过，就加入进来，与甲一起抢被害人身上的财物。通说认为，对于承继的共同正犯，只有后行为者与先行为者形成意思联络之后，才能对意思联络范围内的行为承担刑事责任。后行为者不应当对介入之前的实行行为及其后果承担责任。所以，意思联络的时间与范围，就成为我们认定承继共同正犯的重要根据。第一，从时间上讲，后行为者对意思联络之后的行为承担刑事责任。第二，从范围上讲，后行为者承担刑事责任的范围必须在意思联络应当包含的范围以内。就上述案例而言，乙只能对重伤之后的抢财物行为承担责任，而对重伤行为不承担责任。因为乙只与甲就抢财物的行为形成了意思联络，构成了共同犯罪故意。对之前的重伤行为，乙不知情。

五、教唆犯与实行犯之间共同犯罪故意的认定

认定教唆犯与实行犯之间的共同犯罪故意，应当特别注意以下几点：

第一，教唆犯意思联络的对象必须特定。教唆者必须与特定被教唆者之间形成意思联络，才能形成共同犯罪故意，而且意思联络必须是双向的，不能是片面的。教唆故意必须是针对特定对象，如果被煽动的人员范围不能从个体上进行确定，即排除教唆犯成立。

第二，教唆犯与实行犯之间的意思联络，要么犯罪性质明确，要么犯罪所指向的对象明确。所谓犯罪性质明确，是指教唆犯向被教唆者指明了所要实行的犯罪的具体种类。比如，教唆他人去实行盗窃罪、杀人罪等。至于实行犯罪的方法、时间、场所等，并不需要教唆者与被教唆者之间有具体意思联络。所谓教唆的犯罪行为所指向的对象明确，是指如果教唆的犯罪的种类不特定，那么其教唆的犯罪应当指向特定的被害人。例如，甲与乙有仇，就教唆丙对乙进行犯罪活动。至于对乙实行何种犯罪，是盗窃乙的财产，还是伤害乙，抑或是杀害乙等，可以不必明确，甲都应当对丙的实际实行行为负刑事责任。总之，教唆犯与被教唆者之间对于犯罪性质或者犯罪行为指向的对象应当在意思联络中明确。"如果教唆犯意思联络的内容毫不具体，不但实行何种犯罪不具体，犯罪对象也不具体，则不宜成立教唆犯罪。"[19]

第三，同意他人主动为自己的利益而犯罪的情况。在同意他人主动为自己的利益而犯罪但意思联络并没有明确犯罪性质的情况下，同意者应当如何承担刑事责任？如某甲与某乙有仇，一日某甲的朋友某丙说要替他报仇，教训教训某乙，至于教训的内容并不明确。某甲表示同意。结果某丙唆使几个人将某乙打成重伤。对此犯罪结果，某甲是否应当承担刑事责任？承担何种责任？本书认为，某甲应当承担教唆犯的刑事责任。因为某甲的朋友某丙是为了某甲而要求实施犯罪行为的，这时某丙并没有产生犯意，他只是在征得某甲的同意。如果某甲同意，某丙就能产生犯意，如果某甲不同意，则某丙就不能产生犯意。这时，某甲就负有阻止某丙实施犯罪的义务。某甲不但没有履行这种义务，反而同意了某丙的请求。而正是因为这种同意或允许，才使某丙产生了犯意。所以，某甲完全具备教唆犯的构成条件。因此，他应当承担教唆犯的刑事责任。

在上述案例中，虽然某甲应当承担教唆犯的刑事责任，但是，由于其与某丙进行意思联络的内容并不具体，所说的教训，到底是指杀人还是伤害，是重伤害还是轻伤害，其内涵并不清楚。如果某丙实施了杀人行为，某甲也应当承担故意杀人罪的教唆责任吗？本书认为，既然某甲的行为构成教唆犯，对他就应当以实行行为的性质定罪。但是，由于他的同意行为，针对不同的实行行为而言，所起的作用是不同的。因此，应当按他所起的实际作用量刑。

第四，教唆犯与被教唆者并没有明确犯罪达到何种情节的情况。教唆犯与被教唆者的意思联络明确了犯罪性质，但并没有明确犯罪达到何种情节，教唆者应当如何承担刑事责任？例如，某甲教唆某乙抢劫，但他们在意思联络中并没有明确抢劫应当达到何种情节。某乙因此产生了犯意，实施了抢劫，

---

[19] 高铭暄、马克昌主编：《刑法学》（上编），中国法制出版1999年版，第312页。

但他在抢劫中为了制服被害人的反抗而将他杀死。某甲是否应当承担抢劫中杀人情节的刑事责任？本书认为，某甲应当承担杀人情节的刑事责任。因为根据我国刑法规定，在抢劫中为制服被害人的反抗而杀人的，其性质仍然是抢劫罪，只不过杀人情节是结果加重犯而已。在实行犯所实际实施的犯罪行为的性质与教唆犯在意思联络中所确定的犯罪性质一致的条件下，教唆犯对于实行行为的任何加重情节都应当承担相应的刑事责任。

六、帮助犯与实行犯之间共同犯罪故意的认定

第一，每个帮助犯分别与实行犯进行意思联络的情况。共同犯罪人之间的意思联络，并不要求所有共同犯罪人之间都必须存在意思联络。只要实行犯与其他共同犯罪人之间存在着意思联络就够了。教唆犯与帮助犯之间就不一定存在意思联络。对于共同犯罪来说，有无这种意思联络，并不影响它的成立。

第二，是否存在组织犯的不同情况。在没有组织犯的情况下，帮助犯应当与实行犯之间有意思联络。两个以上的帮助犯通过一个帮助者与实行犯之间建立意思联络，他们就可以成立共同犯罪故意。在有组织犯的情况下，帮助者与实行者之间可以不存在意思联络。

第三，事先帮助的故意内容的认定。事先帮助的意思联络并没有明确实行犯的加重情节，帮助者也应当对此加重情节承担责任。刑法理论与司法实践对此都持相同的观点，认为只要（正犯）实行的犯罪与共犯本意参加的犯罪（如盗窃罪）具有相同的性质，共犯就应当受到因正犯实际实施的加重情节而引起的加重刑罚处罚。此种处理方式不仅适用于在共犯提供帮助时已经知道加重情节的情况下，而且即使共犯不知道这些情节，也应当适用。

事先帮助的意思联络并没有明确实行犯罪的性质，帮助者是否应当承担刑事责任？我国刑法理论的通说认为，只要帮助者认识到被帮助者的行为是犯罪行为，就够了，不必要求帮助者对于犯罪行为的具体类型和性质有明确的认识。如陈兴良先生认为："构成帮助犯，虽然要求行为人明知他人将要实施的是犯罪行为，但明知不是确知，对于他人具体要犯的是什么罪以及犯罪的时间、地点等内容并不要求确切的了解。也就是说，帮助犯明知他人准备犯罪，但并不具体了解准备犯的是什么罪，而积极予以帮助的，也应当构成帮助犯。

对于帮助犯的意向不确定的，只要被帮助者所犯罪行是由帮助行为促成实现的，都符合帮助者的本意，因此被帮助者犯什么罪，帮助都应当以被帮助者所犯之罪论处。"[20]

七、组织犯与实行犯、帮助犯之间共同犯罪故意的认定

组织犯与实行犯、帮助犯的意思联络一般都是明确的、具体的，或者犯罪类型、犯罪性质是具体的，或者犯罪行为所指向的对象是具体的。因而，组织者对于实行者或者帮助者的实际犯罪结果都应当承担刑事责任。但是，在组织犯的组织下，帮助者与实行者之间不必有意思联络，或者数个实行者之间也不必有意思联络，他们分别与组织者进行意思联络就可以了。例如，甲与乙共同实行犯罪，丙、丁帮助其犯罪，但他们之间并不需要进行意思联络，只要甲、乙、丙、丁分别与组织者单线进行意思联络就可以形成共同故意。

---

[20] 陈兴良：《共同犯罪论》，中国社会科学出版社1992年版，第144页。

第十一章 一罪的类型

第一节 一行为只能认定为一罪

一罪的类型，是指在不包括典型一罪的情况下，对同一个行为人实施的具有数罪外观的一个犯罪行为或者本来的数个犯罪行为，根据刑法明文规定或者犯罪构成原理，按一个犯罪来认定，从而不实行数罪并罚的犯罪形态。其有如下要点：

第一，不包括典型的一罪。所谓典型的一罪，是指同一个行为人只实施一个符合犯罪客观要件的行为，只针对一个犯罪对象，只侵害此对象所表征的一个法益，只产生一个结果，无论从表面上还是实质上看，都无疑只能构成一个犯罪的情况。典型的一罪在司法实践中大量存在，是犯罪的常态。司法机关和学者们都会自然而然地、无争议地认定这种情况只构成一个罪，不实行数罪并罚。因此，没有必要将其作为一罪的类型加以研究。

第二，行为主体只有一个。通常是同一个自然人主体，也可以是同一个单位主体。

第三，行为人实施的犯罪行为在外观上具有数罪的特征或者本来就是数个犯罪行为。

第四，根据刑法明文规定或者犯罪构成原理而认定为一罪。对于这样的一罪类型，不实行数罪并罚。

一罪的类型包括三种：一是"一行为只能认定为一罪"；二是"数行为法定为一罪"；三是"数行为司法处理为一罪"。"一行为只能认定为一罪"，是指同一行为主体只实施一个符合犯罪客观要件的行为,虽然在外观上具有数罪的特征,比如该行为能同时被二个以上的犯罪客观要件所评价,或者其侵害了多个对象,或者其持续了很长时间,或者其产生了行为人预想之外加重结果等,但是根据犯罪构成原理,其只能被认定为一个犯罪,而不实行数罪并罚的情况。一行为只能被认定为一罪的情况,包括想象竞合犯、法条竞合、持续犯、结果加重犯等。

一、想象竞合犯

(一) 想象竞合犯的概念和特征

想象竞合犯是指同一行为主体只实施了一个行为,能同时被不同罪名的犯罪构成要件所评价的情况。简言之,就是一个行为触犯了数个罪名的情况。例如,行为人开了一枪,打死一个人,打伤一个人。此时行为人的行为同时触犯了故意杀人罪和故意伤害罪两个罪名。想象竞合犯的基本特征如下:

1. 行为人只实施一个行为

在这里,我们必须基于社会的一般观念或刑法意义来判断行为的个数。例如,行为人准备了刀,前往犯罪地点,破门而入,挥刀,砍向被害人等动作,应当被评价为一个行为。其杀人行为的组成动作不应当单独认定为一个行为。

2. 触犯数个罪名

这是指同一行为侵害到了二个以上的对象或者造成了二种以上犯罪结果,因而可用二个以上罪名来评价。例如,行为人开了一枪,打死一个人,打伤一个人,就造成了两个犯罪结果,既可用故意杀人罪来评价,也可用故意伤害罪来评价。这里的数个罪名,是异质的罪名,不是相同罪名。在行为人开一枪打死二个人的案例中,就不能说行为人实施一个行为触犯了两个故意杀人罪,因为两个故意杀人罪是相同罪名。异质罪名是刑法分则规定的不同的具体罪名。如抢劫罪、杀人罪、故意伤害罪等,都彼此属于异质罪名。另外,必须说明的是,想象竞合犯之所谓"一个行为触犯数罪名"的罪名中,包括过失罪名。

(二) 想象竞合犯的处罚原则

对于想象竞合犯应当从一重处断。所谓"从一重处断",就是在一个行为触犯的两个以上罪名中,只选择其中一个法定刑较重的罪名来给该行为定性,不实行数罪并罚。行为人只实施了一个行为，此行为如果被一个重罪名评价了，就不能再被另一个轻罪名评价。否则，就违反了"禁止重复评价原则"。

二、法条竞合

（一）法条竞合的概念和特征

法条竞合是指一个犯罪行为在文字含义上符合数个刑法法条，但从法条之间的逻辑关系上分析，只能用其中一个法条加以评价，而排除了其他法条适用的情况。

法条竞合分为包含竞合和交叉竞合。所谓包含竞合是指甲法条的犯罪构成要件在外延上包含乙法条的犯罪构成要件。例如，生产、销售伪劣产品罪在外延上包含了生产、销售假药、劣药罪。假药、劣药属于伪劣产品类型中的两种，而伪劣产品除假药、劣药外，还包括不符合安全标准的产品、不符合卫生标准的食品等。交叉竞合是指甲法条的犯罪构成要件在外延上与乙法条的犯罪构成要件在逻辑关系上存在交叉之处。例如，冒充国家机关工作人员招摇撞骗罪与诈骗罪之间，就存在逻辑关系上的交叉。冒充国家机关工作人员招摇撞骗了少量钱财的情况，既符合招摇撞骗罪名，也符合诈骗罪名。法条竞合具有如下特征：

1. 行为人只实施一个危害行为

所谓一个危害行为是指行为人在一定犯意支配下一次实施的符合某种犯罪客观要件的行为。行为人只实施一个危害行为，是法条竞合的前提。这里行为人的行为究竟属于行为单数还是行为复数，要从刑法意义上来评价。

2. 同时符合数个罪名的犯罪构成要件

行为人实施一个危害行为同时符合两个以上刑法分则规定的犯罪构成要件或者说符合两个以上罪名。例如，行为人生产有毒有害食品，情节严重的行为，在文字逻辑上，既可以被生产伪劣产品罪评价，也可以被生产有毒有害食品罪所评价。

3. 最终只能选择一个罪名的构成要件来评价

在法条竞合情况下，仅适用一法条来评价此行为。这必须满足如下两点：第一，在犯罪宣告上，用一法条的犯罪构成足以涵盖所有的犯罪事实。第二，在刑罚上，用一法条的法定刑足以做到罪责刑相适应。例如，行为人以非法占有为目的，使用诈骗方法骗取银行或者金融机构的贷款，数额较大的行为，同时触犯了诈骗罪和贷款诈骗罪。用贷款诈骗罪足以对犯罪事实进行全面、充分的法律评价。

（二）法条竞合适用法条（选择罪名）原则

1. 特别法优于普通法

特别法优于普通法，是指在特别法与普通法相互竞合时，在法条的适用选择上优先适用特别法，排除适用普通法。所谓特别法，就是使用的文字比较多，界定的内涵较丰富而外延相对较小的法条。所谓普通法，就是使用的文字较少，规定的较概括或抽象，界定的内涵较少而其外延较大的法条。在法条竞合时，之所以采用特别法优于普通法原则，主要基于如下理由：①从法理学角度看，普通法是原则法，特别法是例外法。依据例外法使原则法失效的原理，当普通法与特别法竞合时，自然应当优先适用特别法。②从特别法条与普通法条规定的犯罪构成要件内容来看，普通法条规定的犯罪构成要件是一般构成要件，而特别法条规定的犯罪构成是特殊构成要件。普通构成要件一般是为了在特殊构成要件没有概括的场合留作备用的。从这个意义上讲，当特别法条与普通法条竞合时，便应当优先适用特别法条。③从立法目的看，特别法条无论其罪名还是法定刑都比普通法条更有针对性，更能体现个案特征。所以，在特别法与普通法竞合时，应优先适用特别法，以突出重点，更加有力地打击犯罪。④特别法条相对于一般法条而言，除了具备一般法条所具备的一般要素外，还具备一些一般法条所没有的特别要素，因而其内涵更为丰富，更能体现犯罪行为的特殊性，故能够对行为事实进行更为充分、全面的评价。

2. 特殊情况下重法优于轻法

当一个行为同时触犯同一法律的普通条款与特别条款时，在特殊情况下，应该适用重法优于轻法的原则。也就是说，按照行为所触犯的法条中法定刑较重的一个来定罪量刑。适用此原则的特殊情况有两种：

（1）法律明文规定按重法定罪量刑。例如我国《刑法》第149条第2款规定："生产、销售本节第141条至第148条所列产品，构成各该条规定的犯罪，同时又构成本节第140条规定之罪的，依照处罚较重的规定定罪处罚。"第140条规定的是生产、销售一般伪劣产品的行为，第141~148条规定的是生产、销售特定伪劣产品的行为。因此，第 140 条的规定是普通条款，第 141~148 条是特别条款。生产、销售伪劣产品行为，同时符合该普通条款和特殊条款时，原则上适用特别条款；但在根据普通条款处刑较重时，就依照普通条款定罪量刑。

（2）虽然法律没有明文规定，但按特别条款定罪量刑明显有失公允，所以按照处罚较重的罪名来定罪量刑。从司法实践上看，适用重法的情况较多。例如，盗窃正在使用的广播电视、电信设施的行为，既符合《刑法》第 124 条关于破坏广播电视设施、公用电信设施罪的规定，又符合《刑法》第 264 条关于盗窃罪的规定。在盗窃这一点上，前者是特别条款，后者是普通条款。但前者的法定刑最高刑为 7 年有期徒刑，后者法定最高刑为无期徒刑。如果盗窃广播电视、电信设施数额特别巨大，情节特别严重，甚至超过普通盗窃罪判无期徒刑的条件，那么均以特别条款优先，只判 7 年有期徒刑就明显不合理。这种情况下适用较重的普通条款第 264 条定罪量刑就可达到罪刑相适应。

（三）法条竞合与想象竞合的区别

1. 本质上的不同

想象竞合是动态的犯罪形态问题。只是在某种特定犯罪情境中，才能产生某一个犯罪行为侵害了两个对象、产生了两个结果，因而能触犯两个罪名的情况；如果换一个犯罪情境，同样的一个犯罪行为，就可能不会侵害两个对象或产生两个结果，从而也就不能产生想象竞合犯。法条竞合是静态的法条逻辑关系问题。它是刑法条文所使用的文字含义在逻辑关系上存在包含或交叉关系所致。这种现象的发生与犯罪行为发生在何种情境无关。只要各个法条的文字含义存在着包含或交叉关系，则必然存在法条竞合的现象。

2. 适用法条原则不同

想象竞合是一行为触犯数个罪名，适用从一重处断原则，即选择一个法定刑较重的罪名来适用。法条竞合适用法条的原则有两个：普遍原则是特别法优于普通法；个别情况下是重法优于轻法。

三、持续犯

（一）持续犯的概念和特征

持续犯，也称继续犯，是指行为从着手实行到终止以前，一直处于持续状态并且其对法益的侵害状态也同时持续的犯罪。典型的持续犯是非法拘禁罪。另外，非法持有型犯罪、遗弃罪等也都属于持续犯。持续犯具有如下特征：

1. 行为人只实施一个实行行为

如果行为人实施了数个危害行为，则不构成继续犯。我国刑法中的持续行为多数是由作为行为构成的，比如非法拘禁罪、非法持有型犯罪等；也有少数继续犯可能由不作为行为构成，如遗弃罪。

2. 实行行为与其对法益的不法侵害同时处于继续状态

如在非法拘禁罪中，非法拘禁行为与被害人的自由被剥夺的状态同时继续。只有行为人停止了非法拘禁行为，被害人的自由状态才能同时恢复。

3. 实行行为持续侵害同一对象所体现的同一法益

仍以非法拘禁罪为例，行为人必须对同一个或几个被害人的人身自由加以持续性的侵害，才能构成非法拘禁罪一罪；如果行为人非法拘禁被害人甲，先侵害其人身自由，又使用暴力致其伤残，那么其侵害的法益从自由权转向健康权，根据《刑法》第238条第2款规定，该种行为就转化为故意伤害罪，不再成立非法拘禁罪。之所以定性改变，是因为此时的行为并不持续地针对同一法益加以侵害，而是又侵害了另外一法益。所以，持续侵害"同一对象之同一法益"，是持续犯的本质特征。

（二）持续犯的处罚原则

持续犯不论其行为持续时间有多长，甚至持续几个月，仍以一罪定罪处罚。其行为持续的时间长导致其侵害法益的时间亦长，可作为量刑的参考情节。

（三）持续犯与状态犯、即成犯的区别

1. 持续犯与状态犯的区别

状态犯是指实行行为不具有持续性，但其侵害法益的状态在实行行为终止后仍然持续的犯罪。例如，在盗窃罪中，其行为不具有持续性，但盗窃行为终止后，其造成的被害人财产被侵害的状态却一直持续存在，除非公安机关破案后返还该财产。

持续犯与状态犯的区别表现在：持续犯的实行行为与不法侵害法益的状态同时继续；而状态犯的实行行为不具有持续性，只是其造成的对法益的不法侵害状态单方面继续。

2. 持续犯与即成犯的区别

即成犯是指不但实行行为不具有持续性，而且其造成法益侵害后也致使该法益灭失而不可能再持续的犯罪。例如，在杀人罪中，杀人行为不具有持续性，被害人死亡后，其生命权法益灭失，不存在该生命权持续性地被侵害的状态。

持续犯与即成犯的区别表现在：持续犯的实行行为与不法侵害法益的状态同时继续；而即成犯不但其实行行为不具有持续性，而且其侵害的法益灭失从而使得法益侵害状态也结束，不再继续。

四、结果加重犯

（一）结果加重犯的概念和特征

结果加重犯，是指实施基本犯罪的行为，由于发生了法律规定的基本犯罪以外的加重结果，刑法对其规定了加重法定刑的犯罪。我国刑法规定的结果加重犯主要包括如下情况：第234条第2款规定的故意伤害致人死亡，第236条第3款第5项规定的强奸致人重伤、死亡，第238条第2款规定的非法拘禁致人伤残、死亡，第239条第2款规定的绑架致被绑架人重伤、死亡，第260条第2款规定的虐待致被害人重伤、死亡，第263条第5项规定的抢劫致人重伤、死亡，第321条第2款规定的运送他人偷越国（边）境中造成被运送人重伤、死亡，等等。结果加重犯具有如下特征：

1. 实施基本犯罪行为却产生了基本犯罪以外的加重结果

这里的基本犯罪，是行为人的罪过和在该罪过支配之下的行为所符合的具体罪名。例如，行为人具有故意伤害罪的故意，在该故意支配下实施了伤害行为，符合故意伤害罪，这就是基本犯罪。在此犯罪过程中，出现致人死亡结果，就是结果加重犯。因为死亡并不是故意伤害罪要求的结果，而是故意杀人罪所要求的结果，所以死亡就是基本犯罪以外的加重结果。

2. 基本犯罪行为与加重结果之间具有因果关系

这要求基本犯罪的行为，对于产生加重结果具有原因力。亦可说加重结果是由基本犯罪的行为具有原因力造成的。基本犯罪的行为与加重结果之间的因果关系的判断，应当根据前面所述的限制条件说来进行。另外，在结果加重犯的构造中，基本犯可以为结果犯，也可以是行为犯。例如，在故意伤害致人死亡场合，其基本犯就是结果犯；在非法拘禁致人重伤、死亡的场合，其基本犯就是行为犯。

3. 行为人对于基本犯罪行为及加重结果均有罪过

结果加重犯的罪过的形式包括行为人对基本犯罪行为的罪过及对加重结果的罪过组成。其组合形式如下：其一，对基本犯罪行为的罪过是故意；对于结果加重犯的罪过也是故意。例如，在抢劫致人重伤、死亡场合，抢劫行为是出于故意，致人重伤或死亡也可以是故意。其二，对基本犯罪行为的罪过是故意，对加重结果的罪过是过失。比如，在强奸致人死亡场合，对强奸行为是出于故意，对被害人死亡的结果则是出于过失。

4. 刑法专门为出现加重结果的情况规定了重的法定刑

刑法分则条款为基本犯罪行为规定了一个相对较轻的刑罚幅度以后，又针对出现了加重结果的情况而专门规定了一个相对较重的法定刑幅度。这是结果加重犯的法定性特征。

（二）结果加重犯的处罚原则

对于结果加重犯，只需按照刑法分则条款所规定的加重法定刑来处罚，不需实行数罪并罚。

第二节 数行为刑法规定为一罪

一、结合犯

（一）结合犯的概念和特征

结合犯是指刑法明文规定将数个原本独立的符合某一罪名的行为，结合成另一个独立的犯罪的情况。例如，《日本刑法典》第 177 条规定了强奸罪，其法定刑是 2 年以上有期惩役；第 236 条规定了强盗罪（相当于中国刑法的抢劫罪），其法定刑是 5 年以上有期惩役；而第 241 条又规定了强盗强奸罪，其法定刑是无期或者 7 年以上惩役；因而致女子死亡的，处死刑或者无期惩役。通说认为，强盗强奸罪是结合犯，它把原本独立存在的强盗罪和强奸罪结合在一起，形成一个独立的犯罪，法定刑上升到无期或 7 年惩役；因而致女子死亡的，处死刑或者无期惩役。结合犯具有如下特征：

第一，被结合之罪（原罪）本来就是刑法规定的独立的犯罪。日本刑法的强盗罪和强奸罪就是被结合之罪。强盗罪和强奸罪原本都是刑法典规定的独立罪名。

第二，结合犯是将数个本来就存在的独立犯罪，结合成为一个犯罪。强盗强奸罪就是结合成的一个新罪。其结合公式是：甲罪+乙罪＝甲乙罪，或者甲罪+乙罪＝丙罪。

第三，数个独立的犯罪结合为一个犯罪，是基于刑法的明文规定。原本是数个犯罪，基于法律的明文规定而结合成一个犯罪，这是结合犯的法定性特征。

（二）通说公式的不合理性及采新公式的理由

根据通说之结合犯公式，在我国刑法中找不到这种结合犯。因此有论者以此来否定我国刑法存在结合犯。

本书认为，不同国家和地区，其罪名创制模式并不是完全相同的。各国刑法分则的条文均由罪状和法定刑两部分组成。将不同的"罪状与法定刑组合"，从而确定为一个罪名，是各国刑法共同的做法。我国罪名是由司法解释确定的。这与有些国家罪名是由立法规定的不同。所以，甲罪+乙罪＝何罪名，在我国刑法中完全是一个司法解释问题。判断我国刑法是否存在结合犯，不能仅仅根据形式化的所谓公式，而应当遵循其内部原理，必须揭示、反映结合犯的本质内涵和立法目的。

立法者之所以把数个原本已经独立存在的罪名，规定其结合为一个新的独立的罪名，是因为考虑到如下原因：第一，见到机会和场所有利就接连实施数个犯罪的行为人，其主观恶性极其大，所以必须为其配置重的刑罚；第二，被结合之犯罪，如果在同一时间和同一场所发生，较之其分别发生的社会危害性更大。第三，被结合的两个犯罪之间往往具有特别的内在联系性——结合关系，其表现有二，要么两罪互为手段；要么两罪易于同时同地并发。第四，被结合之两罪如果同时同地并发，必须另立法条来专门加重其法定刑，以使其刑罚比被结合之数罪按数罪并罚原则所判定的刑罚更高。唯此才能达到罪刑均衡。

根据以上结合犯的内部原理，再结合我国刑法的规定，本书认为我国刑法实质上存在着结合犯。我们要根据内部原理来选择外部公式，而不是相反，根据外部公式来限制内部原理。刑法理论必须为刑法实践服务，否则研究此理论何益？根据这样的思路，本书认为，结合犯的新公式应为三种：

(1) A罪+B罪=AB罪。

(2) A罪+B罪=C罪。

(3) A罪+B罪=A罪或B罪的加重型。

例如，绑架罪+故意杀人罪=绑架罪的加重型，即是结合犯。本书认为，在公式（2）与公式（3）之间，并不存在实质差别。

(三) 我国刑法规定的结合犯例证

根据A罪+B罪=A罪或B罪的加重型的公式，我国刑法主要规定了如下结合犯：

(1)《刑法》第239条第2款规定了绑架罪与故意杀人罪的结合犯。

(2)《刑法》第240条第3项规定了拐卖妇女罪与强奸罪的结合犯。

(3)《刑法》第240条第4项规定了拐卖妇女罪与强迫卖淫罪的结合犯。

(4)《刑法》第318条第4项规定了组织他人偷越国（边）境罪与非法拘禁罪的结合犯。

(5)《刑法》第318条第5项规定了组织他人偷越国（边）境罪与妨害公务罪的结合犯。

(6)《刑法》第321条第2款规定了运送他人偷越国（边）境罪与妨害公务罪的结合犯。

(7)《刑法》第347条第2款第4项规定了走私、贩卖、运输、制造毒品罪与妨害公务罪的结合犯。

(四) 结合犯的处罚原则

对于结合犯，不实行数罪并罚。因为此时立法为其规定了比数罪并罚更高的法定刑。所以，司法者只要根据立法为结合犯设定的刑罚幅度，再根据犯罪的情节加以量刑即可。结合犯的立法最大优点是，在不数罪并罚的情况下，能大幅度地提高刑罚，以达到罪刑相适应。

二、牵连犯

(一) 牵连犯概念和特征

牵连犯是指以实施某一犯罪为目的,但其方法行为或结果行为又触犯其他罪名,根据刑法分则明文规定,按照处罚较重的罪名定罪量刑,不实行数罪并罚的犯罪形态。例如,我国《刑法》第 399 条第 4 款规定,司法工作人员收受贿赂,有前 3 款行为的(指徇私枉法罪,民事、行政枉法裁判罪,执行判决、裁定失职罪,执行判决、裁定滥用职权罪),同时又构成本法第 385 条规定之罪(指受贿罪)的,依照处罚较重的规定定罪处罚。在这里,收受财物是行为人的最终犯罪目的,徇私枉法罪;民事、行政枉法裁判罪;执行判决裁定失职罪、执行判决、裁定滥用职权罪则是受贿罪的方法行为。牵连犯具有如下特征:

1. 行为人实施的数个行为都能独立构成犯罪

牵连犯在实质上是数罪,而且是异种数罪。这也是牵连犯和想象竞合犯的根本界限所在。在《刑法》第 399 条第 4 款中,行为人不但实施了收受他人财物的行为,而且也实施了徇私枉法的行为,或者实施了民事、行政枉法裁判的行为、执行判决、裁定滥用职权的行为。其收受财物的行为构成了受贿罪,其徇私枉法行为构成了徇私枉法罪等。需要特别说明的是,行为人实施的数个行为必须分别构成不同的罪名。如果数行为触犯的是同一罪名,则不属于牵连犯。

2. 数个犯罪行为之间具有原因与结果或者方法与目的之牵连关系

牵连犯必须以牵连关系的存在为前提。牵连关系是指行为人为了达到最终的犯罪目的,实施了数个犯罪行为,这数个行为之间具有"目的与方法"或者"原因与结果"的关系。在《刑法》第 399 条第 4 款中,收受财物是最终的犯罪目的,徇私枉法的行为,民事、行政枉法裁判的行为或者执行判决、裁定滥用职权行为是达到上述犯罪目的之方法。

3. 根据刑法分则明文规定按照处罚较重罪名来定罪量刑

刑法分则条款明文要求把本质上的数罪按一个罪来认定,这是牵连犯的最重要特征。组成牵连犯的数个行为,实质上构成数个罪名,之所以能按一罪来认定,就是基于刑法的明文规定。只有刑事立法有这样的权力,把本质上的数个犯罪按一个罪来认定。反言之,除刑法明文规定的以外,尽管行为人实施的数个行为之间具有"方法与目的"或者"原因与结果"的关系,如果它们都分别独立构成不同的罪名,则必须进行数罪并罚。传统观点认为,行为人伪造国家机关公文印章的犯罪行为是方法,诈骗钱财的犯罪行为是目的,由于二者之间存在"目的与方法"的牵连关系,所以应当从一重罪论处,不数罪并罚。根据本书的观点,这种情况应当数罪并罚。因为在没有刑法授权的情况下,把标准的、本来的、实质的数个犯罪按一罪来认定,是超越立法权的司法行为,是违法行为。

(二) 牵连犯的范围和处罚原则

根据刑法分则的明文规定,下列情况属于牵连犯:

(1)《刑法》第120条之二第1款规定,有下列情形之一的,处5年以下有期徒刑、拘役、管制或者剥夺政治权利,并处罚金;情节严重的,处5年以上有期徒刑,并处罚金或者没收财产:①为实施恐怖活动准备凶器、危险物品或者其他工具的;②组织恐怖活动培训或者积极参加恐怖活动培训的;③为实施恐怖活动与境外恐怖活动组织或者人员联络的;④为实施恐怖活动进行策划或者其他准备的。第2款规定,有前款行为,同时构成其他犯罪的,依照处罚较重的规定定罪处罚。

本条规定的是准备实施恐怖活动罪与非法持有枪支、弹药、管制刀具、危险物品罪危及公共安全罪、非法制造、买卖、运输、邮寄、储存枪支、弹药、爆炸物罪、非法制造、买卖、运输、储存危险物质罪等之间的牵连犯。

(2)《刑法》第133条之一第1款规定,在道路上驾驶机动车,有下列情形之一的,处拘役,并处罚金:①追逐竞驶,情节恶劣的;②醉酒驾驶机动车的;③从事校车业务或者旅客运输,严重超过额定乘员载客,或者严重超过规定时速行驶的;④违反危险化学品安全管理规定运输危险化学品,危及公共安全的。第2款规定,机动车所有人、管理人对前款第3项、第4项行为负有直接责任的,依照前款的规定处罚。第3款规定,有前两款行为,同时构成其他犯罪的,依照处罚较重的规定定罪处罚。

本条规定的是危险驾驶罪与交通肇事罪、以危险方法危害公共安全罪、危险物品肇事罪等之间的牵连犯。

(3)《刑法》第286条之一第1款规定,网络服务提供者不履行法律、行政法规规定的信息网络安全管理义务,经监管部门责令采取改正措施而拒不改正,有下列情形之一的,处3年以下有期徒刑、拘役或者管制,并处或者单处罚金:①致使违法信息大量传播的;②致使用户信息泄露,造成严重后果的;③致使刑事案件证据灭失,情节严重的;④有其他严重情节的。第2款规定,单位犯前款罪的,对单位判处罚金,并对其直接负责的主管人员和其他直接责任人员,依照前款的规定处罚。第3款规定,有前两款行为,同时构成其他犯罪的,依照处罚较重的规定定罪处罚。

本条规定的是拒不履行信息网络安全管理义务罪与国有公司、企业、事业单位人员失职罪、非法利用信息网络罪、帮助信息网络犯罪活动罪、非法经营罪、帮助毁灭、伪造证据罪等之间的牵连犯。

(4)《刑法》第287条之一第1款规定,利用信息网络实施下列行为之一,情节严重的,处3年以下有期徒刑或者拘役,并处或者单处罚金:①设立用于实施诈骗、传授犯罪方法、制作或者销售违禁物品、管制物品等违法犯罪活动的网站、通讯群组的;②发布有关制作或者销售毒品、枪支、淫秽物品等违禁物品、管制物品或者其他违法犯罪信息的;③为实施诈骗等违法犯罪活动发布信息的。第2款规定,单位犯前款罪的,对单位判处罚金,并对其直接负责的主管人员和其他直接责任人员,依照第1款的规定处罚。第3款规定,有前两款行为,同时构成其他犯罪的,依照处罚较重的规定定罪处罚。

本条规定的是非法利用信息网络罪与诈骗罪、非法制造、出售枪支罪、贩卖毒品罪、制作、复制、贩卖、传播淫秽物品罪、传授犯罪方法罪、掩饰、隐瞒犯罪所得罪、非法经营罪等之间的牵连犯。

(5)《刑法》第287条之二第1款规定,明知他人利用信息网络实施犯罪,为其犯罪提供互联网接入、服务器托管、网络存储、通讯传输等技术支持,或者提供广告推广、支付结算等帮助,情节严重的,处3年以下有期徒刑或者拘役,并处或者单处罚金。第2款规定,单位犯前款罪的,对单位判处罚金,并对其直接负责的主管人员和其他直接责任人员,依照第1款的规定处罚。第3款规定,有前两款行为,同时构成其他犯罪的,依照处罚较重的规定定罪处罚。

本条规定的是帮助信息网络犯罪活动罪与诈骗罪、非法制造、出售枪支罪、贩卖毒品罪、制作、复制、贩卖、传播淫秽物品罪、传授犯罪方法罪、掩饰、隐瞒犯罪所得罪、非法经营罪等之间的牵连犯。

(6)《刑法》第307条之一第1款规定，以捏造的事实提起民事诉讼，妨害司法秩序或者严重侵害他人合法权益的，处3年以下有期徒刑、拘役或者管制，并处或者单处罚金；情节严重的，处3年以上7年以下有期徒刑，并处罚金。第2款规定，单位犯前款罪的，对单位判处罚金，并对其直接负责的主管人员和其他直接责任人员，依照前款的规定处罚。第3款规定，有第1款行为，非法占有他人财产或者逃避合法债务，又构成其他犯罪的，依照处罚较重的规定定罪从重处罚。第4款规定，司法工作人员利用职权，与他人共同实施前三款行为的，从重处罚；同时构成其他犯罪的，依照处罚较重的规定定罪从重处罚。

本条规定的是虚假诉讼罪与诈骗罪、合同诈骗罪、各种金融诈骗罪、虚假破产罪、受贿罪、贪污罪等之间的牵连犯。

(7)《刑法》第399条第4款规定，司法工作人员收受贿赂，有前三款行为的（指徇私枉法、民事、行政枉法裁判、执行判决裁定滥用职权等行为），同时又构成本法第385条规定之罪的（受贿罪），依照处罚较重的规定定罪处罚。

本条规定的是受贿罪与徇私枉法罪、民事、行政枉法裁判罪、执行判决、裁定滥用职权罪等之间的牵连犯。

对于牵连犯，根据刑法的明文规定，不实行数罪并罚，按照处罚较重的罪名定罪和量刑即可。

(三) 牵连犯传统观点的不合理性

传统观点认为，组成牵连犯的数个行为之间，只要存在原因与结果、目的与方法的牵连关系，不管是否有刑法明文规定，一律从一重罪定罪处罚。这种观点是不合理的，理由如下。

1. 在法无规定情况下将实质的数罪只按一个犯罪认定缺乏根据

构成牵连犯的数个行为分别独立构成犯罪，是实质上的数罪，这是毋庸置疑的。通说认为牵连犯按一罪论处的理由在于：牵连犯是以实施某一个犯罪为目的，这是牵连犯的本罪。牵连犯是为了实施某一犯罪，其方法行为或结果行为，又构成另一独立的犯罪，这是牵连犯的他罪。牵连犯的本罪是一个犯罪，他罪是围绕本罪而成立的。本书认为，上述理由非常不充分。不管行为人的犯罪意图是一个或几个，也不管行为人实施的本罪与他罪之间的关系如何，只要其具有数个罪过（故意或过失），其实施的行为符合数个犯罪客观要件，侵害了数个法益，又没有违法阻却事由，就必须认定为数个犯罪。犯罪意图或犯罪动机，并不是犯罪构成要件。它的数量单一或多个，并不会对构成犯罪起任何作用。将牵连犯按一个犯罪论处，不但违反刑法（刑法规定犯罪构成要件，就是让司法者在行为符合犯罪构成要件时，必须认定行为构成此种犯罪；没有法定理由，不能把本来符合犯罪构成要件的行为忽略，从而不认定其构成独立的犯罪，这是严重违反罪刑法定原则和有罪必究原则的），而且也会无端地放纵犯罪分子。另外，在刑法没有明文规定的情况下，将牵连犯认定为一个犯罪，也会造成司法不统一的乱象。

2. 造成刑法理论与司法实践的不统一

虽然刑法理论主张对牵连犯从一重处断，但司法实践对于牵连犯一般实行数罪并罚。在19世纪初，牵连犯从一重处断由德国刑法学家费尔巴哈提出后，并未得到普遍的认同。反之，各国的立法呈现出相反的态势。当今各国，英美法系的国家因为其法律本身的特点，其刑法理论中并无牵连犯的概念和规定，司法实践对于所谓"牵连犯"的情况，都一律对各个行为进行单独定罪而后并罚。大陆法系国家的立法潮流也逐渐将牵连犯视为实质的数罪而加以并罚。如俄罗斯现行刑法、意大利现行刑法典等就对牵连犯作出了数罪并罚的规定。在部分学者看来，牵连犯无论在形式上还是在实质上都是异种数罪，对其实行数罪并罚，是彻底贯彻罪责刑相适应原则的重要体现，同时也适应了刑法理论发展的趋势，在理论上也具有合理性和科学性。在我国的司法实践中，对于非法定的牵连犯一般情况下也都实行数罪并罚。

（四）法定牵连犯概念之提倡

犯罪构成要件是判断罪数最有力的标准，况且依照我国的理论体系，其也是认定犯罪成立与否的唯一标准。毋庸置疑，牵连犯是本质上的数罪，因为其数个行为分别符合数个独立的犯罪构成要件；但是，根据罪刑法定原则，当刑法分则明文规定把牵连犯按一罪定罪处罚时，司法者必须按一罪论处。理论研究者也必须为这种罪数形态找出理论根据。本书将刑法分则明文规定按一罪认定和处罚的牵连犯称为"法定牵连犯"，以区别于传统的"牵连犯"概念。确立"法定牵连犯"的概念，是正确处理牵连犯处罚原则的最好方法。

它能避免牵连犯范围的不确定性、处罚原则不统一性的乱象，有利于贯彻罪刑法定原则。

1. 有利于刑法理论与司法实践的统一

确立"法定牵连犯"概念，能使刑事立法与司法实践保持一致，限制司法者时而将牵连犯按一罪论处，时而将牵连犯进行数罪并罚的现象。"法定牵连犯"的概念，从刑法规定上找合理性、权威性根据，以确定其定罪和处刑的原则，能有效地减少理论界不必要的争论。

2. 有利于牵连犯处罚原则的统一

根据"法定牵连犯"概念，凡是不符合法定范围的所谓"非法定牵连犯"，一律实行数罪并罚；凡是法定牵连犯，则一律实行"从一重处断"，即按照处罚较重的罪名来定罪处罚。本书认为，非法定的牵连犯，由于其牵连关系难以确定，极容易被曲解或扩张，可能被当作随意玩弄法律词语的工具。"法定牵连犯"概念的确立，使得牵连犯的范围完全取决于法律规定，其处罚原则也必须依照法律规定，无论是谁都不能随意突破"法定牵连犯"的范围。

第三节　数行为司法处理为一罪

一、连续犯

（一）连续犯的概念和特征

连续犯是指基于同一的犯罪故意，连续实施性质相同的数个行为，触犯同一罪名的犯罪类型。例如，行为人基于报复邻居的犯罪意图，想把邻居家的4个人全都杀死。他潜入该邻居家，连续杀死了4个人。此案例就是比较典型的连续犯。连续犯具有如下特征：

1. 必须在连续犯意支配下产生数个同一的犯罪故意

连续犯的主观方面要求行为人在连续实施犯罪的意图支配下，产生数个同一犯罪故意。所谓同一的犯罪故意，是指数个犯罪故意在内容和形式上完全相同。

2. 数个危害行为必须足以单独构成犯罪

行为人实施的数个危害行为必须都能单独构成独立的犯罪。如果数个危害行为在刑法上不能构成独立的犯罪，就不能成立连续犯。

3. 数个犯罪行为之间必须具有连续性

犯罪的连续性是判断连续犯成立的重要标准。认定数个犯罪之间是否具有连续性,应当从主观和客观两个方面来加以判断。在主观方面,行为人必须在连续犯意支配之下,产生数个同一的犯罪故意;在客观方面,行为人或者在较短的时期内,或者在同一犯罪地点,或者针对外部特征相同的对象,连续实施了性质相同的数个行为,每个行为都足以单独构成犯罪。简单说,连续犯意支配下的同一故意和数个犯罪之间客观密切联系,就共同构成了犯罪的连续性。

4. 数个犯罪行为必须触犯同一罪名

同一罪名是指犯罪性质完全相同的罪名。在上述案例中,行为人实施的4个犯罪行为触犯的都是故意杀人罪。实践中也经常发生连续伤害、连续盗窃、连续抢劫等案例。如果行为人实施的数个犯罪行为触犯不同的罪名,则不能构成连续犯。例如,行为人想报复邻居,杀死了邻居家的父亲,把母亲毁容,对女儿实施了强奸。此案中行为人实施的数个行为分别触犯不同的罪名,不构成连续犯,属于典型的数罪,应当数罪并罚。

(二)连续犯与同种数罪的比较及其司法处理

所谓同种数罪,是指行为人二次以上实施了相同的犯罪行为,触犯的罪名完全相同。连续犯与同种数罪既有相同之处,也有区别之点。其相同之处表现在:其一,都是两个以上的独立成罪的行为,触犯相同的罪名。其二,连续犯按一罪处理,同种数罪一般情况下也不数罪并罚;但是在同种数罪之中,有的在审判前没有被发现(漏罪),有的发生在定罪判刑以后(新罪),对于漏掉的同种犯罪和新发生的同种犯罪,必须与已经判决的同种罪进行数罪并罚。其不同之处表现在:在主观上,连续犯要求在连续犯意支配之下产生同一故意;在客观上,连续犯要求犯罪行为之间具有连续性。而同种数罪并无此要求。

对于连续犯,以一罪论处,不实行数罪并罚。

二、吸收犯

(一)吸收犯的概念

吸收犯是同一行为人实施的数个行为侵害了同一犯罪对象所体现的同一

种法益，因而只能被评价为一罪的犯罪形态。法益是评价犯罪的最高价值标准，虽然这数个行为在形式上都符合犯罪客观要件，但由于它们只侵害了同一对象之相同法益，所以只能被评价为一个犯罪。例如，行为人先对某甲实施诈骗，企图骗取其手机，但被识破而没有得逞，于是行为人就尾随其后寻机把该手机盗窃走。此案中，行为人对同一被害人实施了两个行为，分别是诈骗行为和盗窃行为，共同侵害同一个财产法益。由于两个行为只侵害了同一个对象之相同法益，只能评价为一个犯罪，较重的实行行为——盗窃行为吸收较轻的未遂诈骗行为，全案只认定为盗窃罪既遂。

（二）吸收犯的构成要件

1. 数行为在形式上都符合犯罪客观要件

这里的犯罪客观要件，指的是刑法分则规定的由行为对象、行为方式、行为结果、行为时间地点方法等要素组成的犯罪客观方面的行为类型。所谓生活行为在形式上符合犯罪客观要件，是指并不考察此行为是否侵害了法益，只是从刑法规定犯罪客观要件的文字含义上来判断它是否与该犯罪客观要件相符合。这种形式上的符合只是判断刑事违法的第一步骤；如果此行为不仅符合了犯罪客观要件，而且还侵害了法益，那么它才真正具有刑事违法性。例如，行为人先准备了抢劫工具到某被害人家抢劫，但到现场后发现被害人不在家，于是改为入户盗窃。在此案例中，行为人准备抢劫的行为在形式上符合抢劫罪的客观要件，其实行的盗窃行为在形式上符合盗窃罪的客观要件。但只有盗窃行为侵害了法益，抢劫预备行为并没有侵害此同一法益，而且也不可能再侵害同一法益，因此，侵害同一对象之同一法益的数行为，只能被评价为一罪。如果将侵害同一对象之同一法益的数个行为评价为数个犯罪，进行数罪并罚，就不会得到公众的认同。试想，有谁会认同"同一个财物，既被同一行为人盗窃了，也被同一行为人抢劫了"的结论呢？刑法一定要确保其对于法律的适用能得到公众的认同和信赖。

总之，吸收犯之数行为都符合犯罪客观构成要件是形式判断，还没有从实质上进行法益侵害性判断。如果行为人实施的数个行为有的在形式上符合犯罪客观要件，有的不符合，就丧失了吸收犯的前提。比如盗窃某人食品而后吃掉该食品，其盗窃行为虽然符合盗窃罪客观要件，但其吃掉食品的行为，并不符合刑法分则规定的犯罪客观要件，这就无需考虑吸收犯问题。

在此还必须解决另一问题，那就是吸收犯的数行为在形式上触犯的是不同罪名还是相同罪名。张明楷教授等主张数行为必须触犯不同罪名，而吴振兴教授、黄京平教授等则主张数行为必须触犯同质罪名。本书认为，数行为只要在形式上符合犯罪客观要件就可以，至于符合的犯罪客观要件之罪名是否相同，并不重要。因为不论数行为符合的犯罪客观要件触犯的是同一罪名的，还是异种罪名的，只要它们指向同一对象，侵害相同法益，就只能被评价为一个犯罪，就产生吸收关系。所以，只要数行为都在形式上符合犯罪客观要件（不管是同一罪名还是不同罪名）就够了，关键在于它们是否侵害了同一对象之相同法益。

2. 数行为侵害同一对象之同一法益

这是数行为之间存在吸收关系的根据。简言之，可称之"同质当然吸收"。数行为先后或同时侵害了同一对象之同一法益，此数行为就只能被评价为一罪。例如，行为人对同一被害人当场实施了暴力，同时又以将来对被害人家属施加伤害、杀害相要挟，迫使被害人当场交出财产。此时，行为人实施了两个行为，一个符合抢劫罪客观要件，另一个符合敲诈勒索罪客观要件。虽然这两个行为是异质的，但由于它们共同侵害同一对象之同一个法益——同一被害人的财产权，所以只能被评价为一罪，即抢劫行为吸收敲诈勒索行为。再比如，行为人先对同一被害人用投毒的方法杀害，没有成功，几天后又用刀将同一被害人杀死。行为人实施的数个行为是同质的，一个是杀人未遂，另一是杀人既遂。由于它们共同侵害同一对象之同一个法益——生命权，所以只能被评价为一罪，既遂行为吸收未遂行为。

这里也必须解决一个问题，那就是如何判断同一对象之同一个法益。法益有公法益与私法益之分，公法益有国家法益和社会法益之分，公法益的个数只有通过对象的个数确定。如行为人两次盗窃不同对象的国家财产，由于对象是两个，其侵害的财产法益也是两个。私法益一般专属于个人，如生命、身体、自由、名誉、贞操等，可以根据享有者的个数来确定侵害法益的个数。比如，一个人对于自己的生命权只有一个，对于健康权等也是如此。如果行为人杀害了两人或者侮辱了两人，那么他所侵害的法益也就是两个生命权或两个名誉权。另外，同一人之数个不同性质的专属法益也应当被视为数个法益。如行为人既伤害某人，又侮辱了他，虽然被害人只是一个，但行为人所侵害的却是健康权和名誉权这两个法益。再比如，行为人先后实施不同的行为，分别对同一被害人的同一财产加以侵害，我们只能认为这数个行为侵害了同一个法益。

3. 数行为由同一主体实施

数个符合犯罪客观要件的行为必须由同一主体实施，是吸收犯的重要构成要件。如果数行为分别由不同的主体来实施，即使此数行为侵害同一对象之同一法益，仍然可以评价为数个犯罪。比如，行为人盗窃财物后，第三人毁损了该财物，那么第三人的毁损行为就不能被盗窃行为所吸收，应当独立定罪。另外，如果行为人没有参与前行为的实施，而仅仅对后行为予以教唆、帮助或共同实施，对于前行为的实施者而言，后行为已被吸收而不可罚，但是对于没有参与前行为的行为人而言，则应以后行为之罪，评价为共同犯罪。

总之，数行为都符合犯罪客观要件、数行为都侵害同一对象之同一法益、数行为都由同一主体实施，是吸收犯成立的全部要件。数个行为只要具备了这三个要件，就构成吸收犯。

(三) 吸收犯的类型

根据数个形式上符合犯罪客观要件的行为，因其侵害同一对象之同一法益而吸收的原理，我们可以将吸收犯划分如下2类6种：

1. 异种行为的吸收

所谓异种行为，是指符合不同罪名的客观要件的数个行为。这些异种行为侵害同一对象之同一法益时，重行为吸收轻行为。其具体分为如下类型：

(1) 前行为吸收事后不可罚行为。事后不可罚行为是大陆法系刑法理论的概念。我们比较熟悉的事后不可罚行为的案例是：同一行为人实施的盗窃财物行为和事后对同一财物进行窝藏、转移的行为，虽然分别符合盗窃罪和掩饰犯罪所得罪的客观要件，但后一行为不可罚。本书认为，虽然在我国罪数理论中有学者主张将其作为一种独立的一罪类型，但是它完全符合数行为侵害同一对象之同一法益的情况，所以应当成为吸收犯的一种类型。这是因为事后行为不可罚的理由与吸收犯的完全相同。德国刑法理论也认为，就盗窃后窝藏的行为而言，紧接着第一次犯罪行为后实施的确保、使用和利用其违法所得利益的行为，如果未侵害新的法益，且损失在数量上没有超过已经产生的程度，即为不受处罚的或更确切地讲是共受处罚的犯罪后行为，成立吸收关系。我国台湾地区学者也认为，犯窃盗罪者之处分赃物，必自称其物系自己所有，而向他人骗取代价，其处分赃物之行为，实含有欺诈之成分，然已包括于窃盗罪之"意图自己不法所有"之观念中，而为其所吸收。只成立窃盗罪即为已足，不再构成诈欺罪。

（2）后行为吸收事先不可罚行为。这种情况也称为共罚的事前行为。此种吸收犯的案例是，行为人准备好了抢劫工具，到现场发现财物无人看管，于是就盗窃了财物。此例中的抢劫预备行为先对于同一对象之同一法益造成了威胁，后来实行的盗窃行为实际地侵害同一对象之同一法益。两个行为只能被评价为一罪，后来的实行行为吸收预备行为。反之，如果预备行为与实行行为侵害的是不同对象，就不存在吸收关系。例如，行为人先准备了抢劫银行的工具，到现场后发现条件不具备而未能着手实行，于是就到另一地点改为行窃。由于抢劫的预备行为与盗窃的实行行为分别侵害不同的对象，所以它们之间不存在吸收关系，应当数罪并罚。

（3）数个可罚异种行为之间的吸收。先盗窃枪支、弹药后非法持有该枪支、弹药，先行为与后行为侵害同一对象之同一法益，可以认定存在吸收关系。这是比较典型的数个可罚异种行为之间的吸收犯类型。类似的吸收犯类型，我们再列举下列情况加以说明：

第一，在《刑法》第 127 条的抢夺枪支、弹药、爆炸物及抢劫枪支、弹药、爆炸物行为与第 128 条的非法持有枪支、弹药行为之间，抢劫、抢夺枪支、弹药的行为，吸收非法持有同一对象的枪支、弹药行为。但是，如果抢劫、抢夺 A 枪支，非法持有 B 枪支，就不成立吸收犯，这是因为前后数个行为侵害的对象并不同一。

第二，在《刑法》第 170 条的伪造货币的行为与第 171 条的出售、购买、运输假币的行为之间，伪造货币行为，吸收出售、购买、运输同一对象的假币行为。但是，如果伪造 A 货币，出售、购买、运输 B 假币，就不构成吸收犯，因为前后数个行为侵害的对象并不同一。

第三，在《刑法》第 196 条的信用卡诈骗与使用盗窃的信用卡之间，如果信用卡诈骗与使用的信用卡是同一对象的，诈骗行为吸收使用行为，仅以诈骗罪来定罪；但是，如果诈骗 A 信用卡，冒用 B 信用卡，就不构成吸收犯，应当分别按信用卡诈骗罪、盗窃罪来定罪，实行数罪并罚。

第四，盗窃印鉴齐全的空白银行支票与使用该支票骗取财物行为之间，盗窃行为吸收诈骗行为，只定盗窃罪。如果盗窃印鉴不齐全的空白银行支票，事后又伪造印章、签名章等来伪造支票，再使用该伪造的支票，则票据诈骗行为吸收盗窃行为，只定票据诈骗罪。但是，如果盗窃了 A 支票，使用了 B 支票（伪造、变造或作废的），就不成立吸收犯，应当实行数罪并罚。

第五，行为人对被害人既当场实施了暴力行为，又以将来要对被害人的女儿施加报复的行为相威胁，当场劫走被害人的数额较大财产。其前一行为构成抢劫罪，后一行为构成了敲诈勒索罪。但司法机关认定此情况下抢劫行为吸收敲诈勒索行为，只构成抢劫罪。

第六，行为人盗窃机动车，将车开离现场不远时，就被保安发现拦截，弃车逃走。不久后，行为人又找了一个同伙返回，对保安使用暴力将此机动车抢劫走。此案显然不符合第 269 条规定之转化的抢劫罪的条件，但也不是典型数罪。本书认为，此案属于数异种行为同时侵害同一对象之同一法益的吸收犯。

2. 同种行为之间的吸收

所谓同种行为，是指符合同一罪名的犯罪客观要件的数行为。如故意杀人的实行行为，可以吸收故意杀人的预备行为。同种行为的吸收包括如下三种：

（1）实行行为吸收预备行为。一般认为，相对于实行行为而言，预备行为是事前不可罚行为，因此，实行行为当然吸收预备行为。如出于一个故意（针对同一被害人）的杀人实行行为吸收杀人的预备行为。有观点反对将此种情况认定为吸收犯，认为这样做有违我国主客观相统一的犯罪构成理论。因为，行为人主观上只有一个故意，客观上只有一个刑法意义上的行为，从而只符合了一次故意杀人罪的构成要件，是单纯一罪。还有观点认为，即使不把这种情况作为吸收犯而评价为一罪，司法实践中也不会将其数罪并罚，因此这种理论没有必要。其实，我们可以用同一个例证来驳议这两种观点。行为人在 1 年前对同一被害人实施了杀人的预备行为，因为客观原因而被迫停下来了。1 年后他又对同一被害人实施了杀害行为，将其杀死。1 年前的预备行为完全符合我国《刑法》第 22 条规定了预备犯的要件。如果没有一种理论来约束法官的话，那么法官将其单独评价为一个犯罪也未尝不可。习惯上不会将此种类型定为数罪，不等于完全排除了定为数罪的可能性。法学理论的作用就在于规范法官的思维路径，使法官克服说不清楚理由的习惯。我们也可以这样说：理论的作用之一就是给习惯说明理由。

（2）既遂行为吸收未遂行为。例如，某甲为杀害某乙，在某乙的食物（仅供其一人食用）中投放毒物，但某乙并未食用该食物，后某甲持刀将其杀死。此例中，某甲的杀人行为虽有两个，但针对的是同一人，侵害的法益都是生命权。数同质行为侵害同一对象之同一法益，只能被评价为一罪，故意杀人的既遂行为吸收未遂行为。2011年4月8日施行的《最高人民法院、最高人民检察院关于办理诈骗刑事案件具体应用法律若干问题的解释》第6条规定："诈骗既有既遂，又有未遂，分别达到不同量刑幅度的，依照处罚较重的规定处罚；达到同一量刑幅度的，以诈骗罪既遂处罚。"这一司法解释，就是基于吸收犯的原理而作出的。

（3）主行为吸收从行为。主行为吸收从行为主要是指主犯行为吸收教唆行为、帮助行为的情况。例如，行为人教唆他人与自己一同去盗窃，行为人进入商店实施盗窃行为，教唆人在外边把风。行为人实施了两个行为，一是盗窃的实行行为，二是教唆行为，由于此二行为侵害同一对象之同一法益，只按主犯（教唆）对行为定性。但是，如果行为人自己实施盗窃，又教唆他人实施杀人，由于二行为侵害不同对象之不同法益，所以就不能认定为吸收犯。

（四）吸收犯的处罚原则

对于吸收犯，按一罪处理，不实行数罪并罚。其处理的原则是：在不同质数行为之间，处罚重的行为吸收处罚轻的行为，处罚轻的行为就不再另外定罪量刑；在同质数行为之间，实行行为吸收预备行为和未遂行为，主行为吸收从行为。

第十二章 刑罚根据及刑罚种类

第一节 刑罚的概念和特征

刑罚是法院依法对犯罪人判处由刑法明文规定的限制或者剥夺重要权利的最严厉的惩罚方法。刑罚具有以下特征:

一、刑罚只能由法院判处

法院是司法机关。只有法院才有权力认定某种行为构成犯罪,并进而对犯罪人判处刑罚,其他任何机关均无此权力。

二、刑罚的内容是限制或剥夺重要权利

刑罚的惩罚性就在于使犯罪人因限制或剥夺一定的权利而产生痛苦,这也是刑罚的本质属性。受社会进步和人权思想的影响,刑罚应当具有人道性。国家不宜采取那些残酷、野蛮的方法来摧残、折磨犯罪人。但是,与民事、行政等制裁方法相比,刑罚仍然是一种最严厉的惩罚方法。它当然要给犯罪人带来身体的、精神的或财产的剥夺性痛苦。它不仅可以剥夺犯罪人的政治权利、财产权利,而且还可以限制或剥夺犯罪人的人身自由,甚至可以剥夺犯罪人的生命。

三、刑罚只能对构成犯罪的人适用

刑罚是对犯罪行为所作出的否定评价,是对犯罪人的道义谴责,是犯罪

的当然法律后果。刑罚处罚的对象只能是其行为构成犯罪的人，包括自然人或者单位。因此，犯罪人既包括犯罪行为的实施者，也包括刑罚的物质承担者。刑罚不但不能适用于动物、植物和自然现象，更不能适用于无辜的人。

四、刑罚种类及其适用标准是刑法明文规定的

我国《刑法》第3条明确规定了罪刑法定原则，即"法无明文规定不为罪，法无明文规定不处罚"。刑种和刑罚适用标准的法定性，是罪刑法定原则的重要内容。一般而言，刑法总则对刑罚种类、各刑种的适用原则作规定；刑法分则对各种具体犯罪（罪名）配置一定的刑罚幅度。

五、刑罚适用必须依照刑事诉讼程序

法院适用刑罚，必须遵守严格的司法程序，必须根据《刑法》和《刑事诉讼法》的规定。未经过法定程序而判处的刑罚无效。

六、刑罚执行机关是特定国家机关

在我国，死刑、罚金和没收财产等刑罚由人民法院执行；有期徒刑、无期徒刑由监狱执行；管制、拘役、剥夺政治权利等由公安机关执行。其他任何机关都无权执行刑罚。

第二节　刑罚的根据和目的

刑罚的根据是指刑罚得以存在，能适用于犯罪人，并能够被世人普遍认可的理由。一般认为，刑罚的根据包括报应根据、功利根据、经济性根据和人道根据四者的统一。

一、刑罚的报应根据

报应，起源于佛教用语，原指种善因得善果。佛教教义的恶有恶报实际上是世俗社会共同的报复、报应观念的反映。按哲学观点来看，报应是以某种已然的存在为根据，决定对某一事物的反应，也可以说是"基于某一事物

本身的性质决定对某事物的反应、回报、应答,等等,都反映了这种对等性的反应"[1]。由此可知,报应是两种已然事物的对应对等关系。如果说刑罚以报应为根据,那么就表现为刑罚以已然之罪为根据,作为前因的罪与作为后果的刑罚是一种恶有恶报的因果关系。其实,"这种报应观念体现了社会的公正观念。报应的本质就是公正"[2]。重罪重罚、轻罪轻罚、罪刑相适应、刑罚与犯罪相配等观念,[3] 都是刑罚报应根据的反映。

二、刑罚的功利根据

刑罚存在的根据不仅在于罪与刑的因果关系,即刑罚对已然之罪的报应关系,而且还在于刑罚对未然之罪的遏制关系。刑罚对未然之罪具有预防作用,这就是刑罚的功利性根据。据此,功利性应该是刑罚根据中的一个不可或缺的重要方面。刑罚的功利性可分为特殊预防和一般预防。

(一) 刑罚的特殊预防

特殊预防,又称个别预防,是指通过对已经犯了罪的人适用一定的刑罚,使之永久或者在一定时期内丧失再犯能力和再犯罪动机。简言之,就是预防已经犯了罪的人重新犯罪。可见,特殊预防的对象是已经犯了罪的人。特殊预防一般是通过两个方面的作用来实现的:一是物理强制,二是心理强制。

1. 物理强制

物理强制是特殊预防的基本形式。"这种物理强制直接对犯罪人发生作用,从而体现刑罚的强制力。"[4] 这种物理强制究其实质就是对犯罪人某种重要权益的直接剥夺。通过这种剥夺,犯罪人因此而在物理能力方面直接丧失再犯能

---

[1] 陈兴良:《刑法的启蒙》,法律出版社1998年版,第123~124页。

[2] 邱兴隆:《刑罚理性导论——刑罚的正当性原论》,中国政法大学出版社1998年版,第7页。

[3] "刑罚与犯罪相配",是指犯罪侵害了被害人的什么权利,法院就对其判处剥夺相应权利的刑罚。如对于侵害他人生命权的犯罪,就应当对其判处死刑;对侵犯他人自由、人身健康权、民主权、家庭成员平等权的犯罪,就应当对其判处自由刑;对侵害他人财产权的犯罪、贪利性犯罪、破坏经济秩序的犯罪,就应当对其判没收财产刑或罚金刑。但是,这种相配性已经不是原始的外部形态上的对等,而是越来越表现为质的对等性。现代社会,已经没有了肉刑,也越来限制死刑的适用。所以,刑罚与犯罪的相配性,越来越表现为对所有的犯罪,依其危害性的大小,都判处自由刑或罚金刑。这就是把所有犯罪的差别性,都反映在一种本质上,即社会危害性大与小上,再根据社会危害性大小,判处自由刑、罚金刑等刑罚。

[4] 陈兴良:《刑法哲学》,中国政法大学出版社1992年版,第300~301页。

力，以达到特殊预防之效果。例如，对犯罪人判处一定期间的自由刑，可以直接剥夺其在监狱执行刑罚期间犯罪的能力；再比如，对犯罪人判处一定额度的罚金刑，可以直接剥夺其利用一定资本进行经济犯罪的能力。

2. 心理强制

任何一种刑罚方法在对犯罪人的权益进行直接限制和剥夺的同时，必然对犯罪人的心理产生一定影响。这种心理影响表现为犯罪人对刑罚的畏惧心理、由于被剥夺重大权益而产生的痛苦心理、受刑罚惩戒作用而形成的悔罪心理等。

（1）畏惧心理。这是基于刑罚的威慑作用而产生的心理刺激性恐惧的反应。畏惧心理可以使犯罪人因为惧怕刑罚而消除犯罪念头。从犯罪人心理而言，这种作用就是畏惧心理；从刑罚的功能而言，这种作用就是刑罚的个别威慑。生命刑、自由刑能使受刑人产生强烈的畏惧感，罚金刑所剥夺的权益远不如生命刑、自由刑所剥夺的权益那样重要，但对于贪利性经济犯罪、财产犯罪和轻微的故意犯罪也能产生威慑作用。就贪利性经济犯罪和财产犯罪而言，犯罪人以牟利为目的，对其判处罚金，使其偷鸡不成反蚀把米，这本身就是对其非法获利思想动机的打击，使犯罪人知道不义之财不可贪。就轻微的故意犯罪而言，由于这种犯罪人的主观恶性本来就很小，所以罚金刑的否定性评价能使犯罪人产生精神震撼，从而产生威慑作用。

（2）痛苦心理。对犯罪人重要权益的剥夺，必然对其造成一定的精神痛苦。除生命刑剥夺生命以外，其他刑罚都在不同程度上使犯罪人产生肉体和精神痛苦。心理学认为，乐生恶死、趋乐避苦乃人之本能。于是，一些犯罪学家就设想出一个以苦乐计算法为标准的刑罚公式：用刑罚之苦对应犯罪所生之乐，并且只有前者应大于后者，才能阻止犯罪。这种理论在一定条件下是可行的，但并不是绝对的、普遍的。总之，在重要权益被剥夺的痛苦中，犯罪人能产生悔悟，从而消除犯罪心理，实现个别预防。

（3）悔罪心理。刑罚在剥夺和限制犯罪人权益的同时，也表征着国家、社会对其犯罪行为的否定性道德、政治评价。这就是说刑罚既具有剥夺性，也具有惩戒性、教育性。教育性寓于惩罚性之中。

（二）刑罚的一般预防

一般预防，是指通过对犯罪人适用一定刑罚而阻止社会上其他人犯罪。

一般预防的对象是犯罪分子以外的其他社会成员，大体上可以分为四类：

（1）危险分子，即具有犯罪危险的人。如尚未得到有效改造的刑满释放人员、多次实施违法行为的人员、多次受到刑罚处罚的人员等。这些人大部分属于知法而欲犯者。

（2）不稳定分子，即有犯罪倾向的人。这部分人法制观念淡薄、自制能力差，没有固定职业，容易受犯罪诱惑或被犯罪人拉拢。这些人既有知法而欲犯者，也有不知法而欲犯者。

（3）被害人及其家属。这些人是犯罪直接或间接的受害者，在强烈复仇的欲望支配下容易实施犯罪行为。

（4）其他社会成员，即上述三类人以外的广大公民。他们绝大多数是守法公民，但也可以成为刑罚教育和鉴别作用的对象。而教育和鉴别是一般预防的重要内容之一。由于一般预防的对象是被适用刑罚的犯罪分子以外的人，这就决定了一般预防的方式与特殊预防的方式有较大差别。特殊预防侧重于刑罚的物理强制及由此而产生的心理强制；而一般预防的方式只能通过对犯罪人适用刑罚而间接产生的心理强制，包括威慑、安抚、教育和鼓励等心理作用，不可能包括剥夺性物理强制。

三、刑罚的经济性根据

（一）刑罚经济性根据的含义

刑罚经济性根据的含义到底是什么，有不同的观点。我国学者邱兴隆认为，刑罚的经济性根据是刑罚的经济补偿功能。他认为，刑罚对于作为施刑者的国家具有经济补偿功能，这种补偿表现在：国家对犯罪人处以财产刑的标的即财物收归国家所有，犯罪人在自由刑执行期间所从事的生产为无偿劳动，其所创造的财富被上缴为国家财政。"这种经济补偿功能，虽然不能直接产生预防犯罪的效果，但可以减轻国家为刑罚机器运转而必须付出的经济代价，因而仍应理解为刑罚的功利之一，即经济性的正当根据。"[5] 这里的经济补偿性绝不意味着国家赢利。国家不能从犯罪人身上获利，也可以说，国家绝不能从犯罪行为中获利。这是因为，国家是社会秩序的维护者，为了完

---

[5] 邱兴隆：《刑罚理性导论——刑罚的正当性原论》，中国政法大学出版社1998年版，第37页。

成这一使命，国家必须投入大量成本，一方面用大量的人力、物力、财力来进行社会治安综合治理；一方面用刑罚来对付犯罪。而刑罚的动用必须以大量的人力与财力的投入为后盾。这就是说，国家理应投入人力、财力来维护社会治安，而不应从社会秩序的破坏中取得"税收"。从犯罪学角度而言，犯罪人犯罪，既有他本人心理、生理的原因，也有社会原因。社会责任论将犯罪产生的原因全部都归于社会固然不完全正确；但根据科学的犯罪学理论，在犯罪产生的诸多原因中，至少有一部分在社会。这就是说，国家和社会对犯罪的产生具有一定的责任，或者说，具有一定的过错。那么，国家和社会就绝不能因为自己有过错而获利，像对合法企业收税一样，国家向犯罪行为或犯罪人"收税"，这样是绝对不合理的。国家对犯罪人判处罚金，将服刑人的无偿劳动收归国家，绝对不是刑罚的目的。刑罚的目的，只能是预防犯罪。国家获得的罚金和无偿劳动成果只是在运用刑罚过程中产生的客观结果。它是刑罚经济性根据的内容之一，绝不是全部所在。

本书认为，从刑罚正当性根据的角度，刑罚经济性根据还应当包括：在能充分满足刑罚报应和预防根据之规定性的前提下，刑罚的经济耗费应尽量减小。只有既符合报应和预防的规定性又经济耗费小的刑罚，才是正当合理的刑罚。在这里，经济性是受报应和预防根据制约的。换言之，不符合报应和预防根据的方法，即使其经济耗费再小，也不能成为刑罚方法。

（二）经济性是刑罚发展规律的要求

刑罚方法的创设，具有极强的规律性。它是由社会经济条件、人类对犯罪与刑罚的认识水平以及社会文化道德水准所综合规定的。考察刑罚历史，我们可以发现，在完全处于隔离状态的各自独立发展的不同地区的古代社会，其刑罚的内容惊人地相似。这种相似性绝不是文化交流的结果。因为古代各国相互隔绝，不相往来，这种相似性只能是由相同的经济、文化、道德水平所共同决定的结果。

受刑罚规律性的决定，在所有文明社会中，作为刑罚所剥夺的权利，都必须具有下列三个基本特征：其一，珍贵性。即被刑罚所剥夺的内容（人的权益）是十分珍贵的，否则，不能产生惩罚性。其二，普遍性。即刑罚所剥夺的内容为绝大多数人所拥有，只为少数人所拥有的东西，不可能成为刑罚内容。刑罚的设计必须使之能够适用于社会绝大多数人，因为在理论上任何人都有可能因实施犯罪行为而受到刑罚制裁。其三，经济性。即刑罚方法必须具有简便易行的特征。刑罚适用的普遍性、经常性和反复性，要求刑罚的成本尽量低廉，以便使国家不必为此付出昂贵的代价。所以，刑罚的经济性是刑罚规律性的重要内容，是刑罚的一个重要的正当性理由或根据。

四、刑罚的人道根据

（一）刑罚人道性的历史轨迹

关于人道主义，它有两个方面的含义："一个是作为世界观和历史观；一个是作为伦理原则和道德规范。"[6] 这里所谈的人道性，绝不是指第一种含义，因为"作为世界观和历史观的人道主义，是唯心的，它不能对人类社会历史作出科学的解释"[7]。这里所谈的人道性是作为伦理原则和道德规范意义而使用。作为刑罚理论的人道性，特指刑罚方法的设计和使用应当尽量宽和，绝不能残酷，要把犯罪人当人看。由于人类社会的经济、文化、道德水平的不断进步，特别是"人类对刑罚的不断探索、发现与追求，在漫长的历史发展过程中，刑罚不断接受理性的检验与反思，形成了由无理走向合理的进化轨迹"[8]。这一刑罚进化过程的首要表征，就是由严酷走向缓和，由非人道走向人道性。古代以残酷的肉刑和残忍的死刑为中心的刑罚体系早已成为历史的陈迹。自启蒙运动开始的资产阶级民主革命运动，树立了民主、自由、平等、人道的旗帜，以自由刑为中心的刑罚体系伴随着刑罚人道主义时代的到来，倍受青睐和关注。随着历史车轮由近代驶入现代，刑罚进入矫正刑时代，"死刑的废除提上议事日程，其分配与执行受到更严格的限制，自由刑的惩罚性被大大削弱，无期自由刑与长期自由刑的分配范围受到严格限制"[9]。从这一时期开始至现在，世界各国逐渐扩大罚金刑的适用，罚金刑以其经济性、人道性的优点而越来越受到世界注目，大有与自由刑并驾齐驱之势。日本学者福田平、大塚仁认为："刑罚的历史，本来就是人的历史，这里记录着人生观的变化。迄至19世纪曾经占据刑罚宝座的身体刑和死刑，逐

---

[6] 胡乔木：《关于人道主义和异化问题》，人民出版社1984年版，第1页。
[7] 胡乔木：《关于人道主义和异化问题》，人民出版社1984年版，第35页。
[8] 邱兴隆：《刑罚理性评论——刑罚的正当性反思》，中国政法大学出版社1999年版，第124页。
[9] 邱兴隆：《刑罚理性评论——刑罚的正当性反思》，中国政法大学出版社1999年版，第118页。

渐被自由刑所代替。于是在今天，20世纪已过半个世纪的时候，在监内执行的形式的自由刑，行将被作为监外处置的保护观察和罚金刑所代替。在这种历史性的变化中，不论用什么方式使犯人重返社会，都是不无道理的。"[10] 这种将刑罚历史同人生观相联系的认识，深刻地揭示了刑罚所应有的人道性根据。

（二）刑罚人道根据的理性分析

首先，刑罚人道性是刑罚报应性规定的前提，是对刑罚报应的修正。"任何与之相冲突的报应规定都不具有合理性……只有符合人道规定的报应性规定，才是刑罚的理性规定。"[11] 不符合人道性，残酷的刑罚超出了犯罪的侵害程度和主观恶性程度，使刑罚丧失了报应基础，虽然其打着报应的旗号，但这种报应性也是不公正的。

其次，刑罚人道性是刑罚预防性根据的基础。"刑罚的目的仅仅在于：阻止罪犯再重新侵犯公民，并规诫其他人不要重蹈覆辙。因而，刑罚和实施刑罚的方式应该经过仔细推敲，一旦建立了确定的对应关系，它会给人以一种更有效、更持久、更少摧残犯人躯体的印象。"[12] "刑罚的残酷性还造成两个同预防犯罪的宗旨相违背的有害结果。第一，不容易使犯罪与刑罚之间保持实质的对应关系……；第二，严酷的刑罚会造成罪犯不受处罚的情况。"[13] 刑罚极其严酷，如果对轻罪动用了重的、严酷的刑罚，等到处罚重罪时，就没有更严酷的刑罚来使用了。因为严酷的刑罚资源是有限的。刑法预防犯罪的规定必须以刑罚人道性为基础，背离了人道性的刑罚必然会使国民对刑罚乃至创造和执行刑罚的国家产生愤恨情绪，进而对法律也必然产生蔑视心理；此外，残酷的刑罚只能导致其威慑力下降。"人的心灵就像液体一样，总是顺应着它周围的事物，随着刑罚变得日益残酷，这些心灵也变得麻木不仁了。"[14]

总之，刑罚的人道性不但是报应性和预防性根据的前提和基础，对于报

---

[10] [日] 福田平、大塚仁：《日本刑法总则论讲义》，李乔等译，辽宁人民出版社1986年版，第206页。

[11] 邱兴隆：《刑罚理性导论——刑罚的正当性原论》，中国政法大学出版社1998年版，第20页。

[12] [意] 贝卡利亚：《论犯罪与刑罚》，中国大百科全书出版社1993年版，第42页。

[13] [意] 贝卡利亚：《论犯罪与刑罚》，中国大百科全书出版社1993年版，第43~44页。

[14] [意] 贝卡利亚：《论犯罪与刑罚》，中国大百科全书出版社1993年版，第43页。

应性和预防性具有制约作用，而且是刑罚报应性和预防性实现的条件和途径；刑罚的报应性和预防性，只有与人道性结合，才是合理正当的。

五、刑罚目的

刑罚目的是国家制定、适用和执行刑罚所期望达到的效果，是刑罚制度的核心价值取向。一般而言，刑罚目的是国家从刑罚的诸根据之中选择一个或两个作为刑种设立、刑罚制度设定、刑罚适用原则的出发点和落脚点。刑罚目的决定和制约着刑罚的其他所有问题，如制约着立法如何选择刑种、如何构建刑罚体系、如何确立刑罚制度、如何确立刑罚对象的范围，等等。我国刑罚的目的是预防犯罪，包括特殊预防和一般预防两个方面。

第三节 我国刑罚体系及刑种

一、刑罚体系的概念

刑罚体系是指国家为充分发挥刑罚功能、实现刑罚目的，基于刑法明文规定而设置的、由一定刑罚种类按其轻重程度而组成的序列。根据刑法规定，我国刑种类被区分为主刑与附加刑两大类，这种分类实际上是依据各刑种能否独立适用、其对于预防犯罪功能的强弱等为标准而作出的划分。根据《刑法》第33条规定，我国的主刑包括管制、拘役、有期徒刑、无期徒刑和死刑。《刑法》第34条规定了罚金、剥夺政治权利与没收财产三种附加刑；第35条规定了对于犯罪的外国人可适用驱逐出境刑罚，这是一种特殊的附加刑。

刑法理论根据刑种剥夺权益的不同性质，将其分为生命刑、自由刑、财产刑和资格刑四种。生命刑，是剥夺犯罪人生命的刑罚方法，如死刑就是生命刑。自由刑，是剥夺或限制犯罪人人身自由的刑罚方法，包括无期徒刑、有期徒刑、拘役、管制等，它是运用最广的刑种。财产刑，是剥夺犯罪人财产的刑罚方法，包括罚金、没收财产。资格刑，是指剥夺犯罪人行使某些权利和资格的刑罚方法，如剥夺政治权利、驱逐出境等。

二、主刑

所谓主刑，是指只能独立适用，不能附加适用的刑罚。一个罪只能适用一个主刑，不能同时适用二个以上主刑。如前所述，我国刑法规定的主刑包括管制、拘役、有期徒刑、无期徒刑和死刑 5 种。

（一）管制

管制是指对犯罪人不予关押，但限制其一定自由，由公安机关执行的刑罚方法。管制是我国特有的一种轻刑。

1. 管制的适用对象

刑法对于管制的对象未作明确限制，只要刑法分则条文的法定刑中规定有管制的，人民法院根据案件的具体情况，认为属于犯罪尚不够判处有期徒刑或者其他主刑，以不予关押为宜的犯罪分子，都可以判处管制。

2. 管制的性质

管制是一种限制自由刑。对于适用管制的犯罪人，不予关押，即不剥夺其人身自由。根据《刑法》第 39 条规定，管制刑限制自由的内容是：①遵守法律、行政法规，服从监督；②未经执行机关批准，不得行使言论、出版、集会、结社、游行、示威自由的权利；③按照执行机关规定报告自己的活动情况；④遵守执行机关关于会客的规定；⑤离开所居住的市、县或者迁居，应当报经执行机关批准。但是，对犯罪人的劳动报酬不得进行限制。对于被判处管制的犯罪分子，在劳动中应当同工同酬。

3. 管制的期限

根据《刑法》第 38、41、69 条规定，管制的期限为 3 个月以上 2 年以下，数罪并罚时不得超过 3 年。管制的刑期，从判决执行之日起计算；判决执行以前先行羁押的，羁押 1 日折抵刑期 2 日。依据第 40 条之规定，管制期满，执行机关应立即向本人和其所在单位或者居住地的群众宣布解除管制。

4. 管制的执行

管制的执行机关是公安机关。但由于管制是一种开放性的刑罚方法，故也离不开群众的监督。事实上，《刑法》第 39 条所规定的"服从监督"，也包括服从群众的监督。

5. 管制期间的禁止令

（1）适用对象。对判处管制的犯罪分子，人民法院根据犯罪情况，认为从促进犯罪分子教育矫正、有效维护社会秩序的需要出发，确有必要禁止其在管制执行期间从事特定活动，进入特定区域、场所，接触特定人的，可以根据《刑法》第38条第2款，同时宣告禁止令。

（2）判处禁止令的原则。人民法院宣告禁止令，应当根据犯罪分子的犯罪原因、犯罪性质、犯罪手段、犯罪后的悔罪表现、个人一贯表现等情况，充分考虑与犯罪分子所犯罪行的关联程度，有针对性地决定禁止其在管制执行期间"从事特定活动，进入特定区域、场所，接触特定的人"的一项或者几项内容。

（3）禁止令的内容。

第一，禁止从事特定活动。人民法院可以根据犯罪情况，禁止判处管制的犯罪分子在管制执行期间从事以下一项或者几项活动：①个人为进行违法犯罪活动而设立公司、企业、事业单位或者在设立公司、企业、事业单位后以实施犯罪为主要活动的，禁止设立公司、企业、事业单位；②实施证券犯罪、贷款犯罪、票据犯罪、信用卡犯罪等金融犯罪的，禁止从事证券交易、申领贷款、使用票据或者申领、使用信用卡等金融活动；③利用从事特定生产经营活动实施犯罪的，禁止从事相关生产经营活动；④附带民事赔偿义务未履行完毕，违法所得未追缴、退赔到位，或者罚金尚未足额缴纳的，禁止从事高消费活动；⑤其他确有必要禁止从事的活动。

第二，禁止进入特定场所。人民法院可以根据犯罪情况，禁止判处管制的犯罪分子在管制执行期间进入以下一类或者几类区域、场所：①禁止进入夜总会、酒吧、迪厅、网吧等娱乐场所；②未经执行机关批准，禁止进入举办大型群众性活动的场所；③禁止进入中小学校区、幼儿园园区及周边地区，确因本人就学、居住等原因，经执行机关批准的除外；④其他确有必要禁止进入的区域、场所。

第三，禁止接触特定人员。人民法院可以根据犯罪情况，禁止判处管制的犯罪分子在管制执行期间接触以下一类或者几类人员：①未经对方同意，禁止接触被害人及其法定代理人、近亲属；②未经对方同意，禁止接触证人及其法定代理人、近亲属；③未经对方同意，禁止接触控告人、批评人、举报人及其法定代理人、近亲属；④禁止接触同案犯；⑤禁止接触其他可能遭受其侵害、滋扰的人或者可能诱发其再次危害社会的人。

（4）禁止令的期限。禁止令的期限既可以与管制执行的期限相同，也可以短于管制执行的期限，但不得少于3个月。被判处管制的犯罪分子在判决执行以前先行羁押以致管制执行的期限少于3个月的，禁止令的期限不受前款规定的最短期限的限制。禁止令的执行期限，从管制、缓刑执行之日起计算。

（5）禁止令的执行。禁止令由司法行政机关指导管理的社区矫正机构负责执行。人民检察院对社区矫正机构执行禁止令的活动实行监督。发现有违反法律规定的情况，应当通知社区矫正机构纠正。判处管制的犯罪分子违反禁止令由负责执行禁止令的社区矫正机构所在地的公安机关依照《治安管理处罚法》第60条的规定处罚。[15]

（二）拘役

拘役是短期剥夺犯罪人自由，就近关押并进行教育和劳动改造的刑罚方法，是介于管制和有期徒刑之间的轻刑。

1. 拘役的性质和适用对象

拘役是短期剥夺自由的刑罚方法。对拘役犯实行关押，并对有劳动能力的，实行强制劳动改造。拘役主要适用于那些罪行较轻，有必要短期剥夺其人身自由进行劳动改造的罪犯。

2. 拘役的期限

根据《刑法》第42、69条规定，拘役的期限为1个月以上6个月以下，数罪并罚不得超过1年。依据《刑法》第44条规定，拘役的刑期，从判决执行之日起计算；判决执行以前先行羁押的，羁押1日折抵刑期1日。

3. 拘役的执行

《刑法》第43条第1款规定："被判处拘役的犯罪分子，由公安机关就近执行。"这表明公安机关是拘役刑的执行机关。所谓"就近执行"，是指公安机关对于被判处拘役的犯罪分子，有条件建立拘役所的，放在拘役所执行；没有条件的可放在就近的监狱或劳改队执行；远离监狱和劳改队的，可以放

---

[15] 参见2011年4月28日最高人民法院、最高人民检察院、公安部、司法部《关于对判处管制、宣告缓刑的犯罪分子适用禁止令有关问题的规定（试行）》（法发〔2011〕9号）。

在就近的看守所内执行。在监狱、劳改队或看守所执行的，要实行分管分押，以防交叉感染或串供。《刑法》第43条第2款规定："在执行期间，被判处拘役的犯罪分子每月可以回家1天至2天；参加劳动的，可以酌量发给报酬。"被判处拘役的犯罪分子，如离家路途较远的，可以累积使用假期。

（三）有期徒刑

有期徒刑是指剥夺犯罪人一定期限的人身自由，并强制进行劳动和教育改造的刑罚方法。有期徒刑是我国刑法规定的最主要的刑种。其适用的犯罪最广泛。刑法分则规定的全部具体犯罪，都配置了相应的有期徒刑。

1. 有期徒刑的性质

有期徒刑是一种剥夺罪犯自由的刑罚。这是它的根本特征。被判处有期徒刑的罪犯被拘押于监狱、劳动改造管教队、少年犯管教所或其他执行场所，实行强制劳动改造和教育。

2. 有期徒刑的适用对象

有期徒刑适用的对象最广泛，可以适用于所有犯罪的自然人。从较轻罪犯到较重罪犯，都可以用有期徒刑给予惩罚。我国刑法分则凡规定法定刑的条文，都规定了有期徒刑。从全世界范围看，有期徒刑是现代刑罚体系的中心刑种。

3. 有期徒刑的期限

根据《刑法》第45条规定，有期徒刑的期限，除刑法另有规定的以外，为6个月以上15年以下。这里的本法另有规定，指的是《刑法》第50、69条的规定。

《刑法》第50条规定，判处死刑缓期执行的，在死刑缓期执行期间，如果没有故意犯罪，2年期满以后，减为无期徒刑；如果确有重大立功表现的，2年期满以后，减为25年有期徒刑。

根据《刑法》第69条规定，数罪并罚的，数个犯罪分别宣告的刑期总和不满35年的，最后决定执行的刑期不得超过20年；数个犯罪分别宣告的刑期总和在35年以上的，最后决定执行的刑期不能超过25年。有期徒刑的刑期从判决执行之日起开始计算。判决执行以前先行羁押的，羁押1日折抵刑期1日。

4. 有期徒刑的执行

《刑法》第46条规定，被判处有期徒刑的犯罪分子，在监狱或者其他执行场所执行；凡有劳动能力的，都应当参加劳动，接受教育和改造。此处劳动改造是强制性的，除丧失劳动能力的以外，都必须参加。劳动是培养人们自食其力的最好方法，是人复归本性的必由之路。强制劳动是我国有期徒刑执行的重要组成部分，是区别于某些西方国家实行的单纯剥夺人身自由的监禁刑之本质所在。

（四）无期徒刑

无期徒刑是剥夺犯罪人终身自由，实行强迫劳动和教育改造的刑罚方法。

1. 无期徒刑的性质

无期徒刑是剥夺犯罪分子终身自由的刑罚，没有刑期，是自由刑中最严厉的一种。虽然从理论上讲，无期徒刑没有刑期，但从实际执行上讲，判处无期徒刑罪犯如果表现良好，可以减刑或假释。除《刑法》第383、386条规定对严重的贪污、受贿罪犯可适用终身监禁以外，判处无期徒刑的人很少在监狱度过终生的。

2. 无期徒刑的适用对象

无期徒刑只适用于罪行严重但又不需要判处死刑的罪犯。我国刑法规定无期徒刑的条文比较多，基本上采取两种形式：一是把无期徒刑和处10年以上有期徒刑规定在一个条文中，作为量刑的选择刑种；二是把无期徒刑与死刑规定在一个条文里，作为选择性刑种。这些规定表明，无期徒刑适用于应当判处10至15年有期徒刑以上，但没有必要判处死刑的各种严重的罪犯。

3. 无期徒刑的执行

《刑法》第46条规定，被判处无期徒刑的犯罪分子，在监狱或者其他执行场所执行；凡具有劳动能力的，都应当参加劳动，接受教育和改造。对判处无期徒刑的罪犯，根据其在执行过程中的表现，特别是有立功表现的，可以减刑；执行至少10年以上的罪犯，虚心接受教育改造，已经没有再犯可能性的，可以附加一定条件提前释放，即假释。

4. 无期徒刑必须附加的刑种

《刑法》第57条规定，对于被判处无期徒刑的犯罪分子，应当附加剥夺政治权利终身。这表明无期徒刑不能孤立适用，必须与剥夺政治权利终身的刑种合并适用。此制度可以防止被判处无期徒刑的罪犯，利用出版、选举、结社等途径再犯罪。

（五）死刑

死刑是剥夺犯罪人生命的刑罚方法，又被称为生命刑、极刑。死刑可很简便地防止犯罪人再次犯罪，对于杀人等犯罪具有极其相配的报应性，所以其具有存在的合理性。但是，死刑不符合刑罚的人道根据，因冤案错杀而不可纠正，也具有不合理性。正因为死刑具有的两面性，所以在保留死刑和废除死刑之间，存在着激烈的争议。根据国情，我国应当保留死刑，但要不断减少和严格限制死刑。这已经成为我国理论界、立法界和司法界的共识。我国在如下几方面，不断减少和严格限制死刑适用。

1. 可适用死刑的犯罪范围的限制

《刑法》第48条规定："死刑只适用于罪行极其严重的犯罪分子。"这实际上是规定了严格的死刑适用条件。"只适用于"的表述，充分体现了限制死刑的精神。"罪行极其严重"，是指罪行对国家和人民利益的危害特别严重，手段极其残忍，情节特别恶劣，同时行为人具有极其严重的人身危险性和主观恶性。法院在根据刑法分则的具体规定适用死刑时，应该遵循此标准，并要符合适用死刑的总体情节的要求。另外，全国人大常委会几次出台刑法修正案，不断在立法上减少可适用死刑的罪名。

2. 死刑适用对象的限制

《刑法》第49条规定："犯罪的时候不满18周岁的人和审判的时候怀孕的妇女不适用死刑。审判的时候已满75周岁的人，不适用死刑，但以特别残忍手段致人死亡的除外。"根据此规定，对于犯罪的时候不满18周岁、审判的时候怀孕的妇女，即使其属于罪行极其严重的犯罪分子，也不能适用死刑。审判的时候已满75周岁的人，一般也不适用死刑，但以特别残忍手段致人死亡的犯罪人，也可以适用死刑。"犯罪的时候"，是指犯罪人实施犯罪行为的时候。"不适用死刑"，是指绝对不能判处死刑，绝不能理解为可以判处死刑，只是暂时不执行，待犯罪分子年满18周岁或怀孕妇女分娩后再执行死刑。"不适用死刑"既包括不能判处死刑立即执行，也包括不能判处死刑缓期2年执行。"审判的时候怀孕的妇女"，是指在人民法院审判的时候，被告人是怀孕的妇女。对于怀孕的妇女，无论是羁押期间还是受审期间，都不应当为了要判处死刑而给其进行人工流产,或者待其分娩生产后再判处死刑;已经人工流产甚至自然流产的,仍应视为审判时怀孕的妇女,不能适用死刑。

3. 死刑核准程序的限制

《刑法》第 48 条第 2 款规定:"死刑除依法由最高人民法院判决的以外,都应当报请最高人民法院核准。死刑缓期执行的,可以由高级人民法院判决或者核准。"

4. 死刑执行制度的限制

《刑法》第 48 条规定:"……对于应当判处死刑的犯罪分子,如果不是必须立即执行的,可以判处死刑同时宣告缓期二年执行。"这就是我国刑法中的死刑缓期执行制度,简称死缓。死缓制度对于应当判处死刑的犯罪人,又在是否实际执行的环节上留了一线生机,只要不是必须立即执行的,均可适用死刑缓期执行的规定。适用死刑缓期执行必须具备两个条件:一是"罪该处死"。此表明,适用死缓的对象必须是所犯罪行极其严重的罪犯;二是"不是必须立即执行"。这是适用死缓的基本条件。对于"不是必须立即执行"的条件,司法实践通常按如下情况掌握:犯罪后自首、立功或有其他法定从轻情节的,在共同犯罪中罪行较轻的从犯、协从犯,因被害人的过错导致被告人激愤而犯罪,有其他容易改造的情节的,有令人怜悯的情节的,等等。

死缓不是独立刑种,只是死刑的一种执行方法。根据《刑法》第 50 条规定:"判处死刑缓期执行的……如果没有故意犯罪,2 年期满以后,减为无期徒刑;如果确有重大立功表现,2 年期满以后,减为 25 年有期徒刑;如果故意犯罪,情节恶劣的,报请最高人民法院核准后执行死刑……"

《刑法》第 51 条规定:"死刑缓期执行的期间,从判决确定之日起计算。死刑缓期执行减为有期徒刑的刑期,从死刑缓期执行期满之日起计算。"换言之,死缓判决确定之前的羁押时间不计算在缓期 2 年的期限之内。缓期 2 年届满后至裁定减为有期徒刑之前的关押日数,则应计算在减为 25 年有期徒刑的刑期之内。

根据《刑法》第 383、386 条规定,贪污受贿数额特别巨大,并使国家和人民利益遭受特别重大损失的,处无期徒刑或者死刑,并处没收财产。被判处死刑缓期执行的,人民法院根据犯罪情节等情况,可以同时决定在其死刑缓期执行 2 年期满依法减为无期徒刑后,终身监禁,不得减刑、假释。终身监禁是介于死刑立即执行与一般死缓之间的一种执行措施,但又比一般死缓更为严厉。其实际上是贪污受贿罪的死刑替代措施。法院凡决定判处终身监禁的,在一、二审作出死缓裁判的同时应当一并作出。

三、附加刑

附加刑是指对预防犯罪起辅助功能,用于补充对某犯罪人适用某种主刑之功能的不足而加以适用的刑种类别。一般情况下它附加某种主刑而适用,个别情况下,它也可以独立适用。

(一) 罚金

1. 罚金刑的概念和特征

罚金刑是人民法院判处犯罪人向国家缴纳一定数额金钱的刑罚方法。其具有如下特征:

(1) 罚金所剥夺的权益是犯罪人现有或将来可能有的金钱。刑罚的根本属性是对犯罪人某种重要权益的剥夺和限制。根据所剥夺或限制权益内容的不同,可将刑罚分为生命刑、自由刑、财产刑和资格刑。罚金刑所剥夺的权益是金钱,属财产刑性质;但是,在财产刑中,罚金刑又具有独立的特征,这种特征表现为它所剥夺的财产权益必须表现为金钱,而且仅限于金钱,不包括其他财产,当然犯罪人可将其他财产折算成金钱缴纳。在这一点上它与没收财产是有区别的。没收财产是强制剥夺犯罪人所有的财产,包括土地、房屋、家产、工厂等,也包括没收犯罪人的金钱。所以。在刑罚所剥夺财产权的表现形式上,罚金比没收财产更具有专一性。此外,罚金刑所剥夺的犯罪人的金钱并不以现有的为限,它还包括犯罪人将来可能有的金钱。即罚金的数额"可能超过犯罪人手中现有的金钱数"[16]。没收财产包括没收犯罪人金钱,但其严格地以现有的金钱为限。

(2) 罚金刑所剥夺的是犯罪人合法所有的金钱。刑罚是对犯罪人合法权益的剥夺和限制:生命刑、自由刑及资格刑所剥夺的生命、自由及政治权利等,理应是犯罪人的合法权益。罚金刑应与其他刑罚方法一样,只能对犯罪人合法拥有的金钱进行剥夺。对犯罪人非法取得的金钱的追缴,不属于刑罚

---

[16] 马克昌主编:《刑罚通论》(第2版),武汉大学出版社1999年版,第215页。

范畴。我国《刑法》第64条规定:"犯罪分子违法所得的一切财物,应当予以追缴或者责令退赔;对被害人的合法财产,应当及时返还,违禁品和供犯罪所用的本人财物,应当予以没收。没收的财物和罚金,一律上缴国库,不得挪用和自行处理。"很明显,根据此规定,刑罚所剥夺的金钱理应属于违法所得、违禁品和供犯罪所用的本人财物以外的合法金钱。

罚金刑所剥夺的是犯罪人合法拥有的金钱,符合刑罚正当根据的规定性。刑罚的正当根据是报应和功利。而其中报应是前提和基础,它对功利具有修正和限制作用。刑罚的报应根据,必然要求犯罪分子用其合法权益来赎回其行为所造成的损失,以恢复合法状态。它绝不允许犯罪分子以不属于自己的东西来赎罪。从本质上讲,剥夺合法金钱的一般正当性在于它是罪行的对价物(赎罪物),从量上讲,剥夺的合法金钱的数量应与罪行的严重程度相均衡。所以,依据刑罚正当根据的理论,罚金刑所剥夺的只能是犯罪人的合法金钱。当然,在司法实践中,也可能出现犯罪分子用违法收入的金钱缴纳罚金的情况;但是,此种情况只限于司法机关无法了解其金钱来源正当与否的情况下才能出现。在正常情况下,司法机关是绝不能允许犯罪人用非法所得的金钱来交纳罚金的。

(3)罚金由法院依法判处。根据民主制的要求和国家权力的分工原则,适用刑罚的主体只能是国家审判机关——法院。罚金刑是一种重要的刑罚方法,其适用主体必须是法院。根据罪刑法定原则的要求,法院在适用罚金刑时,必须根据刑法的明文规定。刑法条文没有明文规定可判处罚金的,法院不能随意判处;而且,法院判处罚金的数额幅度也必须根据刑法明文规定。法院依据刑法规定判处罚金的这一特征,使罚金与罚款区别开来。虽然在缴纳金钱的形式上,罚金与罚款有一定相似性,但在本质上,两者是有区别的:在适用主体上,罚款由警察、海关、工商、税务等依法行使一定行政权力的行政机关对行政违法者适用;行政机关在适用罚款时,所依据的只能是具有一定效力层次的行政法律、法规、规章等。法院依法判处罚金的适用对象只能是其行为具有严重社会危害性已触犯刑律应当承担刑事责任的犯罪人(包括自然人和单位),对那些没有触犯刑律的一般违法者不能适用罚金。

(4)罚金由犯罪人向国家缴纳。罚金由犯罪人缴纳是要求犯罪人在指定期间内一次或分期缴纳。从法律的原本要求来看,罚金首先由犯罪人自己缴纳。犯罪人在受到法院的罚金判决以后，自己应筹集够法定数额，并自己在法定的期间内将金钱缴纳上。只有在犯罪人不缴纳或没有能力缴纳时，法院才采取强制措施或易科等其他方法执行。在这一点上，罚金与没收犯罪人的金钱不同。没收财产一般由法院执行，必要时可以要求公安机关配合，而且一次执行完毕，不存在分期执行问题，不要求也不允许犯罪人自己缴。罚金是判处由犯罪人向国家缴纳一定数额金钱的刑种，这说明犯罪人缴纳的金钱不是给法院，而是上缴国家，法院只是代表国家执行罚金刑而已。向国家缴纳的金钱既充分表明了罚金是国家对犯罪人财产权益剥夺的根本性质，也表明罚金是国家对犯罪人给予否定性的道德、政治评价。

2. 罚金刑的种类

（1）普通罚金刑。又称限额罚金刑，是指刑法明文规定罚金的一定数额，即规定出最高额度和最低额度，在这个数额幅度内由法院综合根据具体案件情况和犯罪人情况作出裁量的罚金刑。这种罚金刑又可分为总则规定制、分则规定制、总则分则共同规定制。总则规定制是指在刑法典总则中规定罚金数额的上限和下限，或者总则只规定罚金数额的上限或下限，在分则条文中不再规定罚金数额，而只规定处以罚金；分则规定制是在刑法分则中规定罚金数额的上限和下限，而总则中不规定罚金的数额；总则分则共同规定制是指在刑法总则条款和分则条款共同结合规定出罚金刑的数额。其又可分为两种情况：一是在刑法总则中规定罚金数额的下限，分则中规定上限；二是在刑法总则中规定罚金数额的上限和下限，分则在总则规定的法定限度内规定具体罚金的上限与下限。如果总则中只规定了罚金数额的上限或下限，则其下限或上限应以分则规定为准。

（2）倍比罚金刑。此制是指法律规定依照犯罪行为的实际违法所得数额、违法经营额或由于违法行为实际造成的损失额、偷逃税款额等为基数，再按其倍数或比例确定罚金额度。例如，根据我国《刑法》第140条的规定，生产、销售伪劣产品，销售金额在5万元以上不满20万元的，处2年以下有期徒刑或者拘役，并处或单处销售金额50%以上2倍以下罚金。根据第202条的规定："以暴力、威胁方法拒不缴纳税款的，处3年以下有期徒刑或者拘役，并处拒缴税款1倍以上5倍以下罚金；情节严重的，处3年以上7年以下有期徒刑，并处拒缴税款1倍以上5倍以下罚金。"这种规定既便于法官裁量，又不受经济情况变化导致通货膨胀的影响。但这种规定方法只对那些能具体计算出经营、获利或损失数额的特定种类犯罪，才便于适用。

（3）无限额罚金刑。这种制度是指法典不规定罚金刑的数额限度，由法院根据犯罪人的犯罪行为、个人表现及经济状况等自由裁量罚金数额。从世界范围看，采用此制的国家很少。我国旧刑法对所有罚金刑之规定均采用无额度限制。但现行刑法有所改变，对经济犯罪等能具体计算出违法经营额、违法所得额、销售额的，确定出一定罚金额度；但对妨害社会管理秩序等具体犯罪的罚金则仍是采取无限额制。如《刑法》第313条对拒不执行判决、裁定罪规定处3年以下有期徒刑、拘役或者罚金；第318条对组织他人偷越国（边）境罪规定处2年以上7年以下有期徒刑，并处罚金；等等。无限额罚金制的优点是即使社会经济发展导致通货膨胀也不会对罚金刑的量产生影响；但此制也有缺点，表现为：可操作性差，法官自由裁量权过大，容易产生刑罚不平衡，不同地区、不同时期对同一种犯罪的罚金数额差别巨大，或者导致司法专横，罚不当罪的现象；等等。

3. 判处罚金刑数额的根据

人民法院应当根据犯罪情节，如违法所得数额、造成损失的大小等，并综合考虑犯罪分子缴纳罚金的能力，依法判处罚金。刑法没有明确规定罚金数额标准的，罚金的最低数额不能少于1000元。对未成年人犯罪应当从轻或者减轻判处罚金，但罚金的最低数额不能少于500元。依法对犯罪分子所犯数罪分别判处罚金的，应当实行并罚，将所判处的罚金数额相加，执行总和数额。[17]

4. 罚金刑的并处和单处

（1）并处罚金的情况。刑法规定"并处"罚金的犯罪，人民法院在对犯罪分子判处主刑的同时，必须依法判处相应的罚金刑；刑法规定"可以并处"罚金的犯罪，人民法院应当根据案件具体情况及犯罪分子的财产状况，决定是否适用罚金刑。

（2）单处罚金的情况。犯罪情节较轻，适用单处罚金不致再危害社会并具有下列情形之一的，可以依法单处罚金：①偶犯或者初犯；②自首或者有

---

[17] 参见2000年12月19日施行的最高人民法院《关于适用财产刑若干问题的规定》。

立功表现的;③犯罪时不满 18 周岁的;④犯罪预备、中止或者未遂的;⑤被胁迫参加犯罪的;⑥全部退赃并有悔罪表现的;⑦其他可以依法单处罚金的情形。[18]

5. 罚金刑的执行

根据《刑法》第 53 条的规定,在我国,罚金有以下五种执行方式:①一次缴纳,即要求犯罪人在判决指定的期限内一次性缴纳完所判罚金。②分期缴纳,即要求犯罪人在判决确定的期限以内分期缴纳所判罚金。③强制缴纳,指在判决确定的期限届满以后,犯罪人未缴纳或未全部缴纳的,由人民法院强制其缴纳。④随时追缴,指对于不能全部缴纳罚金的犯罪人,人民法院在任何时候发现其有可以被执行的财产的,应随时予以追缴。⑤减免缴纳,即如果由于遭遇不能抗拒的灾祸使犯罪人缴纳确实有困难的,可以酌情减少或免除其缴纳。《刑法》第 53 条规定的"判决指定的期限"应当在判决书中予以确定;"判决指定的期限"应为从判决发生法律效力第 2 日起最长不超过 3 个月。

(二) 剥夺政治权利

剥夺政治权利是指依法剥夺犯罪人在一定期限内参加管理国家和政治活动的权利的刑罚方法。

1. 剥夺政治权利的性质

剥夺政治权利是一种资格刑。被判处此种刑罚的犯罪人,在一定期限内丧失普通公民都具有的选举权、被选举权、言论自由权、出版自由权等政治权利。

2. 剥夺政治权利的内容

根据《刑法》第 54 条规定,剥夺政治权利是指剥夺如下权利:①选举权和被选举权;②言论、出版、集会、结社、游行、示威自由的权利;③担任国家机关职务的权利;④担任国有公司、企业、事业单位和人民团体领导职务的权利。

3. 剥夺政治权利的适用对象

根据《刑法》第 56、57 条规定,剥夺政治权利一般附加适用于以下三类犯罪分子:①危害国家安全的犯罪分子,应当附加剥夺政治权利;②对于故意杀人、强奸、放火、爆炸、投毒、抢劫等严重破坏社会秩序的犯罪分子,

---

[18] 参见 2000 年 12 月 19 日施行的最高人民法院《关于适用财产刑若干问题的规定》。

可以附加剥夺政治权利；③对于被判处死刑、无期徒刑的犯罪分子，应当剥夺政治权利终身。独立适用剥夺政治权利的犯罪，则应以刑法分则的明确规定为依据。

4. 剥夺政治权利的期限

剥夺政治权利的期限有以下四种情况：①对于判处死刑、无期徒刑的犯罪分子，应当附加剥夺政治权利终身；②对于死刑缓期执行减为有期徒刑的，或者无期徒刑减为有期徒刑的，应当把附加剥夺政治权利的期限改为3年以上10年以下；③独立适用剥夺政治权利或者判处有期徒刑、拘役而附加剥夺政治权利的，其期限为1年以上5年以下；④判处管制附加剥夺政治权利的，其期限与管制的期限相等，同时执行。

5. 剥夺政治权利的执行

剥夺政治权利的刑期起算与执行分为以下几种情况：①独立适用的，按执行判决的一般原则，从判决执行之日起计算、执行。②被判管制附加剥夺政治权利的，刑期与管制的刑期同时起算，同时执行。③被判有期徒刑、拘役附加剥夺政治权利的，以及死缓、无期徒刑减为有期徒刑附加剥夺政治权利的，其刑期从徒刑、拘役执行完毕之日起，或从假释之日起开始计算；剥夺政治权利的效力当然适用于主刑执行期间。④判处死刑、无期徒刑而剥夺政治权利终身的，从主刑执行之日起开始执行。

剥夺政治权利由公安机关执行。根据《刑法》第58条第2款的规定，被剥夺政治权利的犯罪分子，在执行期间，应当遵守法律、行政法规和国务院公安部门有关监督管理的规定，服从监督；不得行使《刑法》第54条规定的各项权利。

（三）没收财产

没收财产是将犯罪分子个人所有的财产的一部或全部强制无偿地收归国有的一种刑罚方法。没收财产主要适用于危害国家安全罪、破坏社会主义市场经济秩序罪、侵犯财产罪以及贪污贿赂罪等。

1. 没收财产刑的性质

没收财产刑属于财产刑。其剥夺的是犯罪分子本人所有的财产的全部或一部。此财产既包括动产，也包括不动产，既包括以货币形态存在的财产，也包括货币形态以外的财产。

2. 没收财产刑的适用方式

根据我国刑法分则的规定，没收财产刑主要有以下三种适用方式：①并处没收财产，即应当附加适用没收财产；②可以并处没收财产，即在量刑时，既可以对犯罪人附加适用，也可以不附加适用；③并处罚金或者没收财产，即对罚金或者没收财产必须择一判处，且只能附加适用。

3. 没收之财产的界定

《刑法》第59条规定："没收财产是没收犯罪分子个人所有财产的一部或者全部。没收全部财产的，应当对犯罪分子个人及其扶养的家属保留必需的生活费用。在判处没收财产的时候，不得没收属于犯罪分子家属所有或者应有的财产。"据此规定，对犯罪分子个人所有的财产，可以没收一部分，也可以没收全部。至于具体没收多少，要由人民法院根据犯罪分子罪行的轻重和案件的具体情况来决定，但不能没收属于罪犯家属所有或者应有的财产。所以，在判处没收财产前，必须严格区分犯罪分子个人财产和家庭其他人财产。前者是指所有权明确属于犯罪分子本人的那一部分财产，后者是根据财产来源和法律规定，明确属于犯罪分子家属或亲人的财产。不得没收属于犯罪分子家属所有或者应有的财产，是罪责自负原则的根本要求。

4. 没收财产刑的执行

在我国没收财产的判决由人民法院执行；在必要时，可以会同公安机关执行。没收财产以前犯罪分子所负正当债务，需要以没收的财产偿还的，经债权人请求，应予偿还。

（四）驱逐出境

驱逐出境是强迫犯罪的外国人离开中国国（边）境的一种刑罚方法。

《刑法》第35条规定："对于犯罪的外国人，可以独立适用或者附加适用驱逐出境。"可见，驱逐出境是一种仅适用于外国人犯罪特殊附加刑。

被判处驱逐出境的外国人，必须在所判处的主刑执行完毕之后，再执行驱逐出境。我国是一个独立的主权国家，在我国境内的外国人必须遵守我国的法律。凡是外国人在我国境内犯罪的，如果人民法院认为他继续居留我国将会对我国国家和人民利益产生危害，就可以适用驱逐出境。驱逐出境既是对犯罪的外国人的一种刑事谴责，也是防止其在我国再次犯罪的有效措施。

第十三章 量刑情节及刑罚制度

第一节 量刑情节

一、量刑的概念

量刑是指人民法院在定罪的基础上，根据犯罪的事实和情节，依照有关法律规定，确定犯罪人应负的刑事责任，依法裁决对犯罪人是否判处刑罚、判处何种刑罚以及判处多重刑罚、对犯罪人所判刑罚是否立即执行的司法审判活动。

在定罪的前提下，量刑具有三大内容：第一，决定是否对犯罪人判处刑罚（确实不需要判处刑罚的，可免予刑罚处罚）；第二，决定对犯罪人判处何种刑罚与多重的刑罚；第三，决定是否对犯罪人所判刑罚予以缓刑。

我国《刑法》第61条规定了量刑的原则。其内容是："对于犯罪分子决定刑罚的时候，应当根据犯罪的事实、犯罪的性质、情节和对于社会的危害程度，依照本法的有关规定判处。"简言之，量刑原则就是"以事实为依据，以法律为准绳"。量刑既要根据犯罪的事实、性质、情节和对于社会的危害程度，决定判处的刑罚，又要考虑被告人所犯罪行的轻重，被告人应负刑事责任的大小，做到罪责刑相适应，实现惩罚和预防犯罪的目的。[1]

---

[1] 参见最高人民法院《关于常见犯罪的量刑指导意见》。

二、量刑情节的种类

量刑情节是指法院裁量刑罚时所考虑的一切有关犯罪人方面和犯罪事实方面的主观与客观的情况。有关犯罪事实方面的情况，可举例如下：共同犯罪的主犯与从犯，犯罪中止，犯罪预备，犯罪未遂，防卫过当，避险过当，等等；有关犯罪人方面的情况，可举例如下：犯罪人不满18周岁，犯罪人是尚未完全丧失辨认或者控制能力的精神病人，犯罪人是又聋又哑的人或者盲人，等等。依据不同标准，可将量刑情节分为不同的类型。

（一）法定情节与酌定情节

以该情节是否为刑法所明文规定为标准，可将量刑情节分为法定情节与酌定情节。

1. 法定情节

法定情节是指刑法明文规定的、法院在进行刑罚裁量时必须予以考虑、一般情况下应予以适用的各种情节。法定情节有些是刑法总则规定的，有些是刑法分则规定的。另外，最高人民法院《关于贯彻宽严相济刑事政策的若干意见》也规定了一些情节，各级法院在量刑时都必须遵守该《意见》。本书也姑且把这部分情节算作法定情节。

（1）刑法总则规定的情节。这种情节数量比较多，是量刑情节的主体部分。这些情节在司法实践中大量使用。其主要包括：

第一，《刑法》第10条规定：在外国已经受过刑罚处罚的，可以免除或者减轻处罚。

第二，第17条规定：已满14周岁不满18周岁的人犯罪，应当从轻或者减轻处罚。

第三，第17条之一规定：已满75周岁的人故意犯罪的，可以从轻或者减轻处罚；过失犯罪的，应当从轻或者减轻处罚。

第四，第18条规定：尚未完全丧失辨认或者控制自己行为能力的精神病人犯罪的，应当负刑事责任，但是可以从轻或者减轻处罚。

第五，第19条规定：又聋又哑的人或者盲人犯罪，可以从轻、减轻或者免除处罚。

第六，第20条规定：防卫过当的，应当减轻或者免除处罚。

第七，第21条规定：紧急避险过当的，应当减轻或者免除处罚。

第八，第22条规定：对于预备犯，可以比照既遂犯从轻、减轻处罚或者免除处罚。

第九，第23条规定：对于未遂犯，可以比照既遂犯从轻或者减轻处罚。

第十，第24条规定：对于中止犯，没有造成损害的，应当免除处罚；造成损害的，应当减轻处罚。

第十一，第27条规定：对于从犯，应当从轻、减轻处罚或者免除处罚。

第十二，第28条规定：对胁从犯，应当按照他的犯罪情节减轻处罚或者免除处罚。

第十三，第29条规定：教唆不满18周岁的人犯罪的，应当从重处罚。如果被教唆的人没有犯被教唆的罪，对于教唆犯，可以从轻或者减轻处罚。

第十四，第37条规定：对于犯罪情节轻微不需要判处刑罚的，可以免予刑事处罚。

第十五，第65条规定：对于累犯，应当从重处罚。

第十六，第67条规定：对于自首的犯罪分子，可以从轻或者减轻处罚；其中，犯罪较轻的，可以免除处罚。

第十七，第68条规定：对于立功的犯罪分子，可以从轻或者减轻处罚；有重大立功表现的，可以减轻或者免除处罚。

（2）刑法分则规定的情节。这样的情节被分散规定在刑法分则条文中，只对具体犯罪的量刑起作用。在这一点上，它与总则规定的情节不同。总则规定的情节可以反复适用于分则规定的所有具体犯罪的量刑。为说明问题，这里只列举如下一些情节：

第一，《刑法》第104条第2款规定：策动、胁迫、勾引、收买国家机关工作人员、武装部队人员、人民警察、民兵进行武装叛乱或者武装暴乱的，依照该条第1款之规定从重处罚。

第二，第106条规定：与境外机构、组织、个人相勾结，实施本章第103~105条规定之罪的，依照各该条的规定从重处罚。

第三，第109条第2款规定：掌握国家秘密的国家工作人员犯叛逃罪的，依照该条第1款之规定从重处罚。

第四，第236条规定：奸淫不满14周岁幼女的，以强奸论，从重处罚。

第五，第238条规定：非法拘禁他人或者以其他方法非法剥夺他人人身自由的，处3年以下有期徒刑、拘役、管制或者剥夺政治权利。具有殴打、侮辱情节的，从重处罚。

第六，第243条规定，捏造事实诬告陷害他人，意图使他人受刑事追究，情节严重的，处3年以下有期徒刑、拘役或者管制……国家机关工作人员犯前款罪的，从重处罚。

第七，第245条规定：非法搜查他人身体、住宅，或者非法侵入他人住宅的，处3年以下有期徒刑或者拘役。司法工作人员滥用职权，犯前款罪的，从重处罚。

第八，第390条规定：行贿人在被追诉前主动交待行贿行为的，可以从轻或者减轻处罚。其中，犯罪较轻的，对侦破重大案件起关键作用的，或者有重大立功表现的，可以减轻处罚或者免除处罚。

（3）司法解释规定的情节。这是指最高司法机关为贯彻宽严相济刑事政策而出台文件所规定的一些量刑情节。宽严相济刑事政策是我国的基本刑事政策，贯穿于刑事立法、刑事司法和刑罚执行的全过程，是司法机关惩罚犯罪，预防犯罪，保护人民，保障人权，正确实施刑事法律的指南。为贯彻此政策，最高人民法院发出通知，规定法院在量刑时要充分考虑和正确适用如下情节：

第一，惯犯、职业犯从严。对于事先精心预谋、策划犯罪的被告人，具有惯犯、职业犯等情节的被告人，或者因故意犯罪受过刑事处罚，在缓刑、假释考验期内又犯罪的被告人，要依法严惩，以实现刑罚特殊预防的功能。

第二，未成年人、在校学生实施的较轻犯罪，或者被告人具有犯罪预备、犯罪中止、从犯、胁从犯、防卫过当、避险过当等情节，依法不需要判处刑罚的，可以免予刑事处罚。

第三，亲属送首从轻。对于亲属以不同形式送被告人归案或协助司法机关抓获被告人而认定为自首的，原则上都应当依法从宽处罚；有的虽然不能认定自首，但考虑到被告人亲属支持司法机关工作，促使被告人到案、认罪、悔罪，在决定对被告人具体处罚时，也应当予以充分考虑。

第四，犯罪情节轻微的初犯、偶犯，可以免予刑事处罚，依法应当予以刑事处罚的，也应当尽量适用缓刑或者判处管制、单处罚金等非监禁刑。

第五,对于未成年人偶尔盗窃、抢夺、诈骗,数额刚刚达到较大标准的,案发后能如实交代并积极退赃的,可以认定为情节显著轻微,不作为犯罪处理。对于罪行较轻的,可以依法适当多适用缓刑或者判处管制、单处罚金等非监禁刑;依法可免予刑事处罚的,应当免予刑事处罚。对于犯罪情节严重的未成年人,也应当依照刑法第17条第3款的规定予以从轻或者减轻处罚。对于已满14周岁不满16周岁的未成年犯罪人,一般不判处无期徒刑。

第六,老年犯。要充分考虑其犯罪的动机、目的、情节、后果以及悔罪表现等,并结合其人身危险性和再犯可能性,酌情予以从宽处罚。

第七,对于事出有因的亲、邻、合作者之间的犯罪。因恋爱、婚姻、家庭、邻里纠纷等民间矛盾激化引发的犯罪,因劳动纠纷、管理失当等原因引发、犯罪动机不属恶劣的犯罪,因被害方过错或者基于义愤引发的或者具有防卫因素的突发性犯罪,应酌情从宽处罚。

第八,被告人案发后对被害人积极进行赔偿,并认罪、悔罪的,依法可以作为酌定量刑情节予以考虑。因婚姻家庭等民间纠纷激化引发的犯罪,被害人及其家属对被告人表示谅解的,应当作为酌定量刑情节予以考虑。犯罪情节轻微,取得被害人谅解的,可以依法从宽处理,不需判处刑罚的,可以免予刑事处罚。[2]

2. 酌定情节

酌定情节是指虽然刑法没有明文规定此情节,但在司法实践中,法院在量刑时一般情况下可以考虑,并据以决定刑罚轻重的犯罪事实方面和犯罪人方面的一些情况。对于酌定情节,根据案件的具体情况,法院在量刑时一般都可以适用,以实现判决的实质公正。因此,酌定情节对于审理案件也非常重要,控辩审三方都应高度关注。特别是对于某些本身没有法定情节的刑事案件,酌定情节就更能对案件的公正审判起作用。从我国的司法实践来看,酌定情节主要有以下几种:

(1) 犯罪造成的实际危害结果。危害结果对于说明行为人犯罪的社会危害性具有关键意义,因此,具体犯罪的实际危害结果怎样,对于人民法院的刑罚裁量具有重要参考意义。

---

[2] 参见2010年2月8日最高人民法院印发《关于贯彻宽严相济刑事政策的若干意见》(法发〔2010〕9号)。

(2) 犯罪的时间、地点。尽管对于绝大多数犯罪的成立来说，时间、地点并无决定意义，但是，犯罪的时间、地点却是法院正确认定犯罪的社会危害性和行为人的主观恶性的重要参考依据，因而对刑罚裁量具有重要意义。

(3) 犯罪手段。犯罪手段一般不是犯罪构成要件，但它却可以揭示出犯罪的社会危害性和行为人的主观恶性，因而犯罪手段常常成为刑罚裁量的重要酌定情节。如以普通方式杀人和以残忍手段杀人就分别显示了行为人不同的主观恶性和不同的社会危害性。

(4) 犯罪对象。犯罪对象情况如何，也往往反映出犯罪人的主观恶性和犯罪的社会危害性。如盗窃一般财物和盗窃国家救险、救灾物资，就具有不同的社会危害性。

(5) 犯罪动机。犯罪动机往往直接显示出行为人的主观恶性。例如，为了亲属治病用钱而盗窃和为了吃喝玩乐而盗窃，其动机不同，因而证明其主观恶性也大不相同。

(6) 行为人犯罪前的一贯表现。一个人的品德操行是通过其平日的一言一行表现出来的。例如，一个人平时总是表现良好，因临时起意偷窃了他人数额较大的财物；另一个人一贯好逸恶劳，偷窃了他人同样数额的财物，这也说明后者较前者具有更大的人身危险性。

(7) 行为人犯罪后的表现。行为人犯罪后的态度如何，对于了解犯罪人的主观恶性和改造难易程度具有重大意义，因而对刑罚裁量具有积极参考价值。犯罪后的良好表现主要有：积极赔偿被害人损失，真心悔罪，如实供述自己的犯罪行为，主动配合公安机关查清犯罪事实，诚意道歉取得被害人谅解；等等。这些是可以从轻处罚的情节。犯罪后恶劣的表现主要有：拒不认罪，矢口抵赖，破坏犯罪现场，阻碍公安机关侦查，继续实施相同的行为，逃跑，扬言报复，恐吓被害人和证人；等等。这些是可以从重处罚的情节。

(8) 积极返还赃款赃物，积极赔偿被害人，减少犯罪所造的损害的，一般可从轻处罚。

(二) 从宽情节与从严情节

从宽量刑情节是指对罪犯从轻处罚、减轻处罚或免除处罚的情节。从严量刑情节是指对罪犯从重处罚的情节。

1. 从宽情节

根据我国刑法规定，依据其具体影响量刑的幅度，从宽量刑情节可分为从轻、减轻和免除三个等级。在我国刑法中，除了极个别条款只规定了一个从宽情节外，大多数条文规定的从宽量刑情节都包括了 2 个或 3 个从宽情节。例如，《刑法》第 23 条规定，对于未遂犯，可以比照既遂犯从轻或者减轻处罚。根据此规定，未遂犯既是从轻处罚情节，也是减轻处罚情节。《刑法》第 27 条第 2 款规定："对于从犯，应当从轻、减轻处罚或者免除处罚。"据此，从犯就既是从轻处罚的情节，又是减轻和免除处罚的情节。

2. 从严情节

我国刑法规定的从严量刑情节只有一种情况，即从重处罚。从重处罚情节既有出自于总则条文规定的，也有出自分则条文规定的。如《刑法》第 65 条规定，对于累犯，应当从重处罚。此即刑法总则条文规定的从严情节。《刑法》第 236 条第 2 款规定："奸淫不满 14 周岁的幼女的，以强奸论，从重处罚。"此即刑法分则规定的从严情节。

（三）应当情节与可以情节

根据刑法条文规定情节时使用了"应当"还是"可以"的字样，可将法定情节分为应当情节与可以情节。

应当情节是法院量刑时必须适用的量刑情节，所以也称命令性量刑情节。例如，《刑法》第 17 条第 3 款规定："已满 14 周岁不满 18 周岁的人犯罪，应当从轻或者减轻处罚。"应当情节的显著标志是，刑法条文使用了"应当"两字。

可以情节是法院量刑时一般要适用，但如有特殊情况也可以不适用的量刑情节，所以也称授权性量刑情节。例如，《刑法》第 17 条之一规定，已满 75 周岁的人故意犯罪的，可以从轻处罚或者减轻处罚。可以情节的显著标志是，刑法条文使用了"可以"两字。

三、量刑情节的适用

（一）法定情节的适用

我国刑法规定的量刑情节，根据其对于判处刑罚轻重的影响，可分为从重处罚、从轻处罚、减轻处罚和免除处罚情节。

1. 从重、从轻及减轻处罚情节的适用

(1) 从重、从轻及减轻处罚情节适用的立法。主要有如下三条：

第一，从重、从轻处罚情节适用的立法。《刑法》第62条规定："犯罪分子具有本法规定的从重处罚、从轻处罚情节的，应当在法定刑的限度以内判处刑罚。"

第二，减轻处罚情节适用的立法。《刑法》第63条第1款规定："犯罪分子具有本法规定的减轻处罚情节的，应当在法定刑以下判处刑罚；本法规定有数个量刑幅度的，应当在法定量刑幅度的下一个量刑幅度内判处刑罚。"此规定被称为"罪减一等"。也就是说，减轻处罚是在法定刑幅度以下判处刑罚，但不能无边无沿。如果法条对某个罪规定了几个法定幅度的，减轻处罚只能在犯罪行为对应的法定刑幅度的下一个幅度内判处刑罚，不能一减到底。例如，《刑法》第234条对故意伤害罪规定的刑罚幅度如下：轻伤的，处3年以下有期徒刑、拘役或管制；致人重伤，处3年以上10年以下有期徒刑；致人死亡或者以特别残忍的手段致人重伤造成严重残疾的，处10年以上有期徒刑、无期徒刑或者死刑。根据本规定，如果犯罪人以特别残忍手段致人重伤造成严重残疾，不考虑量刑情节的情况下，对其应当适用死刑；但是考虑到他具有自首和立功的情节，决定对其减轻处罚，那么只能判处无期徒刑。如果犯罪人故意伤害他人致人重伤，不考虑量刑情节的情况下，对其应当在3年以上10年以下的幅度内判处有期徒刑；但是考虑到具有自首和立功的情节，对其应当在6个月以上3年以下的幅度内判处刑罚，而不能减轻无边，对其判处拘役、管制甚至免予刑罚处罚。

第三，特别减轻处罚适用的立法。《刑法》第63条第2款规定："犯罪分子虽然不具有本法规定的减轻处罚情节，但是根据案件的特殊情况，经最高人民法院核准，也可以在法定刑以下判处刑罚。"本款规定的是特别的减轻处罚。一般涉及此种减轻处罚的案件都比较特殊，往往事关国防、外交等国家事务。由于此种减轻处罚的前提是本不具有减轻处罚的情节，所以要走特别程序，必须报最高人民法院核准。

(2) 从重、从轻及减轻处罚情节适用的司法解释。最高人民法院《关于常见犯罪的量刑指导意见》（以下简称《意见》）对交通肇事罪、故意伤害罪、强奸罪、非法拘禁罪、抢劫罪、盗窃罪、诈骗罪、抢夺罪、职务侵占罪、敲诈勒索罪、妨害公务罪、聚众斗殴罪、寻衅滋事罪、掩饰隐瞒犯罪所得罪、走私、贩卖、运输制造毒品罪等14个犯罪的量刑情节的适用，作出了明确的、非常具有操作性的规定。其具体规定如下：

第一，关于量刑的基本方法，《意见》规定，量刑时应在定性分析的基础上，结合定量分析，依次确定量刑起点、基准刑和宣告刑。

第二，关于量刑步骤，《意见》规定了如下三个步骤：

步骤一，根据基本犯罪构成事实在相应的法定刑幅度内确定量刑起点。

步骤二，根据其他影响犯罪构成的犯罪数额、犯罪次数、犯罪后果等犯罪事实，在量刑起点的基础上增加刑罚量确定基准刑。[3]

步骤三，根据量刑情节调节基准刑，并综合考虑全案情况，依法确定宣告刑。

以上步骤的要义在于：根据基本犯罪构成事实决定"量刑起点"；根据基本犯罪构成事实以外的事实确定"基准刑"；再根据量刑情节调节"基准刑"，便得出"宣告刑"。

以故意伤害罪为例，《意见》规定，构成故意伤害罪的，可以根据下列不同情形在相应的幅度内确定量刑起点：①故意伤害致1人轻伤的，可以在2年以下有期徒刑、拘役幅度内确定量刑起点。②故意伤害致1人重伤的，可以在3年至5年有期徒刑幅度内确定量刑起点。③以特别残忍手段故意伤害致1人重伤，造成6级严重残疾的，可以在10年至13年有期徒刑幅度内确定量刑起点。依法应当判处无期徒刑以上刑罚的除外。

在量刑起点的基础上，可以根据伤害后果、伤残等级、手段残忍程度等其他影响犯罪构成的犯罪事实增加刑罚量，确定基准刑，再根据量刑情节调节基准刑。如《意见》规定，已满14周岁不满16周岁的未成年人犯罪，减少基准刑的30%~60%。

我们以一个已满14周岁不满16周岁的未成年人故意伤害案为例，来分析如何确定"量刑起点"、"基准刑"和"宣告刑"。如果此案致1人重伤，其量刑起点可确定为4年；被害人治疗后构成5级残疾，其基准刑可确定为7

---

[3] 刑法理论认为，基准刑，也称量刑基准，是指排除各种法定、酌定情节，对某种仅抽象为一般既遂状态的犯罪构成的基本事实所应判处的刑罚。参见周光权：《刑法总论》，中国人民大学出版社2007年版，第417页。

年。已满 14 周岁不满 16 周岁的未成年人，可减少基准刑的 50%，那么本案可确定的宣告刑为 3 年零 6 个月有期徒刑。

第三，关于调节基准刑的方法，《意见》作了如下规定：

其一，具有单个量刑情节的，根据量刑情节的调节比例直接调节基准刑。

其二，具有多个量刑情节的，一般根据各个量刑情节的调节比例，采用同向相加、逆向相减的方法调节基准刑；具有未成年人犯罪、老年人犯罪、限制行为能力的精神病人犯罪、又聋又哑的人或者盲人犯罪，防卫过当、避险过当、犯罪预备、犯罪未遂、犯罪中止，从犯、胁从犯和教唆犯等量刑情节的，先适用该量刑情节对基准刑进行调节，在此基础上，再适用其他量刑情节进行调节。

其三，被告人犯数罪，同时具有适用于各个罪的立功、累犯等量刑情节的，先适用该量刑情节调节个罪的基准刑，确定个罪所应判处的刑罚，再依法实行数罪并罚，决定执行的刑罚。

第四，关于确定宣告刑的方法，《意见》作了如下规定：

其一，量刑情节对基准刑的调节结果在法定刑幅度内，且罪责刑相适应的，可以直接确定为宣告刑；如果具有应当减轻处罚情节的，应依法在法定最低刑以下确定宣告刑。

其二，量刑情节对基准刑的调节结果在法定最低刑以下，具有法定减轻处罚情节，且罪责刑相适应的，可以直接确定为宣告刑；只有从轻处罚情节的，可以依法确定法定最低刑为宣告刑；但是根据案件的特殊情况，经最高人民法院核准，也可以在法定刑以下判处刑罚。

其三，量刑情节对基准刑的调节结果在法定最高刑以上的，可以依法确定法定最高刑为宣告刑。

其四，综合考虑全案情况，独任审判员或合议庭可以在 20% 的幅度内对调节结果进行调整，确定宣告刑。当调节后的结果仍不符合罪责刑相适应原则的，应提交审判委员会讨论，依法确定宣告刑。

其五，综合全案犯罪事实和量刑情节，依法应当判处无期徒刑以上刑罚、管制或者单处附加刑、缓刑、免刑的，应当依法适用。

第五，关于常见量刑情节的适用，《意见》规定如下：

其一，对于未成年人犯罪，应当综合考虑未成年人对犯罪的认识能力、实施犯罪行为的动机和目的、犯罪时的年龄、是否初犯、偶犯、悔罪表现、个人成长经历和一贯表现等情况，予以从宽处罚。已满14周岁不满16周岁的未成年人犯罪，减少基准刑的30%~60%；已满16周岁不满18周岁的未成年人犯罪，减少基准刑的10%~50%。

其二，对于未遂犯，综合考虑犯罪行为的实行程度、造成损害的大小、犯罪未得逞的原因等情况，可以比照既遂犯减少基准刑的50%以下。

其三，对于从犯，应当综合考虑其在共同犯罪中的地位、作用，以及是否实施犯罪行为等情况，予以从宽处罚，减少基准刑的20%~50%；犯罪较轻的，减少基准刑的50%以上或者依法免除处罚。

其四，对于自首情节，综合考虑自首的动机、时间、方式、罪行轻重、如实供述罪行的程度以及悔罪表现等情况，可以减少基准刑的40%以下；犯罪较轻的，可以减少基准刑的40%以上或者依法免除处罚。恶意利用自首规避法律制裁等不足以从宽处罚的除外。

其五，对于立功情节，综合考虑立功的大小、次数、内容、来源、效果以及罪行轻重等情况，确定从宽的幅度。一般立功的，可以减少基准刑的20%以下；重大立功的，可以减少基准刑的20%~50%；犯罪较轻的，减少基准刑的50%以上或者依法免除处罚。

其六，对于坦白情节，综合考虑如实供述罪行的阶段、程度、罪行轻重以及悔罪程度等情况，确定从宽的幅度。如实供述自己罪行的，可以减少基准刑的20%以下；如实供述司法机关尚未掌握的同种较重罪行的，可以减少基准刑的10%~30%；因如实供述自己罪行，避免特别严重后果发生的，可以减少基准刑的30%~50%。

其七，对于当庭自愿认罪的，根据犯罪的性质、罪行的轻重、认罪程度以及悔罪表现等情况，可以减少基准刑的10%以下。依法认定自首、坦白的除外。

其八，对于退赃、退赔的，综合考虑犯罪性质，退赃、退赔行为对损害结果所能弥补的程度，退赃、退赔的数额及主动程度等情况，可以减少基准刑的30%以下；其中抢劫等严重危害社会治安的犯罪应从严掌握。

其九，对于积极赔偿被害人经济损失并取得谅解的，综合考虑犯罪性质、赔偿数额、赔偿能力以及认罪、悔罪程度等情况，可以减少基准刑的40%以下；积极赔偿但没有取得谅解的，可以减少基准刑的30%以下；尽管没有赔偿，但取得谅解的，可以减少基准刑的20%以下；其中抢劫、强奸等严重危害社会治安犯罪的应从严掌握。

其十，对于当事人根据《刑事诉讼法》第277条达成刑事和解协议的，综合考虑犯罪性质、赔偿数额、赔礼道歉以及真诚悔罪等情况，可以减少基准刑的50%以下；犯罪较轻的，可以减少基准刑的50%以上或者依法免除处罚。

其十一，对于累犯，应当综合考虑前后罪的性质、刑罚执行完毕或赦免以后至再犯罪时间的长短以及前后罪罪行轻重等情况，增加基准刑的10%~40%，一般不少于3个月。

其十二，对于有前科的，综合考虑前科的性质、时间间隔长短、次数、处罚轻重等情况，可以增加基准刑的10%以下。前科犯罪为过失犯罪和未成年人犯罪的除外。

其十三，对于犯罪对象为未成年人、老年人、残疾人、孕妇等弱势人员的，综合考虑犯罪的性质、犯罪的严重程度等情况，可以增加基准刑的20%以下。

其十四，对于在重大自然灾害、预防、控制突发传染病疫情等灾害期间犯罪的，根据案件的具体情况，可以增加基准刑的20%以下。

根据《意见》的精神，除了上述14个犯罪以外，对其他犯罪适用量刑情节，也应当遵循相同的方法和步骤，即先根据基本犯罪构成的事实确定量刑起点，根据相关的其他事实，确定基准刑；最后根据量刑情节来调节基准刑，以确定宣告刑。

2. 免除处罚情节的适用

免除处罚，亦即免予刑事处分，是指对犯罪人作有罪判决，但不给以刑事处罚。我国刑法总则规定的免予刑罚处罚的情节主要有：①《刑法》第10条规定的在国外犯罪且已受过外国刑事处罚的；②《刑法》第19条规定的犯罪人是又聋又哑的人或者盲人犯罪的；③《刑法》第20条规定的防卫过当；④《刑法》第21条规定的避险过当；⑤《刑法》第22条规定的犯罪预备；⑥《刑法》第24条规定的犯罪中止；⑦《刑法》第27条规定的从犯；⑧《刑法》第28条规定的胁从犯；⑨《刑法》第67条规定的自首；⑩《刑法》第

68 条规定的立功；等等。

另外，刑法分则条文也规定了几处免予刑罚处罚的情节。这里就不一一列举了。

被判处免予刑罚处罚的人，虽然不用承受刑罚，但根据案件的不同情况，需要承担民事、行政等责任。《刑法》第 37 条规定，对于犯罪情节轻微不需要判处刑罚的，可以免予刑事处罚，但是，根据具体情况，对行为人可给予非刑罚处理方法的处分，如予以训诫、责令具结悔过、赔礼道歉、赔偿损失，或者由主管部门予以行政处罚或者行政处分。

（二）酌定情节的适用

酌定情节是根据刑事司法审判的经验和刑事政策所适用的情节。除法定情节（包括司法解释规定的情节）以外，凡是能够在一定程度上表明行为社会危害性和行为人人身危险性以及体现宽严相济刑事政策的主客观事实情况，都属于酌定情节的范畴，因而酌定情节应当具有丰富的内容和多种表现形式。[4]非法定性，是酌定情节的最大特征。

酌定情节也可分为从严处罚的酌定情节与从宽处罚的酌定情节。从严处罚的酌定情节会使犯罪人承受更重的刑罚，从宽处罚的酌定情节会使犯罪人承受较轻的刑罚。因此，人民法院在进行刑罚裁量时，一定根据案件的性质、危害性的轻重、行为人主观恶性的大小，准确适用酌定情节。对严重暴力犯罪、毒品犯罪等严重危害社会治安犯罪，应当从严掌握从宽情节；对犯罪情节较轻的犯罪，应当充分体现从宽情节。具体确定各个量刑情节的调节比例时，应当综合平衡调节幅度与实际增减刑罚量的关系，确保罪责刑相适应。[5] 对于酌定情节的适用应当按照如下原则进行：

第一，犯罪危害性较重，体现出的行为人主观恶性较高，一般要多考虑适用从重的酌定情节，不考虑或少考虑从轻的酌定情节。例如，行为人实施抢劫行为，致被害人死亡。案发后行为人逃跑。对于此案量刑时，法官就应当多考虑适用如下从重的酌定情节：拒不悔罪，犯罪人品行一贯不好，抢劫时深思熟虑，作了充分的准备，犯罪目的和动机恶劣、卑鄙，拒不交待罪行；

〔4〕 高铭暄、马克昌主编：《刑法学》（第 4 版），北京大学出版社、高等教育出版社 2010 年版，第 286 页。

〔5〕 参见最高人民法院《关于常见犯罪的量刑指导意见》。

等等。最终要在法定刑幅度内判处较高的刑。

第二,犯罪的危害性较轻,体现出的行为人主观恶性不高,一般要多考虑适用从轻的酌定情节,不考虑从重的酌定情节。例如,邻居间打架,一方将另一方打成了轻伤,构成伤害罪(轻伤情节)。对于此案的量刑,法官应当多考虑如下酌定情节:行为人是偶犯、初犯,案件具有一定起因,被害人有过错、行为人积极送被害人到医院救治,认罪态度好,被害人谅解等酌定情节。最终要在法定刑幅度内判处较轻的刑罚,或者可以适用缓刑。

第二节 刑罚裁量制度

一、累犯

(一)累犯的概念和成立条件

所谓累犯,是指被判处一定刑罚的犯罪人,在刑罚执行完毕或者赦免以后,在法定期限内又犯一定刑罚之罪的犯罪人。我国《刑法》第65条规定的是一般累犯,第66条规定的是特殊累犯。

1. 一般累犯的成立条件

《刑法》第65条第1款规定:"被判处有期徒刑以上刑罚的犯罪分子,刑罚执行完毕或者赦免以后,在5年以内再犯应当判处有期徒刑以上刑罚之罪的,是累犯,应当从重处罚,但是过失犯罪和不满18周岁的人犯罪的除外。"根据这一规定,一般累犯的成立条件如下:

(1)前罪与后罪都必须是故意犯罪,行为人犯罪时必须已经年满18周岁。如果前罪或者后罪是过失犯罪,就不成立累犯。将累犯之前罪与后罪限定为故意犯罪,其立法根据是:累犯制度是惩罚或矫正主观恶性大,屡教不改,再犯可能性高的犯罪人。过失犯罪的人,其主观恶性较轻,其行为多为疏忽,非有意而为之,故不能纳入累犯之列。不满18周岁的人,具有较强的教育、改造的可能性,所以不适用累犯制度。

(2)前罪被判处有期徒刑以上刑罚,后罪应当判处有期徒刑以上刑罚。如果前罪被判处的是拘役、管制或者单处附加刑,那么无论后罪多么严重,也不构成累犯。同样,前罪被判处了有期徒刑以上刑罚,而后罪应当判处拘役、管制或者单处附加刑,也不能成立累犯。所谓"被判处有期徒刑以上刑罚",是指人民法院最后确定的宣告刑是有期徒刑以上的刑罚。所谓"应当判处有期徒刑以上刑罚",不是指法定刑中包含有期徒刑以上刑罚,而是指根据犯罪事实和情节,此犯罪应当判处有期徒刑以上刑罚。

(3) 后罪发生的时间,必须在前罪所判处的刑罚执行完毕或者赦免后的5年之内。这是构成累犯的前罪与后罪间隔时间的条件。其中所谓"刑罚执行完毕",是指主刑执行完毕,不包括附加刑在内。主刑执行完毕5年之内又犯罪的,即使附加刑尚未执行完毕,仍可构成累犯。所谓赦免,是指国家对于特定范围的犯罪人,宣告免于追诉或者免除执行刑罚的全部或一部分的法律制度。《刑法》第65条第2款规定,上述5年的期限,对于被假释的犯罪分子,从假释期满之日起计算。[6]

2. 特殊累犯的成立条件

《刑法》第66条规定:"危害国家安全犯罪、恐怖活动犯罪、黑社会性质组织犯罪的犯罪分子,在刑罚执行完毕或者赦免以后,在任何时候再犯上述任一类罪的,都以累犯论处。"这是刑法关于特殊累犯的规定。其成立条件如下:

(1) 前罪与后罪都必须是特定之罪,即危害国家安全罪、恐怖活动犯罪、黑社会性质组织犯罪。[7] 这是构成特殊累犯的罪质条件。

(2) 前罪被判处的刑罚和后罪应当判处的刑罚的种类及其轻重不受限制。即使前罪已经判处了拘役、管制或者单处附加刑,后罪应当判处拘役、管制或者单处附加刑,也不影响此种累犯的成立。

(3) 前罪的刑罚执行完毕或者赦免以后,任何时间再犯危害国家安全罪、恐怖活动犯罪、黑社会性质组织犯罪之一的,都构成累犯。换句话说,构成

---

[6] 根据《刑法》第81条规定,被判处有期徒刑的犯罪分子,执行原判刑罚1/2以上,被判处无期徒刑的犯罪分子,实际执行13年以上,如果认真遵守监规,接受教育改造,确有悔罪表现,没有再犯罪的危险的,可以假释。被假释的人,在一定期限的考验期内,必须遵守有关规定,否则,可能会被收监,执行剩余未执行的刑期。

[7] 危害国家安全犯罪是类罪名,包括如下具体罪名:背叛国家罪,分裂国家罪,煽动分裂国家罪,武装叛乱暴乱罪,颠覆国家政权罪,煽动颠覆国家政权罪,资助危害国家安全犯罪活动罪,投敌叛变罪,叛逃罪,间谍罪,为境外窃取、刺探、收买、非法提供国家秘密、情报罪,资敌罪。恐怖活动犯罪也是类罪,包括如下具体罪名:组织、领导、参加恐怖组织罪,帮助恐怖活动罪,准备实施恐怖活动罪,宣扬恐怖主义、极端主义、煽动实施恐怖活动罪,利用极端主义破坏法律实施罪,强制穿戴宣扬恐怖主义、极端主义服饰、标志罪,非法持有宣扬恐怖主义、极端主义物品罪。黑社会性质组织罪包括如下具体罪名:组织、领导、参加黑社会性质组织罪,入境发展黑社会性质组织罪,包庇、纵容黑社会性质组织罪。

特殊累犯不受前后两罪相隔时间长短的限制。

（二）累犯的刑事责任

我国《刑法》第65条规定，对于累犯"应当从重处罚"。据此，对累犯裁量刑罚时，应注意如下几点：第一，对累犯必须从重处罚；第二，对于累犯应当比照初犯、偶犯或其他犯罪人从重处罚；第三，对于累犯从重处罚时，必须根据其所实施的犯罪行为的性质、情节和社会危害程度，确定具体应判处的刑罚；第四，对于累犯不适用缓刑和假释。[8]

二、自首和坦白

（一）自首的概念和成立条件

《刑法》第67条规定，自首是指犯罪分子在犯罪以后自动投案，如实供述自己的犯罪事实的行为；或者犯罪嫌疑人被采取强制措施后，被告人正在服刑期间，如实供述司法机关尚未掌握的本人其他犯罪事实的行为。前者是一般自首，后者是准自首。

1. 一般自首的成立条件

（1）自动投案。所谓自动投案，是指犯罪人主动将自己置于公安、司法等机关的合法控制下，接受司法机关的审查与裁判的行为。自动投案要求四个方面的内容必须同时具备，才能成立。

第一，投案时间。投案时间是归案前。归案前，一般是指犯罪未被发觉，或者犯罪虽被发觉但犯罪人尚不被司法机关知道，或者犯罪与犯罪人均被司法机关掌握，但犯罪人尚未被公安、司法机关查获或被群众扭送，或者犯罪人正在被公安、司法机关追捕之中。根据最高人民法院的司法解释，罪行尚未被司法机关发觉，仅因形迹可疑，被有关组织或者司法机关盘问、教育后，主动交代自己的罪行的，或者犯罪事实和犯罪嫌疑人均已被发觉，犯罪人逃跑，在被通缉、追捕过程中，主动投案，经查实已准备去投案的，或者正在投案途中，被公安机关捕获的，都应当视为自动投案。显然，投案时限的放宽，有利于犯罪人弃暗投明，作出积极的选择。

第二，投案意志。自动投案作为犯罪嫌疑人犯罪后实施的具有"自动性"

---

[8] 参见《刑法》第74、81条规定。

的行为，必须是基于其自由意志选择的结果。至于投案的动机则因人而异。有的出于真心悔改，争取宽大处理；有的慑于法律威力，迫于走投无路；有的是亲属陪同来投案；等等。无论出于何种动机，均不影响自动投案的成立。但是，如果犯罪人没有投案的意志，被五花大绑，抬送到公安、司法机关，则不能认定自动投案。犯罪嫌疑人自动投案后又逃跑的，不能认定为自首。

第三，投案对象。行为人必须向有关机关或者人员承认自己实施了特定犯罪。其投案对象既可以是负有侦查、起诉、审判职能的公安机关、人民检察院和人民法院及其派出单位，如街道派出所、人民法庭等，也可以是犯罪嫌疑人所在单位、城乡基层组织和其他有关负责人。投案对象的宽泛性为犯罪人自首的实现提供了便利的条件。

第四，投案内容。投案内容表现为犯罪人必须自愿置于有关机关或个人的控制之下，接受国家的审查和裁判。犯罪分子自动投案后，必须接受司法机关的侦查、起诉和审判，不能逃避，才能使自首成立。倘若犯罪人自动投案并供述罪行后又隐匿、脱逃，或者推翻供述，意图逃避制裁的，或者委托他人代首而本人拒不到案的，都不能构成自首。

（2）如实供述自己的犯罪事实。对于自己单独实施的犯罪，只要求投案人能供述主要犯罪事实即可。犯罪人只供述自己的次要犯罪事实而回避主要犯罪事实，不能构成自首。对于共同犯罪的，要求投案人除供述自己实施或参与并由自己承担刑事责任的犯罪事实以外，还应当供述其所知道的同案犯的犯罪事实。自己没有实施或没有参与的犯罪事实，投案人可以不供述，并不影响自首的成立；如果投案人供述，可以认定为立功。这里的如实供述，不仅要求犯罪嫌疑人所供述事实与实际发生的事实相一致，而且还要求其主动、自愿、积极地供述。

总之，自动投案和如实供述自己的罪行，是成立自首必不可少的条件。二者相辅相成，缺一不可。

2. 准自首的成立条件

准自首，又称特别自首、余罪自首或余首，其有两个条件构成。

（1）主体条件。准自首仅适用于特定对象，即被采取强制措施的犯罪嫌疑人、被告人，或者正在服刑的罪犯。

（2）供述罪行范围条件。准自首要求上述主体如实供述被采取强制措施或者服刑所依据的犯罪事实以外的其他罪行。这些罪行必须是司法机关尚未掌握的。

3. 一般自首与准自首的区别

（1）自动投案与被动归案方面的区别。一般自首是自动投案；而准自首没有这一过程，是被动地归案，即犯罪嫌疑人已经被采取强制措施，或者犯罪人正在服刑之中。

（2）供述罪行范围不同。一般自首要求犯罪人供述的内容，是司法机关已经掌握或尚未掌握的本人实施或者参与的犯罪事实；而准自首要求供述的内容，仅是司法尚未掌握的本人其他犯罪事实，即被逮捕、判刑所根据的犯罪事实以外的其他事实。

（二）自首的认定

成立自首需同时具备自动投案和如实供述自己的罪行两个要件。因此，在认定自首时，要特别考察这两个要件的成立。

1. 自动投案的认定

最高人民法院印发《关于处理自首和立功若干具体问题的意见》规定：下列情形应当认定为自动投案：①犯罪后主动报案，虽未表明自己是作案人，但没有逃离现场，在司法机关询问时交代自己罪行的；②明知他人报案而在现场等待，抓捕时无拒捕行为，供认犯罪事实的；③在司法机关未确定犯罪嫌疑人，尚在一般性排查询问时主动交代自己罪行的；④因特定违法行为被采取劳动教养、行政拘留、司法拘留、强制隔离戒毒等行政、司法强制措施期间，主动向执行机关交代尚未被掌握的犯罪行为的；⑤其他符合立法本意，应当视为自动投案的情形。

罪行未被有关部门、司法机关发觉，仅因形迹可疑被盘问、教育后，主动交代了犯罪事实的，应当视为自动投案，但有关部门、司法机关在其身上、随身携带的物品、驾乘的交通工具等处发现与犯罪有关的物品的，不能认定为自动投案。

交通肇事后保护现场、抢救伤者，并向公安机关报告的，应认定为自动投案。交通肇事逃逸后自动投案，如实供述自己罪行的，应认定为自首，但应依法以较重法定刑为基准，视情况决定对其是否从宽处罚以及从宽处罚的幅度。

犯罪嫌疑人被亲友采用捆绑等手段送到司法机关，或者在亲友带领侦查人员前来抓捕时无拒捕行为，并如实供认犯罪事实的，虽然不能认定为自动投案，但可以参照法律对自首的有关规定酌情从轻处罚。[9]

犯罪事实或者犯罪分子未被办案机关掌握，或者虽被掌握，但犯罪分子尚未受到调查谈话、讯问，或者未被宣布采取调查措施或者强制措施时，向办案机关投案的，是自动投案。

犯罪分子向所在单位等办案机关以外的单位、组织或者有关负责人员投案的，应当视为自动投案。[10]

2. 如实供述自己罪行的认定

犯有数罪的犯罪嫌疑人仅如实供述所犯数罪中部分犯罪的，只对如实供述部分犯罪的行为，认定为自首。

共同犯罪案件中的犯罪嫌疑人，除如实供述自己的罪行外，还应当供述所知的同案犯的犯罪事实，主犯则应当供述所知其他同案犯的共同犯罪事实，才能认定为自首。

犯罪嫌疑人自动投案并如实供述自己的罪行后又翻供的，不能认定为自首；但在一审判决前又能如实供述的，应当认定为自首。

被采取强制措施的犯罪嫌疑人、被告人和已宣判的罪犯，如实供述司法机关尚未掌握的罪行，与司法机关已掌握的或者判决确定的罪行属不同种罪行的，以自首论。

被采取强制措施的犯罪嫌疑人、被告人和已宣判的罪犯，如实供述司法机关尚未掌握的罪行，与司法机关已掌握的或者判决确定的罪行属同种罪行的，可以酌情从轻处罚；如实供述的同种罪行较重的，一般应当从轻处罚。[11]

（三）自首犯的刑事责任

《刑法》第67条第1款规定，对于自首的犯罪分子，可以从轻或者减轻处罚。其中，犯罪较轻的，可以免除处罚。对于具有自首情节的犯罪分子，应

---

[9] 最高人民法院《关于处理自首和立功若干具体问题的意见》（法发〔2010〕60号）。
[10] 最高人民法院、最高人民检察院《关于办理职务犯罪案件认定自首、立功等量刑情节若干问题的意见》（法发〔2009〕13号）。
[11] 参见最高人民法院《关于处理自首和立功具体应用法律若干问题的解释》（自1998年5月9日起施行）。

当根据犯罪的事实、性质、情节和对于社会的危害程度,结合自动投案的动机、阶段、客观环境,交代犯罪事实的完整性、稳定性以及悔罪表现等具体情节,依法决定是否从轻、减轻或者免除处罚以及从轻、减轻处罚的幅度。[12]

(四) 坦白

1. 坦白的概念和成立条件

《刑法》第 67 条第 3 款规定,犯罪嫌疑人虽不具有一般自首和准自首的情节,但是如实供述自己罪行的,可以从轻处罚;因其如实供述自己罪行,避免特别严重后果发生的,可以减轻处罚。刑法理论和司法实践都认为,这是刑法对于坦白情节的规定。根据这一立法,坦白是指犯罪嫌疑人被动归案后,如实供述自己犯罪事实的行为。坦白分两种:一种是可以从轻处罚的坦白;一种是可以减轻处罚的坦白。

(1) 可以从轻处罚的坦白。此种坦白有两个构成条件:第一,嫌疑人被动归案,即嫌疑人已经被采取强制措施;第二,如实供述自己的罪行,何谓如实供述自己的罪行,应当按照自首所要求的"如实供述自己罪行"来掌握。

(2) 可以减轻处罚的坦白。此种坦白有三个构成条件:第一,嫌疑人被动归案,即嫌疑人已经被采取强制措施;第二,如实供述自己的罪行;第三,因其如实供述自己罪行,避免特别严重后果发生。

2. 坦白与自首的区别及其刑事责任

(1) 坦白与自首的区别。其区别有二:第一,归案方式不同。坦白只能发生在被归案的条件下;而自首既可发生在自动归案的条件下,也可以发生在被动归案的条件下。一般自首就属于自动归案;准自首则属于被动归案。第二,如实供述的内容不同。坦白如实供述的是公安司法机关已经掌握的其本人的犯罪事实;一般自首如实供述的既可以是公安司法机关没有掌握的本人犯罪事实,也可以是公安司法机关已经掌握的本人犯罪事实;但是,准自首要求供述的只能是公安司法机关尚未掌握的本人犯罪事实。

(2) 坦白的刑事责任。《刑法》第 67 条第 3 款规定,具有坦白情节的,可以从轻处罚;具有坦白情节,因其如实供自己罪行,避免特别严重后果发

---

[12] 最高人民法院、最高人民检察院《关于办理职务犯罪案件认定自首、立功等量刑情节若干问题的意见》(法发 [2009] 13 号)。

生的，可以减轻处罚。一般而言，犯罪分子在被动归案后，如实供述自己的罪行，不管司法机关掌握程度如何，均应视为坦白。

具有坦白情节，即如实交代犯罪事实，有下列情形之一的，可以酌情从轻处罚：第一，办案机关掌握部分犯罪事实，犯罪分子交代了同种其他犯罪事实的；第二，办案机关掌握的证据不充分，犯罪分子如实交代有助于收集定案证据的。

具有坦白情节，即如实交代犯罪事实，有下列情形之一的，一般应当从轻处罚：第一，办案机关仅掌握小部分犯罪事实，犯罪分子交代了大部分未被掌握的同种犯罪事实的；第二，如实交代对于定案证据的收集有重要作用的。[13]

三、立功

（一）立功的概念及特征

立功是指犯罪分子在到案后判决发生法律效力前的期间内，检举揭发他人犯罪行为，查证属实的，或提供侦破其他案件的重要线索，经查证属实的，或阻止他人犯罪活动，或协助司法机关抓捕其他犯罪嫌疑人以及具有其他有利于国家和社会的突出表现的，依法作为从宽处罚情节的行为。[14] 立功有以下特征：

1. 刑事政策性

刑事政策是"国家或执政党依据犯罪形势对犯罪行为和犯罪人运用刑罚或有关措施以期有效地实现惩罚和预防犯罪目的的方略"[15]。立功的宗旨在于给罪犯提供一个悔罪或将功折罪的机会，鼓励犯罪分子积极主动地检举揭发其他犯罪行为，瓦解犯罪分子，帮助司法机关侦查抓捕罪犯，使司法机关能迅速挖掘出隐藏的犯罪分子，消除社会潜在的隐患。刑事政策性是立功必须具有的首要特征，也是其存在、发展、对刑事司法起重要作用的内因所在。

---

[13] 参见最高人民法院、最高人民检察院《关于办理职务犯罪案件认定自首、立功等量刑情节若干问题的意见》（法发［2009］13号）。

[14] 邵维国："论立功"，载《吉林大学社会科学学报》1999年第5期。

[15] 杨春洗主编：《刑事政策论》，北京大学出版社1994年版，第7页。

2. 内容的法定性

作为刑罚裁量制度的立功,其内容不像社会一般意义的立功那样有广泛性和非特定性,其内容必须是法律明确规定的,并非犯罪分子实施的任何有益于司法和社会的行为都是立功。只有其内容、程度符合法律规定的特种行为才是立功。根据《刑法》第68条和相关司法解释的规定,只有犯罪分子实施的具有下列性质、内容及程度的行为才是立功:①检举揭发他人犯罪行为,查证属实的;②提供侦破其他案件的重要线索,查证属实的;③阻止他人犯罪活动的;④协助司法机关抓捕其他犯罪嫌疑人的;⑤其他有利于国家和社会的突出表现的。根据立功内容的法定性,犯罪分子实施的除上述五种以外的其他有益行为都不属于立功。[16]

(二) 立功的分类

根据立功的概念和特征,参照刑法规定,可对立功作如下分类:

1. 程度分类

以对国家和社会贡献程度的大小从而法律明文规定给予从宽处罚力度的大小为标准,可将立功分为一般立功和重大立功两种。

一般立功是犯罪分子到案后有检举、揭发他人犯罪行为,经查证属实的;提供侦破其他案件的重要线索,查证属实的;阻止他人犯罪活动;协助司法机关抓捕其他犯罪嫌疑人以及具有其他有利于国家和社会的突出表现,并依法作为从轻或减轻处罚情节的行为。

重大立功是指犯罪分子到案后有检举、揭发他人重大犯罪的重要线索,经查证属实的;阻止他人重大犯罪活动;协助抓捕其他重大犯罪嫌疑人;对国家和社会有其他重大贡献等表现,依法作为可以减轻或者免除处罚情节的行为。

2. 内容分类

以法律明文规定的内容为标准,可将立功分为五种:①检举揭发型立功;②提供重要破案线索型立功;③阻止他人犯罪型立功;④协助抓捕型立功;⑤其他有利于国家和社会突出表现型立功。

(三) 立功的构成要件

立功的构成要件是法律规定的构成立功行为所必须具备的主体要件和客观

---

[16] 参见最高人民法院《关于处理自首和立功具体应用法律若干问题的解释》(自1998年5月9日起施行)。

要件的总和。根据刑法和相关司法解释的规定，立功的成立必须具备以下要件：

1. 主体要件

立功的主体必须是实施了危害社会行为并已构成犯罪的人。凡是构成犯罪的人，无论其犯的是何种罪行，也不论应判处何种、多重的刑罚，都可以成为立功的主体。立功必须是犯罪分子本人实施的行为。为使犯罪分子得到从轻处罚，犯罪分子的亲友直接向有关机关揭发他人犯罪行为，提供侦破其他案件的重要线索，或者协助司法机关抓捕其他犯罪嫌疑人的，不应当认定为犯罪分子的立功表现。[17]

2. 时间要件

立功的开始时间，应界定在犯罪分子"到案"。犯罪分子"到案"，有两种情况：一是指在询问、拘传、取保候审、监视居住、拘留、逮捕以及公民扭送等诸措施中，从司法机关对犯罪分子最早采取的那个强制措施时起，即为"到案"。例如，公安机关对某一犯罪分子最先采取了询问措施，不久又对其拘传，后来又对其拘留、逮捕等。对该犯罪分子而言，从询问时开始，就是其"到案"。二是指犯罪分子投案。何谓投案，应按自首制度的有关规定认定。立功的开始时间不宜定得太靠前。因为犯罪分子实施立功行为往往是为了将功折罪，所以立功开始时间必须定在犯罪分子已经知道自己所犯罪行被司法机关通过法律程序确认之时为宜。那些把立功的开始时间笼统地、过早地定为"犯罪以后"、"始于犯罪预备"、"始于立案侦查"的观点，都是不科学的。因为只有犯罪分子"到案"，他才能知道自己的犯罪行为已被司法机关确认，他才能基于"将功折罪"的心理去实施立功行为，所以，犯罪分子在犯罪预备中、犯罪以后，直至"到案"以前实施的行为，都不能认定立功。

立功的截止时间，应定在判决、裁定发生法律效力前；判处死刑立即执行的，其截止时间应定在死刑复核裁定作出前。至于犯罪分子在判决、裁定发生法律后的立功行为，属于刑罚执行制度的立功。

3. 实质要件

立功行为必须是对国家和社会有益的正义行为。根据法律规定，立功行为的内容，如前所述包括五种。这五种立功行为就是法定的立功必须具备的实

---

[17] 参见最高人民法院、最高人民检察院《关于办理职务犯罪案件认定自首、立功等量刑情节若干问题的意见》（法发［2009］13号）。

质要件。

4. 确认要件

立功的内容应当真实、有效，并应具备一定量的规定性，这就需要一定的确认标准。行为没有被确认为真实、有效的，不能构成立功；行为没有达到规定量的，也不能构成立功。这种确认立功行为真实、有效并符合规定量的标准，就是立功的确认要件。立功的确认要件，对不同内容的立功有不同的要求。对于检举揭发立功而言，其检举揭发的必须是"他人犯罪行为"，且必须"经查证属实"；对于提供重要线索立功而言，其提供侦破其他案件的线索必须"重要"且必须"经查证属实"；对于阻止他人犯罪立功而言，其阻止的必须是他人的"犯罪活动"；对于协助抓捕立功而言，其协助抓捕的必须是"犯罪嫌疑人"；对于其他立功而言，其有利于国家和社会的表现必须"突出"。在这里，"经查证属实"、"他人犯罪行为"、"他人犯罪活动"、"重要"、"犯罪嫌疑人"、"突出"等，都是立功的确认要件。

（四）立功的认定

1. 检举揭发型立功的认定

根据相关司法解释，据以立功的线索、材料来源有下列情形之一的，不能认定为立功：①本人通过贿买、暴力、胁迫等非法手段或者非法途径获取的；②本人因原担任的查禁犯罪等职务获取的；③他人违反监管规定向犯罪分子提供的；④负有查禁犯罪活动职责的国家机关工作人员或者其他国家工作人员利用职务便利提供的；⑤从负有查办犯罪、监管职责的国家工作人员处获取的他人犯罪线索；⑥犯罪分子亲友为使犯罪分子"立功"，向司法机关提供他人犯罪线索、协助抓捕犯罪嫌疑人的。[18]

2. 协助抓捕型立功的认定

犯罪分子具有下列行为之一，使司法机关抓获其他犯罪嫌疑人的，属于"协助司法机关抓捕其他犯罪嫌疑人"：①按照司法机关的安排，以打电话、发信息等方式将其他犯罪嫌疑人（包括同案犯）约至指定地点的；②按照司法机关的安排，当场指认、辨认其他犯罪嫌疑人（包括同案犯）的；③带领

---

[18] 参见最高人民法院、最高人民检察院《关于办理职务犯罪案件认定自首、立功等量刑情节若干问题的意见》（法发〔2009〕13号）、最高人民法院印发《关于处理自首和立功若干具体问题的意见》（法发〔2010〕60号）。

侦查人员抓获其他犯罪嫌疑人（包括同案犯）的；④提供司法机关尚未掌握的其他案件犯罪嫌疑人的联络方式、藏匿地址的，等等。

犯罪分子提供同案犯姓名、住址、体貌特征等基本情况，或者提供犯罪前、犯罪中掌握、使用的同案犯联络方式、藏匿地址，司法机关据此抓捕同案犯的，不能认定为协助司法机关抓捕同案犯。[19]

3. 提供重要破案线索型立功的认定

被告人在一、二审审理期间提供侦破其他案件的重要线索，人民法院经审查认为该线索内容具体、指向明确的，应及时移交有关人民检察院或者公安机关依法处理。侦查机关出具材料，表明在3个月内还不能查证并抓获被检举揭发的人，或者不能查实的，人民法院审理案件可不再等待查证结果。

被告人提供侦破其他案件的重要线索经查证不属实，又重复提供同一线索，且没有提出新的证据材料的，可以不再查证。[20]

（五）犯罪分子具有立功情节时的刑事责任

《刑法》第68条规定，对于具有立功情节的犯罪分子，可以从轻或者减轻处罚；有重大立功表现的，可以减轻或者免除处罚。

对具有立功情节的被告人是否从宽处罚、从宽处罚的幅度如何掌握，应当考虑其犯罪事实、犯罪性质、犯罪情节、危害后果、社会影响、被告人的主观恶性和人身危险性等。还应考虑检举揭发罪行的轻重、被检举揭发的人可能或者已经被判处的刑罚、提供的线索对侦破案件或者协助抓捕其他犯罪嫌疑人所起作用的大小等。具有立功情节的，一般应依法从轻、减轻处罚；犯罪情节较轻的，可以免除处罚。虽然具有立功情节，但犯罪情节特别恶劣、犯罪后果特别严重、被告人主观恶性深、人身危险性大，或者在犯罪前即为规避法律、逃避处罚而准备立功的，可以不从宽处罚。[21]

四、数罪并罚

（一）数罪并罚的概念

我国刑法中的数罪并罚，是指人民法院对同一行为人在法定期限内所犯

---

[19] 参见最高人民法院印发《关于处理自首和立功若干具体问题的意见》（法发〔2010〕60号）。
[20] 参见最高人民法院印发《关于处理自首和立功若干具体问题的意见》（法发〔2010〕60号）。
[21] 最高人民法院、最高人民检察院《关于办理职务犯罪案件认定自首、立功等量刑情节若干问题的意见》（法发〔2009〕13号）。

数罪分别定罪量刑后，按照法定的并罚原则及刑期计算方法，决定其应执行的刑罚的制度。

正确理解本概念，必须把握好如下几点：第一，被数罪并罚的人，必须是犯有数罪的同一行为人。不同的行为人分别犯有不同罪的，不存在数罪并罚问题。第二，被并罚的数罪，必须发生在法定期限内。这包括三种情况：一是在法院判决前实施数罪，均被发现并被审判；二是在法院判决前实施数罪，有的被审判，而有的在判决宣告后，刑罚执行完毕前才被发现；三是所犯之罪被判决后，在刑罚执行完毕前又犯新罪。第三，对于前三种情况分别根据不同的数罪并罚原则和刑期计算方法，决定对犯罪人应当执行的刑罚。

（二）数罪并罚的原则

数罪并罚的原则，是指法院对同一行为人所犯数罪分别定罪，分别宣告刑罚后，对数个宣告刑加以合并，以确定执行刑所依据的准则。

1. 数罪并罚原则列举

从当今世界各国刑事立法来看，主要有如下数罪并罚原则：

（1）并科原则。亦称相加原则、累加原则或合并原则等，是指将一人所犯数罪分别宣告的刑罚绝对相加的合并处罚准则。例如，甲分别犯有 A、B、C 三个罪，分别被宣告判处 10 年有期徒刑、7 年有期徒刑和 5 年有期徒刑，根据并科原则，甲最后执行的刑罚就是 22（即 10 年 + 7 年 + 5 年）年有期徒刑。

（2）吸收原则。这是指将一人所犯数罪分别宣告的重罪刑罚吸收轻罪刑罚的合并处罚准则。即用最重的宣告刑吸收其它较轻的宣告刑，仅以最重之宣告刑作为执行刑罚的准则。例如，甲分别犯有 A、B、C 三个罪，分别被宣告判处 10 年有期徒刑、7 年有期徒刑和 5 年有期徒刑，根据吸收原则，甲最后执行的刑罚就是 10 年有期徒刑。

（3）限制加重原则。亦称限制并科原则，是指以一人所犯数罪分别宣告的刑罚之中的最重刑罚为基础，将所有宣告刑相加之和为上限，但最高不能超过一个限度的合并处罚准则。例如，甲分别犯有 A、B、C 三个罪，分别被宣告判处 10 年有期徒刑、7 年有期徒刑和 5 年有期徒刑，根据限制加重原则，甲最后执行的刑罚必须以 10 年有期徒刑为基础，以所有宣告刑相加之和（22 年有期徒刑）为上限，甲最后执行的刑罚就应当在 10 年以上 22 年以下的有期徒刑期间之内选择一个刑期点。但是，假如法律规定数罪并罚后的有期徒刑最高不能超过 20 年的话，那么，甲最后执行的刑罚就应当在 10 年以上 20 年以下（含 20 年）的有期徒刑期间之内选择一个刑期点。

（4）折衷原则。亦称混合原则，是指对一人所犯数罪的合并处罚，不单纯采用并科原则、吸收原则或限制加重原则，而是兼采这三种原则，以分别适用于不同刑种的合并处罚准则。换言之，它是指以上述一种原则为主、兼采其他原则，分别适用于不同刑种的合并处罚规则。如数个罚金刑之间采并科原则，死刑与有期徒刑之间采吸收原则，数个自由刑之间采限制加重原则，等等。

2. 我国的数罪并罚原则

根据《刑法》第 69 条规定，我国对于数罪并罚采折衷原则，即兼采限制加重原则、吸收原则和并科原则。

（1）采限制加重原则的情况。即对同一行为人所犯数罪，分别宣告的数个主刑为有期徒刑、拘役、管制的，采取限制加重原则。《刑法》第 69 条规定，采限制加重规则，主要存在以下三种情况：

第一，判决宣告的数个主刑均为有期徒刑的，应当在总和刑期以下，数刑中最高刑期以上，酌情决定执行的刑期，但总和刑期不满 35 年的，最高不能超过 20 年，总和刑期在 35 年以上的，最高不能超过 25 年。

第二，判决宣告的数个主刑均为拘役的，应当在总和刑期以下，数刑中最高刑期以上，酌情决定执行的刑期；但是最高不能超过 1 年。

第三，判决宣告的数个主刑均为管制的，应当在总和刑期以下，数刑中最高刑期以上，酌情决定执行的刑期；但是最高不能超过 3 年。

数罪被宣告的刑罚分别是有期徒刑、管制和拘役的，应当按管制每 2 天折算 1 天有期徒刑，拘役每 1 天折算 1 天有期徒刑的标准，先将管制和拘役折算成有期徒刑，再按上述第一种情况来决定最后应当执行的刑期。例如，甲分别犯有 A、B、C 三个罪，分别被宣告有期徒刑 5 年、拘役 6 个月、管制 2 年。按上述标准，拘役 6 个月折算成 6 个月有期徒刑，管制 2 年折算成 1 年有期徒刑。按限制加重原则，甲最后执行的刑罚应当在 5 年以上，6 年零 6 个月（5 年+6 个月+1 年）以下的期间内决定。

（2）采吸收原则的情况。当判决宣告的数个主刑中有数个死刑或最重刑为死刑的，采用吸收原则，仅应决定执行一个死刑，而不得决定执行两个以上的死刑或其他主刑。当判决宣告的数个主刑中有两个以上无期徒刑，或者有一个无期徒刑，同时有一个或几个有期徒刑、拘役、管制的，仅决定执行无期徒刑，其他刑罚不再执行。

(3) 采并科原则的情况。《刑法》第 69 条第 2 款规定，当判处的数个刑罚有附加刑时，采用并科原则，即除执行主刑以外，附加刑仍须执行，其中附加刑种类相同的，合并执行，种类不同的，分别执行。例如，甲分别犯有 A、B、C 三个罪，分别判处有期徒刑 10 年，罚金刑 100 万，剥夺政治权利 2 年。根据并科原则，甲最终执行的刑罚就是有期徒刑 10 年，罚金刑 100 万，剥夺政治权利 2 年。

(三) 我国对数罪都判处自由刑的并罚办法

根据刑法第 69~71 条的规定，我国对数罪都判处自由刑的，分三种情况，各适用不同的并罚办法。

1. 判决宣告以前犯数罪且均被追诉的并罚办法

《刑法》第 69 条规定："判决宣告以前一人犯数罪的，除判处死刑和无期徒刑的以外，应当在总和刑期以下、数刑中最高刑期以上，酌情决定执行的刑期，但是管制最高不能超过 3 年，拘役最高不能超过 1 年，有期徒刑总和刑期不满 35 年的，最高不能超过 20 年，总和刑期在 35 年以上的，最高不能超过 25 年。数罪中有判处有期徒刑和拘役的，执行有期徒刑。数罪中有判处有期徒刑和管制，或者拘役和管制的，有期徒刑、拘役执行完毕后，管制仍须执行。"

2. 刑罚执行期间发现漏罪的并罚办法

《刑法》第 70 条规定："判决宣告以后，刑罚执行完毕以前，发现被判刑的犯罪分子在判决宣告以前还有其他罪没有判决的，应当对新发现的罪作出判决，把前后两个判决所判处的刑罚，依照本法第 69 条的规定，决定执行的刑罚。已经执行的刑期，应当计算在新判决决定的刑期以内。"此即对刑罚执行期间发现漏罪的合并处罚办法，简称为"先并后减"。

3. 刑罚执行期间又犯新罪的并罚办法

《刑法》第 71 条规定："判决宣告以后，刑罚执行完毕以前，被判刑的犯罪分子又犯罪的，应当对新犯的罪作出判决，把前罪没有执行的刑罚和后罪所判处的刑罚，依照本法第 69 条的规定，决定执行的刑罚。"此即对刑罚执行期间又犯新罪的合并处罚办法，简称为"先减后并"。

五、缓刑

（一）缓刑的概念

缓刑是对所判刑罚附条件地不予执行的一种刑罚制度。我国刑法规定了一般缓刑和战时缓刑两种缓刑制度。

1. 一般缓刑的概念

一般缓刑，是指法院对于被判处拘役或 3 年以下有期徒刑的犯罪分子，根据其犯罪情节、悔罪表现和再犯可能性，认为暂缓执行原判刑罚，没有再犯罪的危险，对所居住社区没有重大不良影响的，或者对被判处拘役或 3 年以下有期徒刑的不满 18 周岁的人、怀孕的妇女和已满 75 周岁的人，暂缓执行刑罚，并为上述两类犯罪人规定一定的考验期，在考验期内没有发生法定撤销缓刑的情形，原判刑罚就不再执行的制度。

根据《刑法》第 72 条的规定，一般缓刑也可再分两种：一种是可以缓刑，一种是应当缓刑。

2. 战时缓刑的概念

根据《刑法》第 449 条规定："在战时，对被判处 3 年以下有期徒刑没有现实危险的犯罪军人，允许其戴罪立功，确有立功表现时，可以撤销原判刑罚，不以犯罪论处。"战时缓刑是我国缓刑制度的重要组成部分。它与一般缓刑一起，共同构成了我国缓刑制度的完整体系。

（二）一般缓刑的适用条件

1. 可以缓刑的适用条件

根据《刑法》第 72、74 条的规定，可以缓刑必须具备下列条件：

（1）犯罪分子被判处拘役或者 3 年以下有期徒刑的刑罚。这是适用缓刑的前提条件。缓刑是附条件地不执行原判刑罚的制度，其适用对象只能是罪行较轻，所判刑期较短的罪犯。如果罪行较重，所判刑期较长，就不能附加条件地不执行原判刑罚，因为这会违反刑罚报应根据，从而导致刑罚执行的随意性。另外，对于较短期的自由刑，可附条件地不执行，是为了避免短期自由刑弊端。被普遍认可的刑罚执行经验认为，短期自由刑有如下弊端：其一，由于刑期较短，服刑的犯罪分子还没有完全适应监狱生活，就被放出来的，其在监狱中并没有得到较好的教育和改造；其二，服刑的犯罪分子在监狱中很容易受到其他犯罪人的感染，不但没有学好，反而学坏了；其三，监狱服刑的犯罪分子，往往打上了服过刑的"烙印"，社会一般不再接纳这样的人。缓刑制度正是为了避免上述弊端而设计的刑罚制度。所谓"3年以下有期徒刑"是指判决确定的刑期而不是指法定刑。虽然犯罪分子所犯之罪的法定刑是3年以上有期徒刑，但是如果他具有减轻处罚的情节，判决确定的刑期为3年以下有期徒刑的，仍然可以适用缓刑。

（2）根据犯罪分子的犯罪情节和悔罪表现，没有再犯罪的危险，宣告缓刑对犯罪分子所居住社区没有重大不良影响。这是适用缓刑的实质条件。这里值得注意的是，这一实质条件，只能是审判人员的一种预先判断。这种预先判断的根据，是犯罪情节较轻、犯罪人悔罪表现较好。在这两个判断根据之中，犯罪情节较轻，有悔罪表现，是同等重要的，缺一不可。

（3）犯罪分子不是累犯和犯罪集团首要分子。这是适用缓刑的对象例外条件。累犯是屡教不改、主观恶性较深，有很大再犯可能性的人，适用缓刑难以防止其再犯新罪。犯罪集团首要分子的犯罪情节一般都较重，虽然他可能通过立功、自首等方式得到减刑，使其最后被判处3年以下有期徒刑，但是即使这样，也不能对其适用缓刑。刑法之所以如此规定，是因为犯罪集团首要分子的身份，已经决定了他具有较大再次犯罪或多次犯罪的可能性。

2. 应当缓刑的适用条件

应当缓刑，顾名思义，就是法院对于符合条件的犯罪分子，必须宣告缓刑的制度，对于符合此种条件的犯罪人，法院没有自由裁量余地，必须对其适用缓刑。应当缓刑的适用条件如下：

（1）犯罪分子被判处拘役或者3年以下有期徒刑。此前提条件与可以缓刑相同。

（2）犯罪分子是不满18周岁的人、怀孕的妇女和已满75周岁的人。这是应当缓刑的实质条件。对于上述3类人，不管其犯罪情节如何，也不论其是否具有悔罪表现，有无再次犯罪的可能性，都应当宣告缓刑。对不满18周岁的人应当宣告缓刑，是我国未成年人刑事政策的要求；对怀孕的妇女和已满75周岁的人应当宣告缓刑，是刑罚人道性根据所决定的。

（3）犯罪分子不是累犯和犯罪集团首要分子。这是适用缓刑的对象例外条件。对此应当缓刑和可以缓刑都是一样的。

（三）战时缓刑的适用条件

根据我国《刑法》第449条的规定，适用战时缓刑应当符合以下条件：

1. 适用的时间

此缓刑的适用时间必须是在战时。所谓战时，依据《刑法》第451条的规定，是指国家宣布进入战争状态、部队受领作战任务或者遭敌突然袭击时，部队执行戒严任务或者处置突发性暴力事件时，以战时论。在和平时期或非战时条件下，不能适用此种特殊缓刑。

2. 适用的对象

战时缓刑的适用对象，只能是被判处3年以下有期徒刑的犯罪军人。

3. 适用的实质条件

适用战时缓刑的实质条件，是在战争条件下宣告缓刑没有现实危险。战时缓刑的适用，是将犯罪军人继续留在作战部队，并在战时状态下执行军事任务，若宣告缓刑具有现实的危险，则会危害国家的军事利益。适用缓刑是否有现实危险，需要法官根据犯罪军人所犯罪行的性质、情节、危害程度、犯罪军人悔罪和一贯表现作出综合判断。

（四）一般缓刑的考验期

一般缓刑考验期限，是指对被宣告缓刑的犯罪分子进行考察的一定期限。法院在宣告缓刑的同时，应当确定一个考验期限。《刑法》第73条规定，拘役的缓刑考验期限为原判刑期以上1年以下，但是不能少于2个月。有期徒刑的缓刑考验期限为原判刑期以上5年以下，但是不能少于1年。缓刑考验期限，从判决确定之日起计算。在上述考验期内，对犯罪分子进行如下考察和监管。

（五）对一般缓刑者的考察与监管

1. 对日常行为的监管

根据《刑法》第75条规定，被宣告缓刑的犯罪分子应当遵守下列规定：①遵守法律、行政法规，服从监督；②按照考察机关的规定报告自己的活动情况；③遵守考察机关关于会客的规定；④离开所居住的市、县或者迁居，应当报经考察机关批准。

2. 实行社区矫正

《刑法》第76条规定，对被宣告缓刑的犯罪分子，在缓刑考验期内，依法实行社区矫正。我国的社区矫正，是指将矫正对象置于社区内，由专门的国家机关，在相关社会团体和民间组织以及社会志愿者的协助下，监督、管理矫正对象，确保刑罚的有效实施；并对矫正对象进行教育，通过多种形式，矫正其不良心理和行为，使其认罪服法，顺利回归社会；或者帮助矫正对象解决劳动就业、生活、心理等方面遇到的困难和问题。社区矫正的主要内容包括：①对矫正对象进行管理，保证其遵守相关规定。②对矫正对象进行教育。教育的形式包括集体教育、个别谈话教育、心理咨询、心理矫正、社会志愿者帮教等。③让矫正对象参加公益劳动。组织矫正对象，每周或每月参加一定时间的公益劳动，使其增强对社会的责任感，改掉不良恶习，回归社会。

负责社区矫正的机构是司法局、司法所等司法行政部门。公安机关、居委会（村委会）等群众自治组织以及志愿者组织、社会公益组织等予以配合。

3. 对有些缓刑者实行禁止令

根据《刑法》第77条的规定和相关司法解释，人民法院根据犯罪人的情况，从促进犯罪分子教育矫正、有效维护社会秩序的需要出发，认为确有必要禁止缓刑者在缓刑考验期限内从事特定活动，进入特定区域、场所，接触特定人的，同时宣告禁止令。禁止令内容包括：禁止从事特定活动，禁止进入特定区域、场所，禁止接触特定的人等三项。法院可根据情况对缓刑者宣告其中的一项或者几项。[22] 对缓刑者实行禁止令的详细内容，与前文对判处管制的犯罪分子实行的禁止令的内容相同。[23]

(六) 缓刑的法律后果

1. 一般缓刑的法律后果

根据《刑法》第75~77条规定，一般缓刑的法律后果有以下三种：

第一，被宣告缓刑的犯罪分子，在缓刑考验期限内，没有发现漏罪，也没有再犯新罪，遵守《刑法》第75条的规定，缓刑考验期满，原判的刑罚就

---

[22] 参见最高人民法院、最高人民检察院、公安部、司法部《关于对判处管制、宣告缓刑的犯罪分子适用禁止令有关问题的规定（试行）》（法发〔2011〕9号）。

[23] 参见第十二章第三节"管制"的相关内容。

不再执行,并公开予以宣告。

第二,被宣告缓刑的犯罪分子,在缓刑考验期限内犯新罪或者发现判决宣告以前还有其他罪没有判决的(漏罪),应当撤销缓刑,对新发现的罪或者新犯的罪作出判决,把前罪和后罪所判处的刑罚,依照《刑法》第69条的规定,决定执行的刑罚。漏判之罪和新犯之罪,不受犯罪性质、种类、轻重以及应当判处的刑种、刑期的限制。

第三,被宣告缓刑的犯罪分子,在缓刑考验期限内,违反法律、行政法规或者国务院公安部门有关缓刑的监督管理规定,或者违反法院判决中的禁止令,情节严重的,应当撤销缓刑,执行原判刑罚。

根据《刑法》第72条第3款的规定,被宣告缓刑的犯罪分子,如果被判处附加刑,附加刑仍须执行。无论缓刑是否撤销,所判处的附加刑均须执行。

2. 战时缓刑的法律后果

根据《刑法》第449条规定:"在战时,对被判处3年以下有期徒刑没有现实危险宣告缓刑的犯罪军人,允许其戴罪立功,确有立功表现时,可以撤销原判刑罚,不以犯罪论处。"

第三节 刑罚执行制度及消灭制度

刑罚执行制度包括减刑、假释两种制度;刑罚消灭制度包括追诉时效、特赦两种制度。[24]

一、减刑

(一)减刑的概念

根据《刑法》第78条的规定,减刑是指被判处管制、拘役、有期徒刑、无期徒刑的犯罪分子,在执行期间,认真遵守监规、接受教育改造,确有悔改表现,或者立功表现的,适当减轻其原判刑罚的制度。

减刑有两种含义:一是把原判较重的刑种减为较轻的刑种,如将无期徒

---

[24] 关于缓刑的性质,学界有争议。有观点认为它是刑罚执行制度,有观点认为它是刑罚裁量制度。本书采前一种观点。

刑减为有期徒刑；二是把原判较长的刑期减为较短的刑期，如将原判10年有期徒刑减为7年有期徒刑。[25]

（二）减刑的条件

根据上述刑法规定，减刑分为两种：一是应当减刑，二是可以减刑。应当减刑与可以减刑的对象条件和限度条件相同，但实质条件有所不同。

1. 对象条件

减刑只适用于被判处管制、拘役、有期徒刑、无期徒刑的犯罪分子，包括被判处死刑缓期执行，2年期满以后减为无期徒刑或者25年有期徒刑的犯罪分子。

2. 实质条件

犯罪人在刑罚执行期间必须具有法定的事由才能被减刑。具有法定的事由，就是减刑的实质条件。

可以减刑的实质条件是：认真遵守监规，接受教育改造，确有悔改表现，或者有立功表现。如果犯罪人具有这些法定事由，人民法院可以对犯罪人裁定减刑。

应当减刑的实质条件是：有重大立功表现。这些立功表现主要包括：①阻止他人重大犯罪活动的；②检举监狱内外重大犯罪活动，经查证属实的；③有发明创造或者重大技术革新的；④在日常生产、生活中舍己救人的；⑤在抗御自然灾害或者排除重大事故中，有突出表现的；⑥对国家和社会有其他重大贡献的。

3. 限度条件

减刑限度，是指经过一次或者几次减刑以后，犯罪分子应当实际执行的最低刑期。不同刑种的减刑限度是不同的，具体情况如下：①判处管制、拘役、有期徒刑的，不能少于原判刑期的1/2；②判处无期徒刑的，不能少于13年；③人民法院依照本法第50条第2款规定限制减刑的死刑缓期执行的犯罪分子，缓期执行期满后依法减为无期徒刑的，不能少于25年，缓期执行期满后依法减为25年有期徒刑的，不能少于20年。《刑法》第50条第2款规定限制减刑的对象包括：对被判处死刑缓期执行的累犯以及因故意杀人、强

---

[25] 高铭暄、马克昌主编：《刑法学》（第4版），北京大学出版社、高等教育出版社2010年版，第333页。

奸、抢劫、绑架、放火、爆炸、投放危险物质或者有组织的暴力性犯罪被判处死刑缓期执行的犯罪分子。

（三）减刑的程序

根据《刑法》第79条的规定，对于犯罪分子的减刑，由执行机关向中级以上人民法院提出减刑建议书。人民法院应当组成合议庭进行审理，对确有悔改或者立功事实的，裁定予以减刑。

二、假释

（一）假释的概念及适用条件

假释就是对被判处有期徒刑或者无期徒刑的犯罪分子，在执行一定刑罚之后，如果确有悔改表现，没有再犯危险，并且其回归社区不会有不良影响的，附条件地提前释放，并规定在考验期内遵守相关规定，如有违反就再收监执行的一种刑罚执行制度。假释的适用条件如下：

1. 对象条件

假释只能适用于被判处有期徒刑和无期徒刑的犯罪分子，其中包括由判处死刑缓期2年执行后减为无期徒刑或者有期徒刑的犯罪分子。

2. 已执行刑期条件

《刑法》第81条规定，被判处有期徒刑的犯罪分子，执行原判刑期1/2以上，被判处无期徒刑的犯罪分子，实际执行13年以上，如果有特殊情况，经最高人民法院核准，可以不受上述执行刑期的限制。所谓特殊情况，一般是指国家政治、国防、外交等方面特殊需要的情况。

3. 实质条件

认真遵守监规，接受教育改造，确有悔改表现，没有再犯罪的危险，是假释实质条件。另外，对犯罪分子决定假释时，应当考虑其假释后对所居住社区的影响。只有假释后对所居住社区不会产生不良影响的，才能适用假释。

4. 限制条件

对累犯以及因故意杀人、强奸、抢劫、绑架、放火、爆炸、投放危险物质或者有组织的暴力性犯罪被判处10年以上有期徒刑、无期徒刑的犯罪分子，不得假释。

（二）假释考验期及遵守事项

假释是附条件地提前释放犯罪分子的一种刑罚制度，其所附条件即是犯罪人在一定期限以内应当遵守一定条件。此处的一定期限就是假释的考验期限。《刑法》第83条规定，有期徒刑的假释考验期限，为没有执行完毕的刑期；无期徒刑的假释考验期限为10年。假释考验期限，从假释之日起计算。

《刑法》第84条规定，被宣告假释的犯罪分子，应当遵守下列规定：①遵守法律、行政法规，服从监督；②按照监督机关的规定报告自己的活动情况；③遵守监督机关关于会客的规定；④离开所居住的市、县或者迁居，应当报经监督机关批准。《刑法》第85条规定，对假释的犯罪分子，在假释考验期限内，依法实行社区矫正。[26] 原判决附加有剥夺政治权利的，从假释之日起执行剥夺政治权利。

（三）假释的撤销

《刑法》第86条规定，被假释的犯罪分子，在假释考验期限内犯新罪，应当撤销假释，依照本法第71条的规定实行数罪并罚。在假释考验期限内，发现被假释的犯罪分子在判决宣告以前还有其他罪没有判决的，应当撤销假释，依照本法第70条的规定实行数罪并罚。被假释的犯罪分子，在假释考验期限内，有违反法律、行政法规或者国务院有关部门关于假释的监督管理规定的行为，尚未构成犯罪的，应当依照法定程序撤销假释，收监执行未执行完毕的刑罚。

根据上述规定，假释的法律后果有以下四种：

（1）被假释的犯罪人在假释考验期限内犯新罪的，应当撤销假释，按照《刑法》第71条规定的"先减后并"方法实行并罚。

（2）在假释考验期限内，发现被假释的犯罪人在判决宣告以前还有其他罪没有判决的，应当撤销假释，按照《刑法》第70条所规定的"先并后减"方法实行并罚。

（3）被假释的犯罪人，在假释考验期限内，有违反法律、行政法规或者国务院公安部门有关假释的监督管理规定的行为，尚未构成犯罪的，应当依照法定程序撤销假释，收监执行未执行完毕的刑罚。

---

[26] 参见本章前文对缓刑犯进行社区矫正的论述。对假释犯、减刑犯的社区矫正内容相同。

(4) 如果被假释的犯罪分子在假释考验期间，没有上述情形的，假释考验期满，就认为原判刑罚已经执行完毕，并公开予以宣告。

(四) 假释的程序

对于犯罪分子的假释，由执行机关向中级以上人民法院提出假释建议书，人民法院应组成合议庭进行审理。非经法定程序不得假释。

三、追诉时效

(一) 追诉时效的概念

刑法中的时效，是指法律所规定的追诉犯罪和对已经定罪量刑的犯罪人执行刑罚的有效期限。前者称为追诉时效；后者称为行刑时效。追诉时效，是指法律所规定的对犯罪人追究刑事责任的有效期限。行刑时效，是指法律所规定的对判处刑罚的人执行刑罚的有效期限。我国刑法所规定的时效，只是追诉时效，并不包括行刑时效。

(二) 追诉时效的期限

我国《刑法》第 87 条以法定最高刑为标准，规定了四个不同档次的追诉时效期限。犯罪经过下列期限不再追诉：①法定最高刑为不满 5 年有期徒刑的，经过 5 年。②法定最高刑为 5 年以上不满 10 年有期徒刑的，经过 10 年。③法定最高刑为 10 年以上有期徒刑的，经过 15 年。④法定最高刑为无期徒刑、死刑，经过 20 年。如果 20 年后认为必须追诉的，须报请最高人民检察院核准。这一规定体现了追诉时效期限的长短与犯罪轻重相协调的精神。

(三) 追诉时效期限的起算、中断及延长

1. 追诉时效起算

《刑法》第 89 条规定，追诉期限从犯罪之日起计算；对于连续犯和继续犯，其追诉时效期限从犯罪行为终了之日起计算。

2. 追诉时效中断

追诉时效中断，是指在追诉时效进行期间，因发生法定的事由，而使已经过的时效期限归于无效，法定的事由一旦消失，时效重新开始计算的制度。《刑法》第 89 条第 2 款规定："在追诉期限以内又犯罪的，前罪追诉的期限从犯后罪之日起计算。"这一规定表明，追诉时效仅因犯罪人在追诉期间内又犯罪而中断，至于又犯之罪的性质如何，应受何种刑罚处罚，在所不问。

3. 追诉时效延长

追诉时效延长，是指由于发生了法律规定的事由，致使追诉时效暂时停止进行，或者因法定事由而使得对犯罪分子的追诉不受追诉期限限制的制度。《刑法》第 88 条规定，导致追诉时效延长的事由有两种：一是在人民检察院、公安机关、国家安全机关立案侦查或者在人民法院受理案件以后，逃避侦查或者审判的，不受追诉期限的限制；二是被害人在追诉期限内提出控告，人民法院、人民检察院、公安机关应当立案而不予立案的，不受追诉期限的限制。

四、特赦

（一）特赦的概念

所谓特赦，是指国家元首或者国家最高权力机关宣告，对已经定罪判刑或执行了一定刑罚的特定犯罪人，免除其全部或者部分刑罚的制度。特赦是赦免制度的一种。赦免是指国家对于犯罪人宣告免于追诉或者免除执行刑罚的全部或一部分的法律制度。[27] 赦免有大赦和特赦之分。

（二）特赦与大赦的区别

所谓大赦，通常是指国家元首或者国家最高权力机关，对某一时期内犯有一定罪行的不特定犯罪人，一概予以赦免的制度。大赦的主要特征为：①发布主体通常是国家元首或者国家最高权力机关。②适用的对象最广泛。凡在某一时期内犯一定罪的，都可以适用，而不以特定的人为限。至于具体赦免范围则由大赦令确定。③赦免的效力最大。大赦不只免除刑罚的执行，而且使罪和刑都归于消灭。④适用的依据是宪法的规定。

特赦与大赦相比，两者主要有如下区别：第一，涉及的对象范围不同。大赦的对象比较广泛；特赦的对象范围和数量都比较小，一般是特定的犯罪人，由特赦名单具体规定。第二，法律效果不同。大赦的法律效果是：既赦其罪，又免其刑。被大赦的人，不但自此不用再执行刑罚，而且从此按无罪的人看待；特赦的法律效果是：不赦其罪，仅免其刑。被特赦的人，在法律

---

[27] 高铭暄、马克昌主编：《刑法学》（第 4 版），北京大学出版社、高等教育出版社 2010 年版，第 348 页。

上仍然是有罪的人，仅仅是免除其刑罚的一部或全部。

（三）我国的特赦制度

我国《宪法》只规定了特赦，并没有规定大赦。依照《宪法》规定，特赦令由中华人民共和国主席根据全国人大常委会的决定颁布实施。从司法实践来看，一般是由中共中央或国务院提出特赦建议，经全国人大常委会审议决定，由中华人民共和国主席颁布特赦令，最后由最高人民法院及其所属高级人民法院具体执行。我国刑法并未直接规定特赦制度，只是第65、66条在规定累犯制度时，使用了"赦免"一词。这里的"赦免"仅指特赦。

后记

在本书的最后修改及定稿过程中,我得到了李佳欣博士及我的研究生殷民同学的大力帮助。李佳欣是刑法专业法学博士,副编审,刑法学术造诣颇深,其博士学位论文"中国刑法解释功能论"获得第三届"全国刑法学优秀博士学位论文奖(2014~2016)"一等奖。李佳欣博士用了4个月时间,对本书稿进行了非常认真和较高学术水准的修改。她的修改意见,既针对一些文弊,也修正个别不妥观点,我全面接受。我的研究生殷民同学对于本书进行了艰苦的校对工作。他的工作态度非常认真。在此,我向李佳欣博士、殷民同学表示深深的感谢!

邵维国

2016年11月11日